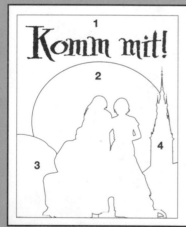

Komm mit!

Front cover:

1 14th-century textile pattern from Cologne

2 Face of the clock on the old City Hall of Lucerne, Switzerland

3 The historic Café Kranzler located in the heart of Berlin, a famous meeting spot for artists and writers

4 The City Hall of Hamburg, built between 1886 and 1897 in the German Renaissance style

Back cover:

Young people playing soccer, the national sport of Germany

Holt German Level 2

Komm mit!®

With Integrated Multimedia

George Winkler

HOLT, RINEHART AND **WINSTON**

Harcourt Brace & Company

Austin • New York • Orlando • Atlanta • San Francisco • Boston • Dallas • Toronto • London

DIRECTOR
Lawrence Haley

EXECUTIVE EDITOR
George Winkler

SENIOR EDITOR
Francine Ducharme Hartman

MANAGING EDITOR
Chris Hiltenbrand

EDITORIAL STAFF
Lisa Bruce
Melanie Jacobs
Pamela Taborsky
Renate Wise
Mark Eells
  Department Secretary

EDITORIAL PERMISSIONS
Janet Harrington
  Permissions Editor
Björn Freitag
  Interpreter-Translator

BOOK DESIGN
Richard Metzger
  Art Director
Lori Male
Marta Kimball
Bob Prestwood
Stephanie Smith
Sharon Cozad
Alicia Sullivan

IMAGE SERVICES
Debra Schorn
  Image Services Director
Linda Wilbourn
Elaine Tate
  Art Buyer Supervisor
Michelle Rumpf

PHOTO RESEARCH
Peggy Cooper
  Photo Research Manager
Mavournea Hay
Mike Gobbi

DESIGN NEW MEDIA
Susan Michael
  Art Director
Edwin Blake
Grant Davidson
Czeslaw Sornat

MEDIA DESIGN
Joe Melomo
  Design Manager
Neel Heisel

PRODUCTION
Donna Lewis
  Production Manager
Amber Martin
  Production Coordinator

MANUFACTURING
Michael Roche
  Manufacturing Coordinator

MEDIA PRODUCTION
Kim Anderson
Nancy Hargis
Susan Mussey

NEW MEDIA
Jessica A. Bega
Jeanne Payne
Peter Leighton
Alan McGill
Mary McDowell
Jamie Lane
Kim Nevius
Suzanne Pittman
Armin Gutzmer
Cathy Kuhles

VIDEO PRODUCTION
Video materials produced
by Edge Productions, Inc.,
Aiken, S.C.

ACKNOWLEDGMENTS

FRONT COVER: (Clock) Dallas and John Heaton/Leo de Wys, Inc.; (City Hall/Hamburg) Fotex Medien Agentur/Stock Imagery; (Café Kranzler) - Leo de Wys, Inc.; (Group of young people) Stephen Simpson/ FPG International

BACK COVER: (Soccer game) Todd Powell/Index Stock Photography

FRONT AND BACK COVER: (Background pattern) Copyright ©1992 by Dover Publications, Inc.

For permission to reprint copyrighted material, grateful acknowledgment is made to the following sources:

Baedeker Verlag Karl Baedeker GmbH: "Baden-Baden" from *Baedeker Allianz Reiseführer Deutschland, 2.* Copyright © 1992 by Verlag Karl Baedeker GmbH.

Berlin Programm Rimbach Verlag GmbH: "Oper & Theater" from *Berlin Programm,* September 1993. Reviews of "Blau-Rot," "Britzer Mühle," "Istanbul," "Restaurant El Pharaoh," "Restaurant Hardtke," "Restaurant Pferdestall," and "Restaurant Seaside" from *Berlin Programm,* September 1993.

Acknowledgments continued on page R113, which is an extension of the copyright page

AUTHOR

George Winkler
Austin, TX

Mr. Winkler developed the scope and sequence and framework for the chapters, created the basic material, selected realia, and wrote activities.

CONTRIBUTING WRITERS

Margrit Meinel Diehl
Syracuse, NY

Mrs. Diehl wrote activities to practice basic material, functions, grammar, and vocabulary.

Carolyn Roberts Thompson
Abilene Christian University
Abilene, TX

Mrs. Thompson was responsible for the selection of realia for readings and for developing reading activities.

CONSULTANTS

The consultants conferred on a regular basis with the editorial staff and reviewed all the chapters of the Level 2 textbook.

Dorothea Bruschke, retired
Parkway School District
Chesterfield, MO

Diane E. Laumer
San Marcos High School
San Marcos, TX

Phyllis Manning
Vancouver, WA

Ingeborg H. McCoy
Southwest Texas State University
San Marcos, TX

REVIEWERS

Nancy Butt
Washington and Lee High School
Arlington, VA

Connie Frank
John F. Kennedy High School
Sacramento, CA

Patrick T. Raven
National Consultant
Holt, Rinehart and Winston

Rolf M. Schwägermann
Stuyvesant High School
New York, NY

Scott G. Williams
Language Acquisition Center
University of Texas, Arlington

Linda Wiencken-Williams
Austin, Texas

Jim Witt
Grand Junction High School
Grand Junction, CO

FIELD TEST PARTICIPANTS

We express our appreciation to the teachers and students who participated in the field test. Their comments were instrumental in the development of the entire **Komm mit!** program.

Eva-Maria Adolphi
Indian Hills Middle School
Sandy, UT

Connie Allison
MacArthur High School
Lawton, OK

Linda Brummett
Redmond High School
Redmond, WA

Beatrice Brusstar
Lincoln Northeast High School
Lincoln, NE

Jane Bungartz
Southwest High School
Forth Worth, TX

Devora D. Diller
Lovejoy High School
Lovejoy, GA

Margaret S. Draheim
Wilson Middle School
Appleton, WI

Kay DuBois
Kennewick High School
Kennewick, WA

Petra A. Hansen
Redmond High School
Redmond, WA

Christa Hary
Brien McMahon High School
Norwalk, CT

Ingrid S. Kinner
Weaver Education Center
Greensboro, NC

Diane E. Laumer
San Marcos High School
San Marcos, TX

J. Lewinsohn
Redmond High School
Redmond, WA

Judith A. Lidicker
Central High School
West Allis, WI

Linnea Maulding
Fife High School
Tacoma, WA

Jane Reinkordt
Lincoln Southeast High School
Lincoln, NE

Elizabeth A. Smith
Plano Senior High School
Plano, TX

Elizabeth L. Webb
Sandy Creek High School
Tyrone, GA

To the Student

Some people have the opportunity to learn a new language by living in another country. Most of us, however, begin learning another language and getting acquainted with a foreign culture in a classroom with the help of a teacher, classmates, and a textbook. To use your book effectively, you need to know how it works.

Komm mit! *(Come along!)* is organized to help you learn German and become familiar with the culture of the people who speak German. Each chapter presents basic concepts in German and strategies for learning a new language. This book has four Location Openers and twelve chapters.

Location Opener You'll find four four-page photo essays called Location Openers which introduce different states or cities in Germany. You can see these locations on video and on CD-ROM.

Chapter Opener The Chapter Opener pages tell you the chapter theme and goals, and outline what you learn to do in each section of the chapter.

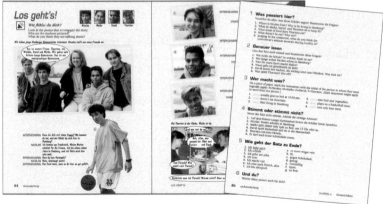

Los geht's! *(Getting started!)* This illustrated story, which is also on video, shows you German-speaking people in real-life situations, using the language you'll learn in the chapter.

Erste, Zweite, and **Dritte Stufe** *(First, Second, and Third Step)* After **Los geht's!**, the chapter is divided into three sections called **Stufen**. At the beginning of each **Stufe**, there is a reminder of the goals for this part of the chapter. Within the **Stufe** are **So sagt man das!** *(Here's how you say it!)* boxes that contain the German expressions you'll need to communicate and **Wortschatz** and **Grammatik / Ein wenig Grammatik** boxes that give you the German words and grammar structures you'll need to know. Activities in each **Stufe** enable you to practice the new expressions, vocabulary, and structures and thereby develop your skills in listening, speaking, reading, and writing.

iv

Landeskunde *(Culture)* On this page are interviews with German-speaking people. They talk about themselves and their lives, and you can compare their culture to yours. You can watch these interviews on video or listen to them on audio CD. You can also watch them using the CD-ROM program, then check to see how well you understood by answering some questions about what the people say.

Ein wenig Landeskunde *(Culture Note)* In each chapter, there are notes with more information about the culture in German-speaking countries. These notes tell you interesting facts, describe common customs, or offer other information that will help you learn more about these countries.

Zum Lesen *(For reading)* The reading section usually follows the three **Stufen**. The selections are related to the chapter themes and will help you develop your reading skills in German. The **Lesetrick** boxes in these sections are strategies to help you improve your reading comprehension.

Anwendung *(Review)* The activities on these pages practice what you've learned in the chapter and help you improve your listening, reading, and comprehension skills. You'll also review what you've learned about culture. The section called **Zum Schreiben** *(Let's Write)* in chapters 3–11 will develop your writing skills.

Kann ich's wirklich? *(Can I really do it?)* This page at the end of each chapter contains a series of questions and short activities to help you see if you've achieved the chapter goals. Page numbers beside each section will tell you where to go for help if needed.

v

You'll also find special features in each chapter that provide extra tips and reminders.

Sprachtip *(Language tip)* gives you additional expressions to add more color to your speech.

SPRACHTIP

There are regional differences in many expressions: **Schau mal!** is used more in the South, **Guck mal!** or even **Kuck mal!** in the North of Germany. **Sieh mal!** is standard but also more formal.

Und dann noch . . . *(And then)* lists extra words you might find helpful. These words will not appear on quizzes and tests unless your teacher chooses to include them.

Wortschatz *(Vocabulary)* On the German-English vocabulary list on the last page of the chapter, the words are grouped by **Stufe.** These words and expressions will appear on quizzes and tests.

You'll also find German-English and English-German vocabulary lists at the end of the textbook. The words you'll need to know for the quizzes and tests are in boldface type.

At the end of your textbook, you'll find more helpful material, such as:
- a summary of the expressions you'll learn in the **So sagt man das!** boxes
- a summary of the grammar you'll study
- a section of additional activities to practice the grammar you'll learn
- additional vocabulary words that you might want to use
- a grammar index to help you find where grammar is presented

Komm mit! Come along on an exciting trip to a new culture and a new language!

Gute Reise!

Explanation of Icons in *Komm mit!*

Throughout *Komm mit!* you'll see these symbols, or icons, next to activities. They'll tell you what you'll probably do with that activity. Here's a key to help you understand the icons.

 Listening Activities This icon indicates that this is a listening activity. You'll need to listen to the CD or your teacher in order to complete the activity.

 CD-ROM Activities Whenever this icon appears, you know that there's a related activity on the *Komm mit! Interactive CD-ROM Program.*

 Writing Activities You'll see this icon next to writing activities. The directions may ask you to write words, sentences, paragraphs, or a whole composition.

 Pair Work Activities Activities with this icon are to be done with a partner. Both you and your partner are responsible for completing the activity.

 Group Work Activities If an activity has this icon next to it, you'll complete it with a small group of classmates. Each person in the group is responsible for a share of the work.

Komm mit! Contents

Come along—
to a world of new experiences!

Komm mit! offers you the
opportunity to learn the
language spoken by millions
of people in several European
countries and around the
world. Let's find out
about these people
and their culture.

Komm mit nach
Bayern!

VISIT THE SOUTHERN STATE
OF BAYERN AND —

Get to know a Bavarian family • KAPITEL 1

Find out how German teenagers
help at home • KAPITEL 2

Travel to German and
Austrian cities • KAPITEL 3

KAPITEL 1
WIEDERHOLUNGSKAPITEL

ix

Komm mit nach

*H*amburg!

VISIT GERMANY'S LARGEST PORT CITY,
HAMBURG AND —

Get in shape "German style" • KAPITEL 4

Eat at school with
German students • KAPITEL 5

Visit a pharmacy • KAPITEL 6

KAPITEL 4

Gesund leben 82

Komm mit nach $\mathcal{S}$tuttgart!

LOCATION FOR KAPITEL 7, 8, 9 154

VISIT STUTTGART, THE CAPITAL
OF BADEN-WÜRTTEMBERG AND —

Talk about life in the city and life in the country • KAPITEL 7

Express concerns about fashion and clothes • KAPITEL 8

Make alternate vacation plans • KAPITEL 9

KAPITEL 7

Stadt oder Land? 158

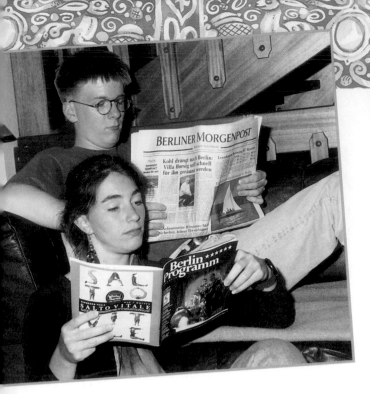

Komm mit nach

Berlin!

VISIT BERLIN, THE CAPITAL
OF GERMANY, AND —

Discuss television programs and cars • KAPITEL 10

Plan a birthday party • KAPITEL 11

Invite friends for a casual get-together • KAPITEL 12

CULTURAL REFERENCES

Map of the Federal Republic of Germany

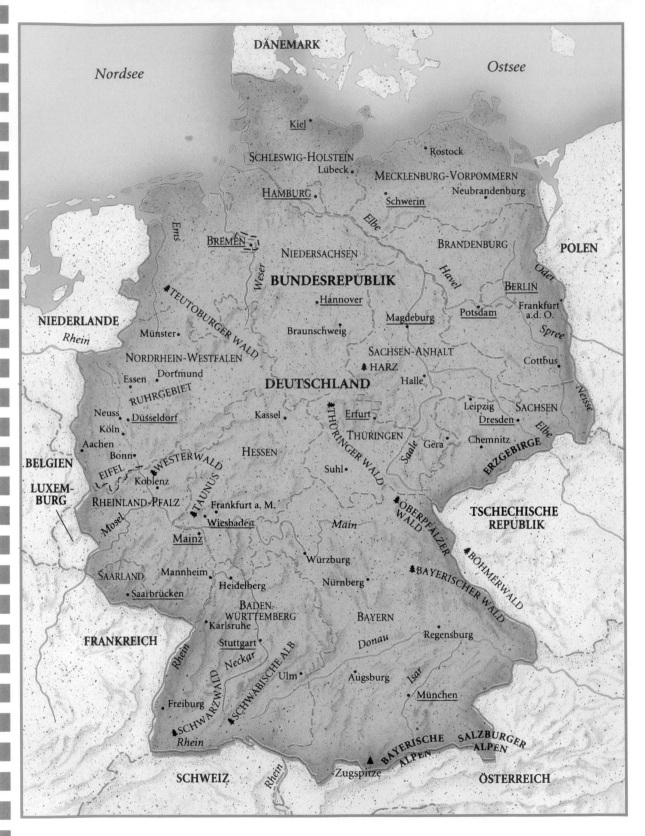

Map of Liechtenstein, Switzerland, and Austria

Komm mit nach

Bayern!

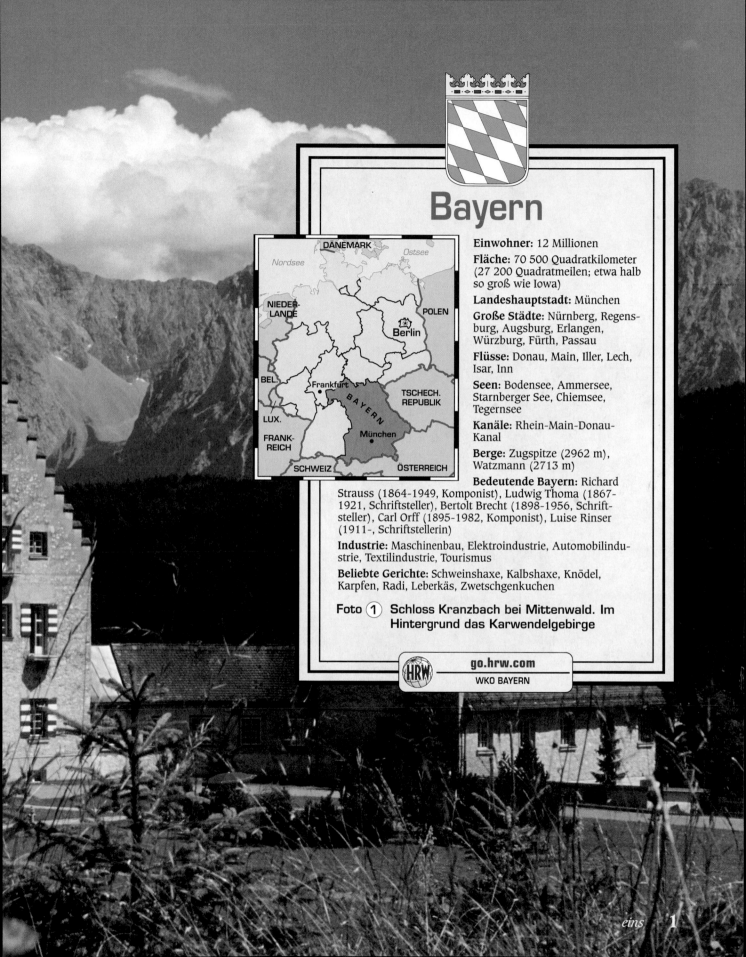

Bayern

Einwohner: 12 Millionen

Fläche: 70 500 Quadratkilometer (27 200 Quadratmeilen; etwa halb so groß wie Iowa)

Landeshauptstadt: München

Große Städte: Nürnberg, Regensburg, Augsburg, Erlangen, Würzburg, Fürth, Passau

Flüsse: Donau, Main, Iller, Lech, Isar, Inn

Seen: Bodensee, Ammersee, Starnberger See, Chiemsee, Tegernsee

Kanäle: Rhein-Main-Donau-Kanal

Berge: Zugspitze (2962 m), Watzmann (2713 m)

Bedeutende Bayern: Richard Strauss (1864-1949, Komponist), Ludwig Thoma (1867-1921, Schriftsteller), Bertolt Brecht (1898-1956, Schriftsteller), Carl Orff (1895-1982, Komponist), Luise Rinser (1911-, Schriftstellerin)

Industrie: Maschinenbau, Elektroindustrie, Automobilindustrie, Textilindustrie, Tourismus

Beliebte Gerichte: Schweinshaxe, Kalbshaxe, Knödel, Karpfen, Radi, Leberkäs, Zwetschgenkuchen

Foto ① Schloss Kranzbach bei Mittenwald. Im Hintergrund das Karwendelgebirge

go.hrw.com
WKO BAYERN

eins **1**

Bayern

CD-ROM Disc 1

Bayern, das größte Land der Bundesrepublik Deutschland, ist das beliebteste Reiseziel Deutschlands. Jedes Jahr besuchen Millionen von Touristen die zahlreichen Attraktionen Bayerns, von den barocken Städten Frankens bis zu den malerischen Bergen Oberbayerns. Land- und Forstwirtschaft sind immer noch sehr wichtig in Bayern, doch spielen moderne Industrien eine zunehmend größere Rolle.

2 Das Benediktiner-
kloster Ettal
in Oberbayern

3 Die Pfarrkirche St. Peter und
Paul in Mittenwald

4 Ein Denkmal für
Matthias Klotz
(1653 - 1743),
den Begründer
des Mittenwalder
Geigenbaus

Die ersten zwei Kapitel spielen in Grünwald, einer Vorstadt von München, wo die Baumanns wohnen. Im dritten Kapitel erzählt Sebastian von seiner Reise nach Österreich, und zwei von seinen Freunden berichten über Frankfurt und Dresden. Die Schüler in diesen Kapiteln gehen aufs Gymnasium in Grünwald.

5 Schloss Linderhof, 1874 - 78 für König Ludwig II. von Bayern erbaut

6 Robert, Thomas, Christiane und Sebastian

7 Eine typisch bayrische Kirche mit Zwiebelturm und typisches Gasthaus mit Lüftlmalerei

drei **3**

1
Bei den Baumanns

1 Die Fotos sind prima! Aber wer ist das, Basti?

German teenagers are often curious about life in the United States. They will ask you all sorts of questions, such as where you live, and what your friends and family members look like. They may also ask you about your school, your favorite hangouts, and the kind of clothes you like to wear.

In this chapter you will review and practice

- asking for and giving information about yourself and others; describing yourself and others; expressing likes and dislikes; identifying people and places
- giving and responding to compliments; expressing wishes when buying things
- making plans; ordering food and beverages; talking about how something tastes

In reviewing these functions, you will

- listen to German-speaking students talk about their interests
- read about clothing trends among rock stars
- write about your personality traits
- find out about some German students' favorite things in different categories

② Das Halstuch sieht lässig aus!

③ Willst du mit ins Café gehen?

IMBISS-KART

Café Fre

Für den kleinen Hunger und

KLEINE SPEISEN

	DM 4,50	1 TASSE
	5,20	1 KÄNN
	5,60	1 TASSE
	5,80	1 GLAS
Käse	6,00	
Käse	6,50	AL
und Pilzen	8,50	MINER
		LIMON
		APFEL
		COLA
	DM 2,80	
	3,00	

EIS

| FRUCHTEIS | KUGEL |
| SAHNEEIS | KUGEL |

Los geht's!

Sebastian

Robert

Sebastian stellt seine Familie vor.

You are about to meet Sebastian Baumann. Where do you think he is? Judging from these photos, what is he probably talking about?

Hallo!

Ich heiße Sebastian Baumann. Ich bin fünfzehn Jahre alt und wohne hier in Grünwald; das ist ein Vorort von München.

In diesem Haus haben wir eine schöne Wohnung, hier oben im zweiten Stock.

Das ist unser Wohnzimmer. Wie ihr seht, es ist ziemlich groß, aber es ist doch ganz gemütlich. Schaut mal, die vielen Bücher! Meine Eltern lesen gern. Sie lesen eigentlich alles, von Grass bis Goethe.

Und sie hören gern Musik. Hier: die vielen Platten und CDs. Hören wir mal, was aufliegt! — Ich hab's gewusst: etwas Klassisches!

Hier sind unsere Familienfotos. Meine Großeltern, meine Eltern, meine Geschwister: mein Bruder Robert, das hier bin ich, und meine Schwester, Beatrice. Und Artus, unser ... nein, Vatis Hund.

1 Was passiert hier?

Verstehst du alles, was Basti und Robert sagen? Beantworte die Fragen!

1. Wo wohnen die Baumanns?
2. Haben sie ihr eigenes Haus oder eine Wohnung?
3. Wie groß ist die Familie?
4. Was erzählt Basti von seinen Eltern?
5. Sieht Robert seinen Bruder gern? Was meinst du?
6. Was für ein Schüler ist Robert?
7. Sebastian sagt: „Das ist mein Reich". Was meint er damit?
8. Welche Hobbys und Interessen hat Basti?

2 Genauer lesen

Lies den Text noch einmal und beantworte diese Fragen!

1. Mit welchen Wörtern beschreibt Basti das Wohnzimmer und sein Zimmer?
2. Mit welchen Wörtern beschreibt er seine Familie?
3. Robert hat es nicht gern, dass Basti in sein Zimmer kommt. Was sagt er, damit (*so that*) Basti wieder geht?
4. Wie beschreibt Basti seinen Bruder?
5. Was sagt Basti über sein Zimmer, seine Pokale und seine Hobbys?

3 Wer ist das?

Lies die Personenbeschreibungen und rate, wer das ist!

1. Ich wohne in einer ziemlich großen Wohnung in Grünwald. Mein Mann und ich hören gern klassische Musik und lesen gern. Wir lesen alles — von Grass bis Goethe! Ich habe drei Kinder: zwei Söhne und eine Tochter. Wer bin ich?
2. Ich wohne mit meiner Familie in einem Vorort von München. Meine Eltern sind sehr nett, und ich habe auch zwei Brüder, Sebastian und Robert. Wer bin ich?
3. Mein Sohn und seine Familie wohnen in Grünwald, also nicht weit von hier. Ab und zu besuchen sie uns, und das macht viel Spaß. Meine Frau und ich haben die drei Kinder — Sebastian, Robert und Beatrice — sehr gern. Wer bin ich?
4. Ich wohne bei einer sehr netten Familie in Grünwald. Wir haben eine große Wohnung, und das gefällt mir. Die Kinder in der Familie sind sehr nett und spielen oft mit mir, aber eigentlich liebe ich den Vater der Familie! Wer bin ich?

4 Was passt zusammen?

Welche Sätze passen zusammen?

1. Die vielen Bücher!
2. Hört mal, was aufliegt!
3. Was gibt's?
4. Der Robert ist ein super Tennisspieler.
5. Das ist mein Zimmer.

a. Super nicht, aber ganz gut.
b. Nicht groß, aber es gefällt mir.
c. Meine Eltern lesen gern.
d. Ich will nur „Grüß Gott" sagen.
e. Etwas Klassisches!

5 Und du?

Schreib Folgendes auf eine Liste!

1. wo du wohnst
2. wie groß deine Familie ist
3. welche Hobbys deine Familie hat
4. wie dein Zimmer aussieht

Asking for and giving information about yourself and others; describing yourself and others; expressing likes and dislikes; identifying people and places

Was für eine Person bist du?

Aussehen
- [ ] groß
- [ ] klein
- [ ] schlank
- [ ] vollschlank
- [ ] attraktiv
- [ ] nicht sehr attraktiv
- [ ] hübsch

Haarfarbe
- [ ] schwarz
- [ ] blond
- [ ] hellbraun
- [ ] dunkelbraun
- [ ] rötlich

Haarlänge
- [ ] kurz
- [ ] lang
- [ ] mittellang

Augenfarbe
- [ ] braun
- [ ] blau
- [ ] grün
- [ ] grau

Brille
- [ ] habe eine Brille
- [ ] trage Kontaktlinsen

Eigenschaften
- [ ] nett
- [ ] nicht nett
- [ ] freundlich
- [ ] unfreundlich
- [ ] intelligent
- [ ] sympathisch
- [ ] unsympathisch
- [ ] ruhig
- [ ] nervös

- [ ] kinderlieb
- [ ] tierlieb
- [ ] langweilig
- [ ] sportlich
- [ ] unsportlich
- [ ] faul
- [ ] fleißig

Sport
- [ ] Fußball
- [ ] Football
- [ ] Volleyball
- [ ] Basketball
- [ ] Tennis
- [ ] Skilaufen
- [ ] Schwimmen
- [ ] Golf
- [ ] Radfahren
- [ ] Schlittschuhlaufen
- [ ] Rollschuhlaufen

Interessen
- [ ] ausgehen
- [ ] tanzen
- [ ] lesen
- [ ] reisen
- [ ] Musik hören
- [ ] kochen
- [ ] fotografieren
- [ ] Musik machen
- [ ] basteln
- [ ] zeichnen
- [ ] malen
- [ ] (Briefmarken) sammeln

Lies den Text! Welche Wörter und Ausdrücke kennst du schon? Welche sind neu? Kannst du raten, was die neuen Wörter und Ausdrücke bedeuten? Wie beschreibst du dich?

6 Hör gut zu!

Welche Beschreibung (*description*) passt zu welchem Foto? — Schreib die Zahlen 1-5 auf ein Blatt Papier und daneben den Buchstaben (a., b., c., d., e.) des Fotos, das zur Beschreibung passt!

a.   b.   c.   d.   e.

Wie charakterisierst du diese Leute? Er/Sie ist …

| neugierig | lustig | sympathisch | unsympathisch | gut gelaunt | schlecht gelaunt |

Welche Hobbys haben diese Leute? Was machen sie?

Er rodelt. Sie macht Bogenschießen. Die beiden fechten.

Diese Leute machen Leichtathletik. Was machen sie?

Kugelstoßen Speerwerfen Diskuswerfen Langstreckenlauf

100-Meter-Lauf Weitsprung Hürdenlauf Stabhochsprung

7 Und du?

Sag deiner Partnerin, welche Hobbys du hast und welchen Sport du machst! Was macht deine Partnerin?

SO SAGT MAN DAS!

Schon bekannt

Asking for and giving information about yourself and others; describing yourself and others; expressing likes and dislikes

When talking about yourself and others, you have used a number of words and expressions.

If someone asks:	Your response might be:
Wer ist das?	**Das ist meine Schwester.**
Wie alt ist sie?	**Sie ist 19 Jahre alt.**
Du hast auch einen Bruder. Wie sieht er aus?	**Er ist groß und ziemlich schlank und hat braune Haare und dunkle Augen.**
Macht er Sport?	**Nein, er ist faul.**
Beschreibe deine Schwester!	**Sie ist intelligent, freundlich und sehr fleißig.**
Und du? Was machst du gern, was machst du nicht gern?	**Ich lese gern und höre gern Musik. Aber ich koche nicht gern.**

Remember: you don't always have to answer with a complete sentence. How might you answer these questions more informally, using phrases?

8 Wer ist das? Rate mal!

Beschreibe einen Klassenkameraden oder eine Klassenkameradin! Erwähne Alter, Aussehen, Haarfarbe, Augenfarbe, Eigenschaften und Sport und Hobbys! Deine Mitschüler sollen dann erraten, wer das ist.

9 Für mein Notizbuch

Beschreibe dich selbst! Erwähne alle Eigenschaften, die du hast, und erwähne alle Sportarten und Hobbys, die du hast!

10 Hör gut zu!

Vier deutsche Schüler und Schülerinnen erzählen über sich selbst. Mach dir Notizen, damit du über einen Schüler berichten kannst! Verwende die folgenden Kategorien, um deine Notizen zu organisieren: Augen, Haare, Eigenschaften, Interessen, usw.!

Schon bekannt

EIN WENIG GRAMMATIK

When you describe yourself or someone else, you use the verb **sein**. To talk about what you have or someone else has, you need the present tense forms of **haben**. To review the forms of **sein** and **haben**, see the Grammar Summary.

11 Über einen Schüler berichten

Such dir einen von den vier Schülern von Übung 10 aus und berichte über ihn oder sie! Deine Mitschüler erraten, wen du beschreibst.

12 Ratespiel

Bildet zwei Gruppen! Gruppe A sieht zur Tafel hin, Gruppe B sieht auf die Wand hinten in der Klasse. Gruppe A wählt eine Schülerin aus. Alle Schüler von Gruppe B stellen jetzt Fragen, um die Schülerin aus der Gruppe A zu identifizieren. Tauscht dann die Rollen aus!

Gruppe B		Gruppe A	
Schüler 1	Ist das ein Junge?	Schüler 1	Nein.
Schüler 2	Hat sie blonde Haare?	Schüler 2	Ja.
Schüler 3	Hat sie lange Haare?	Schüler 3	Ja.
Schüler 4	Hat sie graue Augen?	Schüler 4	Nein.
Schüler 5	Ist sie ...	...	
Schüler 6	...	...	
Schüler 7	...	...	
Schüler 8	Ist das die (Jessica)?	Schüler 8	Ja!

Schon bekannt

EIN WENIG GRAMMATIK

In order to talk about your interests, you will have to use verbs, such as **spielen** or **machen**. These verbs are regular and always have the same endings. You can review these endings in the Grammar Summary. Some of the verbs you will use are *stem-changing verbs,* that is, verbs whose stem-vowel changes in the **du**- and **er/sie**-forms. Two examples are **lesen** and **essen**. The stem-changing verbs are reviewed in the Grammar Summary.

13 Was wollt ihr von den Zwillingen wissen?

Zwei Klassenkameraden übernehmen die Rollen von Herbert und Günther. Fragt die „Zwillinge", was ihr von ihnen wissen wollt! Einer antwortet für die beiden. Tauscht die Rollen aus!

Kennst du auch Zwillinge?
Wie sehen sie aus?

Herbert und Günther sind Zwillinge. Sie sind gleich alt, und sie sehen sich sehr ähnlich. Zwillinge haben oft auch die gleichen Eigenschaften und die gleichen Interessen.

Jetzt spielt ihr Zwillinge

Bildet Gruppen zu dritt! Zwei von euch sind „Zwillinge", und der dritte fragt die beiden nach Aussehen, Haarfarbe, Augenfarbe, Eigenschaften und Interessen. Tauscht dann die Rollen aus!

Schon bekannt

SO SAGT MAN DAS!

Identifying people and places

When you want to know who someone is, you might ask:

The response might be:

Wer ist das, Sebastian?	**Das ist mein Bruder, der Robert.**
Und wer ist das Mädchen?	**Meine Schwester, die Beatrice.**
Ist das dein Großvater?	**Ja, das ist mein Großvater.**
Und das ist deine Mutter, ja?	**Stimmt!**
Und wo ist dein Zimmer?	**Hier! Das ist mein Zimmer.**

CD-ROM
Disc 1

15 Die Familie Baumann

Schau dir die Fotos der Familie Baumann an! Dann beantworte die Fragen mit mehreren Sätzen!

———— die Kinder ————

Beatrice
Tochter
Schwester

Sebastian
Sohn
Bruder

Robert
Sohn
Bruder

———— die Eltern ————

Hans Baumann, Vater
Elfriede Baumann, Mutter

1. Wer sind Hans und Elfriede Baumann?
2. Wer ist Beatrice?
3. Wer ist Robert?
4. Beschreibe zwei Familienmitglieder!

Schon bekannt

EIN WENIG GRAMMATIK

When you want to identify *whose* father, mother, etc. someone is, you use the possessive adjectives, **mein**, **dein**, **sein**, and **ihr**. Remember that the ending of the possessive adjective is determined by the noun to which it refers. You can review the singular possessive adjectives in the Grammar Summary.

16 Klamotten beschreiben

Sag deinem Partner, was die Baumanns in diesen Fotos anhaben! Tauscht die Rollen aus!

Sebastian über seine Familie

Das hier ist meine Familie, meine Eltern, meine Geschwister und meine Großeltern. Die Oma und der Opa sitzen hier in der ersten Reihe. Neben dem Opa kniet mein Vater, und neben ihm liegt Artus, unser ... nein, Vatis Hund! Hinter meinem Vater steht meine Mutter und neben ihr der Robert und die Beatrice. Und der da ganz links in der zweiten Reihe, das bin ich!

Erzähle, was Sebastian über seine Familie sagt!

17 Meine Familie und Freunde

1. Bring Fotos von zwei Familienmitgliedern mit in die Klasse und beschreibe sie! Zeig deiner Partnerin ein Foto und sag ihr, wer diese Person ist, wie alt sie ist, wie sie aussieht und welche Interessen sie hat!
2. Jetzt zeigst du deinem Partner das zweite Foto. Dein Partner stellt Fragen über diese Person, und du beantwortest sie. Tauscht dann die Rollen aus!
3. Erzähle jetzt einem Partner, was du über die Familie eines anderen Partners weißt!

18 Für mein Notizbuch

Beschreibe einen Freund oder jemanden aus deiner Familie! Schreib, wer die Person ist und erwähne Alter, Aussehen, Eigenschaften, Sport und Hobbys!

Sebastian über seinen Bruder

Mein Bruder, der Robert, ist immer fleißig. Er ist gut in der Schule, bekommt immer gute Noten. Er ist auch gut in Sport. Ein super Tennisspieler!

Erzähle, was Sebastian über seinen Bruder sagt!

19 Beatrices Steckbrief

Lies zuerst diesen Steckbrief, und beantworte die folgenden Fragen auf Deutsch.

1. Wo wohnt Beatrice?
2. Was sind ihre Lieblingsfächer?
3. Welches Fach hat sie nicht gern?

Dann erzähle einem Partner, was du über Beatrice gelesen hast!

Name: Beatrice Baumann, 17
Wohnort: Grünwald
Schule: Gymnasium in Grünwald
Lieblingsfächer: Musik, Deutsch, Physik,
nicht gern: Geschichte
Sport: Tennis

20 Hör gut zu!

Hör zu, was diese Schüler über sich sagen! Mach dir Notizen!

21 Über wen sprichst du?

Such dir einen Schüler aus, über den du dir Notizen gemacht hast, und erzähle deinem Partner über diesen Schüler! Dein Partner verbessert dich, wenn du etwas sagst, was nicht stimmt. Tauscht dann die Rollen aus!

22 Mein Stundenplan

Such dir einen anderen Partner! Jeder nimmt seinen Stundenplan in die Hand. Fragt euch jetzt gegenseitig (*in turns*), welche Fächer ihr in welcher Stunde habt! Fragt euch auch, welche Fächer ihr gern und welche ihr nicht gern habt!

BEISPIEL **Was hast du um (8 Uhr 10)?**

23 Für mein Notizbuch

Schreib in dein Notizbuch, auf welche Schule du gehst, welche Fächer du gern hast und welche nicht! Bist du gut in Sport? Bist du vielleicht ein(e) super Volleyballspieler(in)?

24 Hör gut zu!

Zwei Schüler beschreiben ihr Zimmer. Schreib auf, welche Möbel jeder in seinem Zimmer hat!

25 Wie sieht das Zimmer aus?

Such dir eine Partnerin! Nimm deine Notizen von Übung 24 in die Hand, und beschreibe eins von den beiden Zimmern! Deine Partnerin muss raten, welches Zimmer du beschrieben hast.

26 Für mein Notizbuch

Schreib, wie dein Zimmer aussieht! Welche Möbel hast du? Sind sie alt oder neu? Gefallen sie dir?

ZWEITE STUFE

Giving and responding to compliments; expressing wishes when buying things

POPSTARS MACHEN MODE

Bei Popstars spielt der Look eine wichtige Rolle — und du kannst die Styling-Ideen deiner Idole leicht kopieren.

Pop-Superstar Madonna hat immer wieder einen neuen Look. Durch Styling und Klamotten macht sie ihr Image. Ihre Fans sind begeistert! Typisch: Hot Pants, geknotetes Hemd und ganz viele Metallketten.

Bist du ein Prinz-Fan? Na, dann sollst du unbedingt seine Lieblingsfarbe Lila tragen. Und sonst? Viel Glitter, hohe Stiefel, Satinmäntel und Rüschenhemden.

Die Beatles — eine Legende wird wieder modern! Mit dem Beatle-Revival sind die bunten Paradejacken von „Sergeant Pepper's Lonely Hearts Club Band" heute in.

Magst du das Outfit von Ex-Punker Billy Idol, oder findest du vielleicht das Minikleid der sensationellen Rock-Lady Tina Turner gut? Den Look kannst du haben — und oft viel billiger als bei den Stars! Mach mal einen Bummel durch den Flohmarkt oder schau mal in einen Secondhand-Laden rein!

27 Über Popstars

What is the main idea of this article? What words do you recognize?

1. Many pop stars like to wear bizarre, flashy clothes.
2. If you dress like the pop stars you admire, you will be more like them.
3. It is relatively easy to imitate the look of many pop stars.

28 Wer ist das?

Scan the article again, then decide which description fits with which pop star.

1. Madonna
2. Prinz
3. Beatles
4. Billy Idol
5. Tina Turner

a. sensationelle Rock-Lady
b. eine Legende, die wieder modern wird
c. trägt Hot Pants, geknotetes Hemd und ganz viele Metallketten.
d. viel Glitter, hohe Stiefel, Satinmäntel
e. Ex-Punker

29 Beantworte die Fragen!

Read the article again, then answer these questions.

1. How does Madonna create her image?
2. What would you need to wear in order to look like Prinz?
3. What is a good way to find what you need in order to look like your favorite pop star?

Was brauchst du? — Ich brauche ...

ein Stirnband	einen Schal	eine Mütze	einen Hut

eine Halskette	ein Paar Ohrringe	ein Armband	eine Handtasche

30 Was trägst du, wenn du ausgehst?

Frag einen Partner, was er trägt, wenn er ausgeht!
Du sagst ihm dann, was du trägst.

WER IST CHRISTIANE?

Sebastian weiß, wo er heute seine Schwester finden kann, denn die Beatrice sitzt an diesem Tag immer mit Freunden in einem Café.

CHRISTIANE Basti, du siehst heute so fesch aus! Das Tuch da, das ist echt schick!

SEBASTIAN Wirklich?

CHRISTIANE Wirklich! Ist das neu?

SEBASTIAN Das hab ich schon lange.

CHRISTIANE Wirklich?

SEBASTIAN Ja, das ist schon alt.

---

31 Was ist passiert?

Beantworte diese Fragen auf Englisch oder auf Deutsch!

1. Wie begrüßt Christiane den Sebastian? Was bedeutet das?
2. Freut sich der Basti über das Kompliment? Was sagt er?
3. Warum fragt Christiane, ob das Tuch neu ist?
4. Was antwortet Sebastian? Warum sagt er wohl das?

SO SAGT MAN DAS!

Schon bekannt

Giving and responding to compliments

When you want to compliment someone
you might say:

Du siehst heute so fesch aus!
Das Tuch da, das ist echt schick!
Es gefällt mir.

Your friend might respond:

Meinst du?
Wirklich?
Ehrlich?

How might you respond after your friend asks **Wirklich?** or **Meinst du?**

32 Komplimente machen

Such dir an deinem Partner etwas aus, was dir gefällt, und mach ihm oder ihr ein Kompliment! Dein Partner reagiert auf dein Kompliment und macht dir dann auch ein Kompliment. — Die Wörter im Kasten sind nur zur Anregung da.

die Jeans   das Kleid   das T-Shirt   die Weste
der Schal   der Hut   die Stiefel   das Stirnband
das Tuch   die Halskette   der Rock   die Mütze
die Jacke   die Handtasche   die Ohrringe   das Armband

SO SAGT MAN DAS!

Schon bekannt

Expressing wishes when buying things

When you want to buy new clothes, there are a number of expressions you have already learned to use.

The salesclerk might ask you:

Was möchten Sie bitte?
Was bekommen Sie?
Haben Sie einen Wunsch?

**Ja sicher. Welche Größe
brauchen Sie?**

Your response might be:

Ich brauche einen Schal.
Den Taschenrechner da.
**Ja, ich suche eine Mütze. Haben
Sie diese Mütze in Schwarz?**
Größe L.

33 Im Warenhaus Möller

Lies zuerst die Reklame für das Warenhaus Möller! Welche Wörter kennst du? Welche sind dir neu? Dann such dir zwei Sachen aus, die du brauchst! Spiel mit einem Partner die Rollen von Verkäufer und Kunde! Führt ein Verkaufsgespräch! Dann tauscht die Rollen aus! Nicht vergessen: Fragt nach Farbe, Größe und Eigenschaft (z.B., aus Wolle), wenn ihr Kleidungsstücke kauft, und fragt immer nach dem Preis!

IM ANGEBOT
In unserer Bekleidungsabteilung

Gürtel, echt Leder, circa 3 cm breit, in Braun und in Schwarz
DM 17,00

Polohemden, 6 aktuelle Farben, mit halbem Ärmel, alle Größen, 100% Baumwolle
DM 28,50

Ein heißer Tip: Sweatshirts mit Aufdruck, viele Motive, Größen: S, M, L, XL und XXL
DM 19,95

Im Junior-Shop: Pulls für Jungen und Mädchen, 100% Polyacryl, Farben: blau, weiß, rot, pink
DM 24,95

IN UNSERER SCHULABTEILUNG

Taschenwörterbücher	**DM 20,00**
Taschenrechner	**ab DM 24,95**
Schultaschen	**ab DM 13,50**
Etuis	**ab DM 6,80**
Kugelschreiber	**DM 1,50**
Filzstifte	**DM 1,20**
Bleistifte, 6 Stück	**DM 2,10**

Nur diese Woche!
Warenhaus G. Möller

34 Hör gut zu!

Du brauchst ein paar Klamotten. Da hörst du zufällig eine Reklame im Radio für Sachen, die du gern haben möchtest. Schreib dir vier Dinge auf, die du dir gern kaufen möchtest!

35 Was brauchst du?

Such dir eine Partnerin! Beschreibe ihr zwei Sachen, die du in der Reklame gehört hast und die du gern kaufen möchtest! Sag ihr auch, warum du diese Sachen haben möchtest!

Schon bekannt
EIN WENIG GRAMMATIK

For the **möchte**-forms, for nominative and accusative forms of the definite and the indefinite articles, and for third person pronouns, see the Grammar Summary.

ZUM LESEN

Cousin und Kusine verständigen sich, oder?

LESETRICK

Using prereading strategies. There are several things you can do before you begin to read a new text in order to get an idea of what the reading is about. You do these things all the time when reading texts in English without even thinking about it. First, look for visual clues, such as format. Next, read the title and any subtitles. Then skim the text once, looking for cognates and other words you already know. These strategies should give you a good idea of what the reading is about and the kinds of information you can expect to find.

Getting Started

1. Based on the format of the readings, what kind of texts are these?
2. Now read the title. What two pieces of information does the title provide that will help you understand the content of the faxes?

Tip As in English, German uses many compound nouns. The difference is that in German these compound nouns are written as one word: **Tennisturnier**, *tennis tournament*; **Fußballspiel**, *soccer game*. Remember: the gender of the compound noun is that of the last noun in the compound: **das Spiel: das Fußballspiel**. If you understand one or more words within a compound noun, you can usually guess the meaning of the new word.

20, FEB. 98   12:15   5.002

Liebe Andrea,

Mutti sagt, du kommst nach München. Prima! Ich möchte dich gern sehen, nur habe ich dieses Wochenende so viel vor. Lies: Am Samstag von 10 bis 12 Fußballtraining. Von halb zwei bis 4 Uhr ist unser Fußballspiel. Danach fahren wir an den Starnberger See. Dort wollen wir segeln, denn das Wetter wird ideal sein! Dann komm ich erst um 9 Uhr zurück.

Am Sonntagvormittag, von 9 bis 12 Uhr, will ich mit meiner Fahrradclique eine kleine Radtour machen. Zu Mittag bin ich dann wieder zu Hause! So gegen 3 Uhr treff ich mich aber mit meiner Schulclique im Café am Hofgarten. Dort bleib ich bis halb 6. Dann muss ich nach Hause und Hausaufgaben machen.

Ich hoffe, dass ich dich doch irgendwie sehen kann. Ruf doch mal an, wenn du in München bist!

Dein Benjamin

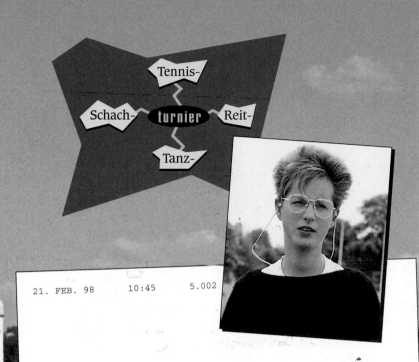

Tennis-

Schach- **turnier** Reit-

Tanz-

21. FEB. 98   10:45   5.002

Lieber Benjamin!

Danke für dein Fax! Schade, dass du dieses Wochenende so viel zu tun hast. Ist das immer so bei dir?

Meine Freundin und ich, wir wollen auch viel unternehmen. Vielleicht willst du irgendwohin mitgehen?

Hier sind unsere Pläne: Am Samstag komm ich so gegen 10 Uhr 30 an. Dann geh ich gleich mit Renate zum Tennisturnier, bis so um 2 Uhr. Um 3 Uhr wollen wir ins Kino gehen, und um 6 Uhr gehen wir ins Freizeitzentrum. Dort bleiben wir bis halb 10.

Am Sonntag, so zwischen 11 und 12 Uhr, wollen wir einen kleinen Stadtbummel machen. Dann gehen wir in ein Café, etwas essen. Von halb vier bis 5 Uhr sind wir dann zu Hause beim Kaffeetrinken. Um halb 7 Uhr geht mein Zug.

Also, was meinst du, können wir uns sehen?

Deine Kusine Andrea

3. Skim both texts quickly, using cognates or other words you already know to help you get the gist of each letter. Place a piece of paper over the readings and, with a partner, try to remember all the words you saw which meant something to you. Based on this information, the most likely topic of this fax exchange is
   a. **eine Einladung**
   b. **Pläne fürs Wochenende**
   c. **was man in den Ferien gemacht hat**
   d. **Schule und neue Freunde**

A Closer Look

4. Reread each letter.
   Together with your partner, try to answer the following questions. Why is Benjamin writing to Andrea? What kind of information is Benjamin giving to Andrea? With what kind of information does Andrea respond?

5. Make a weekend calendar page for Benjamin and another for Andrea. List the times mentioned and next to each, the activity planned. What is the problem?

6. Do you think that Benjamin is very excited about his cousin coming to visit? Why or why not? On what are you basing this inference? Should Andrea count on seeing him?

7. If you received this letter from your cousin, how would you interpret it?

8. Write a letter to a relative of yours who wants to visit you on a busy weekend. Detail all of your plans for him or her. In your letter, you must state whether you plan to see your relative or not. Think of a way to express the following clearly, but politely: a) you do not want to see your relative, b) you do want to get together with him or her. Choose one of these options and write your letter.

CD-ROM
Disc 1

Und was hast du am liebsten?

We asked several German-speaking students about some of their favorite things in a number of categories. First listen to their interviews, then read the texts.

LANDESKUNDE

Tim, *Berlin*

Sandra, *Berlin*

„Volleyball ist mein Lieblingssport, und ich spiel's so gern, weil man da nicht mit dem Gegner zusammentrifft und es deswegen also auch keine Fouls und so gibt wie im Fußball; und ja, deswegen find ich das ganz gut. Hm, ich ess gern Spaghetti und Pizza, alles, was richtig schön viel Kalorien hat, Schokolade auch, und ja, Kaugummi kau ich auch ab und zu, nur so süßsaure chinesische Gerichte esse ich nicht sehr gern."

„Mein Lieblingssport ist Fitness und Jiu-Jitsu, das ist eine Selbstverteidigung, Vollkontakt, macht mir sehr viel Spaß. Ich . . . meine Lieblingsfächer sind Deutsch, Sport und Physik. Biologie mag ich nicht so. Ja, meine Lieblingsbücher stammen zum größten Teil von Stephen King. Die sind recht spannend und, also, hab ich fast alle von. Ja, meine Lieblingskleidung sind also T-Shirts, Jeans, Turnschuhe, außer wenn ich halt ein bisschen besser weggehe, dann halt Lederschuhe und mal 'ne Krawatte mit 'nem schönen Hemd oder 'n Sakko."

Eva, *Bietigheim*

„Also, ich reite, und ich spiel Handball. Und Lieblingsessen, alles, was italienisch ist, so Nudeln, Spaghetti und so was. Und Lieblingskleidung: Es muss gemütlich sein und bequem."

A. 1. Under which five categories do these students' favorites fall? What questions might the interviewer have asked each student to get these responses? Make a grid with the names of the students interviewed and the different categories. Fill in the grid for each student. Identify the phrases in each interview in which a reason is given and add these to your grid.

2. Interview your partner to find out what his or her favorites are in each category and why. Continue the chart. Then switch roles.

3. Are there any students who mentioned the same things as you or your partner? Are the things mentioned very similar to or different from things teenagers in the United States might say?

B. Choose one of the students above who is most like you. Use this interview as a framework and rewrite it for yourself, changing the information to fit you. Use the words and phrases from the chart your partner made about you.

DRITTE STUFE

Making plans; ordering food and beverages; talking about how something tastes

36 Hör gut zu!

Drei Schüler erzählen, was sie alles am Samstag tun. Schreib auf, was jeder zwischen drei Uhr und fünf Uhr macht!

37 Was willst du am Wochenende machen?

Mach eine Liste und schreib auf, was du am Wochenende machen willst! Schreib auf, wann du das alles machst!

38 Was machst du gewöhnlich am Samstag?

Such dir einen Partner und sag ihm, was du gewöhnlich am Samstag zwischen drei und sechs Uhr machst — oder am Sonntag, zwischen sechs Uhr und neun Uhr abends!

SO SAGT MAN DAS!

Schon bekannt

Making plans

When you make plans to do something with your friends, you might ask

your friend:

Was möchtest du machen?
or **Und was willst du machen?**

Your friend might respond:

Ins Kino gehen.
Du, ich will mal echt faulenzen!

What do you think **faulenzen** means?

EIN WENIG GRAMMATIK

Schon bekannt

When you make plans, you need to know the forms of the verbs **wollen** and **möchte**. To review these forms, see the Grammar Summary.

CD-ROM Disc 1

39 Mein Wochenende

Such dir zwei Aktivitäten aus, die du gern machen willst. Frag deinen Partner, ob er mitmachen will! Er fragt dich wann. Tauscht dann die Rollen aus! Dann erzählt euern Mitschülern eure Pläne fürs Wochenende!

Wann?

am Nachmittag   am Abend

von 14 bis 16 Uhr

am Sonntag   um 15 Uhr

Was?

joggen   100-Meter-Lauf   Schach

Bogenschießen   wandern

Leichtathletik   Tennis   Klavier

40 Für mein Notizbuch

Schick deinem Freund ein Fax! Berichte, was du am Wochenende alles machen willst! Du hast bestimmt so viele Pläne wie Benjamin und Andrea (siehe Zum Lesen)!

Bestell was, Basti!

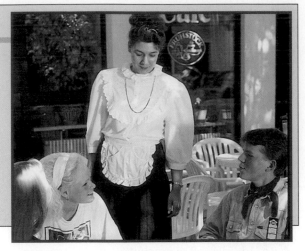

Sebastian sitzt da und weiß nicht recht, was er tun soll. Lies den Text!

BEATRICE Bestell was zu trinken, Basti!
SEBASTIAN Hallo!
BEDIENUNG Ja, bitte?
SEBASTIAN Eine Limo, bitte!
BEDIENUNG Alles?
SEBASTIAN Ja.

BEATRICE Etwas zu essen, Basti?
SEBASTIAN N ... nein.

BEATRICE Komm, iss doch etwas! Ich zahl's dir. Ich lade dich ein.
SEBASTIAN Na gut! – Ein Stück Torte, Himbeertorte für mich.

41 Wer bezahlt?

Lies den Text und beantworte diese Fragen!

1. Was bestellt Basti zu trinken? Was sagt er? — Welche Ausdrücke könnte (*could*) er auch gebrauchen?
2. Dann bestellt er etwas zu essen. Was sagt er? — Was könnte er auch sagen?
3. Warum, glaubst du, will Basti zuerst gar nichts essen?

42 Hör gut zu!

Zwei Schüler sprechen über Dinge, die in den Fotos abgebildet sind. — Schreib die Zahlen 1- 5 auf ein Blatt Papier und daneben den Buchstaben (a. b. c. d. e.) des Fotos, das zu dem Gespräch passt!

a.

b.

c.

d.

e.

SO SAGT MAN DAS!
Ordering food and beverages

Schon bekannt

When ordering at a café or restaurant, the waiter might ask:

Was bekommen Sie?
Und Sie? Was essen Sie?
Und was möchten Sie?

You might ask a friend:

Was nimmst du?
Und du? Was bestellst du?

Your response might be:

Ich möchte eine Suppe, bitte!
Für mich ein Wurstbrot, bitte!
Ich esse ein Käsebrot.

And the response might be:

Ja, ich nehme den Eisbecher.
Ich will im Moment gar nichts.

---

43 Hör gut zu!

Hör dir noch einmal die Schüler von Übung 42 an! Schreib jetzt auf, was jeder sagt, wenn er etwas bestellt (orders) oder kauft!

44 Was möchtest du essen und trinken?

Such dir einen Partner! Einer von euch ist die Bedienung (*waiter* or *waitress*), der andere bestellt etwas zu essen und zu trinken. Gebraucht bei euerm Gespräch die Reklame (*advertisements*) auf Seite 24! Die Bedienung macht dann die Rechnung fertig.

SO SAGT MAN DAS!
Talking about how something tastes

Schon bekannt

Wie schmeckt's?   **Lecker! Gut! Echt prima!**   *oder*
                          Es schmeckt nicht, weil es zu salzig ist.
                          Der Kaffee schmeckt nicht, weil er zu bitter ist.

Schmeckt's?   **Ja, gut! Ausgezeichnet. Sagenhaft!**   *oder*
                          Nicht besonders.

---

45 Wie schmeckt's?

Such dir einen Partner! Seht euch die Reklame auf Seite 24 an! Dein Partner fragt dich, was du da isst. Du sagst es ihm. Dann fragt er dich, wie es schmeckt, und du sagst es ihm auch. Tauscht dann die Rollen aus!

46 Es war echt super!

Such dir zwei Partner! Arbeitet zusammen an einem Gespräch in einem Café! Ihr seid zwei Kunden und eine Bedienung. Denkt an Folgendes:

a. Was wollt ihr essen und trinken?
b. Wie bestellt ihr alles bei der Bedienung?
c. Die Bedienung fragt, was jeder bestellt hat.

d. Ihr fragt, wie es schmeckt.
e. Ihr wollt zahlen, aber einer hat kein Geld dabei.

Das Gespräch soll echt lustig sein. Führt das beste Gespräch auf!

KANN ICH'S WIRKLICH?

Can you ask for and give information about yourself and others? (p. 11)

1 How would you say what your name is, how old you are, and where you live?

2 How would you ask someone what his or her friend's name, age, and place of residence are?

Can you describe yourself and others? (p. 11)

3 How would you ask a friend what a member of his or her family looks like? What would your friend answer if that person is tall and thin, has brown hair and dark eyes, and is very intelligent?

Can you express likes and dislikes? (p. 11)

4 How would you ask someone what he or she likes and doesn't like to do? What would you answer if someone asked you that question?

Can you identify people and places? (p. 13)

5 How would you ask a friend who someone is? Where his or her room is? What might your friend's answers be?

Can you give and respond to compliments? (p. 18)

6 How would you say to someone that he or she looks elegant? How would you respond if someone gave you the same compliment?

Can you express wishes when buying things? (p. 18)

7 How would you tell a salesclerk you would like to buy a hat and a scarf?

Can you make plans? (p. 23)

8 How would you ask a friend what his or her plans are? What might your friend answer?

Can you order food and beverages? (p. 25)

9 How would you order soup, a sandwich, ice cream, and a lemon-flavored drink? What would you tell the waiter if you didn't want anything?

Can you talk about how something tastes? (p. 25)

10 How would you ask someone if his or her food tastes good? How would he or she respond if it did? If it didn't? What reasons might he or she give?

ERSTE STUFE

ASKING FOR AND GIVING IN-FORMATION ABOUT YOUR-SELF AND OTHERS

faul *lazy*
fleißig *hard-working*
intelligent *intelligent*
neugierig *curious*
lustig *funny*
sympathisch *nice, pleasant*
unsympathisch *unfriendly, un-pleasant*
gut gelaunt *in a good mood*
schlecht gelaunt *in a bad mood*
schlank *slender*
dunkel *dark*

FAMILY MEMBERS

beschreiben *to describe*
der Sohn, ⸚e *son*
die Tochter, ⸚ *daughter*
der Zwilling, -e *twin*
das Kind, -er *child*

EXPRESSING LIKES AND DISLIKES

das Hobby, Hobbys *hobby*
  rodeln *sledding*
  fechten *fencing*
  kochen *cooking*

Bogenschießen *archery*
die Leichtathletik *track and field*
der Sport *sports*
  Kugelstoßen *shot put*
  Speerwerfen *javelin throw*
  Diskuswerfen *discus throw*
  Langstreckenlauf *long-distance run*
  100-Meter-Lauf *100 yard dash*
  Weitsprung *long jump*
  Hürdenlauf *hurdling*
  Stabhochsprung *pole vault*

ZWEITE STUFE

DESCRIBING AND COMMENTING ON CLOTHES

das Stirnband, ⸚er *head band*
der Schal, -s *scarf*
die Mütze, -n *cap*

der Hut, ⸚e *hat*
die Halskette, -n *necklace*
der Ohrring, -e *earring*
ein (das) Paar Ohrringe *pair of earrings*

das Armband, ⸚er *bracelet*
die Handtasche, -n *handbag*
das Tuch, ⸚er *scarf*

DRITTE STUFE

MAKING PLANS

Was willst du machen? *What do you want to do?*
Ich will faulenzen! *I want to be lazy!*

TALKING ABOUT HOW SOMETHING TASTES

Wie schmeckt's? *How does it taste?*
ausgezeichnet *excellent*
zu bitter *too bitter*
zu salzig *too salty*
die Suppe, -n *soup*

OTHER USEFUL WORDS AND EXPRESSIONS

echt *really*
bestellen *to order*

KAPITEL

2 Bastis Plan

① Nein, danke! Sag mir lieber, was wir heute tun müssen!

In German families, chores are often shared among family members. Sometimes a plan is drawn up to remind everyone of his or her duties. What are some of the chores you perform at home? Do you sometimes swap chores with other members of the family?

In this chapter, you will review and practice

- expressing obligations; extending and responding to an invitation; offering help and telling what to do
- asking and telling what to do; telling that you need something else; telling where you were and what you bought
- discussing gift ideas; expressing likes and dislikes; expressing likes, preferences, and favorites; saying you do or don't want more

And you will

- listen to German-speaking students talk about helping others
- read about what students like and don't like about their school
- write your plans for the weekend
- find out what German students take when they are invited to someone's house

② Schenkst du dem Opa Pralinen?

Möchtest du noch ein Stück Kuchen?

Los geht's!

Beatrice   **Robert**   **Sebastian**

Vater   **Mutter**

Basti, das Schlitzohr!

The Baumanns are having their breakfast.
What are they talking about? What is Basti's plan?

①

VATER Iss, iss, mein Sohn! Du musst heute noch viel arbeiten.

ROBERT Was muss ich denn heute machen?

②

BEATRICE Nun, schau halt mal auf den Plan drauf!

SEBASTIAN Wenn du willst, können wir tauschen! Du kannst für mich in der Küche helfen, und ich gehe für dich zum Opa.

ROBERT He, prima! Danke dir.

③

	Robert	Beatrice	Basti
		Oma, Opa	Garage
Mo.			
Di.	einkaufen	einkaufen	einkaufen
Mi.	Küchendienst	Küchendienst	Küchendienst
Do.		Fenster!	Müll
Fr.	Oma/Opa		
Sa.	Rasen		
So.			

Wochenplan

SEBASTIAN Wie soll das Wetter sein?

BEATRICE Schön. Das hab ich schon gestern gehört.

MUTTER	Kein Regen! Das passt prima. Da können wir uns bei den Großeltern in den Garten setzen.
ROBERT	Was? Wir gehen zur Oma?
MUTTER	Wir sind zum Kaffee eingeladen.

SEBASTIAN	Okay, wir sehen uns dann heute Nachmittag bei Oma und Opa.
MUTTER	Ja, aber mach dich nicht schmutzig bei der Arbeit!
SEBASTIAN	Aber Mama, kein Problem! Tschau!

VATER	Ja, stimmt! Nein, nein. Ich weiß, um drei Uhr. Was sagst du? Das musst du noch mal wiederholen! Der Basti? So ein Schlitzohr! Na, warte! Ja, bis später! Tschüs!

VATER	Der Basti! Man kann es nicht glauben, so ein Schlitzohr! Er ist gar nicht beim Opa. Der Opa kann ihn heute gar nicht brauchen, er hat gar nichts zu tun. Aber unser Sohn geht zu den Großeltern zum Mittagessen!
MUTTER	Jetzt weiß ich's! Deshalb hat er so schnell mit dem Robert getauscht.

LOS GEHT'S!

1 Was passiert hier?

Verstehst du alles, was die Leute in der
Foto-Story sagen? Beantworte die Fragen!

1. Worüber sprechen die Baumanns?
2. Was muss Robert heute tun?
3. Was sagt Sebastian zu Robert?
4. Was sagt Beatrice über das Wetter?
5. Was meint die Mutter über das Wetter?
6. Wohin gehen die Baumanns am Nachmittag? Warum?
7. Warum ist Basti nicht beim Opa?
8. Welche Aufgaben haben Beatrice, Robert und Basti in dieser Woche?

2 Genauer lesen

Lies den Text noch einmal und beantworte die Fragen!

1. Warum soll Robert viel essen?
2. Welche Aufgaben haben die drei Geschwister heute?
3. Was möchte Basti heute lieber tun?
4. Warum gehen die Baumanns heute Nachmittag zur Oma?
5. Wo können sie heute bei den Großeltern sitzen? Warum?
6. Warum nennt Herr Baumann seinen Sohn ein Schlitzohr?
7. Was bedeutet der Ausdruck „Schlitzohr"? Was meinst du?

3 Stimmt oder stimmt nicht?

Stimmen diese Sätze? Wenn nicht, musst du die richtige Antwort geben.

1. Heute will Sebastian in der Küche helfen.
2. Heute Nachmittag gibt es keinen Regen.
3. Die Baumanns haben die Großeltern zum Kaffee eingeladen.
4. Der Opa ruft Herrn Baumann an.
5. Der Sebastian ist beim Opa und hilft ihm.

4 Welches Wort passt?

Welche Wörter auf der rechten Seite passen in die Satzlücken?

1. Basti will mit Robert _____.
2. Er möchte für Robert zum Opa _____.
3. Robert muss jetzt in der Küche _____.
4. Die Baumanns sind zum Kaffee _____.
5. Alle können heute im Garten _____.
6. Aber Basti ist nicht beim Opa.
   Herr Baumann kann es nicht _____.
7. Der Opa hat für Basti nichts zu _____.
8. Deshalb hat Basti mit Robert _____.

eingeladen	gehen
tun	getauscht
glauben	helfen
sitzen	tauschen

ERSTE STUFE

Expressing obligations; extending and responding to an invitation; offering help and telling what to do

5 Hör gut zu!

Schüler erzählen, was sie so zu Hause alles machen müssen. Mach dir Notizen! (Schreib auf, wer was macht!)

6 Was müssen die Schüler tun?

Ordne jetzt deine Notizen nach drei Gruppen von Arbeiten: Küchendienst, Gartenarbeiten und Persönliches! Dann vergleiche mit einem Partner, was ihr beide aufgeschrieben habt!

SO SAGT MAN DAS!

Schon bekannt

Expressing obligations

Was musst du heute tun?	Ich muss heute den Rasen mähen.
Und dein Bruder, der Robert?	Er muss in der Küche helfen.

7 Was müssen die Schüler tun?

Nimm die Liste, die du für Übung 6 gemacht hast, in die Hand, und berichte vor der Klasse, welche Arbeiten die Schüler von Übung 5 machen müssen! Fang mit den Gartenarbeiten an!

Schon bekannt

EIN WENIG GRAMMATIK

To review the forms of **müssen**, see the Grammar Summary.

8 Basti sagt, er hat so viel zu tun!

Christiane ruft Basti an. Sie möchte irgendwohin gehen, vielleicht ins Kino. Aber der Basti kann heute nicht mitgehen. Er sagt, er hat heute so viel zu tun. Was muss er alles machen? — Such dir einen Partner und spielt die Rollen von Christiane und Basti!

> ins Kino   zu (Monika)
>
>   ins Café Fröhlich
>
> ins Kaufhaus   in die Stadt

WORTSCHATZ

CD-ROM Disc 1

Things to do around the house

putzen   *to clean*
in der Küche helfen   *to help in the kitchen*
die Garage aufräumen   *to clean the garage*
das Auto polieren   *to polish the car*
den Müll wegtragen   *to take out the garbage*
Staub wischen   *to dust*
die Wäsche waschen   *to wash clothes*
die Wäsche trocknen   *to dry clothes*
die Wäsche bügeln   *to iron clothes*

9 Was macht der Basti? Und die anderen?

Lies, was Sebastian sagt, und beantworte die Fragen!

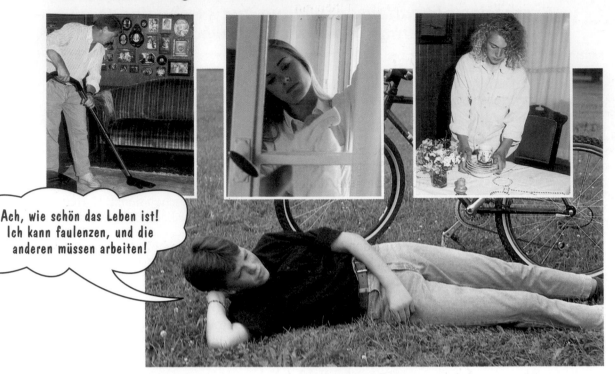

Ach, wie schön das Leben ist! Ich kann faulenzen, und die anderen müssen arbeiten!

1. Was macht Sebastian? Warum?
2. Warum kann der Basti faulenzen?
3. Was müssen seine Geschwister und sein Vater tun?

10 Was musst du zu Hause alles tun?

Mach eine Liste von Arbeiten, die du zu Hause machen musst! Erzähle dann deiner Klasse, was du alles machen musst!

11 Hör gut zu!

You will hear four brief conversations. In each one, someone is being invited somewhere. Determine who accepts and who declines the invitation.

SO SAGT MAN DAS!

Schon bekannt

Extending and responding to an invitation

When extending an invitation, you might say:

Ich gehe heute Abend ins Kino. Kommst du mit?

When accepting you might say:

Ja, gern!
Ich gehe gern mit!

Na, klar!

When declining you might say:

Das geht nicht.
Das geht leider nicht, weil (ich so viele Hausaufgaben hab.)
Ich kann leider nicht, denn (ich muss in die Stadt.)

---

12 Wohin gehst du?

Schreib zwei Orte auf, wo du heute hingehen möchtest! Rechts im Kasten stehen ein paar Ideen.

ins Kino   zum Tennisplatz

in die Disko   in ein Café

in ein Konzert

ins Museum   ins Einkaufszentrum

ins Schwimmbad

13 Kommst du mit?

Such dir einen Partner! Lade ihn ein! Dein Partner geht mit oder nicht.

a. Wenn dein Partner mitgeht, muss er einen Grund angeben.

b. Wenn dein Partner nicht mitgeht, muss er drei Gründe angeben. Er muss sagen, was er zuerst tun muss, dann und danach!

14 Für mein Notizbuch

Mach einen Stundenplan für jeden Nachmittag in der Woche und für das ganze Wochenende! Trag ein, was du wirklich an jedem Tag und zu welcher Zeit tust!

	Montag	Dienstag	Mittwoch	Donnerstag
14-15	–	–		
15-16	Klavier			
16-17	–	Rasenmähen		
17-18	Tennis	Hausaufgaben		
18-19	Küchend.	Fußball		
19-20				

Wann geht's?

Geht's am Montag?

Geht's zwischen 17 und 18 Uhr?

Geht's am Abend?

15 Wann geht's?

Du möchtest nächste Woche an irgendeinem Tag etwas unternehmen, aber nicht allein. Du möchtest, dass ein Klassenkamerad oder eine Klassenkameradin mitgeht. — Such dir also einen Partner! Nimm dein Notizbuch zur Hand und frag deinen Partner, wann er mitkommen kann! Wenn es nicht geht, muss dein Partner einen Grund angeben. Tauscht dann die Rollen aus!

Schon bekannt

EIN WENIG GRAMMATIK

The interrogative **warum?** asks for reasons. When giving reasons, the conjunctions **weil** or **denn** can be used. For word order after **weil** and **denn**, see the Grammar Summary.

16 Wann geht's jetzt?

Wiederhol Übung 15 noch einmal! Jetzt musst du aber deine Ausreden mit einem weil-Satz begründen.

17 Wie oft musst du helfen?

Such dir eine Partnerin! Frag sie, wie oft sie bestimmte Tätigkeiten machen muss! Sie sagt es dir. Tauscht dann die Rollen! — Im Kasten stehen einige „wie oft" Antworten.

einmal
zweimal
in der Woche
im Monat
am Tag

oft
nie
manchmal
jeden Tag

Staub saugen

den Großeltern helfen

den Tisch decken

den Rasen mähen

Staub wischen

einkaufen gehen

die Katze füttern

das Geschirr spülen

18 Hör gut zu!

Drei Schüler beantworten die Frage: Sag mal, wie kann ich dir helfen, oder was kann ich für dich tun? — Schreib auf, was jeder Schüler tun kann und für wen!

SO SAGT MAN DAS!

Schon bekannt

Offering help and telling what to do

When someone wants to help you, he or she might ask:

Kann ich etwas für dich tun?

Was kann ich für dich tun?

Für wen kann ich etwas tun?

Your response might be:

Ja, du kannst in der Küche helfen.

Du kannst für mich Staub saugen.

Du kannst für die Oma einkaufen gehen.

19 Sätze bauen

Wie viele Sätze kannst du bauen? Für wen kannst du etwas tun?

Wer?

Schon bekannt

EIN WENIG GRAMMATIK

For the forms of **können**, see the Grammar Summary.

ihr
du
ich
wir
Basti

können
könnt
kann
kannst

Für wen?

Opa
Oma
Eltern
mich
Christiane

Was?

einkaufen gehen
Staub wischen
Müll wegtragen
Tisch decken
Geschirr spülen
Fenster putzen
Wäsche bügeln

20 Alle möchten helfen.

Setzt euch in Gruppen von vier oder fünf Personen zusammen! Einer von euch hat sehr viel zu tun, und ihr anderen fragt, was ihr für diese Person tun könnt. Hier sind ein paar Ideen:

a.   b.   c.   d.

21 Was könnt ihr für andere tun?

Bildet eine neue Gruppe von vier oder fünf Personen! Jeder fragt einmal, einer antwortet! Die Frage ist: „Was tun wir für andere?" — Tauscht dann die Rollen aus!

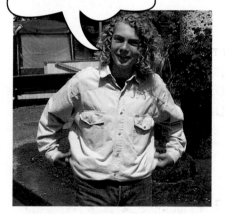

Ich geh für meine Mutter einkaufen.

Für wen?

für dich?   für euch?

Kusine?   für deine   Opa?
           Oma?

Schon bekannt

EIN WENIG GRAMMATIK

For the accusative forms of the personal pronouns and of the possessives, see the Grammar Summary.

CD-ROM Disc 1

22 Viel zu tun!

Frag deine Partnerin, was sie für andere Leute tut! Sie muss dir drei Dinge nennen, und sie muss sagen, wann sie etwas für andere tut und warum. — Tauscht dann die Rollen aus!

Wann?

einmal im Monat

einmal in der Woche

am Montag

am Dienstag

nach der Schule

nach den Hausaufgaben

Warum?

hat keine Zeit

arbeitet den ganzen Tag

kann das nicht mehr tun

ist schon sehr alt

23 Für mein Notizbuch

Schreib in dein Notizbuch, was du für andere Leute tust und warum!

ZUM LESEN

Macht Schule Spaß?

Getting Started

1. Use the prereading strategies you reviewed in Chapter 1 to find out what kind of text this is and what it is about. Try to state in your own words (in German) the two-part question that is the focus of the article.

2. Together with your classmates brainstorm for words and phrases that you know in German which you might expect to find in the student responses.

3. Now skim the interviews and note whether each student mentions what he or she likes, dislikes, or if he or she mentions both. Write each student's name under the correct heading: MENTIONS LIKES, MENTIONS DISLIKES, MENTIONS BOTH.

Eltern - UMFRAGE

Das Pausenklingeln ist die schönste Musik!

*Was Schülern an der Schule gefällt und mißfällt — das zeigt die neue **ELTERN**-Umfrage*

P rima ist der Musikraum unserer Schule, weil man dort die Stereo-Anlage auf 100 db aufdrehen kann.

Tanja, Gymnasiastin, 14 Jahre

I m Schulbus bekommen wir immer viel Spaß. Besonders die Heimfahrt ist gut. Da ist man froh, daß wieder so ein doofer Schultag vorüber ist und ein freier Nachmittag beginnt.

Rolf, Realschüler, 12 Jahre

S chön sind nur die Ferien. Morgens wacht man auf und denkt: Schule und Lehrer, gibt es die überhaupt noch?

Eva, Realschülerin, 14 Jahre

D as Schönste: daß man in der Pause so laut sein darf, wie man will, und sich mit seinen Freunden ausquatschen kann. Das Mieseste: im Unterricht stundenlang still sein müssen, nur antworten, aber sich nicht unterhalten dürfen.

Klaus, Realschüler, 13 Jahre

E s geht nichts über einen fröhlichen, lachenden Lehrer, der nur das Gute für seine Schüler will. Wir haben Herrn Jansen. Wenn er in die Klasse kommt, lacht er gleich. Er hat immer Verständnis, wenn einer einen Fehler macht. Strafe ist für ihn ein Fremdwort.

Christa, Realschülerin, 13 Jahre

*M*eine Mutter macht mir immer ein Super-Pausenbrot. Zum Beispiel ein Dreikörnerbrot mit Zungenwurst und ganz zarten Gurkenscheiben darunter. Das schmeckt so gut, daß ich den sonstigen Mist in der Schule vergesse.

Bernd, Grundschüler, 10 Jahre

*D*as Beste an der Schule ist, daß man morgens etwas zu tun hat. Sonst müßte man zu Hause bei der Hausarbeit helfen. Das wäre noch schlimmer.

Volker, Realschüler, 13 Jahre

*A*m besten: die Getränkeautomaten. Am schlechtesten: das Diktatschreiben.

Werner, Grundschüler, 9 Jahre

*F*ür mich könnte der ganze Lehrplan nur aus Sport bestehen: Badminton, Handball, Fußball, Schwimmen, Turnen, Leichtathletik. Beim Sport fühle ich mich gut. Das Schwitzen dabei ist sogar gesund. Das Schwitzen bei einer Klassenarbeit dagegen macht krank.

Tim, Gymnasiast, 14 Jahre

*A*m besten ist Biologie, weil man da so viel über Tiere und Pflanzen erfährt. Am schlechtesten ist Mathematik, weil man da so scharf denken muß, nichts versteht und sich so leicht vertut.

Dieter, Gymnasiast, 14 Jahre

*D*as Schlimmste ist für mich der Müllhaufen auf dem Schulhof, wenn viele Mitschüler ihren ganzen Dreck abladen: Dosen von Joghurt und Pudding, Papier von Schokolade und Tüteneis.

Sara, Realschülerin, 14 Jahre

*S*aumäßig ist die Luft in unserem Klassenzimmer. Es riecht immer nach faulen Eiern, nach abgestandener Buttermilch oder alten Pantoffeln. Schön ist, wenn unsere Deutschlehrerin reinkommt und einen herrlichen Duft verbreitet. Sie steht nämlich auf Chanel.™

Nicole, Realschülerin, 14 Jahre

4. For those who mention both likes and dislikes, find out which sentence(s) expresses the negative and which the positive aspects of school. Cognates and words you already know should give you enough information.

A Closer Look

5. What does Tanja like best at school? Notice she says one can do something with the stereo. What might **aufdrehen** mean?

6. Rolf mentions riding the school-bus and says the **Heimfahrt** is especially good. He can either be referring to the ride to school or home again. Read the next sentence and try to determine the meaning of **Heimfahrt.**

7. Read the interviews more closely and use context and the chart you made to help you determine the meaning of the following words:
   Klaus: **ausquatschen**
   Christa: **Verständnis**
   Volker: **Hausarbeit**
   Tim: **Schwitzen**
   Dieter: **Pflanzen**

8. During **Austauschwoche,** a group of Austrian students will be paired up with the students interviewed here. You've been given information about the Austrian students, and you must pair each person below with one of the students interviewed.
   BEATE: very athletic
   HANS: an understanding teacher is the best thing
   ULRIKE: dislikes doing housework
   MARIO: interested in zoology, botany
   NORBERT: enjoys talking with friends
   SONJA: likes to listen to loud music

ZWEITE STUFE

Asking and telling what to do; telling that you need something else; telling where you were and what you bought

24 Hör gut zu!

Zwei Schüler haben Küchendienst. Sie sagen, was sie heute einkaufen müssen und wo sie alles kaufen!

Bausinger

SUPERANGEBOT:

Trauben
blau, Kl.I, 1 kg **1,90**

Erdbeeren
aus Italien, 250g **1,49**

Himbeeren
200g Schale **2,99**

Äpfel
Jonathan, 1kg **2,98**

Bananen
1kg **2,29**

Hackfleisch
täglich frisch!, 100g **1,99**

Aufschnitt
Spitzenqualität!, 100g **1,89**

Hähnchen
1kg **7,99**

Schweinebraten
ohne Knochen, 1 kg **8,99**

STARK IM PREIS!

Kartoffeln
3 kg-Beutel **2,39**

Tomaten
aus Holland
500g **1,99**

Kopfsalat
Klasse I
Stück **-,99**

Radieschen
Bund **-,80**

Zwiebeln
Klasse II
1kg **-,79**

Tilsiter
deutscher Schnittkäse
100g **1,39**

Frische Milch
3,8% Fett
1 Liter **1,49**

Markenbutter
Kl. I, aus dem Allgäu
250g **1,99**

Sahnejoghurt
verschiedene Sorten
150 g-Becher **-,69**

Diätmargarine
250 g-Becher **-,99**

Unsere Öffnungszeiten:

| Mo – Fr. | 9.00 — 12.30
14.00 — 20.00 | Samstag | 8.30 — 16.00 |

Für Druckfehler keine Haftung!

WORTSCHATZ

Obst und Gemüse

| Bananen | Zwetschgen | Pfirsiche | Spinat | grüne Bohnen | Erbsen |

25 Was gibt's im Angebot?

Such dir einen Partner! Du bewunderst verschiedene Angebote bei Bausinger. Dein Partner stimmt zu und sagt, dass die Ware auch gar nicht so teuer ist. Tauscht dann die Rollen aus!

BEISPIEL — **Die Pfirsiche sehen lecker aus!**
— **Stimmt! Und sie sind sehr preiswert. Nur zwei zwanzig das halbe Kilo!**

SO SAGT MAN DAS!

Schon bekannt

Asking and telling what to do

Someone who wants to help you might ask:

Was soll ich jetzt tun?
Wo soll ich das Brot kaufen?

Your response might be:

Geh bitte für mich einkaufen!
Kauf es doch beim Bäcker!

---

26 Was soll ich kaufen?

Du musst einkaufen gehen. Deine Mutter gibt dir einen Einkaufszettel. Du liest, was du alles kaufen sollst, und du willst wissen, wo du alles kaufen sollst. — Such dir einen Partner und spielt diese Rollen! Tauscht dann die Rollen aus!

1/2 Pfd. Butter
1 kg Trauben
250 g Erdbeeren
100 g Aufschnitt
1 kg Zwiebeln
1 Liter Milch

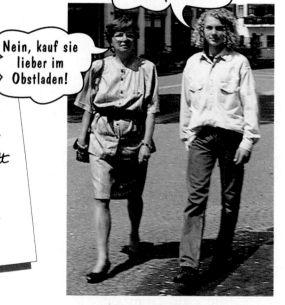

Sag mal, wo soll ich die Trauben kaufen? Im Supermarkt?

Nein, kauf sie lieber im Obstladen!

Schon bekannt

EIN WENIG GRAMMATIK

For the forms of **sollen** and the **du**-commands, see the Grammar Summary.

Wo?

beim Bäcker?
im Supermarkt?
im Obst- und Gemüseladen?
beim Metzger?

---

27 Hör gut zu!

Der Gemüsemann kommt auch heute noch mit seinem Kombi in viele Wohngegenden und ruft mit lauter Stimme seine Ware und die Preise aus. — Schreib fünf Artikel auf, die du kaufen willst!

SO SAGT MAN DAS!

Schon bekannt

Telling that you need something else

To ask if someone needs something
else, you might ask:

Was bekommen Sie noch?

Haben Sie noch einen Wunsch?
Sonst noch etwas?

Your response might be:

**Ein Kilo Tomaten, und dann
bekomme ich noch eine Gurke.**
Nein, danke!
Danke, das ist alles.

28 Sonst noch etwas?

Such dir einen Part-
ner! Dein Partner
spielt den Gemüse-
mann oder die
Gemüsefrau, und du
kaufst die Artikel, die
du auf den Zettel
geschrieben hast.
Tauscht dann die
Rollen aus!

29 Hör gut zu!

Vier Schüler sagen, was sie gekauft haben, in
welchen Geschäften sie waren und warum sie dort eingekauft haben. Mach dir Notizen!

a. Schreib auf, in welchen Geschäften jeder war!
b. Schreib auf, warum sie dort eingekauft haben!

SO SAGT MAN DAS!

Schon bekannt

Telling where you were and what you bought

To ask a friend where he was
and what he did, you might ask:

Wo warst du?
**Was hast du im Supermarkt
gekauft?**
Warst du auch beim Metzger?

His response might be:

Beim Bäcker und im Supermarkt.
Die Milch und die Eier.

**Ja, dort hab ich das Fleisch
gekauft.**

30 Das Angebot ist groß!

Du kommst vom Einkaufen zurück und hast die Lebensmittel, die unten abgebildet sind, gekauft. Wo warst du? Warst du im Supermarkt? Im Obst- und Gemüseladen? Beim Metzger? Deine Mutter will es wissen. Wenn du die Artikel woanders gekauft hast, dann sag warum! — Such dir einen Partner und spielt diese Rollen!

MUTTER **Wo hast du das Brot gekauft? Im Supermarkt?**

DU **Nein, ich war beim Bäcker.**

MUTTER **Du warst beim Bäcker?**

DU **Dort ist das Brot immer frisch!**

Warum?

Dort ist alles nicht so teuer!

Dort ist (das Brot) immer frisch!

Dort muss ich nicht lange warten.

Die Verkäufer sind so nett.

Der (Bäcker) ist nicht so weit von hier.

Schon bekannt

EIN WENIG GRAMMATIK

For the past tense forms of **sein**, the **war**-forms, see the Grammar Summary.

CD-ROM
Disc 1

CD-ROM Disc 1

Was nimmst du mit, wenn du irgendwo eingeladen bist?

We asked people from around Germany what they bring with them when they are invited somewhere. First listen to the interviews, then read the texts.

LANDESKUNDE

Sandra, *Stuttgart*

„Also, wenn ich zu 'ner Geburtstagsfete eingeladen bin, dann nehm ich meistens ein Geschenk mit, zum Beispiel 'ne CD, also grad' von 'ner Lieblingsgruppe, oder 'ne Single einfach. Oder wenn die Person halt gerne was liest, dann ein Buch. Und wenn es 'ne ganz normale Party ist, dann nimmt man irgendwas zum Knabbern, oder 'nen Salat, oder ir- gendwelche Snacks halt mit."

Martina, *München*

„Also, wenn ich zu 'ner Fete eingeladen bin und ein Geschenk mitbringe, dann richte ich mich eigentlich immer nach dem Gastgeber und versuche dann, also irgendwie schon so seinen ... Dings ... zu entsprechen, dass das für ihn was Schönes ist. Also nicht nur 'nen Blumen- strauß oder 'ne Flasche Wein, das sollte dann schon irgend- wie passen."

Julia, *Hamburg*

„Also, wenn es ein Geburtstag ist, dann überlege ich mir ein Geschenk, was zu der Person passt. Und wenn es einfach so 'ne Einladung ist zu 'ner Feier, dann nehm ich eigentlich gar nichts mit, also nur für mich dann, wenn ich irgendwas mitnehme, brauche oder so. Sonst eigentlich nur zum Geburtstag oder zu irgend- einem Anlass."

A.
1. Skim over the interviews again and find as many words as you can that are men- tioned as possible gifts. Julia and Sandra mention two different types of occasions that would influence what they would bring. What are the two kinds of occasions? (*Hint:* they state under what conditions they would bring certain gifts. Do you re- member the conjunction that signals a condition?) What gifts would they bring for each kind of occasion?
2. Although social customs are always changing, many long-held traditions are still important in German-speaking countries today, especially those concerning social courtesies. In general, when one is invited to someone's home, it is customary to bring flowers for the host or hostess. Read Martina's interview again. What does she say she would not give as a present? Why does she say this? How well do you think she knows the people she has in mind?

B. Think about how you would answer the interview question. Are there any particular customs where you live or where your family is from? How do these customs compare to German customs?

DRITTE STUFE

Discussing gift ideas; expressing likes and dislikes; expressing likes, preferences, and favorites; saying you do or don't want more

31 Hör gut zu!

Vier Schüler brauchen Geschenke. Sie sagen, was sie schenken möchten und wem. Mach dir Notizen! Schreib auf, was für ein Geschenk jeder Schüler kauft und wem er es schenkt!

WORTSCHATZ

CD-ROM
Disc 1

Geschenke
Für jede Gelegenheit

CDs
ab 28,95

Wecker
ab 17,95

Armbanduhren
ab 33,95

Gemälde
ab 49,95

Blumenstrauß
ab 19,95

Bücher
ab 12,50

Radios
ab 39,95

Tennisschläger
ab 54,95

SO SAGT MAN DAS!

Schon bekannt

Discussing gift ideas

To find out what someone is giving as a gift, you might ask:

Was schenkst du deiner Mutter zum Geburtstag?

Was kaufst du deinem Vater?
Wem gibst du den Blumenstrauß?
Was schenkst du **deinem Opa?**

Your response might be:
Ich schenke **ihr** Schokolade.

Ich kauf **ihm** ein Gemälde.
Meiner Oma.
Ich weiß noch nicht. Hast du eine Idee?

32 Wer? Wem? Was?

Wie viele Sätze kannst du bauen?

wer?

meine Schwester ich mein Bruder wir

schenken kaufen geben

wem?

meine Mutter mein Freund meine Oma meine Freundin mein Vater meine Kusine mein Opa

was?

Buch Tennisschläger Wecker Klamotten Ring aus Silber Blumenstrauß Armbanduhr Gemälde

33 Was schenkst du?

Schreib deine eigene Geschenkliste! Wem schenkst du was? — Dann such dir einen Partner! Frag ihn, was er schenkt und wem! Tauscht dann die Rollen aus!

Schon bekannt

EIN WENIG GRAMMATIK

For the dative forms of **mein** and **dein,** and the dative personal pronouns, see the Grammar Summary.

34 Hör gut zu!

Drei Schüler sagen, was sie mögen und was sie nicht mögen. Mach dir Notizen!

SO SAGT MAN DAS!

Schon bekannt

Expressing likes and dislikes

You might ask someone what he or she likes or does not like by saying:

Was für Geschenke **magst du?**

Was **magst du nicht?**
Magst du Horrorfilme?

His or her response might be:
Ich **mag** alles: Bücher, CDs, Klamotten und so.
Pralinen **mag** ich **nicht.**
Und wie!

35 Eine Umfrage in der Klasse

Setzt euch in einer großen Gruppe zusammen! Das Thema lautet: „Wer mag was für Geschenke?"

a. Einer von euch fragt alle anderen Mitschüler, und ein anderer schreibt das Ergebnis auf.

b. Ein Dritter liest dann das Ergebnis der Klasse vor. Zum Beispiel: Drei mögen ...

Schmuck   Wecker   Radio

Sportartikel   super Klamotten   Bücher

Blumen

Parfüm   Musikkassetten   CDs

Schon bekannt

EIN WENIG GRAMMATIK

For the forms of **mögen**, see the Grammar Summary.

36 Was magst du?

Such dir einen Partner! Frag ihn, was er alles mag und warum! Er muss einen Grund angeben.

BEISPIEL   DU   **Was magst du zum Geburtstag?**
PARTNER   **Eine CD mit Country, denn das hör ich gern. Oder ja, ein Buch, weil ich gern lese und Bücher sammle.**

37 Hör gut zu!

Vier Schüler sagen, was sie lieber mögen und was sie am liebsten mögen. Mach dir Notizen! Vergleiche dann deine Notizen mit den Notizen von deinem Partner!

SO SAGT MAN DAS!

Schon bekannt

Expressing likes, preferences, and favorites

To find out what someone likes or prefers, you might ask:

Was für Filme **siehst** du **gern**?
Magst du zum Geburtstag **lieber** eine CD oder ein Buch?
Welche CDs **magst** du **am liebsten**?

The response might be:

Ich **sehe gern** Actionfilme.
Lieber ein Buch.

Am liebsten mag ich die CDs von Matthias Reim.

38 Was magst du gern? Nicht gern?

Schreib auf eine Liste die Dinge, die du gern und nicht gern isst oder trinkst! Dann ordne die einzelnen Posten (*items*) auf deiner Liste! Was steht ganz oben? Was steht ganz unten?

Cola   Kaffee   Kuchen

Pizza   Fleisch   Pralinen

Fisch   Milch   Äpfel

Leber   Spinat   Brokkoli

39 Wirklich? Das isst du gern?

Such dir einen Partner! Frag ihn, was er besonders gern isst oder trinkt und was er nicht gern isst oder trinkt! Gebrauche in deinen Fragen die Wörter im Kasten rechts! — Tauscht dann die Rollen aus!

BEISPIEL   DU   **Was isst du besonders gern?**
          PARTNER   **Fisch ess ich besonders gern.**
          DU   **Und was isst du nicht gern?**
          PARTNER   **Leber ess ich nicht gern.**

40 Hör gut zu!

Vier Schüler sind beim Essen. Wer mag mehr? Wer mag nichts mehr? Welche Gründe geben sie an? Mach dir Notizen!

furchtbar gern
besonders gern
sehr gern
——— gern ———
nicht gern
gar nicht gern
überhaupt nicht gern

Schon bekannt

SO SAGT MAN DAS!

Saying you do or don't want more

Here's how someone might ask you if you want more of something:

     Möchtest du **noch etwas?**
     Willst du **noch was?**
     Und du? Auch **noch eine Semmel?**
     Magst du **noch einen Saft?**

Your response might be:
     Ja, bitte! **Noch eine Semmel!**
     Ja, **noch eine Bratwurst.**
     Nein, danke! **Keine Semmel mehr.**
     Nein, **keinen Saft mehr.** Ich habe **keinen Durst mehr.**

Schon bekannt

EIN WENIG GRAMMATIK

The phrase **noch ein** means *another*. For the forms of **ein** and **kein**, used to "negate" nouns, see the Grammar Summary.

Semmeln

Eis

Saft

Leberkäs

Cappuccino

Bratwurst

Brezel

Kartoffelsalat

41 Noch etwas?

Du sitzt mit deinem Freund oder mit deiner Freundin in einem Café. Mag er oder mag sie noch etwas zu essen oder zu trinken? Frag mal! — Tauscht dann die Rollen aus!

42 Ein kurzer Besuch in München

Nach einer Fahrt mit dem Nachtzug bist du mit deiner Deutschklasse eben in München angekommen. Ihr habt ein großes Programm vor! Ihr wollt euch die Innenstadt ansehen und vielleicht auch ein Museum besuchen. Aber alle haben erst mal großen Hunger, und ihr wollt zuerst etwas essen. Ihr geht an einen Imbissstand und lest die Anschlagtafeln. Such dir einen Partner, und schreib mit ihm ein Gespräch auf, das Folgendes enthalten muss!

1. was es zu essen und zu trinken gibt
2. was ihr mögt und was ihr nicht mögt
3. was euch zu teuer ist
4. was ihr bestellt
5. wie alles schmeckt
6. wer noch etwas bestellen will

Dein Partner hat mit einem 20-Euro Schein für seine Bestellung (*order*) bezahlt. Er hat das gezeigte (*shown*) Wechselgeld zurückbekommen. Was hat er bestellt?

Menu (Anschlagtafel):

2 Paar Schweinswürstl 5.50
mit Kraut o. Semm
1 St. Schweinsbratwürstl
mit Semmel/Senf
1 St. Brühpolnische 4.00
mit Semmel/Senf
1 St. Currywurst 4.00
mit Semmel/Ketchup
2 Paar Wiener 4.00
mit Senf
2 St. hausgemachte 4.20
Münchn. Weißwürste 4.20
1 Port. Pommes frites 2.50
1 Semmel —.40 1 Breze —.50
1 Coca-Cola / Fanta 1.80
mit Einsatz
1 Port. Sauerkraut 1.50

43 ROLLENSPIEL

Such dir zwei Partner und spielt die folgende Szene!
Entwerft zuerst einen Speisezettel für eine Imbissstube! Benützt dazu ein großes Stück festes Papier! Danach übernimmt einer die Rolle vom Verkäufer, die beiden anderen die Rollen von zwei Kunden.

a. Die Kunden lesen den Speisezettel und unterhalten sich darüber. Dann bestellt jeder etwas. Frag, was jedes Gericht kostet, und ob du von einem noch etwas haben kannst.

b. Beim Essen unterhaltet ihr euch darüber, wie alles schmeckt, ob ihr mehr von einem Gericht haben oder lieber noch etwas anderes essen wollt.

c. Danach sprecht ihr über eure Pläne, denn ihr wollt ja noch viel sehen. Was müsst ihr noch alles tun, bevor ihr München wieder verlassen müsst?

KANN ICH'S WIRKLICH?

1 How would you ask a friend what he or she has to do at home? How would your friend say he or she has to help in the kitchen, wash clothes, and take out the garbage?

2 How would you tell someone you are going to the movies, and ask that person if he or she is coming along? How would that person

a. accept your invitation?
b. decline your invitation and give a reason?

3 How would you ask your mother what you can do for her? How would she say you can polish her car and go grocery shopping?

4 How would you ask your grandmother where you are supposed to buy the bread? How would she tell you to buy it at the baker's?

5 How would a salesperson ask you if you want something else? How would you say

a. that you need one kilo of plums?   b. that "that will be it"?

6 How would your grandmother ask you where you were and what you bought there? How would you answer that you bought meat at the butcher's and beans and peaches at the supermarket?

7 How would you ask a friend what he or she is giving

a. his father?   b. her mother?   c. his grandparents?

8 How would your friend answer that she is giving

a. a radio to her father?
b. a silver ring to her mother?
c. tennis rackets to her grandparents?

9 How would you ask someone what kind of movies he or she likes? How would that person say he or she likes action movies but doesn't like horror movies?

10 How would you say you like reading books but you like listening to CDs the best?

11 How would you ask a friend if he or she wants another banana? How would your friend answer that he or she

a. wants another one?   b. doesn't want another one?

ERSTE STUFE

THINGS TO DO AROUND THE HOUSE

putzen *to clean*
in der Küche helfen *to help in the kitchen*
die Garage aufräumen *to clean the garage*
das Auto polieren *to polish the car*
den Müll wegtragen *to take out the garbage*
Staub wischen *to dust*
die Wäsche waschen *to wash clothes*
die Wäsche trocknen *to dry clothes*
die Wäsche bügeln *to iron clothes*

ZWEITE STUFE

FOOD ITEMS

die Zwetschge, -n *plum*
die Banane, -n *banana*
der Pfirsich, -e *peach*
die (grüne) Bohne, -n *(green) bean*
die Erbse, -n *pea*
der Spinat *spinach*
die Gurke, -n *cucumber*

TELLING YOU NEED SOMETHING ELSE

Sonst noch etwas? *Anything else?*

DRITTE STUFE

GIFT IDEAS

das Gemälde, - *painting*
der Ring, -e *ring*
  aus Silber *made of silver*
  aus Gold *made of gold*

OTHER WORDS AND EXPRESSIONS

der Durst *thirst*
  Durst haben *to be thirsty*
Willst du noch was? *Do you want anything else?*

die Schokolade *chocolate*
das Radio, -s *radio*

der Tennisschläger, - *tennis racket*
der Wecker, - *alarm clock*

3

Wo warst du in den Ferien?

① Was hast du fotografiert?

KAPITEL

3

Wo warst du in den Ferien?

① Was hast du fotografiert?

German students have many opportunities to travel, sometimes with their families, sometimes with friends. They like to take photos or make films of the exciting new places they visit. Do you like to travel? What kinds of places do you like to visit? To talk about places you have seen and how much you liked them, you need to learn several new expressions.

In this chapter you will learn

- to report past events, talking about activities
- to report past events, talking about places
- to ask how someone liked something, to express enthusiasm or disappointment, to respond enthusiastically or sympathetically

And you will

- listen to students talk about their vacations
- read reports about such places as Frankfurt, Dresden, and St. Ulrich, Austria
- write about your own weekend and vacation activities
- find out how Germans spend their vacation time

② Ich war in den Bergen, in Tirol.

③ Was habt ihr in den Ferien gemacht?

Los geht's!

Frank

Lehrerin

Unser Film- und Fotoclub

You are going to meet some members
of the Film and Photo Club at Basti's school.
What do you think these young people
are talking about?

Nun, wie waren eure Ferien? Habt ihr viel gesehen? Habt ihr auch viel gefilmt und fotografiert?

An Sebastians Gymnasium gibt es einen Film- und Fotoclub. Frau Sabine Brucker, die Biologie- und Sportlehrerin, leitet den Klub. Die langen Sommerferien sind vorüber, und heute sind die Klubmitglieder zum ersten Mal im neuen Schuljahr zusammengekommen. Die Schüler unterhalten sich angeregt: heute können sie nämlich zeigen, was sie in den Ferien gefilmt oder fotografiert haben. Drei Leute haben sogar ein Video mitgebracht.

Mein Vater hatte in Dresden zu tun, und ich bin mitgefahren.

Wie hat dir Dresden gefallen?

Phantastisch!

Das freut mich! Dann erzähl uns mal etwas über Dresden!

FRANK August der Starke hat Dresden im 18. Jahrhundert zu einer der schönsten deutschen Barockstädte gemacht. Ich hab das Schloss gesehen, den Zwinger — das ist ein phantastisches Kunstmuseum, weltbekannt! Ich bin in Dresden mit meinem Vater in die Oper gegangen, in die berühmte Semperoper. Wir haben Beethovens „Fidelio" gehört. Überall baut man in Dresden, denn die Stadt wurde 1945 fast total zerstört. Über 35 000 Menschen verloren in einer Nacht das Leben.

Dresden

KAPITEL 3   Wo warst du in den Ferien?

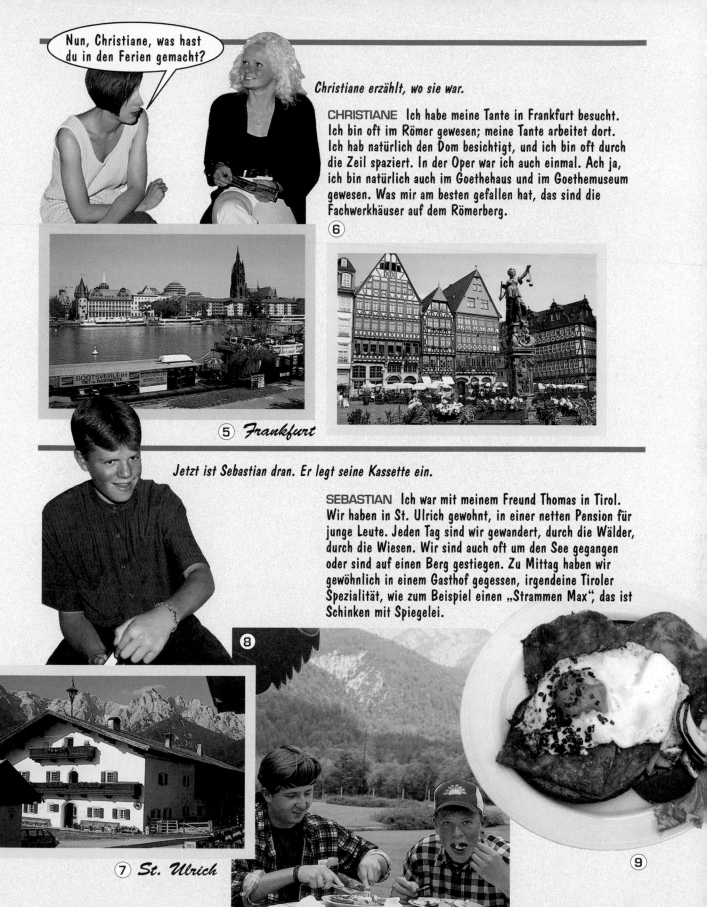

Nun, Christiane, was hast du in den Ferien gemacht?

Christiane erzählt, wo sie war.

CHRISTIANE Ich habe meine Tante in Frankfurt besucht. Ich bin oft im Römer gewesen; meine Tante arbeitet dort. Ich hab natürlich den Dom besichtigt, und ich bin oft durch die Zeil spaziert. In der Oper war ich auch einmal. Ach ja, ich bin natürlich auch im Goethehaus und im Goethemuseum gewesen. Was mir am besten gefallen hat, das sind die Fachwerkhäuser auf dem Römerberg.

⑥

⑤ *Frankfurt*

Jetzt ist Sebastian dran. Er legt seine Kassette ein.

SEBASTIAN Ich war mit meinem Freund Thomas in Tirol. Wir haben in St. Ulrich gewohnt, in einer netten Pension für junge Leute. Jeden Tag sind wir gewandert, durch die Wälder, durch die Wiesen. Wir sind auch oft um den See gegangen oder sind auf einen Berg gestiegen. Zu Mittag haben wir gewöhnlich in einem Gasthof gegessen, irgendeine Tiroler Spezialität, wie zum Beispiel einen „Strammen Max", das ist Schinken mit Spiegelei.

⑧

⑦ *St. Ulrich*

⑨

1 Was passiert hier?

Hast du „Unser Film- und Fotoclub" verstanden? Versuche, die folgenden Fragen (auf Deutsch oder Englisch) zu beantworten!

1. Warum kommen heute die Schüler zusammen?
2. Wer ist Frau Brucker?
3. Was erzählen die drei Schüler?
4. Wo war Frank und warum?
5. Was hat Christiane während der Ferien gemacht?
6. Wo war Sebastian und mit wem?

2 Genauer lesen

1. Was hat Frank in Dresden gesehen und gemacht?
2. Warum erwähnt (*mentions*) Frank das Jahr 1945?
3. Was hat Christiane besichtigt? Was hat ihr am besten gefallen?
4. Wo hat Basti in Tirol gewohnt?
5. Was haben er und sein Freund gemacht?
6. Warum erwähnt er den „Strammen Max"?

3 Was passt?

Welche Wörter auf der rechten Seite passen in die Satzlücken?

SEBASTIAN Mein Freund Thomas und ich, wir haben in St. Ulrich __1__. Jeden Tag sind wir __2__. Wir sind um den See __3__ oder auf einen Berg __4__. Zu Mittag haben wir gewöhnlich in einem Gasthaus __5__.

CHRISTIANE Ich habe meine Tante in Frankfurt __6__. Ich bin im Römer __7__, ich hab den Dom __8__ und bin durch die Zeil __9__. Die Fachwerkhäuser am Römerberg haben mir am besten __10__.

besichtigt   gestiegen
besucht
gewandert
gefallen
gewesen
gegangen
gewohnt
gegessen
gelaufen   spaziert

4 Wo ist das?

Such dir einen Partner! Nenne ihm ein Wort aus dem Kasten, und er muss dir sagen, mit welcher Stadt oder mit welchem Ort dieses Wort assoziiert ist. Die drei Orte sind: Dresden, Frankfurt und St. Ulrich. — Tauscht dann die Rollen aus!

BEISPIEL   DU   **eine Barockstadt**
                PARTNER   **Das ist Dresden.**

August der Starke   Gasthof   kleine Pension   Wiesen

Goethe   Fachwerkhäuser   Römer   Zwinger   Zeil

Barockstadt   Oper   See   Schloss   Elbe

Dom   Berge   Main   Goethehaus   Semperoper

5 Hör gut zu!

Vier Schüler haben sehr aktive Ferien gehabt und berichten darüber. Schreib von jedem Schüler drei Dinge auf, die er gemacht hat!

SO SAGT MAN DAS!

Reporting past events, talking about activities

When asking someone about something in the past, you ask:

> Was hast du in den Ferien gemacht?

> Was hat Sebastian in Tirol gemacht?

And the response might be:

> Ich habe meine Tante in Frankfurt besucht. Ich habe den Dom besichtigt und bin oft durch die Stadt spaziert.

> Er hat in St. Ulrich gewohnt. Er ist dort viel gewandert, und er hat gefilmt und fotografiert.

WORTSCHATZ

Was macht ihr im Filmclub?

Wir sprechen über:

Wir fotografieren mit einer Kamera.

Ich filme mit einer Videokamera.

Videos

Filme

Ich bediene den Videorecorder/die Kamera.

Dias

Ich lege ein Video ein.

Ich nehme das Video heraus.

Farbbilder

6 Und du?

Such dir einen Partner! Stellt euch diese Fragen und beantwortet sie!

1. Was filmst du oder fotografierst du gewöhnlich?
2. Was für eine Kamera hast du? War das ein Geschenk, oder hast du die Kamera selbst gekauft?
3. Kaufst du einen Film für Dias oder für Farbbilder?
4. Hast du einen Videorecorder? Was für einen?
5. Was sind deine Lieblingsmotive, wenn du fotografierst?
6. Wann hast du die letzten Fotos gemacht? Was hast du fotografiert?

7 Was hast du in den Ferien gemacht?

Sag vier Dinge, die du in den Ferien gemacht hast! Im Kasten sind ein paar Ideen.

ICH HABE ...	ICH BIN ...
☐ Freunde besucht	☐ viel geschwommen
☐ viel gearbeitet	☐ zu Hause geblieben
☐ eine große Fete gemacht	☐ viel gewandert
☐ viel Tennis gespielt	☐ oft ins Kino gegangen
☐ viel gelesen	☐ nach (Denver) gefahren
☐ viele Videos geschaut	☐ Wasserski gelaufen
☐ sehr oft gefaulenzt	☐ in (Kalifornien) gewesen
☐ eine Reise gemacht	☐ viel schwimmen gegangen
☐ (Orlando) besichtigt	
☐ einen Sommerkurs besucht	

8 Was war los?

Lies den Text **Los geht's!** noch einmal! Welche Sätze erkennst du, die die Vergangenheit (*past*) ausdrücken? Schreib die Sätze in gekürzter Form auf einen Zettel!

BEISPIEL   **Die Klubmitglieder sind zusammengekommen.**
Sie haben in den Ferien gefilmt.
Ich bin in die Oper gegangen.

GRAMMATIK   The conversational past

1. When talking about past events, you use the conversational past tense. It consists of the present tense forms of **haben** or **sein** and a form of the verb, called the *past participle*.

   Ich **habe** meine Tante **besucht**.
   Ich **bin** um den See **gegangen**.

2. Most past participles have the prefix **ge-: gemacht, gelesen.**
3. The past participles of so-called regular or weak verbs end in **-t: machen, er macht, er hat (Ferien) gemacht.**
4. The past participles of so-called irregular or strong verbs end in **-en**, like the infinitive: **lesen, liest, er hat (Zeitung) gelesen.** Some have other changes: **gehen, geht, er ist gegangen; bleiben, bleibt, sie ist geblieben.**

5. The past participles of verbs ending in **-ieren** do not have the prefix **ge-**: fotografieren, er fotografiert, er hat (viel) fotografiert.
6. The past participles of verbs that already have an inseparable prefix do not add the prefix **ge-**: besuchen, er besucht, er hat besucht; gefallen, es gefällt mir, es hat mir gefallen.
7. The past participle of verbs that have a separable prefix keep the **ge-**: **mitkommen, er kommt mit, er ist mitgekommen; aussehen, sie sieht (nett) aus, sie hat (nett) ausgesehen.**
8. Most verbs in German are regular or weak. Therefore, unless you have learned otherwise, form the past participle with **-t**, the prefix **ge-**, and the auxiliary **haben.**
9. Here are some past participles of verbs that you should know.

WEAK VERBS	STRONG VERBS	VERBS WITH **sein**
hat gearbeitet	hat gegeben	ist gekommen
hat gefaulenzt	hat gegessen	ist gefahren
hat gefilmt	hat gelesen	ist gelaufen
hat gehabt	hat gesehen	
hat gehört	hat geholfen	ist geblieben
hat gekauft	hat getrunken	ist geschwommen
hat gemacht		ist gewesen
hat gemäht		ist gegangen
hat geschenkt		
hat gespielt		ist gewandert
hat gewohnt		ist spaziert
hat fotografiert		
hat besucht		
hat besichtigt		

9 Was hast du in den Ferien gemacht?

Such dir einen Partner! Frag ihn, was er in den Ferien gemacht hat! Er sagt es dir. Dann fragt er dich. Benutzt die Ausdrücke im Kasten als Anregung (*as suggestions*)!

viel schwimmen gehen   viel wandern

meine Oma besuchen   viel Musik hören

nach (Kanada) fahren   in Mexiko sein

die Natur fotografieren   gar nicht arbeiten

Klamotten kaufen   Volleyball spielen

viel lesen

viel essen und trinken   ziemlich viel faulenzen

10 Was hat Sebastian letzte Woche gemacht?

Hier ist ein Blatt aus Sebastians Tischkalender vom Juli.

a. Lies, was er alles gemacht hat!

b. Such dir dann einen Partner! Sag ihm, was Sebastian am Montag gemacht hat! Dein Partner sagt dir dann, was Sebastian am Dienstag gemacht hat und so weiter.

c. Zur Abwechslung (*for variety*) nennt jetzt mal nicht die Uhrzeit, sondern gebraucht die Reihenwörter wie: zuerst, dann, danach und zuletzt!

	JULI 30. Woche
23 MONTAG	10.00–12.00 mit Robert schwimmen gehen 13.30–16.00 Volleyball 17.00 Rasen mähen
24 DIENSTAG	9.00–11.00 einen Stadtbummel machen Neue Jeans!
25 MITTWOCH	9.00 zum Frisöe! 10.00–12.00 Thomas besuchen 14.00–15.30 Fußball
26 DONNERSTAG	8.00 mit Vati nach Tirol, wandern, schwimmen, gut essen 20.30 nach Hause fahren
27 FREITAG	10.00–12.00 dem Opa im Garten helfen dort zu Mittag essen 14.30–15.30 Flöte spielen 16.00 Freunde besuchen
28 SAMSTAG	9.00–12.00 Stadtbummel mit Christiane zu Mittag essen 14.00–16.30 lesen, Musik hören, faulenzen ab 19.00 Rockkonzert besuchen
29 SONNTAG	7.00–8.00 Tennis 10.00–11.00 mit Rad zum See 14.00–16.00 Großeltern besuchen ab 19.00 Fernsehen (Krimi)

11 Für mein Notizbuch

Schreib in dein Notizbuch, was du letztes Wochenende (am Samstag und am Sonntag) gemacht hast! Schreib mindestens fünf Sätze. Verwende dabei auch Zeitausdrücke wie: am Nachmittag, am Abend, zuerst, zuletzt, und so weiter.

Marienkirche

Zwinger

August I.

Dresden, Hauptstadt von Sachsen

Dresden, Kunst- und Kulturstadt an der oberen Elbe, war bis zur Zerstörung im Jahre 1945 eine der schönsten Städte Europas. Dresden war — und ist — weithin als „Elbflorenz" bekannt, weil die Stadt mit ihrer wundervollen Architektur an Florenz erinnert.

Kurfürst Friedrich August I. (August der Starke) war Landesfürst von Sachsen. Als konvertierter Katholik war er auch König von Polen. Unter seiner Herrschaft wurde Dresden in die schönste Barockstadt seiner Epoche verwandelt.

Der Zwinger, ein Meisterstück des Barocks, beherbergt die berühmte Gemäldegalerie „Alte Meister" (Raffael, Giorgione, Tizian, Tintoretto, u.a.). Die „Neuen Meister" hängen in einem anderen Museum, im Albertinum. Dort, im sogenannten Grünen Gewölbe, ist auch die königliche Sammlung ausgestellt: Gefäße, Schmuck und Waffen.

Zur Zeit wird Dresden renoviert. Die total zerstörte Marienkirche wird wieder aufgebaut. Bis zur 800-Jahr-Feier im Jahre 2006 soll Dresden völlig renoviert sein und wieder in alter Pracht glänzen.

Blick auf die Elbe

12 Und du? Was weißt du über Dresden?

Lies den Bericht über Dresden! Dann such dir einen Partner, stellt euch abwechselnd diese Fragen und beantwortet sie!

1. Was für eine Stadt ist Dresden, und wo liegt sie?
2. Warum wird Dresden auch „Elbflorenz" genannt?
3. Wer war August der Starke? Was hat er gemacht?
4. Wo hängen die „Alten Meister"? Und die „Neuen Meister"?
5. Wie sieht Dresdens Zukunft (*future*) aus?

ZWEITE STUFE

Reporting past events, talking about places

Frankfurt a. M.

Frankfurt am Main ist Deutschlands Finanzmetropole und seit 1993 auch Sitz der Zentralbank der Europäischen Gemeinschaft. In Frankfurts Skyline sitzen nicht nur deutsche Banken, sondern viele ausländische Firmen, die in Deutschlands fünftgrößter Stadt ihre Büros haben. Der Rhein-Main-Flughafen außerhalb Frankfurts ist einer der größten Europas.

Frankfurt ist eine alte Stadt und wird 794 zum ersten Mal als einer der Sitze Karls des Großen erwähnt. Seit 1356 wurden hier im Dom der deutsche Kaiser und die deutschen Könige gewählt und zwischen 1562 und 1792 auch hier gekrönt.

In den Jahren 1848/49 war die Paulskirche in Frankfurt auch der Tagungsort der ersten deutschen Nationalversammlung.

In Frankfurt wurde am 28. August 1749 Johann Wolfgang von Goethe geboren. Der große Dichter, auf den die Frankfurter besonders stolz sind, hat hier seine Kindheit und Jugend verbracht.

Frankfurt hat auch eine sehr freundliche Seite: hier gibt es viele gemütliche Lokale, wo man sich nach einem vollen Arbeitstag mit Freunden treffen kann, bei leckerem Zwiebelkuchen und Äbbewoi, zwei Frankfurter Spezialitäten.

Frankfurts Skyline

Der Dom

Goethe (1749–1832)

13 Und du? — Was weißt du über Frankfurt?

Lies den Bericht über Frankfurt! Dann such dir eine Partnerin! Stellt euch abwechselnd diese Fragen und beantwortet sie!

1. Warum nennt man die Stadt Frankfurt „Deutschlands Finanzmetropole"? Was gibt es dort?
2. Was sind die Hauptpunkte in der langen Geschichte Frankfurts? Gib die Antwort in Stichwörtern (*by mentioning keywords*)!
3. Was interessiert dich am meisten an Frankfurt?

14 Ich war in Frankfurt

Du warst in Frankfurt! Schreib auf eine Liste, was du gesehen hast, welche Gebäude du besichtigt hast, wo und was du gegessen hast und was du gefilmt oder fotografiert hast! Erzähl einem Partner über deinen Besuch in Frankfurt! Tauscht dann die Rollen aus!

Auf dem Römerberg

15 Hör gut zu!

Schüler erzählen, wo sie in den Ferien waren. Schreib dir auf, wo sie waren! Wer ist am meisten gereist? Hör dann noch einmal zu und schreib auf, was du hörst!

16 Wo waren die Schüler?

Such dir einen Partner! Vergleicht (*compare*) eure Notizen! Du fragst: „Wo war . . .?" Dein Partner antwortet dir. Dann fragt er dich, und du antwortest ihm.

SO SAGT MAN DAS!

Reporting past events, talking about places

When asking someone where he or she was, you ask:

Wo bist du gewesen?

Und wo warst du?

And the answer may be:

**Ich bin in Frankfurt gewesen.
Ich war dort im Römer — das ist das Rathaus.**

Ja, zuerst war ich in der Stadt. Ich war mit Robert im Kino. Danach waren wir im Café Mozart und haben dort Eis gegessen.

WORTSCHATZ

LEHRERIN **Sag mir mal, was du alles in Frankfurt gesehen hast!**
CHRISTIANE **Ich hab... gesehen.**

die Fachwerkhäuser
(am Römerberg)   die Alte Oper   das Rathaus
(den Römer)   den Dom

die Zeil   den Main   das Goethehaus   den Zoo

ZWEITE STUFE

dreiundsechzig **63**

17 Und du?

Was möchtest du sehen, wenn *du* nach Frankfurt kommst?

GRAMMATIK The past tense of **haben** and **sein**

For the conversational past tense of **haben** or **sein,** the forms of the **Imperfekt** or simple past tense are often preferred, especially in northern Germany. These forms are shorter.

ich	**hatte**	wir	**hatten**	ich	**war**	wir	**waren**
du	**hattest**	ihr	**hattet**	du	**warst**	ihr	**wart**
er/sie/es	**hatte**	sie (*pl*) } Sie }	**hatten**	er/sie, es	**war**	sie (*pl*) } Sie }	**waren**

you may say: Ich **habe** keine Zeit **gehabt.**
or Ich **hatte** keine Zeit.

Ich **bin** in der Stadt **gewesen.**
or Ich **war** in der Stadt.

18 Wo warst du?

Such dir eine Partnerin und frag sie, wo sie in den Ferien war! Dann fragt sie dich. Ihr könnt die Ausdrücke im Kasten gebrauchen, wenn ihr wollt.

im Gebirge   am Michigansee

in den Rockies   an der (Ost)küste

in Kalifornien

in (Virginia) bei
am Meer   (meiner Tante)

noch nie   *never, not yet*
schon oft *often, a lot*
auch schon *already, also*

19 Warum warst du nicht dort?

Dein Partner war nicht dort und sagt dir warum.

DU **Du warst nicht (im Kino). Warum nicht?**
PARTNER **Ich war nicht im Kino, weil ich (zu viel zu tun hatte).**

Wo?

im Schülercafé
        im
Einkaufszentrum
im Kino
im Klub   in der Schule

Warum nicht?

Karten fürs   keinen Hunger
Fußballspiel haben   haben

das Wetter   kein Geld haben
schlecht sein   keine Zeit haben
zu viel zu tun haben

GRAMMATIK   The dative case with the prepositions **in** and **an**

In answer to a question beginning with **wo**, the prepositions **in** and **an** (and some others) indicate location and are followed by dative case forms.

1. The preposition **in** can be followed by the name of a city or town, state or country.

   Wo warst du?
   - Ich war in Dresden.   (city)
   - Ich war in Sachsen.   (state)
   - Ich war in Deutschland.   (country)

2. When the name of the country is feminine or used in the plural, the noun phrase is in the dative case.

   Wo warst du?
   - Ich war in der Schweiz.
   - Ich war in der Türkei.
   - Ich war in den Vereinigten Staaten.

3. The preposition **in** is followed by dative case forms with all specific locations, such as areas, buildings, rooms. Note that **im** is a contraction of **in + dem.**

   Wo warst du?
   - Ich war im Gebirge, in den Bergen ...
   - Ich war im Museum, im Rathaus, in der Oper ...
   - Ich war im Garten, in der Küche ...

4. The preposition **an**, *at,* is followed by dative case forms when indicating location. Note that **am** is a contraction of **an + dem.**

   Wo liegt das?
   - Am See, am Meer, an der Nordsee
   - Am Main, an der Elbe

20 Sag mal, wo warst du denn?

Ihr hattet ein besonders langes Wochenende, vier Tage! — Such dir einen Partner! Frag ihn, wo er am letzten Wochenende war und was er dort alles gemacht hat! Danach fragt er dich, und du sagst es ihm. Ihr könnt die Wörter im Kasten in euren Antworten gebrauchen.

New York   Schweiz
Stadt   Museum
Café (Mozart)   Oper
Eriesee   Gebirge
Restaurant (Koch)   Kino

21 Für mein Notizbuch

Schreib in dein Notizbuch, wo du letzte Woche warst und was du dort alles gemacht hast!

22 Eine Stadtbesichtigung

Stell dir vor, du warst für zwei Tage zu Besuch in einer deutschen Stadt, in Berlin, Dresden, Frankfurt, Hamburg oder München!

a. Schreib auf, was du alles gesehen oder besichtigt hast! Minimum: 5 Dinge!

b. Such dir einen Partner und frag ihn, wo er war und was er da alles gesehen hat! Dein Partner fragt dich, wo du warst.

c. Such dir einen anderen Partner! Diesmal wart ihr beiden in derselben Stadt, aber ihr habt nicht dasselbe gesehen oder gemacht. Einer von euch ist sehr kulturell interessiert, der andere geht lieber einkaufen, liebt die Natur und Tiere.

Was habt ihr euch in der Stadt angesehen?

das Rathaus   die Universität   den Zoo
den Dom   den Marktplatz   den ... Park
das ... Stadion   die Innenstadt
die Einkaufsstraße   den Botanischen Garten
die ...kirche   das Einkaufszentrum
das ...Museum   die Oper

> When talking about sightseeing, one can use the verbs **besichtigen, besuchen,** and **sehen.**
>
> **Besichtigen** is used for sightseeing of buildings, where one takes a close view of the inside (churches, museums). **Besuchen** is used for performances that one attends (opera, theater, concert). **Sehen** is used in general with everything, but implies that one sees it without close inspection.

23 Ich war so beschäftigt!

Deine Eltern sind ärgerlich, dass du am Wochenende nur selten zu Hause warst. Aber du hattest so viel zu tun, für die Schule, für deinen Job und mit deinen Freunden.

a. Schreib auf eine Liste, was du alles am Wochenende gemacht hast!

b. Spiel mit einem Partner die Rollen von Vater/Mutter und Sohn/Tochter! Zeig deinem Vater/deiner Mutter die Liste und erzähle, was du alles gemacht hast! Es gibt viele Fragen, die du beantworten musst, aber am Ende sind deine Eltern stolz auf dich.

c. Vergleiche deine Liste mit der Liste deines Partners! Was habt ihr beide gemacht? Was hat nur einer von euch gemacht?

24 Meine Ferien

Schreib, wo du in den letzten Ferien warst und was du alles gesehen und gemacht hast!

Was hast du in den letzten Ferien gemacht?

We asked several German-speaking people where they spent their last vacation and what they did. Listen. Before you read the interviews, write down your last vacation spot and the activities in which you participated during your vacation.

Hans, *Hamburg*

„Hab hier gearbeitet, hab ja … trainiert auch, Volleyball trainiert, und ja … mehr eigentlich nicht."

Monika, *Hamburg*

„Ich war in den Ferien in Kanada, und … hab einen Sprachkurs gemacht, in Englisch. Ich bin nach Montreal gefahren und hab Toronto und die Niagarafälle auch gesehen. Hm, ja, und was war noch? Ja, ich wollte nach New York, weil … das ist nur sechs Stunden von Montreal entfernt, wo ich gewohnt habe, und das ging dann leider nicht."

Sandra, *Berlin*

„Also, ich war in Spanien, und ich hab da auch Granada besucht, und ansonsten lag ich eigentlich meistens am Strand und hab also die Sonne genossen. Aber ich hatte leider dummerweise 'ne Sonnenallergie: da ging das dann auch nicht mehr so gut. Na ja, also, ich hab viel Spaß mit meiner Freundin gehabt. Dann waren die Ferien auch schon vorbei."

Brigitte, *Berlin*

„Wir waren, wann war das? … im März … drei Wochen in Midwest City, das ist ein Stadtteil von Oklahoma City, weil wir von unserer Schule aus, von unserem Gymnasium, alle zwei Jahre einen Schüleraustausch machen."

Herr Troger, *St. Ulrich, Österreich*

„Letzten Urlaub waren wir auf Mallorca; da haben wir uns bei einer Radfahrgruppe angeschlossen und sind da eine Woche Rad gefahren. Es war aber eigentlich ein schlechtes Wetter, und trotzdem war das Wetter für uns nicht so schlecht, weil wir mit den Rädern ziemlich nach oben gefahren sind und wieder runter, und wir waren also eher froh, wenn es nicht zu heiß war, nicht wahr …"

A. 1. On a map, locate the places where these people went on vacation. Jot these places down on a list along with the reason each gives for his or her trip.
2. Which two different words do Monika and Herr Troger use for "vacation"? Can you figure out the difference between these two words based on who uses them?
3. Three interviewees had some bad luck on their vacation. What happened to each?

B. What do all these vacations have in common? Sandra's and Herr Troger's trips are typical vacation goals for Germans. Why do you think that is?

DRITTE STUFE

Asking how someone liked something, expressing enthusiasm or disappointment, responding enthusiastically or sympathetically

25 Hör gut zu!

Fünf Schüler sprechen über ihre Ferien. Wo waren sie? Wem hat es gefallen? Wem hat es nicht gefallen? Warum wohl? Mach dir Notizen! Vergleiche dann deine Notizen mit den Notizen eines Partners!

SO SAGT MAN DAS!

Asking how someone liked something, expressing enthusiasm or disappointment, responding enthusiastically or sympathetically

Here are some ways to ask how someone liked something or some place:

> Wie war's?
> Wie hat dir Dresden gefallen?
> Wie hat es dir gefallen?
> Hat es dir gefallen?

If you liked it, you may say:

> **Phantastisch!**
> **Es war echt super!**
> **Es hat mir gut gefallen.**
> **Wahnsinnig gut!**

If you didn't like it, you may say:

> **Na ja, soso!**
> **Nicht besonders.**
> **Es hat mir nicht gefallen.**
> **Es war furchtbar!**

The other person asking may respond enthusiastically:

> **Na, prima!**
> **Ja, Spitze!**
> **Das freut mich!**

Or sympathetically:

> **Schade!**
> **Tut mir Leid!**
> **Das tut mir aber Leid!**

26 Na, wie war's?

Such dir einen Partner! Stell dir vor, du warst an den Orten, die hier rechts im Kasten stehen! Dein Partner fragt dich, wie es war. Du antwortest, und dein Partner reagiert darauf. — Tauscht dann die Rollen aus!

PARTNER **Wo warst du in den Ferien?**
DU **Ich war in/an . . .**
PARTNER **Wie war's?**
DU **. . .**
PARTNER **. . .**

San Francisco	in den Alleghenies
Meer	Ostküste
Minnesota	Michigansee
Disneyland	Swamps von Florida
Key West	Mojave Wüste

GRAMMATIK   Personal pronouns, dative case (Summary)

You already know the third person dative pronouns **ihm** and **ihr**. Here are the others. With the verb **gefallen**, you always use dative case forms for the person.

second person		*first person*	
Wie hat es **dir**	gefallen?	Es hat **mir**	gut gefallen.
Wie hat es **euch**	gefallen?	Es hat **uns**	echt prima gefallen.
Wie hat es **Ihnen**	gefallen?	Es hat **mir**	nicht gefallen.

third person			
Wie hat es **dem Sebastian**	gefallen?	Es hat **ihm**	gut gefallen.
Wie hat es **der Beatrice**	gefallen?	Es hat **ihr**	echt prima gefallen.
Wie hat es **den Baumanns**	gefallen?	Es hat **ihnen**	nicht gefallen.

27 Wie hat es ihnen gefallen?

Such dir einen Partner! Du weißt, wo die Baumanns in den Ferien waren. (Das steht hier rechts!) Dein Partner fragt dich, wo sie waren. Du antwortest und sagst ihm, wie es ihnen gefallen hat. — Tauscht dann die Rollen aus!

> Sebastian war mit einem Freund in Österreich.
>
> Beatrice war in den Bergen, in den Alpen.
>
> Die Großeltern waren am Rhein und an der Mosel.
>
> Robert war an der Ostsee, auf der Insel Rügen.
>
> Bastis Eltern waren in den USA, in Minnesota.

28 Wie hat es euch gefallen?

Such dir jetzt zwei Partner! Frag sie, wo sie in den Ferien waren! (Sie waren zusammen weg.) Einer antwortet für beide. Dann frag sie, wie es ihnen gefallen hat, und der andere antwortet für beide. Tauscht dann die Rollen aus!

DU	**Wo wart ihr denn in den Ferien?**
EIN PARTNER	**Wir waren . . .**
DU	**Wie hat es . . .**

GRAMMATIK   Definite article, dative plural

1. The dative plural form of the definite article is **den**.

> Es hat **den** Eltern in Amerika echt gut gefallen.

2. The dative plural of almost all nouns end in -**n**. If the nominative plural form already ends in -**n**, the dative plural form is the same.

nominative plural	dative plural
die Eltern	Es hat **den** Eltern gut gefallen.
die Schüler	Es hat **den** Schüler**n** gut gefallen.
die Kinder	Es hat **den** Kinder**n** gut gefallen.

29 Wem hat es gefallen und wem nicht?

Bau Sätze mit den Wörtern in den Kästen!

der Stadtbummel die Berge Amerika Dresden Tirol das Meer der Film	hat haben	Baumanns Beatrice Opa Sebastian Kinder Geschwister Großmutter Schüler ich	echt gut besonders gut sehr gut ganz gut nicht besonders nicht so gut überhaupt nicht	gefallen

CD-ROM
Disc 1

WORTSCHATZ

Basti war mit einem Freund, dem Thomas, in Tirol. Die beiden haben in einer Pension gewohnt und haben oft in einem Café gegessen, im Café Troger.

Wo übernachtet man gewöhnlich?

in einem Privathaus   in einer Pension   in einer Jugendherberge   in einem Hotel

Wo isst man gewöhnlich?

in einer Imbissstube   in einem Lokal   in einem Gasthof   in einem Restaurant

30 Und du?

Such dir einen Partner! Frag ihn, wo er gewöhnlich übernachtet und wo er gewöhnlich isst, wenn er mit (seinen Eltern) unterwegs ist!

31 Für mein Notizbuch

Schreib in dein Notizbuch etwas über deine Ferien! Wo bist du gewesen? Was hast du alles gemacht? Wie hat es dir gefallen und warum? Wo hast du übernachtet? Wo hast du gegessen?

32 Bastis Ferien

Sebastian hat einige Fotos von seinen Ferien ausgesucht, die er seinen Klassenkameraden im Film- und Fotoclub zeigen möchte. Spiel die Rolle von Basti und erzähle, wo du warst, was du gemacht hast und wie es dir gefallen hat! Dein Bericht muss zu den Fotos passen. Gebrauche auch die Wörter im Kasten oben rechts.

EIN WENIG GRAMMATIK

The dative case forms of **ein** are:

masculine/neuter	feminine
einem	**einer**

WORTSCHATZ

Schon bekannt
> **jeden Tag**
> **oft**
> **einmal**
> **dreimal**
> **am Wochenende**

Neu
> **am letzten Tag**
> **jeden Abend**
> **nach dem Mittagessen**
> **jeden Morgen**

1.

2.

3.

4.

5.

33 Klassenprojekt

Teilt eure Deutschklasse in Gruppen von vier oder fünf Leuten! Jede Gruppe hat die Aufgabe, etwas über eure Stadt zu berichten. Nehmt eine Kamera oder eine Videokamera mit! Jede Gruppe muss dann den anderen Gruppen erzählen und zeigen, was sie alles gemacht und gesehen hat.

Loferer Steinberge
St. Ulrich a.P.

Liebe Eltern!
Grüße aus St. Ulrich! Wir
sind erst 3 Tage da und
haben schon viel gesehen.
Nur gestern haben wir ge-
faulenzt, sind nur um den
Pillersee spaziert und haben
im See gebadet. Der ist
aber noch zu kalt!
Alles Gute! Euer Basti
P.S. Morgen ist ein Dorffest

Fam.
Hans Baumann
Wolfratshausenerstr. 17
82031 Grünwald

Deutsch!

SONNTAG, 4. JULI
ca. 9.45 Uhr
DORFPLATZEINWEIHUNG
mit anschl.
Schmanggerlfest
der Gastronomie
Frühschoppenkonzert
Musikkapelle ca. 11.00 Uhr
und musikalischer
Unterhaltung
mit dem TIROL DUO

St. Ulrich/Tirol Der Dorfplatz in St. Ulrich am Pillersee hat jetzt einen Brunnen. Am Sonntag, den 4. Juli, um 9 Uhr 45, hat die Dorfplatzeinweihung stattgefunden. Nach einer Messe in der Dorfkirche mit Bischof Eder ist die Dorfgemeinde auf den Dorfplatz marschiert. Nach einer Ansprache von Bürgermeister Schlechter wurde der Dorfplatz von Bischof Eder offiziell eingeweiht.

Die Gastronomie St. Ulrich hatte für eine gute Jause gesorgt, und die Musikkapelle St. Ulrich, unter Leitung von Musikkapellmeister Alois Brüggel, für gute Stimmung und Unterhaltung. (Österreichische Landeszeitung)

LESETRICK
Identifying the main idea and supporting details. When you read a text, it is important to be able to identify the main idea (or ideas). This will enable you to determine the global meaning of the text (the "big picture"), and then to find the details that support the global idea.

Getting Started
1. Look at the pictures, then look at the different formats of the texts and match each text with one of the formats below.
1. excerpt from a brochure/advertisement
2. announcement
3. newspaper article
4. postcard
Based on the formats, what kind of information would you expect to find in each text?
a. report of an event
b. news about someone's vacation

Bischof Eder aus Salzburg

Im Pillerseetal
ist immer was los!

- Pillersee mit Badestrand
- Angeln im fischreichen See
- Tretboote, Ruderboote
- 60 km Wanderwege
- Tennis und Kegelbahnen
- Minigolf und Hallenbad
- Reithalle (Islandpferde)
- 7 Golfplätze in der Nähe

Die Musikkapelle St. Ulrich

Besonders für Kinder!

- Besuch auf einem Bauernhof
- Kindergrillparty
- Kinderdisco
- Ponyreiten mit unseren Ponies Amigo, Bibi und Sarah
- Kinder-Pizzaessen
- Basteln, Malen, Zeichnen, Singen und vieles mehr

Familien- und Sporthotel
Pillerseehof

Thomas u. ich am Pillersee

c. factual information, e.g. time, date
d. promotion of something

2. Does anything in the brochures above help you distinguish immediately between the main idea and the supporting details?
3. Where do you usually find the main idea of a newspaper article?

> **Tip:** Sometimes the main idea is not stated directly, but only implied. You have to make an inference by looking at the supporting details.

4. Skim the postcard. What is the main idea?

A Closer Look

5. What are some of the details Basti writes about in his postcard?
6. Look at the newspaper article more closely. Where did the event that is being reported take place? Is that a large city or a small town? Where is it? If the main idea is the dedication of the fountain, can you find four or five supporting details in the article?
7. Jetzt erzähle von deinen letzten Ferien! Bring entweder Dias, Fotos oder ein Video mit und zeig deinen Mitschülern, wo du warst und was du da alles gemacht hast!

1 Die Stegmüllers aus Düsseldorf haben mit ihren Kindern Melissa (7) und Jochen (9) den Sommerurlaub in St. Ulrich am Pillersee verbracht. Am Ende ihres Urlaubs haben sie den Fragebogen des Fremdenverkehrsvereins ausgefüllt. Lies diesen Fragebogen! Was haben die Stegmüllers abgehakt?

FRAGEBOGEN
Fremdenverkehrsverein St. Ulrich
am Pillersee in Tirol

1. Wo haben Sie gewohnt?
   ☐ Hotel ☐ Gasthof ☑ Pension ☐ Privatquartier

2. Wie hat Ihnen die Unterkunft gefallen?
   ☐ ausgezeichnet ☑ sehr gut ☐ gut ☐ nicht gut ☐ nicht besonders

3. Wo haben Sie gewöhnlich gegessen?
   ☐ Hotel ☑ Gasthaus ☐ Café ☐ Restaurant ☐ selbst gekocht

4. Wie war die Qualität des Essens in unseren Lokalen?
   ☐ ausgezeichnet ☑ sehr gut ☐ gut ☐ nicht gut

5. Wie haben Sie Ihren Urlaub verbracht? Kreuzen Sie bitte die Dinge an, die Sie am meisten gemacht haben!
   ☑ wandern ☐ angeln ☑ Minigolf ☑ baden gehen
   ☐ bergsteigen ☑ Boot fahren ☐ Tennis ☐ reiten
   ☐ spazierengehen ☐ Rad fahren ☑ Tischtennis ☐ kegeln

6. Was hat den Kindern am meisten Spaß gemacht?
   a. _____Ponyreiten_____ c. _____
   b. _____Grillparty_____

7. Welche Unterhaltungsprogramme haben Ihnen am besten gefallen? Kreuzen Sie bitte nur drei Programme an!
   ☑ Musikabende ☐ Tanzveranstaltungen ☐ Vorträge
   ☑ Theateraufführungen ☐ Dia-Vorführungen

8. Wie lange waren Sie bei uns?
   ☐ eine Woche ☑ zwei Wochen _____

---

 2 Such dir einen Partner! Diskutiert gemeinsam die folgenden Fragen!

1. Hat es den Stegmüllers in St. Ulrich gefallen? Wenn ja, warum? Wenn nein, warum nicht?

2. Warum, glaubt ihr, hat die Familie in einer Pension gewohnt? In einem Gasthaus gegessen?

3. Warum, glaubt ihr, sind die Stegmüllers nicht bergsteigen gegangen?

4. Was meint ihr: Welche Freizeitbeschäftigungen kosten Geld? Welche nicht?

3 **a.** Setzt euch in kleinen Gruppen zusammen und entwerft einen Fragebogen, für einen Ferienort in den Vereinigten Staaten (Florida, Kalifornien). Gebraucht den Fragebogen von St. Ulrich als Muster!

b. Stellt euch vor, dass alle in eurer Gruppe die letzten Ferien zusammen verbracht haben! (Die Eltern von einem von euch haben die anderen mitgenommen.) Füllt gemeinsam euern Fragebogen aus!

c. Teilt jetzt leere Fragebögen an die Mitglieder einer anderen Gruppe aus! Die Mitglieder dieser Gruppe fragen euch jetzt über eure Ferien, und ihr antwortet. — Tauscht dann die Rollen aus!

4 ## Zum Schreiben

Imagine you spent a month in your ideal vacation spot. Write a paragraph describing the place. Say where you went and what you did. Include some interesting details about the weather, the recreational facilities, the food, the people, and the fun things you did there.

SCHREIBTIP

Finding good details makes writing more exciting. For example, sharp details will grab your reader's interest immediately. Include details of time, place, sight, sound, or smell.

Vorbereiten   Make a list: Write the name of the location at the top of a sheet of paper, and then write the categories listed above (weather, food, people, etc.) and whatever other categories you want to include down the left side of your paper. Next to each item on your list, write at least two details that describe that item.

Ausführen   Begin your paragraph with **a sentence that describes the location.** For example, **Ich habe die Ferien auf einer schönen, sonnigen Insel mit einem wunderschönen, weißen Sandstrand verbracht.** Write several sentences about what you did, using descriptive details. You might also combine some of your descriptions with connecting words.

5 Listen to the reports and decide what they are all about. Match each report to one of these summaries:

a. description of a town or area

b. description of sightseeing in a town

c. description of activities one can do

d. description of a hotel

6 Listen to these people talking about a trip they recently took. Find out where they were and how they liked it.

7

R O L L E N S P I E L

Together with two other classmates, role-play the following scene.

You are working in a travel agency and have a customer who wants suggestions from you about where he could spend his vacation. As you make your suggestions, another customer joins in and tells of his experiences at a particular vacation spot. Have some brochures at your disposal, either from German vacation spots or vacation spots in the United States.

KANN ICH'S WIRKLICH?

Can you report past events, talking about activities? (p. 57)

1 How would you ask a classmate what he or she did during his or her vacation?

2 How would you tell someone about the things you did, using the verbs **spielen, lesen, wandern, besuchen, besichtigen, sein, gehen, laufen, fahren,** and **schwimmen?**

3 How would you report what someone else did, using the same verbs?

4 How would you ask someone where he or she was, using two different past tense forms? How would that person answer?

5 How would you say that you didn't have any time, using two different past tense forms?

6 How would you invite someone to tell you

   a. where he or she was?   **c.** what he or she saw?

   b. what he or she did?   **d.** how he or she liked it?

Can you report past events, talking about places? (p. 63)

7 How would you say that you were at each of these places? Use complete sentences.

Dresden, Sachsen, Deutschland, Schweiz, die Vereinigten Staaten, Schule, Kirche, Stadt, Museum, Park, Gebirge, Ostsee, Meer, Main

Can you ask someone how he or she liked something and respond enthusiastically or sympathetically? (p. 68)

8 How would you ask someone how they liked the city of Frankfurt? How they liked it in Tirol? How would you say that you liked it? That you didn't like it?

9 How would you respond to someone who
— tells you that he or she liked his or her vacation?
— tells you that he or she did not like it?

10 How would you tell someone that your parents liked Dresden but that they didn't like Leipzig?

ERSTE STUFE

REPORTING PAST EVENTS, TALKING ABOUT ACTIVITIES

Was hast du in den Ferien gemacht? *What did you do on your vacation?*
die Ferien (pl) *vacation*
besichtigen *to sightsee, visit a place*
Ich habe (den Dom) besichtigt. *I visited (the cathedral).*
fotografieren *to photograph*
Ich habe ... fotografiert. *I photographed ...*

spazieren *to walk, stroll*
filmen *to film, videotape*
die Videokamera/die Kamera bedienen *to use a video camera/a camera*
ein Video einlegen *to insert a video cassette*
das Video herausnehmen *to take out the video cassette*
die Kamera, -s *camera*
der Film, -e *roll of film*
das Dia, -s *slide*
das Farbbild, -er *color photograph*

der Videorecorder, - *video cassette recorder*

VERBS AND PAST PARTICIPLES

arbeiten, gearbeitet *to work*
faulenzen, gefaulenzt *to be lazy*
laufen, (ist) gelaufen *to run*
er/sie läuft *he/she runs*
bleiben, (ist) geblieben *to stay, remain*
(See p. 59 for a more complete list of past participles.)

ZWEITE STUFE

REPORTING PAST EVENTS, TALKING ABOUT PLACES

Wo bist du gewesen? *Where were you?*
  Am (Main). *On (the Main River).*
  In (London). *In (London).*
  Im (Zoo). *At (the zoo).*
besuchen *to visit (a place)*

der Dom, -e *cathedral*
die Oper, -n *opera house*
das Museum, Museen *museum*
der Römer *name of city hall in Frankfurt*
die Fachwerkhäuser *cross-timbered houses*
die Zeil *name of main shopping street in Frankfurt*
der Main *Main River*

das Goethehaus *Goethe's birthplace*
der See, -n *lake*
  um den See *around the lake*

OTHER USEFUL WORDS AND EXPRESSIONS
noch nie *not yet, never*
schon oft *a lot, often*
auch schon *also, already*

DRITTE STUFE

ASKING HOW SOMEONE LIKED SOMETHING

Wie war's? *How was it?*
Wie hat dir Dresden gefallen? *How did you like Dresden?*
Es hat mir gut gefallen! *I liked it a lot!*
Wie hat es dir gefallen? *How did you like it?*
Hat es dir gefallen? *Did you like it?*
Es hat mir nicht gefallen. *I didn't like it.*
Phantastisch! *Fantastic!*
Echt super! *Really great!*
Wahnsinnig gut! *Extremely well!*
Na ja, soso! *Oh, all right.*
Nicht besonders. *Not especially.*

RESPONDING ENTHUSIASTICALLY OR SYMPATHETICALLY

Das freut mich! *I'm really glad!*
Tut mir Leid! *I'm sorry.*
Das tut mir aber Leid! *I'm so sorry.*

PERSONAL PRONOUNS, DATIVE CASE

dir *to/for you*
euch *to/for you (plural)*
Ihnen *to/for you (formal)*
mir *to/for me*
uns *to/for us*
ihnen *to/for them*

PLACES TO STAY

übernachten *to spend the night*
gewöhnlich *usually*
in einem/in einer ... *in/at a ...*

das Privathaus, ¨er *private home*
die Pension, -en *inn, bed and breakfast*
die Jugendherberge, -n *youth hostel*
das Hotel, -s *hotel*

PLACES TO EAT

die Imbissstube, -n *snack stand*
das Lokal, -e *small restaurant*
der Gasthof, ¨e *restaurant, inn*
das Restaurant, -s *restaurant*

TIME EXPRESSIONS

am letzten Tag *on the last day*
jeden Abend *every evening*
jeden Morgen *every morning*
nach dem Mittagessen *after lunch*

Komm mit nach

Hamburg!

Hamburg

Einwohner: 1,6 Millionen

Fläche: 755 Quadratkilometer (292 Quadratmeilen; etwa viermal so groß wie der District of Columbia)

Flüsse: Alster, Elbe

Berühmte Gebäude: Rathaus, St. Michaelis-Kirche, Chilehaus

Bedeutende Hamburger: Johannes Brahms (1833-1897, Komponist), Felix Mendelssohn-Bartholdy (1809-1847, Komponist), Carl von Ossietzky (1888-1938, Schriftsteller), Wolfgang Borchert (1921-1947, Schriftsteller), Helene Lange (1848-1930, Frauenrechtlerin)

Industrie: Handel, Verlage, Nahrungsmittel, Chemie

Beliebte Gerichte: Hamburger Aalsuppe, Matjeshering, Scholle

Foto ① Blick auf Hamburg, von der Lombardsbrücke aus gesehen

The map shows Germany with surrounding countries: DÄNEMARK, Nordsee, Ostsee, NIEDERLANDE, POLEN, Hamburg, Berlin, BEL., TSCHECH. REPUBLIK, LUX., FRANKREICH, SCHWEIZ, ÖSTERREICH

HRW **go.hrw.com**
WKO HAMBURG

Hamburg

CD-ROM
Disc 1

Die Freie und Hansestadt Hamburg, nach Berlin die größte Stadt Deutschlands, ist auch ein Bundesland. Schon im Mittelalter war die Stadt an der Elbe ein wichtiger Handelsplatz. Heute ist Hamburg, das „Tor zur Welt", Deutschlands bedeutendster Hafen. Die Konzentration von Zeitungen, Verlagen, Rundfunk- und Fernsehanstalten macht Hamburg zum kulturellen Zentrum Norddeutschlands.

2 Touristen machen eine Hafenrundfahrt.

4 In Övelgönne an der Elbe wohnen pensionierte Schiffskapitäne. Typische Haustür

3 Das Hamburger Rathaus, 1886-1897 im Renaissancestil erbaut

Die folgenden drei Kapitel führen uns nach Hamburg, in die Wirtschafts- und Kulturmetropole an der Elbe. Die Schüler in diesen Kapiteln gehen auf eine zweisprachige Schule, das Helene-Lange-Gymnasium.

5 Villen in Blankenese

6 Die „Rickmer Rickmers", ein stolzes Segelschiff

7 Die Speicherstadt, heute eine Freie Handelszone

8 Maike, Nicolas, Thorsten, Wiebke und David

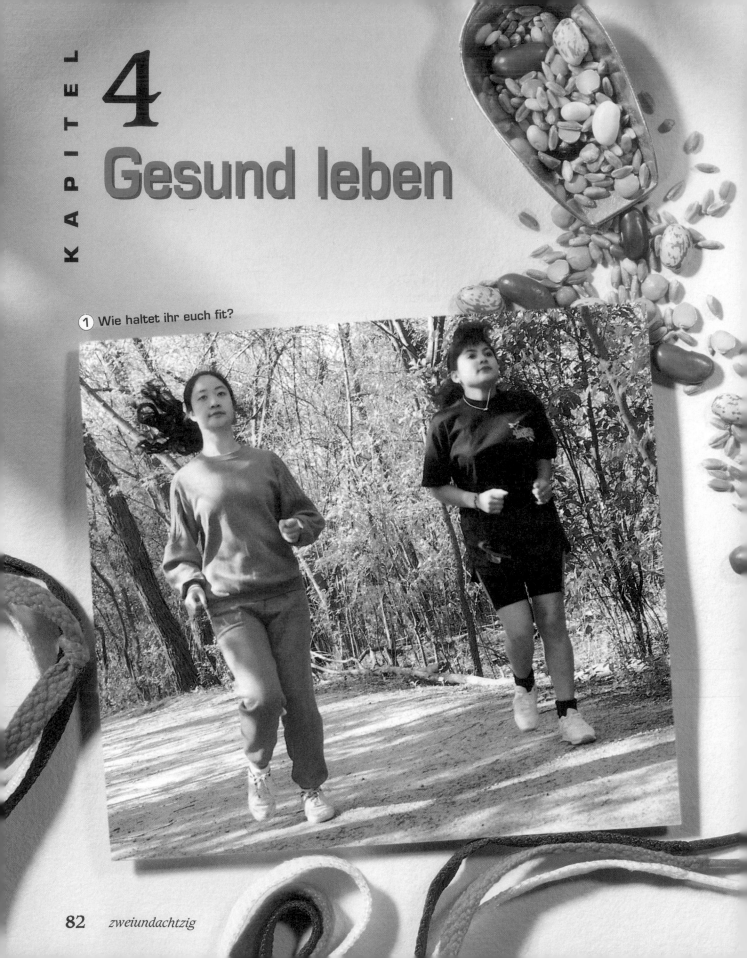

Gesund leben

① **Wie haltet ihr euch fit?**

Most German students exercise regularly, pay attention to what they eat and drink, and try to get enough sleep. Do you and your friends try to keep fit? When you talk about fitness, you might praise your friends for what they do well — or express disappointment about what they don't do. There are also other things you need to learn in order to talk with your friends about staying healthy.

In this chapter you will learn

- to express approval and disapproval
- to ask for information and respond emphatically or agree with reservations
- to ask and tell what you may or may not do

And you will

- listen to German students talk about their health and about what they do and don't eat
- read "health tips" offered by German teenagers
- write about what you do to stay healthy
- find out what students do to keep fit

② Es freut mich, dass es dir schmeckt.

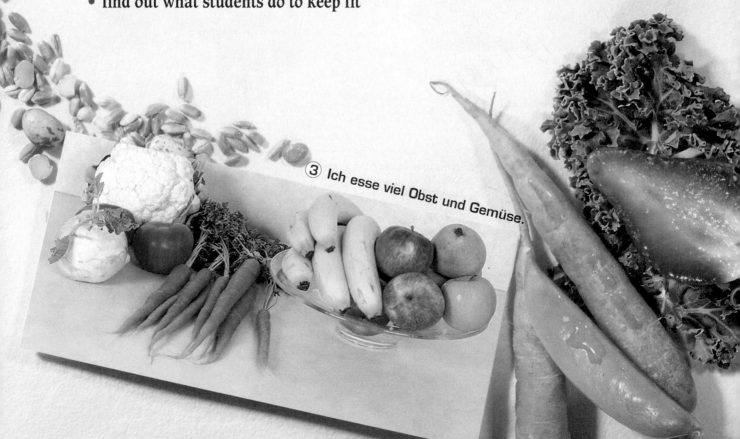

③ Ich esse viel Obst und Gemüse.

Los geht's!

Nicolas **Maike** **David** **Thorsten**

 ## Wie fühlst du dich?

Look at the photos that accompany the story.
Who are the students pictured?
What do you think they are talking about?

Wir haben junge Hamburger Gymnasiasten interviewt. Nicolas stellt uns seine Freunde vor.

① **Das ist unsere Clique, Thorsten, ich, Wiebke, David und Maike. Wir gehen aufs Helene-Lange-Gymnasium. Das ist ein zweisprachiges Gymnasium.**

②

INTERVIEWERIN	Kann ich dich mal etwas fragen? Wo kommst du her, und wie fühlst du dich hier in Hamburg?
NICOLAS	Ich komme aus Frankreich. Meine Mutter arbeitet für Air France. Ich bin schon sieben Jahre in Hamburg, und ich fühle mich hier sehr wohl.
INTERVIEWERIN	Hast du kein Heimweh?
NICOLAS	Nein, überhaupt nicht!
INTERVIEWERIN	Das freut mich, dass es dir hier so gut gefällt.

③

INTERVIEWERIN Ihr seht alle so gesund aus! Könnt ihr mir mal sagen, was ihr für eure Gesundheit tut?

MAIKE Ja, also, ich lebe eigentlich sehr gesund. Ich mache jeden Morgen Gymnastik, und ich jogge, wenn ich Zeit habe. Und ich schlafe auch genug. Jeden Tag gehe ich gewöhnlich um zehn Uhr zu Bett.

INTERVIEWERIN Ich finde es prima, Maike, dass du so gesund lebst.

④

INTERVIEWERIN Na, David, dann sag uns mal, wie du dich fit hältst!

DAVID Tja, auch Sport, gesund essen, genügend schlafen. Ich spiele Basketball. Ich freue mich, dass ich auch in der Mannschaft bin. Ich fühle mich sehr wohl in der Mannschaft. Aber leider sind wir dieses Jahr nicht so gut.

INTERVIEWERIN Ach, das wird schon wieder!

INTERVIEWERIN Und Thorsten, wie ist es mit dir? Wie lebst du? Wie hältst du dich fit?

THORSTEN Nachmittags, zum Beispiel, spiele ich Basketball. Ich spiele in unserer Mannschaft. Wir trainieren zweimal die Woche, immer montags und donnerstags. Ja, und dann esse ich vernünftig.

Bei Thorsten in der Küche. Maike ist da.

⑥ Und was isst du so?

Ach, alles, was gesund ist: Obst und Gemüse ... und Fisch.

Und Fleisch? Wie steht's mit Fleisch?

Natürlich esse ich Fleisch! Warum nicht? Aber es muss mager sein!

Gibt es etwas, was du nicht essen darfst?

⑦ Ja, Schokolade.

Warum nicht?

Ich bin allergisch gegen Schokolade.

Schade! Ich esse Schokolade gern.

Hier! Kannst du haben!

Danke schön!

1 Was passiert hier?

Verstehst du alles, was diese Schüler sagen? Beantworte die Fragen!

1. Where is Nicolas from? Why is he living in Hamburg?
2. What do Maike, David, and Thorsten do to keep fit?
3. What kinds of food does Thorsten eat?
4. What doesn't he eat? Why not?
5. Judging by her comments, what do you think the interviewer's attitude towards staying healthy is?

2 Genauer lesen

Lies den Text noch einmal und beantworte diese Fragen!

1. Wie heißt die Schule? In welcher Stadt ist sie?
2. Wie lange wohnt Nicolas schon in Hamburg?
3. Was für einen Sport macht Maike?
4. Wann geht sie gewöhnlich zu Bett?
5. David nennt drei Sachen, die wichtig sind zum Fithalten. Was sind sie?
6. Was spielt Thorsten? Wie oft?

3 Wer macht was?

On a piece of paper, mark the statements with the initial of the person to whom they most logically apply: N=Nicolas; M=Maike; D=David; T=Thorsten. (Each statement might apply to more than one person.)

1. ===== usually goes to bed at 10:00 pm.
2. ===== doesn't eat chocolate.
3. ===== likes living in Hamburg.
4. ===== eats fruit and vegetables.
5. ===== plays on a basketball team.
6. ===== eats only lean meat.

4 Stimmt oder stimmt nicht?

Wenn der Satz nicht stimmt, schreib die richtige Antwort!

1. Auf dem Helene-Lange-Gymnasium lernen die Schüler keine Sprachen.
2. Nicolas' Mutter arbeitet in Hamburg.
3. Maike geht immer sehr spät zu Bett, um 12 Uhr oder so.
4. David spielt Basketball und ist in der Mannschaft.
5. Thorsten isst kein Fleisch.
6. Er darf auch keine Schokolade essen.

5 Wie geht der Satz zu Ende?

1. Ich halte mich
2. Ich schlafe
3. Ich gehe um zehn
4. Ich esse
5. Ich mache viel
6. Ich esse auch Fleisch, aber
7. Ich bin allergisch

a. es muss mager sein.
b. fit.
c. gegen Schokolade.
d. genug.
e. vernünftig.
f. Sport.
g. zu Bett.

6 Und du?

Welche Sätze passen auch für dich?

ERSTE STUFE

Expressing approval and disapproval

Gesundheitstips

Ich tu eigentlich recht viel für meine Gesundheit. Jeden Morgen mache ich Gymnastik, ich trinke keinen Alkohol, und ich rauche auch nicht."

Ganz oben steht bei mir: richtige Ernährung, viel Obst, Gemüse und Salat, wenig Fett. Ich schlafe wenigstens acht Stunden, und ich vermeide die Sonne. Die ist schlecht für meine Haut."

Ich halte mich fit durch Fitnesstraining. Ich trinke keinen Alkohol, ich trinke auch wenig Kaffee. Ich ernähre mich richtig, ja ich esse auch langsam und kaue richtig."

Nach der Schule relaxe ich erst einmal, ich lese etwas, oder ich fahre Rad. Ich kleide mich auch richtig, nicht zu warm und nicht zu kalt!"

WORTSCHATZ

sehr gesund leben
viel für die Gesundheit tun
vernünftig essen
genügend schlafen

Gymnastik machen
keinen Alkohol trinken
die Sonne vermeiden
nicht rauchen

viel Obst essen
jeden Morgen joggen
Rad fahren

7 Lebst du gesund?

Lies, was diese Schüler zum Thema Gesundheit sagen! Dann beantworte die Fragen!

1. Welche Gesundheitstips sind dir neu? Schreib die Verben auf, die diese Schüler verwenden, wenn sie über ihre Gesundheit reden! Was bedeuten sie?

2. Schau die Logos oben an! Was bedeuten sie? Schreib einen Satz für jedes Logo — „Die 7 Gebote (*commands*) der Gesundheit!" Pass auf! Wie drückt man im Deutschen die Idee *one, people in general* aus? Welche zwei Modalverben kannst du hier gebrauchen?

8 Hör gut zu!

Der Gesundheitsmuffel: ein Muffel ist ein Mensch, der sich für nichts interessiert. Ein Gesundheitsmuffel ist also jemand, der sich wenig für seine Gesundheit interessiert. Hör mal zu, wie ein Muffel beschreibt, was er alles gegen seine Gesundheit macht! Schreib eine Liste von seinen Lastern (*vices*)!

EIN WENIG GRAMMATIK

The verb **schlafen** has a stem vowel change in the **du**- and **er/sie**-forms.

Wie lange **schläfst** du?
Er **schläft** acht Stunden.

9 Was tust du für die Gesundheit?

Frag deine Partnerin, was sie für ihre Gesundheit tut! Sie erzählt dir mindestens drei Sachen. Dann tauscht die Rollen aus!

10 Für mein Notizbuch

Schreib in dein Notizbuch, was du für deine Gesundheit tust! Schreib auch, wie oft du verschiedene Sportarten machst, und verwende dabei Wörter wie „ansonsten" (*otherwise*) und „auch", um deinen Text interessanter zu machen!

SO SAGT MAN DAS!

Expressing approval and disapproval

When expressing approval of what a friend or family member does, you might say:

Es ist prima, dass du nicht rauchst.
Ich finde es toll, dass du regelmäßig Sport machst.
Ich freue mich, dass du in der Mannschaft bist.
Ich bin froh, dass es dir hier gefällt.

When expressing disapproval, you might say:

Es ist schade, dass du nicht viel Rad fährst.
Ich finde es nicht gut, dass du so wenig schläfst.

Which of these expressions are new to you? What do you notice about the verbs in the **dass**-clauses?

11 Ich bin froh, dass ...

Markus spricht mit Freunden über seine Gewohnheiten, was er für seine Gesundheit macht und was er nicht macht. Seine Freunde reagieren darauf. Welche Bemerkungen sind logisch?

1. **Markus:** Ich mache regelmäßig Sport!
   a. Ich finde das nicht gut.
   b. Das ist aber schade!
   c. Das ist prima!

2. **Markus:** Ich esse aber nicht richtig.
   a. Ich bin froh, dass du richtig isst!
   b. Das finde ich nicht gut!
   c. Das freut mich!

3. **Markus:** Ich rauche aber nicht!
   a. Du, das ist aber prima!
   b. Das finde ich nicht gut!
   c. Das ist aber wirklich schade!

4. **Markus:** Und ich spiele in einer Mannschaft.
   a. Das finde ich nicht gut.
   b. Das ist toll!
   c. Das ist aber wirklich schade!

12 Hör gut zu!

Hör zu, wie verschiedene Schüler einem Freund erzählen, was sie machen oder nicht machen, um gesund zu bleiben! Schreib für jedes Gespräch auf, ob der Freund positiv oder negativ darauf reagiert!

13 Sätze bauen

Denk an einen Freund in der Klasse und sag ihm, was du über seine Gewohnheiten denkst!

Es ist
Ich bin
Ich finde es

nicht gut
prima
toll
schade
wirklich gut
wirklich schade
froh

dass du ...

rauchen
nicht rauchen
gesund sein
regelmäßig Sport machen
richtig essen
wenig schlafen
genug schlafen
in einer Mannschaft sein

WORTSCHATZ

—Wie geht's Ihnen, Herr Dingsda?
—Danke, ich . . .

ernähre
mich
richtig

fühle mich wohl

halte mich fit

—Ausgezeichnet, freut mich!

---

14 Das finde ich ...

Deine Partnerin erzählt dir, was sie für ihre Gesundheit tut und auch welche Laster sie hat. Reagier darauf entweder positiv oder negativ! Schau auf den **So sagt man das!** Kasten und such dir die richtigen Ausdrücke aus! Tauscht dann die Rollen aus! Berichte danach, was deine Klassenkameradin gesagt hat! Alle Mitschüler dürfen darauf reagieren.

GRAMMATIK Reflexive verbs

1. Reflexive verbs are verbs that require a reflexive pronoun, such as in the sentence *I cut myself.* or *He enjoys himself.* The reflexive verbs used in this section, **sich fühlen, sich freuen, sich ernähren,** and **sich fit halten,** require a reflexive pronoun in the accusative case.

Ich	fühle	**mich**	hier sehr wohl.
Du	fühlst	**dich**	hier nicht wohl.
Er, (sie, man)	fühlt	**sich**	großartig.
Wir	fühlen	**uns**	hier wohl.
Ihr	fühlt	**euch**	hier wohl, ja?
Sie, sie	fühlen	**sich**	hier wohl.

2. In questions, the reflexive pronoun follows the subject pronoun.

   Wie hältst **du dich** fit?
   Wie fühlt **ihr euch** hier in Hamburg?

3. When a reflexive verb is used in a **dass**-clause, the reflexive pronoun also follows the personal pronoun.

   Ich freue mich, dass **du dich** hier wohl fühlst.
   Meine Mutter freut sich, dass **sie sich** fit hält.

Look at the sentences with the verb **sich fit halten.** What do you notice about the **du** and **er/sie**-forms?

15 Für mein Notizbuch

Schreib alles in dein Notizbuch, was du machst, was für dich ungesund ist! Reagiere entweder positiv oder negativ auf deine eigenen Laster! Findest du sie okay, oder möchtest du anders leben?

16 Hör gut zu!

Herr Dingsda erzählt seinen Freunden ganz stolz, was er für seine Gesundheit tut. Hör gut zu und schreib auf, was er macht, dass er sich so wohl fühlt!

17 Wie fühlst du dich?

As a waiter in the restaurant „Zum Hirschen" you overhear many conversations, but not everything that's said. Complete these conversations by filling in the correct reflexive pronoun.

1. — Fühlt ihr ===== hier wohl?
   — Ich, ja. Aber mein Bruder freut ===== nicht, hier in München zu sein. Und seine Frau fühlt ===== auch nicht wohl.
2. — Mensch, wie siehst du aus! Du hältst ===== aber fit!
   — Ja. Mein Mann und ich, wir halten ===== fit, und ich fühle ===== dabei sehr wohl!
3. — Fühlen Sie ===== hier in Bayern wohl, Herr Krause?
   — Sehr wohl, danke! Ich freue ===== sehr, hier zu sein.

wo?	wie?
an der Schule	ganz wohl
in der Klasse	nicht wohl
in der Clique	sehr wohl
in dieser Stadt	nicht sehr wohl
in der (Basketball-) mannschaft	großartig
in ...	überhaupt nicht wohl
	super-toll

18 Der Gesundheitsfanatiker

Sag deiner Partnerin, was Herr Dingsda wahrscheinlich alles macht, um gesund zu bleiben, zum Beispiel, was er isst, um sich richtig zu ernähren!

19 Wie fühlt ihr euch?

Such dir einen Klassenkameraden und fragt euch gegenseitig, wie ihr euch fühlt! Verwendet dabei die Wörter im Wortschatzkasten oben, die beschreiben, wie gut oder schlecht man sich fühlen kann!

20 Was erzählen die Schüler?

Lest noch einmal, was die Schüler Maike, Thorsten, David und Nicolas über sich sagen! Wählt mit zwei anderen Mitschülern einen von den vieren aus und schreibt eine Zusammenfassung (*synopsis*) von seinen Aussagen! Einer von euch liest dann allen Mitschülern diese Zusammenfassung vor, ohne den Namen des Schülers zu sagen. Die anderen Mitschüler müssen raten, wen ihr beschreibt.

21 Wo fühlst du dich am wohlsten?

a. Es gibt verschiedene Plätze, wo man sich am wohlsten fühlt. Füll die Tabelle rechts aus! Wie fühlst du dich an den Orten, die oben im Wortschatzkasten aufgelistet sind? Schreib auch warum!

b. Schreib jetzt zwei Sätze in dein Notizbuch und verwende dabei die Information aus deiner Tabelle! Schreib einen Satz darüber, wo du dich am wohlsten fühlst, und einen darüber, wo du dich am unwohlsten fühlst (verwende dabei entweder „weil" oder „denn")!

Wo?	Wie?	Warum?
Schule		
Klasse		
Mannschaft		
Clique		

22 Grüß dich!

Grüß deinen Partner und frag ihn, wie er sich fühlt oder fit hält! Er erzählt dir drei Dinge über sich. Reagier auf seine Aussagen! Tauscht dann die Rollen aus!

Was tust du, um gesund zu leben?

Health habits play an important role in German-speaking cultures. However, the focus and the trends have changed from one generation to the next. Let's find out what these people do for their health.

LANDESKUNDE

Herr Troger, *St. Ulrich*

„Ja, wenn Sie mich fragen, ob ich gesund lebe, muss ich sagen eigentlich schon. Einmal zuallererst darf ich vielleicht sagen, ich rauche nicht, wobei aber nicht unbedingt ein Raucherfeind bin, nicht wahr. Aber ich rauche nicht, und ich trinke auch wenig und mache gerne Sport, ich fahre also sehr gern Rad. Im Winter gehen wir zum Langlauf oder ein bissel Skifahren. Also, muss sagen, ich lebe gesund."

Regina, *Bietigheim*

„Also, ich ess am liebsten sehr viel Obst und Gemüse, weil es . . . weil ich glaub, dass das sehr gesund ist. Ich esse es am liebsten aus dem eigenen Garten, weil ich da weiß, dass es nicht irgendwie gespritzt ist oder mit chemischen Düngemitteln behandelt ist. Fleisch esse ich nicht so gerne, weil ich erstens mal, weil ich mir denk, ich hab oft Filme im Fernsehen gesehen, wie die Tiere behandelt werden und so weiter. Und ich kann, ehrlich gesagt, auch drauf verzichten, das muss echt nicht sein. Ja, so Schnellimbiss und so was, das mag ich auch nicht so arg."

Gerd, *Bietigheim*

„Oh, um gesund zu leben ... na, das wird schwer. Na ich ess halt einfach das, was mir Spaß macht. Ich ess halt gerne Obst, und ansonsten viel zum Gesundleben fällt mir eigentlich nicht ein. Also ich fahr halt Skateboard, das bringt auch teilweise Kondition, aber mehr fällt mir eigentlich nicht ein."

A. 1. Which two types of things do these people do to stay healthy? Under each category, list what each person mentions.
   2. From where does Regina like to get her food? What does she not like to eat? What reason does she give for this?
   3. Does it sound like staying healthy is very important to Gerd? Why or why not?
   4. Does Herr Troger do anything different from what the younger interviewees do for their health?

B. A number of America's favorite health pastimes, such as jogging or in-line skating, are becoming increasingly popular among the younger generation in Germany. Eating organic foods is also quite popular. How prevalent are these trends, and the things the interviewees mentioned, among your friends? Do your parents do different kinds of things for their health than you do?

23 Hör gut zu!

Du hörst gerade im Radio eine Sendung über Sport, und es kommen Statistiken darüber, wie oft Deutsche verschiedene Sportarten treiben und wie viel Prozent der Bevölkerung an diesen Sportarten teilnimmt. Mach dir Notizen! Schreib dann mit einer Partnerin die Informationen in eine Tabelle um! Glaubst du, dass diese Tabelle auch für Amerikaner stimmt? Warum? Warum nicht?

	Fußball	Aerobic	Jazztanz	Bodybuilding
Wie oft?				
Wie viel Prozent?				

24 Gesünder leben

a. Der folgende Ausschnitt stammt aus einer Umfrage mit dem Titel „Gesünder leben", die in einem Gesundheitsmagazin erschienen ist. Lies den Fragebogen und, auf einem Stück Papier, fülle den Fragebogen für dich selbst aus!

FRAGEBOGEN

Machen Sie wirklich genug Sport?

1. Wie oft machen Sie Sport?
- ❏ nie
- ❏ fast nie
- ❏ selten
- ❏ manchmal
- ❏ oft
- ❏ sehr oft
- ❏ fast immer
- ❏ immer

2. Wie oft?
- ❏ jeden Tag
- ❏ jeden zweiten Tag
- ❏ einmal am Tag
- ❏ zweimal am Tag
- ❏ einmal in der Woche
- ❏ zweimal in der Woche

Ernähren Sie sich richtig?

3. Ich esse ... Fleisch und Wurst.
- ❏ zu viel
- ❏ viel
- ❏ ziemlich viel
- ❏ wenig
- ❏ ganz wenig
- ❏ kein

4. Ich esse ... Obst und Gemüse.
- ❏ kein
- ❏ wenig
- ❏ genug
- ❏ viel
- ❏ sehr viel
- ❏ nur

b. Such dir einen Partner! Fragt euch gegenseitig über eure Antworten in dem Fragebogen! Oder: Einer fragt über Sport, der andere über Ernährung.

GRAMMATIK The determiner jeder

1. You have seen different forms of the word **jeder** throughout this chapter. What does it mean? What endings does it take? What other words or groups of words have you learned that have the same endings?[1]

	masculine	feminine	neuter	plural
Nominative	**jeder**	**jede**	**jedes**	**alle**
Accusative	**jeden**			
Dative	**jedem**	**jeder**	**jedem**	**allen**

Ich mache **jeden** Sport.
Ich mag **jedes** Gemüse.
Wir fragen **alle** Klassenkameraden.

2. Look at the two sentences below. Which *case* is used when **jeder** is in a time expression, expressing definite time?[2]

Wir schwimmen **jeden** Montag.
Wir wandern **jedes** Wochenende.

25 Das mache ich jeden Tag!

Deine Mutter glaubt nicht, dass du alles tust, was du tun sollst. Sag ihr, dass du das doch tust! Verwende die Zeitausdrücke, die mit jedem Satz gegeben sind! (Begin your sentences with **doch**! where appropriate.)

BEISPIEL   **Du isst kein Obst. (Tag)**
Doch! Ich esse jeden Tag Obst!

1. Du machst keinen Sport! (Woche)
2. Du isst selten Obst und Gemüse! (Tag)
3. Du gehst nie schwimmen! (Wochenende)
4. Du sollst deine Großmutter besuchen! (Sonntag)
5. Du gehst selten ins Konzert! (Monat)

26 Beschreibungen

Such dir aus Zeitschriften bunte Fotos von Leuten aus, die Sport machen oder etwas Gesundes essen! Beschreib mit ein paar Sätzen, was jede Person macht, und stell dir vor, wie oft die Person die Aktivität macht! Dann reagiere entweder positiv oder negativ darauf! Danach mach Folgendes:

a. Zeig deinen Mitschülern dein Foto und beschreibe es ihnen! *oder*
b. Du und deine Mitschüler hängen eure Fotos auf. Dann liest einer von euch eine Beschreibung vor, und die andern versuchen, das Foto zu erraten.

SPRACHTIP

You have heard and seen the word **doch** used a lot by Germans in everyday conversations. One purpose **doch** serves is to soften the impact of a command: **Geh doch für mich einkaufen! Doch** has other meanings as well. If someone erroneously tells you that you don't do something, you can respond positively using **doch**.

Read the following sentences and determine what **doch** means in this context:
Du räumst nie auf!
Doch! Ich räume fast jede Woche auf.

How would you respond if someone said to you **Du isst überhaupt kein Obst!** or **Du machst nie Sport!**

1. the definite articles; You may also remember seeing **dieser**- words with the same endings.
2. accusative case

SO SAGT MAN DAS!

Asking for information and responding emphatically or agreeing, with reservations

You want to find out something specific about some of your friends. There are several ways to initiate your questions. You can say:

Ich habe eine Frage: Isst du Obst und Gemüse?
Sag mal, trinkst du jeden Tag Milch?
Wie steht's mit Fleisch? **Isst du eigentlich** viel Fleisch?
Darf ich dich etwas fragen? Wie hältst du dich fit?

To respond emphatically, your friend might say:

Ja, natürlich! or **Na klar!** or **Aber sicher!**

To agree with your statements, but with reservations, your friend might say:

(Du isst viel Kuchen!)	**Ja, das kann sein, aber** ich esse auch viel Obst!
(Du schaust oft Fernsehen!)	**Das stimmt, aber** ich mache auch Sport!
(Du isst gern Fleisch?)	**Eigentlich schon, aber** ich esse wenig Fleisch.

How would you begin your questions if you were speaking to two friends? Look at the last three responses. How do we express these same ideas in English?

27 Hör gut zu!

Hör gut zu, wenn Simone, eine Studentin in Krefeld, über die Fitnessgewohnheiten der Deutschen redet. Lies zuerst die englische Zusammenfassung unten, dann hör zu und versuche, die Zusammenfassung zu ergänzen!

1. According to Simone, most Germans ===== in order to stay healthy.
2. Simone says that Germans also enjoy playing ===== and =====, because =====.
3. Although Germans don't =====, they are often =====.
4. Today, Germans avoid ===== more and more, because =====.

28 Was tun die Amerikaner für ihre Gesundheit?

Your school newspaper has asked you to interview your peers regarding their health habits. Think of at least six questions in German that you could ask on this topic. Three should be addressed to the group and three to individuals. Get together in groups of four and use your questions to interview your partners, but initiate your questions appropriately (refer to the **So sagt man das!** box). Then prepare similar questions in order to interview your teacher. Take turns with your classmates, finding out his or her health habits.

29 Für mein Notizbuch

Using the information from Activity 28, summarize your findings, in German, in a paragraph which describes what your friends and teacher do to stay healthy.

EIN WENIG LANDESKUNDE

Among the younger generation there are several new trends. For instance, teenagers, far more than their parents, shop and consume foods from **Bioläden,** where they can get everything for **Vollwertkost. Bioläden** specialize in organically grown products, whole-grain foods, and the like. These shops are different from those called **Reformhäuser**, which have been around a lot longer. Usually frequented by older consumers, **Reformhäuser** specialize in products for people with special diets or medical needs. For many people in Germany, healthy eating goes hand in hand with **Umweltbewusstsein.** And don't bother coming to a **Bioladen** without your own bag! Students favor carrying groceries in burlap bags or wicker baskets on the back

of their bicycles. They also have to bring their own containers to fill up on bulk products. And you might see a strange sight when shopping at any regular store in Germany: people removing the excess packaging from products they buy and leaving it in a pile at the front of the store. What do you think is going on here?

30 Eigentlich schon, aber …

You and your partner each write down three of your health-related vices on index cards and then trade cards. Your partner should fuss at you about your bad habits, stating what you do or don't do for your health. You have to agree, but with reservations, using statements from the **So sagt man das!** box.

WORTSCHATZ

Schon bekannt

oft
viel
ziemlich viel
gewöhnlich
jeden Tag
einmal am Tag
zweimal die Woche
jede Woche
jedes Wochenende

Neu

selten
meistens
normalerweise
wenig

DRITTE STUFE

Asking and telling what you may or may not do

CD-ROM
Disc 1

WORTSCHATZ

Für jeden etwas! Oder?

Gemüse

Blumenkohl

Brokkoli

Möhren

Pilze

Obst

Kirschen

Aprikosen

Beeren

Erdbeeren   Blaubeeren

Fisch

Forelle

Fleisch

Rindfleisch

Huhn/Hähnchen

Fisch-
Hühner-
Gemüse-

Nudel-
Kartoffel-
Reis-

SUPPE

Suppe

Welche von diesen Speisen essen Amerikaner oft?
Selten? Gar nicht? Wie steht's mit Hühnersuppe?

Und dann noch . . .

Pudding	Magermilch
Vollmilch	Sahne
Joghurt	Eier
Milch	Butter

31 Hör gut zu!

Schüler erzählen, was sie gern und was sie nicht gern essen und warum. Mach dir Notizen! Vergleiche deine Notizen mit den Notizen eines Partners!

32 Was isst du?

Mach eine Liste von deinen Essgewohnheiten! Ordne deine Liste in drei Gruppen: **1.** Was isst du (sehr) oft? **2.** Was isst du manchmal? **3.** Was isst du nie? — Teil diese Information deinen Klassenkameraden mit!

Warum nicht?

(ist) allergisch gegen
hat zu viele Kalorien
hat zu viel Zucker
hat zu viel Fett
macht dick
nicht gut für die Gesundheit
schmeckt mir nicht
ungesund

Welche Speisen von Seite 97
passen zu diesen Gründen?

BEISPIEL **Ich esse keinen**
Blumenkohl, weil
er mir nicht schmeckt.

Schon bekannt

EIN WENIG GRAMMATIK

Do you remember which case forms
go with **kein** when it is a direct
object?

Ich esse **keinen** Fisch. (der Fisch)
Ich mag **keine** Suppe. (die Suppe)
Ich esse **kein** Gemüse. (das
Gemüse)
Ich mag **keine** Möhren. (plural)

33 Was isst du nicht?

Gibt es etwas, was du nicht gern isst? Such
dir einen Partner! Er fragt dich, was du
nicht isst und warum. Du sagst es ihm.
— Tauscht dann die Rollen aus!

SO SAGT MAN DAS!

Asking and telling what you may or may not do

If you want to know what a friend is
allowed to eat or to do, you could ask:

Was darfst du essen?
Darfst du alles essen?
Was darfst du tun?

The answer might be:

Fleisch, Gemüse, ...
Klar! Ich darf alles essen.
Ich darf Auto fahren.

To find out what your friend is not
allowed to eat or to do, you could ask:

Was darfst du nicht tun?
Was darfst du nicht essen?

Ich darf nicht joggen.
Ich darf keine Schokolade essen.

What do you think the words **darf** and **darfst** mean? What other verbs do they remind you of?

34 Hör gut zu!

Schüler in Deutschland erzählen, was sie nicht machen dürfen. Hör gut zu! Welche Aussage passt zu welchem Bild?

a.

b.

c.

d.

35 Klar darf ich das!

Sag deinem Partner, ob du auch die Dinge (von Übung 34) machen darfst oder nicht! Er sagt es dir.

GRAMMATIK   The verb dürfen, present tense

The verb **dürfen**, *to be allowed* or *permitted to,* has these forms in the present tense:

Ich	**darf** alles essen!		Wir	**dürfen** gehen!
Du	**darfst** nicht rauchen!		Ihr	**dürft** alles essen!
Er/Sie/Es/Man	**darf** nicht joggen!	Sie (pl), Sie	**dürfen** keine Schokolade essen!

36 Das darf man nicht machen!

Welche Regeln gibt es in eurem Klassenzimmer? Was darf man nicht machen? Schreib eure Klassenregeln auf Deutsch, damit auch die Austauschschüler sie verstehen können und nicht in Schwierigkeiten geraten (*get into trouble*)!

37 Blöde Allergien!

Setz dich mit drei Klassenkameraden zusammen! Unterhaltet euch über Allergien! Wer darf gewisse Lebensmittel nicht essen oder trinken und warum? Wer hat Allergien gegen andere Speisen? —Unten stehen ein paar Dinge, gegen die manche Menschen allergisch sind. Sagt den anderen Gruppen, welche Allergien in eurer Gruppe am meisten vorkommen!

allergisch gegen:

Schokolade   Käse   Gräser   Heu

Vollmilch   Erdbeeren   Schimmel (*molds*)   Haustiere (*pets*)

auch gegen die Sonne!

38 Was darfst du zu Hause nicht machen?

a. Schreib drei Sachen auf, die du zu Hause nicht machen darfst! Frag danach deine Partnerin darüber, und sie fragt dann auch dich.

b. Macht jetzt eine Umfrage! Einer geht an die Tafel und fragt ein paar Schüler, was ihre Partner gesagt haben und schreibt dann die Ergebnisse auf. Welches Verbot kommt am häufigsten (*the most*) vor?

ZUM LESEN

Bleibt fit und gesund!

Getting Started

1. Judging by the pictures and titles of the readings, what do these authors consider important for staying healthy? Which of these concerns were also addressed by the people who were interviewed for this chapter (see p. 92)? With your classmates, brainstorm for German vocabulary or phrases that you would expect to find in texts on these health topics.

Tip: Some German prefixes carry their own meaning. Whether at the beginning of a noun or verb, they will change the meaning of the word in a certain way. For example, the prefix **auf** at the beginning of a verb often means *up*. You already know the phrases **das Zimmer aufräumen** and **den Hörer auflegen**; if you know the verb **geben**, what do you think the verb **aufgeben** might mean?

Warum ist Dr. Müller-Wohlfahrt nie krank?

Sechs Tips, die für Sie so wichtig sind wie für Boris

1 **Richtig aufwärmen.** „Nicht gleich loslegen, sondern in jeder Sportart sich vorher gezielt auf Touren bringen" — das rät der „Doc" dringend. Gymnastik und Stretching verhindern Verletzungen. „Am besten einen Sportarzt fragen, was individuell richtig ist."

2 **Richtiges Schuhwerk.** „Die meisten Sportler brauchen Einlegesohlen nach Maß. Solche Gehhilfen vom orthopädischen Schuhmacher verhindern Zerrungen, Muskelrisse, Ermüdungsbrüche. Eigentlich sollte jeder mit »seiner« Sohle Sport treiben."

3 **Richtig essen.** „Die italienischen Fußballstars haben die besten Werte, was Spurenelemente, Mineralien, Enzyme betrifft. Die mediterrane Küche ist die ideale Ernährung", schwört der „Doc". „Sie sollten Wert auf ausgewogene und leichte Kost legen".

4 **Richtig laufen.** „Es kommt auf den Stil an: Mit dem vorderen Mittelfuß aufsetzen, leicht abfedern, den Schritt leicht überlang machen, sich harmonisch nach vorne entwickeln, abrollen. Sie müssen das Gefühl haben, daß Sie vollkommen »rund« und mühelos laufen".

5 **Richtig kühlen.** Eiswürfel sind out — ideal zum Kühlen von Verletzungen ist „hot ice": Wasser in Gefrierpunktnähe. Verhindert spätere Überwärmung. Besonders effektiv: auf das „hot ice" ein paar Stöße Eisspray. Das garantiert dann dauerhafte Kühlung.

6 **Richtig sitzen.** Der „Doc" verpaßt seinen Patienten, die viel im Büro sitzen müssen, einen Sitzkeil aus hartem Schaumstoff. „Dadurch ergibt sich von vornherein die richtige Stellung der Wirbelsäule".

100 MARK FÜR NICHTRAUCHER

Foto: Exclusiv

„100 Mark für jeden, der das Rauchen aufgibt", sagte der Bielefelder Fahrradfabrikant Hans-Werner Schreiber zu seinen Angestellten. Gesagt, getan. Jeden Monat zahlt der Fabrikant 100 Mark an seine Nichtraucher. Das verlockende Angebot wirkte: Zwei Männer und drei Frauen hörten sofort mit dem Rauchen auf. Nach und nach folgten alle anderen Mitarbeiter - bis auf einen. Die Nichtraucher freuen sich natürlich über das zusätzliche Geld. Sven Harter (22 Jahre): „Ich bezahle damit jedes Jahr meinen Urlaub."

HER MIT DEM SALAT!

Eine Mahlzeit ohne Salat, das ist wie Brot ohne Butter oder Tee ohne Zucker, eins gehört zum andern. Das Grün eines Salats erfreut unsere Augen, und ist er noch ganz frisch und knackig, so regt er auch unsern Gaumen an. Ob wir nun den Salat wirklich mögen oder nicht, ist eine andere Frage. Wir essen ihn, ob er uns schmeckt oder nicht. Wir essen ihn, weil er gesund ist. Und wir ziehen den Salat vor, der ohne Pestizide gewachsen ist, denn der ist noch gesünder. Der Salat ist unser gutes Gewissen für den deftigen Schweinsbraten.

2. Read the first sentence of the article about **Nichtraucher.** What is the topic? (*Hint:* What did Hans-Werner promise his employees?)

A Closer Look

3. Before you read the rest of the article on **Nichtraucher,** try to predict: a) how successful the manufacturer's offer has been, and b) what the employees might do with their 100 DM. Then read the article to confirm or correct your predictions.

4. Now think about the following questions: a) Was any reason given explicitly for the manufacturer's offer? b) Was a reason implied or hinted at? c) If not, could you assume, using your background knowledge, what the reason(s) might be?

5. Read the article about **Salat.** What does the author compare to bread without butter and tea without sugar? According to the author, what is not important when eating salad? If you know that **Gewissen** means *conscience,* what might the last sentence mean? How serious do you think the author is about how Germans view salad?

6. What are the six **Tips** that Dr. Müller-Wohlfahrt offers? Read the boldface print after each number.

7. Read the first tip from Dr. Müller-Wohlfahrt. What two things help prevent injuries? Now skim over the third tip. According to the doctor, which athletes have the best diet? Look at the fifth tip. What is "out"? What is "in"? If you know that **Gefrier-** is freezing, what is "hot ice"?

8. Such dir einen Partner. Fragt die Schüler und Lehrer an eurer Schule, wie sie sich fithalten! Schreibt die Resultate auf Deutsch um! Schreibt danach einen Bericht über die Ergebnisse! Entwerft ein Poster mit Tips dazu.

ANWENDUNG

CD-ROM
Disc 1

1 You will hear four radio ads trying to persuade you to do different things for your health and fitness. Match each of the summary statements below with one of the ads that you hear.

  a. Du sollst so oft wie möglich Sport machen!
  b. Man soll jeden Tag Obst und Gemüse essen!
  c. Du sollst jeden Tag mindestens sieben Stunden schlafen!
  d. Rauchen ist nicht gesund!

2 Read this letter to Dr. Müller-Meier, health columnist for the Dietzburger Zeitung. Then answer the questions below.
  1. Warum schreibt Hans Giecht?
  2. Was ist sein Problem?
  3. Beschreib sein Leben!

3 As Dr. Müller-Meier's assistant, you often respond to the letters from his readers. Write a response to Hans Giecht, telling him what to do — or what not to do — in order to improve his health and regain his energy. Your response will appear in next Sunday's "Dietzburger Zeitung."

4 Your younger siblings look to you for advice. How often would you tell them to do or not to do the following?

> Sport machen
> Kuchen essen
> Obst und Gemüse essen
> Milch trinken
> rauchen
> Alkohol trinken
> schwimmen

5 You work as an assistant in a clinic. A student who hasn't been feeling well calls you to seek your advice. As he describes his symptoms, you fill out the following form for your records.

> Lieber Dr. Müller-Meier!
> Ich weiß nicht, was mit mir los ist! Vielleicht können Sie mir helfen. Ich fühle mich nie so richtig wohl — ich habe immer Kopfschmerzen, oder Magenschmerzen oder irgendetwas! Und das Schlimmste ist — ich habe überhaupt keine Energie! Ich bin Student an der Uni (ich studiere Germanistik), und ich muss jeden Tag lange am Schreibtisch sitzen und lesen und lernen. Ich brauche dafür viel Energie! Was soll ich tun? Ich esse genug, glaube ich — ich esse jeden Tag Brot, Nudeln, Fleisch — was es so eben in der Mensa gibt. Und ich rauche und trinke nicht viel. Ich rauche etwa fünf Zigaretten am Tag, und ich trinke ab und zu abends mit Freunden. Was soll ich tun, um meine Energie zurückzubekommen? Hilfe !!!
>
> Mit bestem Dank
> Hans Giecht

Name: _____ Alter: _____ Beruf: _____
Beschwerden: _____
Diagnose: _____
Empfehlung: _____

6

Zum Schreiben

You write a health column for the *Salzburger Nockerl Zeitung* and this week you are describing an ideal diet for a teenager. You give advice about what, how much, and how often a teenager should eat.

SCHREIBTIP

Doing Research   In order for your article to be factual, you might want to interview the health or home economics teacher at your school or consult health and nutrition books in your school library. Take brief notes on 3 × 5 cards and include your source on each card.

Vorbereiten   After gathering your information, you need to organize it in a **logical manner.** Decide whether you want to recommend foods as sources of protein, carbohydrates, and fats, or whether you want to concentrate on a good day's or week's diet.

Ausführen   Start your paragraph with a **topic sentence** which will introduce your subject and focus your writing. For instance, **Schüler müssen sich gut ernähren, denn sie brauchen viel Energie.** In order to convince students that they need to follow your diet, be sure to make it tempting by varying taste, color, and texture.

Überarbeiten

* After writing your paragraph, set it aside for a day and then reread it.

* Assess its strengths and weaknesses.

* Make changes, and then read your paper aloud, listening for confusing statements and awkward wording. Have a peer evaluate strengths and weaknesses of your paragraph.

* Revise, proofread, and submit your paragraph to your teacher.

7

R O L L E N S P I E L

Do the following activity with a partner or small group.

You work for a German marketing firm and need some good ideas for health-related advertisements to send to your firm back in Germany. Make a list of commercials you see on American television or hear on American radio that reflect health and fitness consciousness. Write down the ad (or the product being advertised) and, in German, tell what the health problem is and the basic message related to its cure. With your partner or group, select the commercial that you think is most effective, write it in German, and present it to the class. Use props and sound effects to make your commercial more interesting and fun. The rest of the class can serve as the "advisory board" in your German firm and select the commercial that they would most like to show on German television.

KANN ICH'S WIRKLICH?

Can you express approval? (p. 88)

1 How would you react if your friend told you that he or she

a. lives in a healthy way?
b. eats properly?
c. exercises regularly?

Can you express disapproval? (p. 88)

2 How would you react if your friend told you that he or she

a. does not live in a healthy manner?
b. does not get enough exercise?
c. doesn't eat right?
d. gets too little sleep?

Can you ask for information and respond to a question emphatically? (p. 95)

3 How would someone ask you if you

a. play sports?
b. eat correctly?
c. exercise?

4 How would you respond emphatically to the questions in Activity 3 by saying that you

a. play sports every week?
b. eat fruit and vegetables every day?
c. exercise every morning?

Can you agree, with reservations? (p. 95)

5 How would you respond in the following situations?
a. Your mom accuses you of eating too much chocolate, but you know that you also eat a lot of fruit.
b. Your friend tells you that you watch too much television, but you also exercise three times a week.
c. Your doctor says that you eat too much meat, but you tell him that you eat only lean meat.

Can you ask and tell what you may and may not do, using dürfen? (p. 98)

6 How would you tell someone that you

a. may not eat meat?
b. may not drink alcohol?
c. may eat cheese?
d. may not eat chocolate because you are allergic to it?

ERSTE STUFE
EXPRESSING APPROVAL

Es ist prima, dass ... *It's great that...*
Ich finde es toll, dass ... *I think it's great that...*
Ich bin froh, dass ... *I'm happy that...*
Ich freue mich, dass ... *I'm happy that...*

EXPRESSING DISAPPROVAL

Es ist schade, dass ... *It's too bad that...*
Ich finde es nicht gut, dass ... *I think it's bad that...*

FOR YOUR HEALTH

sich fit halten *to keep fit*
sehr gesund leben *to live in a very healthy way*
sich ernähren *to eat and drink*
richtig *proper(ly)*

viel für die Gesundheit tun *to do a lot for your health*
vernünftig essen *to eat healthy foods*
genügend schlafen *to get enough sleep*
er/sie schläft *he/she sleeps*
Gymnastik machen *to exercise*
keinen Alkohol trinken *not to drink alcohol*
die Sonne vermeiden *to avoid the sun*
nicht rauchen *not to smoke*
viel Obst essen *to eat lots of fruit*
jeden Morgen joggen *to jog every morning*
Rad fahren (sep) *to bicycle*

WHERE?

an der Schule *at school*
in der Klasse *in class*
in der Clique *in the clique*
in dieser Stadt *in this city*

in der (Basketball-) mannschaft *on the (basketball) team*

TALKING ABOUT HOW YOU FEEL

sich fühlen *to feel*
ganz wohl *extremely well*
sehr, nicht, nicht sehr wohl *very, not, not very well*
überhaupt nicht wohl *not well at all*
großartig *wonderful*
super-toll *really great*

REFLEXIVE PRONOUNS, ACCUSATIVE CASE

mich *myself*
dich *yourself*
sich *herself, himself*
uns *ourselves*
euch *yourselves*
sich *themselves, yourself, yourselves*

ZWEITE STUFE
ASKING FOR INFORMATION

Ich habe eine Frage: ... *I have a question:...*
Sag mal, ... *Tell me,...*
(Essen Sie) eigentlich ...? *Do you really (eat)...?*
Wie steht's mit ...? *So what about...?*
Darf ich euch etwas fragen? *May I ask you something?*

RESPONDING EMPHATICALLY

Ja, natürlich! *Certainly!*
Na klar! *Of course!*
Doch! *Yes, I do!*

AGREEING WITH RESERVATIONS

Ja, das kann sein, aber ... *Yes, maybe, but...*

Das stimmt, aber ... *That's true, but...*
Eigentlich schon, aber ... *Well yes, but...*

WHEN?

selten *seldom*
meistens *most of the time*
gewöhnlich *usually*
normalerweise *normally*
wenig *little*

DRITTE STUFE
FOOD ITEMS

die Speise, -n *food*
der Blumenkohl *cauliflower*
der Brokkoli *broccoli*
die Möhre, -n *carrot*
der Pilz, -e *mushroom*
die Kirsche, -n *cherry*
die Aprikose, -n *apricot*
die Erdbeere, -n *strawberry*
die Blaubeere, -n *blueberry*
die Forelle, -n *trout*

das Rindfleisch *beef*
das Huhn, ¨er *chicken*
der Reis *rice*

SAYING WHY YOU DON'T EAT SOMETHING

hat zu viel Fett *has too much fat*
hat zu viele Kalorien *has too many calories*
macht dick *is fattening*
es schmeckt mir nicht *it doesn't taste good*

allergisch sein gegen *to be allergic to*
nicht gut für die Gesundheit *not good for your health*
ungesund *unhealthy*
alles *everything*

ASKING OR TELLING WHAT YOU MAY OR MAY NOT DO

dürfen *to be allowed to, may (for the forms of **dürfen**, see page 99.)*

5
Gesund essen

① Ich mag Tofu mit Sojasprossen am liebsten.

Since most German students have a late lunch, their two morning snacks — a sandwich, yogurt, or some fruit, and perhaps something to drink, such as milk or juice — are important to them. Do you and your schoolmates have a break during the morning when you can buy something to eat? When you talk about what snacks there are and what you want or prefer to eat or drink, you will need a number of expressions.

In this chapter you will learn

- to express regret and downplay; to express skepticism and make certain
- to call someone's attention to something and respond
- to express preference and strong preference

And you will

- listen to German students talk about their mid-morning snacks
- read about the importance given in Germany to the mid-morning snack
- write about your own choice of snacks
- find out what some German students like to eat

② Macht nichts! Dann nehm ich eben ein Quarkbrötchen.

③ Zum Frühstück ess ich Brot mit Honig oder Wurst und Käse, manchmal auch ein Ei.

Los geht's!

Wiebkes Pausenbrot

 Thorsten   David   Nicolas   Wiebke

Look at the photos that accompany the story. In how many different places does this story take place? Can you name these places by looking at the photos?

Am Helene-Lange-Gymnasium in Hamburg können sich die Schüler in der Pause etwas zu essen und zu trinken kaufen. Alles ist gut, gesund und billig. Die „Verkäuferinnen" sind nämlich die Mütter der Schüler. Sie kaufen alles billig ein, sie bereiten die belegten Brötchen vor und stehen dann auch hinter der Theke.

> Ein Eibrötchen!

> Ich bedaure, die Eibrötchen sind alle.

> Macht nichts! Dann nehm ich eben eine Banane.

> 20 Pfennig!

> Ich hab leider nur einen Zehnmarkschein.

> Das ist in Ordnung! Ich hab genug Wechselgeld.

> Ich möchte ... eine Milch ... und ein Quarkbrötchen, bitte!

> Was isst du denn da, Wiebke?

> Das ist mein Pausenbrot. Das hab ich mir mitgebracht.

> Und, was hast du denn auf dem Brot?

> Guck mal! Lecker, nicht?

> Und was soll denn das sein, dieses Gemüse?

> Tofu mit Sojasprossen!

> Igitt! Du isst wohl vegetarisch, was?

> Nö, nicht unbedingt. Manchmal ess ich auch Fleisch.

Heute morgen beim Frühstück.

(5)

Ich hab hier noch ein Ei, Wiebke. Willst du es?

Nein, danke! Gib es doch dem Bernie! Aber ich nehme jetzt noch ein Stück Brot mit ... hm ...

Hier ist Honig, Marmelade, Wurst ...

Ich nehme mir eine Scheibe Wurst. Der Aufschnitt sieht echt prima aus.

(6)

Tofu ist gesund, Thorsten! Willst du mal probieren?

Hm, wirklich prima! Fast wie Quark.

(7)

Schaut mal da, der David! Du, David, wie willst du denn das alles essen? Da brauchst du ja drei Hände!

Einfach: Die Flasche in die Tasche; die Schokolade in die andere Tasche, und jetzt hab ich meine Hände frei für mein Quarkbrötchen.

Einmal hat Wiebke für ihre Freunde ein prima Mittagessen gemacht.

(8)

Was ist das für eine Suppe?

Eine Gemüsesuppe. Kommt aus dem Kühlschrank! Es ist ein Fertiggericht, man braucht sie nur noch aufwärmen.

Hm, gut! Ich mag Gemüse.

Welches Gemüse magst du am liebsten?

Eigentlich alles. Nur Spinat mag ich nicht.

(9)

Und dann gibt es Huhn, mit Nudeln oder Reis. Hier ist die Soße. Ach ja, und dann gibt es noch Salat, Kopfsalat mit Tomaten.

Und zum Nachtisch gibt es Obst. Und nun wünsch ich euch einen guten Appetit!

Mensch, da bin ich aber froh, dass ich keinen Spinat gemacht habe.

1 Was passiert hier?

Verstehst du alles, was diese Leute sagen? Beantworte die Fragen!

1. When do the students buy something to eat and drink? Who sells it to them?
2. What does Thorsten ask for? What does he buy? Why?
3. What does Wiebke have on her sandwich?
4. What did Wiebke have for breakfast?
5. What did Wiebke serve her friends the day she made lunch for them?

2 Genauer lesen

Lies den Text noch einmal, und beantworte diese Fragen!

1. Was kostet die Banane?
2. Was hat Wiebke von zu Hause mitgebracht?
3. Was isst Wiebke zum Frühstück?
4. Wie findet Thorsten den Tofu?
5. Was isst David alles?
6. Was hat Wiebke für ihre Freunde nicht gemacht?
7. Welches Gemüse mag David nicht?

3 Stimmt oder stimmt nicht?

Wenn der Satz nicht stimmt, schreib die richtige Antwort!

1. Thorsten kauft ein Eibrötchen.
2. Das Eibrötchen kostet zehn Mark.
3. Wiebke hat Tofu mit Sojasprossen auf ihrem Pausenbrot.
4. Wiebke isst immer vegetarisch.
5. Auf ihrem Frühstücksbrot hat sie immer Honig.
6. Thorsten probiert den Tofu.
7. Wiebke braucht die Gemüsesuppe nur aufwärmen.
8. David mag jedes Gemüse.

4 Was passt zusammen?

Welche Sätze auf der rechten Seite passen zu den Sätzen auf der linken Seite?

1. Die Eibrötchen sind leider alle.
2. Hier sind zehn Mark.
3. Du isst wohl nur vegetarisch?
4. Willst du mal den Tofu probieren?
5. Die Suppe schmeckt gut!
6. Was gibt's heute zum Mittagessen?

a. Dann nehme ich eben eine Banane.
b. Das ist ein Fertiggericht, kommt aus dem Kühlschrank.
c. Und du bekommst neun achtzig zurück.
d. Huhn mit Nudeln und Reis.
e. Hm, lecker! Fast wie Quark.
f. Nein, manchmal esse ich auch Fleisch und Wurst.

5 Und du?

Beantworte die Fragen!

1. Kaufst du dein Essen in der Schule, oder bringst du etwas von zu Hause mit?
2. Isst du nur vegetarisch?
3. Hast du schon mal Tofu mit Sojasprossen gegessen? Wie hat er dir geschmeckt?
4. Magst du Spinat?
5. Was kostet die Milch in deiner Schule?

Was isst du, was nicht?

We have asked people from around Germany and Austria what kinds of food they usually eat and why. Before you read the responses, think about the most popular and unpopular foods in the United States. What do most teenagers like? Listen to the interviews, then read the texts.

Heidemarie, *München*

„Also, ich mag die italienische Küche und die chinesische Küche, und auch also chinesisch, weil das ist, das ist manchmal sehr interessant, hat 'nen interessanten Geschmack. Und nicht so gern ess ich Meeresfrüchte und so was mit Meeres ... Fisch und so zu tun hat."

Jens und Sabine, *Berlin*

Sabine: „Ich esse gerne Nudeln, Gemüse, Obst, besonders in Aufläufen, sehr gern auch Reisgerichte. Risotto schmeckt sehr gut."
Jens: „Ja, und wir haben uns gerade ein Buch gekauft über italienische Nudelgerichte. Und weil wir sehr gerne kochen, vor allem italienisch, wollen wir es mal ausprobieren."

Gerhard, *St. Ulrich*

„Essen tu ich alles sehr gern, bis auf Innereien, Fisch weniger. Mehlspeisen, die mag ich überhaupt sehr gern. Alles, was so Hausmannskost ist, ist alles gefragt."

A. 1. Which person mentions "home cooking" as his or her favorite? What might a typical home cooked meal in Germany look like? What do you think **Innereien** are, judging by the sound of it? If **Meer** means *sea* or *ocean,* what do you think **Meeresfrüchte** means? Read the interviews again and make a list of the different kinds of foods mentioned. Which foods do people say they like? Which don't they like?

2. Make a list of popular and unpopular foods in the United States. Are there any similarities between the two cultures with respect to food?

B. Both in Germany and Austria it is considered good manners to leave your lower arm (the one you're not eating with) on the edge of the table. It is also polite to eat with your fork in your left hand while holding your knife in your right hand. When your host is serving you food or a drink, you should let him or her know when to stop by saying **Danke!** Otherwise your host will keep on pouring!

ERSTE STUFE

Expressing regret and downplaying; expressing skepticism and making certain

Was gibt es heute in der Pause? Und wie teuer ist es?

Milch

Kakao

Vanillemilch

Joghurt

Welche von diesen Speisen und Getränken kannst du an deiner Schule kaufen? Was kosten sie?

EIN WENIG LANDESKUNDE

Am Helene-Lange-Gymnasium in Hamburg sorgen die Mütter der Gymnasiasten dafür, dass sich ihre Söhne und Töchter in den beiden Pausen etwas zu essen und zu trinken kaufen können, was gut, nahrhaft und auch billig ist. Und das ist nur möglich, weil die Mütter die Speisen und Getränke preisgünstig einkaufen und die belegten Brötchen selbst vorbereiten. Auch Obst ist immer reichlich vorhanden.

6 Hör gut zu!

Vier Schüler kaufen sich in der Pause etwas zu essen und zu trinken. Schreib auf, was jeder kauft und was das kostet! Wie viel hat jeder Schüler ausgegeben?

	Was?	Wie viel?	insgesamt
1			
2			

7 Und du? Was möchtest du?

Was möchtest du in der Pause essen und trinken? Wähl einige Sachen aus! Du hast nur drei Mark dabei. Sag deinen Mitschülern, was du möchtest! Wie viel Geld bekommst du zurück?

KAPITEL 5   Gesund essen

CD-ROM Disc 2

LANDESKUNDE

Was isst du, was nicht?

We have asked people from around Germany and Austria what kinds of food they usually eat and why. Before you read the responses, think about the most popular and unpopular foods in the United States. What do most teenagers like? Listen to the interviews, then read the texts.

Jens und Sabine, *Berlin*

Sabine: „Ich esse gerne Nudeln, Gemüse, Obst, besonders in Aufläufen, sehr gern auch Reisgerichte. Risotto schmeckt sehr gut."
Jens: „Ja, und wir haben uns gerade ein Buch gekauft über italienische Nudelgerichte. Und weil wir sehr gerne kochen, vor allem italienisch, wollen wir es mal ausprobieren."

Heidemarie, *München*

„Also, ich mag die italienische Küche und die chinesische Küche, und auch also chinesisch, weil das ist, das ist manchmal sehr interessant, hat 'nen interessanten Geschmack. Und nicht so gern ess ich Meeresfrüchte und so was mit Meeres ... Fisch und so zu tun hat."

Gerhard, *St. Ulrich*

„Essen tu ich alles sehr gern, bis auf Innereien, Fisch weniger. Mehlspeisen, die mag ich überhaupt sehr gern. Alles, was so Hausmannskost ist, ist alles gefragt."

A.
1. Which person mentions "home cooking" as his or her favorite? What might a typical home cooked meal in Germany look like? What do you think **Innereien** are, judging by the sound of it? If **Meer** means *sea* or *ocean,* what do you think **Meeresfrüchte** means? Read the interviews again and make a list of the different kinds of foods mentioned. Which foods do people say they like? Which don't they like?
2. Make a list of popular and unpopular foods in the United States. Are there any similarities between the two cultures with respect to food?

B. Both in Germany and Austria it is considered good manners to leave your lower arm (the one you're not eating with) on the edge of the table. It is also polite to eat with your fork in your left hand while holding your knife in your right hand. When your host is serving you food or a drink, you should let him or her know when to stop by saying **Danke!** Otherwise your host will keep on pouring!

ERSTE STUFE

Expressing regret and downplaying; expressing skepticism and making certain

Was gibt es heute in der Pause? Und wie teuer ist es?

Milch

Kakao

Vanillemilch

Joghurt

Welche von diesen Speisen und Getränken kannst du an deiner Schule kaufen? Was kosten sie?

6 Hör gut zu!

Vier Schüler kaufen sich in der Pause etwas zu essen und zu trinken. Schreib auf, was jeder kauft und was das kostet! Wie viel hat jeder Schüler ausgegeben?

	Was?	Wie viel?	insgesamt
1			
2			

7 Und du? Was möchtest du?

Was möchtest du in der Pause essen und trinken? Wähl einige Sachen aus! Du hast nur drei Mark dabei. Sag deinen Mitschülern, was du möchtest! Wie viel Geld bekommst du zurück?

SO SAGT MAN DAS!

Expressing regret and downplaying

When you need to express regret, you could say:

Ich bedaure, die Eibrötchen sind alle.
Es tut mir Leid, die Milch kostet jetzt 70 Pfennig.
Was für ein Pech! Kein Joghurt mehr.
Ich hab **leider** nur Quarkbrötchen.

To respond to an expression of regret and to downplay your response, you could say:

Das macht nichts!   *or*   **Schon gut!**   *or*   **Nicht so schlimm!**

To indicate you'll do something else instead, use **eben** or **halt.**

Dann nehm ich **eben** ein Salamibrötchen.
Dann trink ich **halt** ein Mineralwasser.

Which of the expressions of regret sounds the most formal? The least formal?
How would you express the last two statements in English?

---

8 Es tut mir Leid!

Together with a partner, choose a store that specializes in something, for example food, clothing, musical instruments, furniture, pets, or gifts. See pages R7–R9 for additional vocabulary. Bring in photos or props of things that your shop sells. Your partner will make a shopping list of things she would like to buy at your store. Your partner asks if you have the things on her list. If you happen to be out of stock, express your regret and give a reason why. Your partner then responds, downplaying her response. Role-play your conversation in front of the class.

9 Hör gut zu!

Listen as four children ask their parents about what there is in the refrigerator to eat. Write down which children are satisfied with the parent's answer (and decide to have something else), and which are not.

10 Was für ein Pech!

Such dir einen Partner! Stell dir vor, du bist auf einem Marktplatz, wo es gewöhnlich alles zu kaufen gibt! Aber jetzt ist es Samstagnachmittag, so um halb zwei. Vieles ist schon alle, denn die Stände machen um zwei Uhr zu. — Du bist jetzt der Verkäufer, dein Partner kauft bei dir ein. Tauscht dann die Rollen aus! Gebraucht die Wörter im Kasten, wenn ihr wollt!

SPRACHTIP

Remember that when you ask for certain quantities, you do so by weight: **200 Gramm Wurst, bitte!** How would you ask for two pounds of plums? One kilogram of potatoes?[1]

Brokkoli	Aprikosen
Pflaumen	Möhren
Erdbeeren	Blaubeeren
Wurst Käse	Birnen
Äpfel	Kartoffeln

---

1. **Ich möchte bitte zwei Pfund Pflaumen. Ein Kilo Kartoffeln, bitte!**

SO SAGT MAN DAS!

Expressing skepticism and making certain

You may be skeptical about something
you see or hear. You could say:

**Was soll denn das sein, dieser
Quark und dieses Gemüse?**

You want to make certain and ask:

Du isst wohl vegetarisch, **was?**
Du isst wohl viel Fleisch, **ja?**
Du magst Joghurt, **oder?**
Du magst doch Quark, **nicht wahr?**

An answer may be:

**Das ist Tofu, und das sind
Sojasprossen.**

And the response might be:

Ja! *or* **Nein!**
Nicht unbedingt!
Na klar!
Sicher!

What do you think the first question means? How would you express this idea in
English? What could **dieser** and **dieses** mean? How does adding a question (such
as **was?**) at the end
of the four state-
ments change their
meaning? How is
nicht unbedingt dif-
ferent from the other
responses?[1]

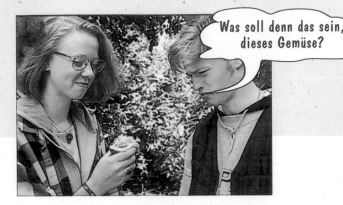

Was soll denn das sein,
dieses Gemüse?

CD-ROM
Disc 2

GRAMMATIK The demonstrative **dieser**

1. **Dieser, diese, dieses** (*this*), and **diese** (*pl*) (*these*), are called demonstra-
   tives. They are used to indicate specific items.

   Was soll denn das sein, **dieses Gemüse?**
   Kann ich bitte **diesen Apfel** haben?

2. **Dieser** has the following forms:

	Masculine	*Feminine*	*Neuter*	*Plural*
Nominative	dieser	diese	dieses	diese
Accusative	diesen	diese	dieses	diese
Dative	diesem	dieser	diesem	diesen

What other group of words that you have learned has similar endings?[2]

---

1. **Nicht unbedingt** means *not necessarily* and leaves open the possibility the statement could be true.
2. The definite articles **der, die, das** have the same endings, as well as **jeder.**

11 Im Schulhof gehört

Schreib diese Sätze ab, und setz dabei die richtigen Endungen ein! Vergleiche dann deine Sätze mit den Sätzen eines Partners!

A: Dies ⎯1⎯ Eibrötchen sehen lecker aus! Schau!

B: Stimmt! Ich nehme dies ⎯2⎯ Brötchen, denn auf dies ⎯3⎯ Brötchen liegt mehr Ei drauf!

A: Hm, dies ⎯4⎯ Pausenbrot sieht gut aus! Dies ⎯5⎯ Sojasprossen, prima! Aber was ist denn dies ⎯6⎯ Pudding da drunter?

B: Dies ⎯7⎯ Pudding ist Tofu!

A: Willst du mal probieren? Dies ⎯8⎯ Schokolade schmeckt echt prima.

B: Nein, danke! Dies ⎯9⎯ Apfel schmeckt auch sehr gut.

A: Was ist in dies ⎯10⎯ Flasche, David? Orangensaft? Darf ich mal probieren?

B: Hm, dies ⎯11⎯ Saft schmeckt lecker. Dies ⎯12⎯ Orangensaft kauf ich mir auch!

12 Hör gut zu!

Three students are asking their friends about the snacks they brought to school. Each also asks his or her friends about their eating habits. Match each of the friend's eating habits with the most appropriate photo below.

a. b. c. d. e.

13 Schreib mal eine Geschichte!

Was sagt Calvin zu seinem Vater? Calvin betrachtet skeptisch, was auf seinem Teller ist. Schreib Sätze, die in die Sprechblasen passen!

CALVIN AND HOBBES © Watterson. Reprinted with permission of UNIVERSAL PRESS SYNDICATE. All rights reserved.

14

Take a minute and draw on a piece of paper an item of food that you especially like to eat. Your partner, quite skeptical in nature, asks what it could be. After you tell what it is, she can make a general assumption about your eating habits, giving the statement one of the question tags from the **So sagt man das!** box. Switch roles.

15 Für mein Notizbuch

Was gibt es in deiner Schule zu essen und zu trinken? Was kaufst du, und was kostet das? Was bringst du von zu Hause mit? Oder isst du nur in der Schulcafeteria?

Wo ruht ihr euch aus?

Hier hab ich meine Ruhe

Mal ganz für sich alleine sein, in Ruhe nachdenken oder lesen. Nicht gestört werden und machen können, was man will. Oder ganz einfach überhaupt nichts tun müssen, herumsitzen und an gar nichts denken. Das alles sind Dinge, die Jugendliche von ihrem Lieblingsplatz erwarten. Sehr viele verschiedene Aspekte sind ihnen wichtig. Genauso wie jeder von ihnen einen ganz bestimmten Platz hat, wohin er sich am liebsten zurückzieht. Dabei ist erstaunlich, wie unterschiedlich diese sein können: Billardsalon oder Café, ein Baum im Wald, ein Strand am Meer, das eigene Zimmer, der Keller im Elternhaus, der Trainingsraum im Fitneß-Studio, eine Bibliothek, die Garage, das Büro, die Schulaula . . . JUMA stellt Euch vier Jugendliche und ihre Lieblingsplätze vor.

LESETRICK
Understanding the tone of a text. When looking at a German text, you can spot the nouns quickly because they are capitalized, and you can locate the verbs in the second and/or last position of a sentence. If you recognize the nouns and verbs (or at least some of them), you've probably got the gist of the text. But sometimes you will also want to look at adjectives, conjunctions, and adverbs in order to understand the "tone", that is, how the author feels about the subject. What is the difference between the following pairs of sentences?

Wie alt ist er?	Das weiß ich nicht.
Wie alt ist er **denn**?	Das weiß ich **gar** nicht.

The words **denn** and **gar** act as intensifiers. **Denn** indicates interest on the part of the speaker, and **gar** shows totality. Look for this type of word in the readings which follow to help you understand more fully the feelings of the writers.

Markus (18), Student: „Ich mag dieses Café. Es ist etwas abgelegen, und darum kommen nicht so viele Leute hierher. Das ist genau das Richtige für mich – man ist relativ ungestört. Ich komme zwei bis dreimal pro Woche ins Café. Was ich hier liebe, ist die Atmosphäre: Gedämpftes Licht, schöne alte Möbel, ruhige Leute, das Rascheln von Zeitungen.

Ich trinke Tee oder Kaffee, denke nach, lese Zeitungen oder ein Buch. Ich habe hier auch schon mal versucht, Gedichte zu schreiben. Vielleicht probiere ich es noch einmal. Ob ich gut bin, weiß ich nicht, aber es macht Spaß und lenkt ab. Die Umgebung inspiriert mich jedenfalls. Wie lange ich hier durchschnittlich sitze, kann ich eigentlich nicht so genau sagen. Mindestens eine Stunde, manchmal auch zwei Stunden. Am schönsten ist es, wenn ich genau weiß, daß ich am Nachmittag nichts mehr machen muß. Dann genieße ich meine Zeit so richtig."

Getting Started

1. Read the introduction to this article from JUMA. What and who is the focus of the article?

2. Where do you go when you want to get away? What do you like to do there to relax? Do **Ruhe** and **ungestört sein** play a role in your choice?

3. Scan the articles on these pages to find the favorite place for each student. Which place do you think was the most pre-

Nicole (19), Handelsschülerin: „Mein Lieblingsplatz ist ein alter Turm im Stadtwald. Meistens gehe ich nach der Berufsschule dorthin. Am meisten genieße ich die Ruhe rund um den Turm. Nur wenige Leute kommen wochentags hierher.

Ich kann dort ungestört über alles mögliche nachdenken – über mich selbst, meine Freunde oder über Streß in der Schule. Ab und zu nehme ich auch unseren Hund mit. Auch wenn es verrückt klingt – manchmal unterhalte ich mich dann mit ihm. Ich stelle mir halt vor, daß er mir zuhört.

Dann gibt es Tage, da sitze ich hier und denke über gar nichts nach. Ich genieße einfach die Sonne und freue mich, daß es hier im Wald so schön ist.

Am meisten liebe ich den Platz im Frühling, wenn es grün wird und sich der Wald jede Woche verändert."

6 JUMA 3/93

Christian (16), Schüler: „Mein Lieblingsplatz ist vielleicht ein bißchen ungewöhnlich. Ich sitze gerne im Schülervertretungs-Büro unserer Schule. Man denkt vielleicht, daß hier viel los ist — ein ständiges Kommen und Gehen von Schülern, deren Interessen wir vertreten sollen — aber das ist gar nicht so. Am liebsten bin ich in den Pausen hier. Draußen toben die Schüler, hier im Büro ist es ruhig. Ich kann nachdenken, mich zwischen den Stunden ein bißchen entspannen. Wenn wir Post von Schülern haben, lese ich deren Briefe. Das lenkt auch von eigenen Problemen ab — man denkt über die Lage seiner Mitschüler nach.

Manchmal verschönere ich auch den Raum ein bißchen, hänge Plakate, Poster und Fotos auf. Auch dabei entspannt man sich, finde ich. Wenn ich hier aus dem Büro komme, habe ich eigentlich immer gute Laune. Und das ist der Zweck eines Lieblingsplatzes, denke ich."

Tanja (19), Auszubildende: „Mein Lieblingsplatz? Ganz einfach: Das ist mein eigenes kleines Zimmer unter dem Dach. Den Raum habe ich seit rund vier Jahren. Davor hatte ich zusammen mit meinen Schwestern ein Zimmer. Das war manchmal ganz schön eng.

In meinem Zimmer bin ich sehr gerne. Besonders dann, wenn ich Ärger an meiner Arbeitsstelle hatte. Ich will dann meine Ruhe haben. Je nach Stimmung liege ich auf meinem Bett, tue gar nichts oder höre Musik per Kopfhörer. Ab und zu lese ich auch, um auf andere Gedanken zu kommen — meistens nichts „Hochgeistiges". Am liebsten so ein paar richtig schöne Liebesromane mit Happy-End.

In den Ferien bummele (herumbummeln: umgangssprachlich für „etwas langsam machen") ich hier oben herum. Lange ausschlafen, meine Flaschensammlung sortieren, alte Zeitschriften durchblättern — das ist richtig schön."

Die interessantesten Lieblingsplätze stellen wir im JUMA vor. Die Gewinner erhalten wertvolle Bücher. Schreibt an:

**Redaktion JUMA
Stichwort: Lieblingsplatz
Frankfurter Straße 40
51065 Köln**

dictable? And the most unusual?

A Closer Look

4. Read the articles more carefully. For each student jot down key words and phrases which describe the place and his or her favorite activities.

5. Search each article for occurrences of **Ruhe, ruhig,** and **ungestört.** Carefully read the contexts in which these words occur. What, if anything, is the writer seeking peace from? Specific people? Specific situations?

6. Notice the words which express tone in the sentences. Look at the following pairs of sentences and determine how the words in bold print give the second sentence of each pair a slightly different tone.

   a. Das weiß ich nicht.
      Das weiß ich **eigentlich** nicht.
   b. Da sitze ich zwei Stunden.
      Da sitze ich **mindestens** zwei Stunden.
   c. Mein Zimmer war eng.
      Mein Zimmer war **ganz schön** eng.

7. Locate the phrase **ab und zu** in Tanja's statement. What do you think **ab und zu** means?

8. What do you think Nicole means when she says: **Auch wenn es verrückt klingt — manchmal unterhalte ich mich dann mit ihm.**

9. Jeder in der Klasse schreibt an JUMA, aber ohne Namensangabe. Beschreib deinen Lieblingsplatz, und was du da gern tust! Zeichne ein Bild dazu, oder mach ein Foto! Häng die Beschreibung und Zeichnung an die Wand. Die Klasse übernimmt die Rolle von der JUMA Redaktion. Wählt die interessantesten Lieblingsplätze aus!

ZWEITE STUFE

Calling someone's attention to something and responding

Was hast du denn auf dem Brot?

**Margarine und
Wurst, Aufschnitt**

**Quark mit
Schnittlauch**

**Tofu mit
Sojasprossen**

Was für Marmelade?

Was für Käse?

**Erdbeermarmelade
Himbeermarmelade**

**Schweizer   Tilsiter
Camembert**

Und dann noch . . .

Erdnussbutter
saure Gurken
Thunfischsalat
Schinkensalat
Eiersalat
Mayonnaise

Was hast du gewöhnlich auf deinem Pausenbrot?

16 Hör gut zu!

Was haben die Schüler gewöhnlich auf ihrem Pausenbrot? — Schreib die Namen von den Schülern auf, und schreib neben den Namen, was jeder Schüler auf seinem Pausenbrot hat!

17 Also, das schmeckt mir!

Was hast du gewöhnlich auf deinem Brot oder Sandwich? Sag es einem Mitschüler! Dann frag einen Mitschüler, was er gewöhnlich isst, und so weiter!

SO SAGT MAN DAS!

Calling someone's attention to something and responding

If you want to call someone's attention to
something, you may say: And the response may be:

Schau mal!	**Ja? Was denn?**
Guck mal!	**Ja, was bitte?**
Sieh mal!	**Was ist denn los?**
Hör mal!	**Was ist?**
Hör mal zu!	**Was gibt's?**

How would you say these expressions in English? Are there other similar expressions in English? How would you call two friends' attention to something? An adult's?

EIN WENIG LANDESKUNDE

What Germans eat for a particular meal probably differs somewhat from your own habits. For breakfast, **das Frühstück,** they might eat a grain cereal, **das Müsli,** but you will generally find fresh rolls, **Brötchen,** on every table. Germans like to spread butter on them, adding honey, cheese, or even slices of meat or sausage. A boiled egg is also common. Lunch, **das Mittagessen,** is typically the only warm meal of the day, and usually includes meat or fish, potatoes, and a salad. Closing out the day is **das Abendbrot (das Abendessen),** usually a cold, less heavy meal consisting of bread, cold cuts, cheese, salad, and maybe soup, or even some heated-up leftovers from lunch.

SPRACHTIP

There are regional differences in many expressions: **Schau mal!** is used more in the South, **Guck mal!** or even **Kuck mal!** in the North of Germany. **Sieh mal!** is standard but also more formal.

EIN WENIG GRAMMATIK

You learned in **Kapitel 4** that the prepositions **an** and **in** are followed by the dative case when the phrase indicates location. The same is true for the preposition **auf** (*on, on top of*). To express where something is, you can say:

> **Wo ist der Käse? Er ist schon auf meinem Brot.**

Germans also use **auf** when referring to what is *in* their sandwiches:

> **Und was willst du auf deinem Sandwich?**

18 Was haben alle auf ihrem Pausenbrot?

Die Schüler freuen sich auf die Pause. Sie können miteinander sprechen und auch etwas essen. Lies, was diese Schüler fragen! Achte dabei genau auf die Wörter, die vor dem Wort „Pausenbrot" stehen! Was bedeuten diese Wörter?

— Ist das euer Pausenbrot? Was habt ihr denn auf euerem Pausenbrot?
— Auf unserem Pausenbrot haben wir Käse, Schweizer Käse.

David isst jetzt sein Pausenbrot. Ich weiß, was er auf seinem Brot hat.

Wiebke isst ihr Pausenbrot. Weißt du, was sie auf ihrem Pausenbrot hat?

Die Schüler essen ihr Pausenbrot. Was haben sie denn auf ihrem Pausenbrot?

GRAMMATIK The possessives (Summary)

1. You have been using some possessives, such as **mein, dein, sein,** and **ihr.** Here is a summary and the meaning of all of them.

	Singular			Plural	
my	**mein**		*our*	**unser**	
your	**dein**		*your*	**euer**	
his, its	**sein**		*their*	**ihr**	
her, its	**ihr**				
your, formal	**Ihr**		*your,* formal	**Ihr**	

2. These are the endings you need when you use the possessives, using **mein** as a model. What other group of words has the same endings?[1]

	NOMINATIVE	ACCUSATIVE	DATIVE
masculine	Das ist **mein Kakao.**	Ich mag **meinen Kakao.**	Was ist in **meinem Kakao?**
feminine	Das ist **meine Milch.**	Ich mag **meine Milch.**	in **meiner Milch?**
neuter	Das ist **mein Brötchen.**	Ich mag **mein Brötchen.**	auf **meinem Brötchen?**
plural	Das sind **meine Brötchen.**	Ich mag **meine Brötchen.**	auf **meinen Brötchen?**

3. The dative plural of almost all nouns ends in -n.

Was kaufst du deinen Freunde**n**?

If the plural form of the noun already ends in -**n,** no further -**n** is added.

Was ist auf deinen Brötchen? (das Brötchen, die Brötchen)

19 Wer isst was?

Schreib, was alle auf ihren Brötchen haben! Gebrauche dabei die richtige Form des Possessivpronomens!

A: David fragt Wiebke: „Was hast du auf ══1══ Brot?"

B: Wiebke antwortet: „Auf ══2══ Brot? Da hab ich Tofu drauf!"

A: David fragt die Lehrerin: „Was haben Sie auf ══3══ Brötchen, Frau Weber?"

B: „Auf ══4══ Brötchen? Nur Käse."

A: Wiebke fragt David: „Was hat Frau Weber auf ══5══ Brot?"

B: „Auf ══6══ Brot hat sie nur Käse."

A: David fragt Nicolas und Thorsten: „Was habt ihr auf ══7══ Brötchen?"

B: Thorsten antwortet: „Auf ══8══ Brötchen haben wir Quark mit Schnittlauch."

1. the indefinite articles **ein, eine, ein**

20 Hör gut zu!

Hör die folgenden Gespräche während der Pause im Schulhof an! Entscheide für jedes Gespräch, ob der Schüler mit einem Freund, zwei Freunden oder einer älteren Person spricht!

	mit: einem Freund	zwei Freunden	einer älteren Person
1			
2			
3			

21 Ist das dein ...?

Setzt euch in Gruppen von vier oder fünf Personen zusammen! Jeder muss einen oder mehrere Artikel von sich und von anderen Schülern in der Hand haben. Jetzt fragt ihr abwechselnd (*in turns*), wem das gehört.

 Ist das dein ...?

Nein, das ist ihr ...

Ist das euer ...?

Das ist nicht mein ...

Heft
Radiergummi
Taschenrechner
Deutschbuch
Spitzer
Schultasche
Brille
Volleyball
Pausenbrot

22 Und auf eurem Sandwich?

You and two friends are at an **Imbissstube** and want to order from the vendor. Unfortunately, it's very crowded and you have to order for your friends. Follow these guidelines:

a. the vendor asks for your order
b. you ask your friends for their wishes
c. they decide and one answers for both
d. the other friend asks you what you want
e. you tell the vendor all of your orders
f. the vendor repeats them

Was möchtest du auf deinem Sandwich?

Schinken
Käse
Quark
mit
Tomaten
Aufschnitt
Erdnussbutter
Marmelade
Mayonnaise
Butter
Senf
Schnittlauch
Sojasprossen

23 Klar! Das ist mein ...

Identify and make a list of several objects you see around you, marking down to whom each belongs. Then describe each item, saying "his/her/their/our... is..." Now go to various students and see if you were right about the ownership: „Das ist doch dein ...?"

24 Was planst du heute fürs Mittagessen?

Fragt euch gegenseitig, ob ihr etwas zum Mittagessen mitgebracht habt oder ob ihr heute in der Cafeteria esst! Wenn du etwas mitgebracht hast, kannst du allen erklären „Schaut mal!" und zeigen, was du hast. Oder wenn du heute in der Cafeteria isst, dann sag ihnen „Hört mal zu!" und erkläre ihnen, was du dort essen willst!

DRITTE STUFE

Expressing preference and strong preference

KAUFMANNS

Wir garantieren Qualität
Alle Angebote sind gültig ab Montag, den 3. September

TÄGLICH FRISCH		
Trauben aus Frankr.		kg **4.60**
frische Bohnen		kg **2.90**
Bananen aus Guatem.		kg **3.80**
holländ. Möhren		kg **1.85**
Sauerkraut aus dem Faß		kg **2.10**
Äpfel Schwarzwald		kg **4.10**

TIEFKÜHLKOST AUS UNSERER FLEISCHABTEILUNG

Fischstäbchen gefroren 300 g Packung **1.99**	**Rindersteak** zart, abgehangen 100 g **1.49**
Rindfleisch mager kg **9.99**	**Holl. Hühner** Kl. A per kg **2.22**
Pommes frites 1000 g Beutel **0.88**	**Schnitzel** vom Schwein 100 g **1.12**
Lamm aus Austral. kg **8.40**	**Spinat** gefroren 500 g Packung **1.78**
Schweinefleisch kg **7.60**	**Schweinekoteletts** 100 g **0.98**
Gemüsesuppe 500 g Packung **2.16**	

IN UNSERER FISCHABTEILUNG

Heilbutt	100 g **1.40**
Forellen	100 g **1.25**
Karpfen	100 g **0.85**

Für Druckfehler keine Haftung!

Auf zu Kaufmanns!

Which of these foods do you recognize? Can you guess the meaning of words you don't know? What does **Tiefkühlkost** mean? Which food items confirm that? Which different places have shipped food to Kaufmanns? Which specialty stores would you go to if you didn't want to go to the **Supermarkt**?

---

25 Abendessen zu viert

a. You and your partner are planning to invite two other friends to dinner and want to serve the following: a fish entrée, two vegetables, potatoes or noodles, and a fruit salad for dessert. Have a look at Kaufmanns' specials. With only twenty marks, decide what and how much to buy of each thing (enough to feed four people). Make a shopping list.

b. Go to Kaufmanns with your list. Your partner is the vendor. Order everything over the counter. Unfortunately, Kaufmanns is out of some things on your list. Downplay your disappointment and ask for a different item. Be polite!

SO SAGT MAN DAS!

Expressing preference and strong preference

When asking about someone's preference, you could ask:

Welche Suppe magst du **lieber**?
Nudelsuppe oder Gemüsesuppe?
Welches Fleisch schmeckt dir **besser**? Schwein oder Rind?

Asking for strong preference:

Welches Gemüse magst du **am liebsten**?
Welche Suppe schmeckt dir **am besten**?

And the answer may be:
Nudelsuppe mag ich **lieber**.

Rind schmeckt mir **besser**.

Am liebsten mag ich Spinat.
Nudelsuppe schmeckt mir **am besten**.

---

26 Hör gut zu!

Im Schulhof sprechen einige Schüler über Essen und Trinken. Schreib auf, wer was lieber oder am liebsten isst, wem was besser oder am besten schmeckt!

27 Was schmeckt dir am besten?

Such dir eine Partnerin! Frag sie, was ihr besser schmeckt! Du musst zwei Dinge nennen, und sie muss auswählen. Frag sie dann, was ihr am besten schmeckt! — Tauscht dann die Rollen aus!

Reis	*oder*	Nudeln
Äpfel		Birnen
Fisch		Fleisch
Pudding		Joghurt
Tomaten		Möhren
Kuchen		Eis
Schnitzel		Steak
Forelle		Karpfen

28 Eine Umfrage: Was schmeckt euch?

Stellt euch vor, ihr müsst einen Brunch für alle Deutschschüler an der Schule organisieren! Was gibt es alles zu essen? Schreibt eure Gerichte auf ein Poster! — Vergleicht eure Posters und sagt, was euch besser und am besten schmeckt! Fragt auch euern Lehrer, was ihm besser schmeckt. Am Ende wählt ihr das schönste Poster aus.

Was schmeckt Ihnen besser, die Bohnen oder das Kraut?

Wem schmeckt das Rindfleisch?

Was schmeckt dir am besten?

Was schmeckt euch nicht?

EIN WENIG GRAMMATIK

There are some verbs that are always used with dative case forms, such as **gefallen**.

Dresden hat **mir** gut gefallen.

The verb **schmecken** can be used with or without a dative object.

Die Nudeln schmecken gut.
Die Suppe schmeckt **dem David**.
Die Soße hat **mir** nicht geschmeckt.

GRAMMATIK The interrogative **welcher**

1. The question word **welcher (welche, welches)**, *which,* asks for specific information concerning two or more choices.

   Welche Suppe möchtest du? Die Nudelsuppe oder die Gemüsesuppe?

2. The interrogative **welcher** is used in front of nouns and has these forms:

	Masculine	*Feminine*	*Neuter*	*Plural*
Nominative	welcher	welche	welches	welche
Accusative	welchen	welche	welches	welche
Dative	welchem	welcher	welchem	welchen

Welcher Joghurt schmeckt gut? **Welches Obst** magst du?
Welchen Salat magst du am liebsten? Auf **welche Schule** gehen diese Schüler?
How would you express the last sentence in English? Of which word and forms does **welcher** remind you?[1]

29 Welches Obst magst du?

Ask your partner which of these general categories of food he likes: **Fleisch, Salat, Fisch, Gemüse, Obst,** or **Wurst.** When your partner says he likes a certain category of food, find out which foods in that category he likes.

30 Welches magst du lieber?

Behalte (*keep*) den gleichen Partner von Übung 29 und frag ihn, welche von zwei Speisen er lieber mag oder welche von zwei Speisen ihm besser schmeckt und warum!

BEISPIEL	DU	**Was magst du lieber, ═══ oder ═══?**
	PARTNER	═══
	DU	**Und welch-═══ magst du am liebsten?**
	PARTNER	═══
	DU	**Und warum?**

Warum?

schmeckt mir am besten

ist nicht so teuer

ist gesund für mich

hat nicht so viele Kalorien

ist besser für mich

geht schnell zu kochen

EIN WENIG LANDESKUNDE

Für viele Deutsche besteht die Hauptmahlzeit noch immer aus einem warmen Mittagessen, das gewöhnlich zwischen 12 und 13 Uhr serviert wird. In kleineren Orten schließen die meisten Geschäfte zur Mittagszeit, und die Schulkinder kommen zu dieser Zeit von der Schule nach Hause. In größeren Betrieben gibt es Betriebskantinen, die ihren Angestellten eine kleine Auswahl an warmen Gerichten anbieten. Wer zu Mittag kalt essen möchte, der muss lange suchen, denn in Restaurants gibt es zur Mittagszeit keine kalte Küche.

1. dieser, jeder

GRAMMATIK The preposition zu

The preposition **zu** (*to*) is always followed by dative case forms. **Zu** and the definite articles **der** and **dem** contract to **zur** and **zum**.

> Ich gehe jetzt **zum Großvater**. (**zu + dem = zum**)
> Jetzt fahr ich immer mit dem Moped **zur Schule**. (**zu + der = zur**)
> **Zum Nachtisch** ess ich gewöhnlich Obst.
> Was gibt's heute **zum Abendessen**?

Zu has other meanings as well. Look at the last two sentences. Can you guess the meaning of **zu** in these sentences? Which other prepositions are always followed by the dative case?[1]

31 Und du?

Such dir eine Partnerin! Stell ihr diese Fragen! Dann fragt sie dich.

1. Was isst du gewöhnlich zum Frühstück?
2. Und was trinkst du zum Frühstück?
3. Was isst du meistens zum Mittagessen?
4. Was esst ihr gewöhnlich zum Abendessen?
5. Was esst ihr zu Hause zum Nachtisch?
6. Wenn es bei euch Fleisch gibt, was gibt es dazu?

ein Stück Käse

ein Glas Milch

eine Scheibe Wurst

ein Stück Brot

32 Was ist das für ein ...?

Du gehst mit einem deutschen Schüler durch einen Supermarkt in deiner Stadt. Er sieht sich alles an, weiß aber oft nicht, was das ist, und er hat viele Fragen. Du beantwortest sie. Gebrauch dabei die Wörter in den Kästen!
— Tauscht dann die Rollen aus!

PARTNER **Was ist das für (ein ...) ... ?**
DU **Das ist ...**

Antworten

Vanilleeis
Karpfen
Vollkornbrötchen
Salami
Schweinefleisch
Spinat
Vanillejoghurt

Käsekuchen
Erdbeermarmelade
Gemüsesuppe
Tomatensalat

Fragen

Suppe
Kuchen
Salat
Marmelade

Fleisch
Eis
Brötchen
Fisch

Gemüse
Joghurt
Wurst

SPRACHTIP

When asking for a certain kind of information, you have been using the interrogative **was für ein,** as in:
Was für ein Film ist das?

In colloquial German, the interrogative is often split:
Was ist das **für ein** Film?
Was ist das **für eine** Suppe?

33 Für mein Notizbuch

Schreib deinem deutschen Briefpartner, was du gewöhnlich zum Frühstück, Mittagessen und Abendessen isst! Ist das typisch für die meisten Amerikaner?

1. bei, mit, nach, von

1 Bernd und seine Familie sind heute Abend im **Café an der Elbe** zum Abendessen. Sie haben die Speisekarte gelesen und wollen bestellen. Hör ihrem Gespräch gut zu und schreib auf, was jedes Familienmitglied (Bernd, Vater, Mutter, Bernds Schwester Annette) mag, nicht mag, lieber mag und am liebsten mag! Stell deine eigene Tabelle her, und füll sie dann aus! Dann beantworte die Fragen!

1. Wer mag nur vegetarische Gerichte?

2. Wer trinkt wohl zu Hause am liebsten Saft? Was meinst du?

3. Glaubst du, dass die Annette auch Krabben mag? Warum oder warum nicht?

4. Glaubst du, dass Bernds Vater ein Stück Kuchen mit Sahne zum Nachtisch möchte? Warum oder warum nicht?

2 Lies diesen Text und beantworte die Fragen!

1. Hier sind einige Tips für eine Party. Was für eine Party soll das sein? Woher weißt du das?

2. Was soll man nach der Kuchenschlacht (*run for the cake*) tun?

3. Was ist „Fleischsalat"? Was soll man mit dem Fleischsalat tun?

4. Was empfiehlt man hier zum Trinken? In welcher Jahreszeit soll man das servieren?

Wenn Kinder feiern...

hat was los zu sein! Von klein auf wünschen sich Kinder Gäste, wenn sie Geburtstag haben: die Spielfreunde, die Kinder aus der Schule. Da sind Eltern gefordert, zu planen, zu organisieren, sich Spiele auszudenken und für Überraschungen zu sorgen, die eine Kinderparty zu einem richtigen Erlebnis machen.

Nach der Kuchenschlacht und dem Spielprogramm kommt Hunger auf — wetten daß? Gegen den gibt es:

Gefüllte Tomaten

Zutaten: 4 feste, mittelgroße Tomaten, wenig Salz, etwas Pfeffer, 200g Fleischsalat, 4 Scheiben Salatgurken, 4 Scheiben hart gekochte Eier, etwas leichte Mayonnaise, einige Salatblätter.

Zubereitung: Tomaten waschen, abtrocknen, einen Deckel abschneiden und vorsichtig mit einem Teelöffel aushöhlen. Die Innenräume mild würzen und gleichmäßig den Fleischsalat einfüllen. Jede Tomate mit einer Gurken- und Eischeibe belegen, den Tomatendeckel aufsetzen und mit einigen Tupfern

Mayonnaise versehen. Eine Platte mit gewaschenen Salatblättern auslegen, und die Tomaten daraufsetzen. Dazu steht aufgeschnittenes Stangenbrot bereit.

Was gibt es hier zu trinken? Kinder haben immer Durst, weil ihr Wasserhaushalt einen viel höheren Pegel hat als der von Erwachsenen. Im Sommer, wenn draußen gefeiert wird, gibt es leicht gekühlten Eistee, der mit Orangen- und Zitronensaft angereichert und mit Süßstoff oder wenig Zucker gesüßt wird. Außerdem empfiehlt sich — weil es irgendwie „erwachsen" wirkt — eine Früchte-Bowle.

Früchte-Bowle

Zutaten und Zubereitung: 200g Erdbeeren (auch aufgetaute Tiefkühlerdbeeren), 4 Kiwis, 1 kleine Melone, 4 Orangen, 4 EL Traubenzucker, 2 Päckchen Vanillezucker, Saft von 4 Zitronen, 1 Orangensaft, 2 Flaschen Mineralwasser.

Erdbeeren putzen und in Stückchen schneiden, das Fruchtfleisch der Melone herauslösen und ebenfalls stückeln, Orangen schälen, die Filets zwischen den Häuten herausschneiden. Alle Früchte in ein Bowle-Gefäß geben, mit den Zuckersorten bestreuen und etwa eine Stunde ziehen lassen. Dann mit Orangensaft und Mineralwasser aufgießen, noch einmal gut verrühren — und „Zum Wohl"!

3 Zwei Klassenkameraden und du, ihr plant eine Geburtstagsparty für kleine Kinder. Ihr macht die gefüllten Tomaten und die Früchte-Bowle. Zuerst müsst ihr einkaufen gehen. Schreibt zuerst eine Einkaufsliste! Dann geht ihr zu verschiedenen Geschäften. In jedem Geschäft spielt einer von euch die Rolle vom Verkäufer. Als Kunden seid ihr ab und zu nicht sicher, was verschiedene Sachen sind. Ihr müsst den Verkäufer danach fragen.

4

Zum Schreiben

Write an article for your school newspaper describing the best or worst holiday meal or holiday celebration you ever had.

SCHREIBTIP

Arranging your ideas in a sequence makes your writing easier for the reader to understand. When you write about a series of actions or events, it makes sense to arrange them according to the order in which they happened. Since this was a specific day on which exciting things happened, if you use a sequential arrangement you probably won't leave out notable events.

Vorbereiten   Use a **cluster diagram** to help you organize your memories of your holiday. Clusters might be labeled *People, Food, Activities, Gifts* (if it was a gift-giving occasion), and *Location(s)*.

Ausführen   Begin your article with a **topic sentence.** This sentence should let the reader know what type of celebration it was, and how you felt about the day. Then go on to the first thing, second thing, etc. you did on that day. Write a few sentences about each activity and what made this day so special, or so especially bad.

Überarbeiten

· Check your spelling and proofread for errors.
· Print a revised copy of your article.
· Share your writing with your friends and decide who spent the best day.

5

ROLLENSPIEL

Spiel mit drei Klassenkameraden die folgende Szene der Klasse vor!

Du und ein Freund, ihr habt eine kleine Imbissstube. Entwerft eine Speisekarte für alle Speisen, die ihr verkauft! Illustriert die Speisekarte! Die anderen zwei Schüler sind die Kunden bei euch. Sie müssen sich entscheiden (*to decide*), was sie essen und trinken möchten. Dein Partner oder du, ihr sagt, ob ihr diese Speise noch habt oder nicht. Die zwei Kunden sprechen darüber, was sie wollen und was für Speisen sie normalerweise essen.

Can you express regret and downplay something? (p. 113)

1 How would you tell someone that

a. you're sorry that there isn't any more milk?
b. you're sorry that **Salamibrötchen** now cost 1,50 DM?
c. he or she is out of luck — there isn't any more pudding?
d. you unfortunately only have trout?

2 How would you respond to the above by saying that it doesn't matter or that it is all right?

3 How would you say that you'll just take a **Käsebrot** instead?

Can you express skepticism and make certain? (p. 114)

4 How would you ask a friend what in the world he has on his sandwich?

5 How would you make certain that

a. your friend is a vegetarian?
b. someone you know likes apples?
c. someone you know likes chocolate milk?

6 How might the persons in 5a., 5b., and 5c. above respond to your questions?

Can you call someone's attention to something and respond? (p. 118)

7 How would you point something out to a friend? How would you tell him or her to listen?

8 How would you respond to the above and ask what is going on?

9 How would you ask someone

a. what fish he or she eats often?
b. what fruit there is?
c. what soup costs 3,75 DM?

Can you express preference and strong preference? (p. 123)

10 How would you say that

a. you like grapes?
b. you prefer apples?
c. you like bananas the best?

ERSTE STUFE
EXPRESSING REGRET

Ich bedaure, ...   *I'm sorry,...*
bedauern   *to be sorry about*
Was für ein Pech!   *That's too bad!*
Ich hab leider nur ...   *I only have...*

DOWNPLAYING

(Das) macht nichts!   *That's all right!*
Schon gut!   *It's okay.*
Nicht so schlimm!   *That's not so bad.*

ADJUSTING

Dann nehm ich eben ...   *In that case I'll take...*
Dann trink ich halt ...   *I'll drink ... instead.*

EXPRESSING SKEPTICISM AND MAKING CERTAIN

Was soll denn das sein?   *What's that supposed to be?*
Du isst wohl vegetarisch, was?   *You eat vegetarian, right?*
Du isst wohl viel Fleisch, ja?   *You eat a lot of meat, right?*
Du magst Joghurt, oder?   *You like yogurt, don't you?*
Du magst doch Quark, nicht wahr?   *You like quark, don't you?*
Nicht unbedingt!   *Not entirely!/Not necessarily!*

FOOD ITEMS

die Milch   *milk*
der Kakao   *chocolate milk*
die Vanillemilch   *vanilla flavored milk*
der Joghurt   *yogurt*
die Birne   *pear*

OTHER USEFUL WORDS AND EXPRESSIONS

dies-   *this*

ZWEITE STUFE
CALLING SOMEONE'S ATTENTION TO SOMETHING AND RESPONDING

Schau mal!   *Look!*
Guck mal!   *Look!*
Sieh mal!   *Look!*
Hör mal!   *Listen!*
Hör mal zu!   *Listen to this!*
Ja? Was denn?   *Okay, what is it?*
Ja, was bitte?   *Yes, what?*
Was ist?   *What is it?*
Was gibt's?   *What is it?*
Was ist denn los?   *What's going on?*

FOOD ITEMS

Was hast du denn auf dem Brot?   *What do you have in your sandwich?*
das Pausenbrot   *sandwich for class break*
das Sandwich, -es   *sandwich*
die Margarine   *margarine*
der Quark   *a soft cheese similar to ricotta or cream cheese*
der Schnittlauch   *chives*
der Tofu   *tofu*
die Sojasprossen (pl)   *bean sprouts*
die Marmelade   *marmalade*
die Erdbeermarmelade   *strawberry marmalade*
die Himbeermarmelade   *raspberry marmalade*
der Schweizer Käse   *Swiss cheese*
der Tilsiter Käse   *Tilsiter cheese*
der Camembert Käse   *Camembert cheese*

POSSESSIVE PRONOUNS

Ihr   *your (formal, singular)*
Ihr   *your (formal, plural)*
ihr   *their*
unser   *our*
euer   *your (informal, plural)*

DRITTE STUFE
EXPRESSING PREFERENCES AND STRONG PREFERENCES

Welche Suppe magst du lieber?   *Which soup do you prefer?*
Rind schmeckt mir besser.   *Beef tastes better to me.*
Welches Gemüse magst du am liebsten?   *Which vegetable is your favorite?*
Welche Suppe schmeckt dir am besten?   *Which soup tastes the best to you?*

TALKING ABOUT WHAT YOU EAT AT MEALS

Zum Nachtisch ess ich ...   *For dessert I eat...*
Zum Abendessen gibt es ...   *For dinner there is...*
das Frühstück   *breakfast*

FOOD ITEMS

das Sauerkraut   *sauerkraut*
die Pommes frites (pl)   *French fries*
das Fischstäbchen, -   *fish stick*
der Heilbutt   *halibut*
das Rindersteak, -s   *steak (beef)*
das Schnitzel, -   *cutlet (pork or veal)*
das Schweinekotelett, -s   *pork chop*
das Schweinefleisch   *pork*
das Lammfleisch   *lamb*
die Traube, -n   *grape*
der Karpfen, -   *carp*

6
Gute Besserung!

1 Hast du dich verletzt?

Everyone gets sick or injured occasionally. When that happens, you need to be able to tell someone what is wrong, and you need to know what to do to remedy the situation. You might have to talk to your doctor or pick up a prescription from the pharmacy. In order to communicate what is wrong — or what you or someone else needs — there are several things you should know how to say.

In this chapter you will learn

- to inquire about someone's health and respond; to make suggestions
- to ask about and express pain
- to ask for and give advice; to express hope

And you will

- listen to German students talk about what is wrong with them and how they feel
- read some tips for taking care of yourself in the sun
- write about the last time you were sick and what you did to get better
- find out the difference between an *Apotheke* and a *Drogerie*

② Ich muss unbedingt eine Sonnen-milch benutzen.

③ Ich hoffe, dass sich Maike bald wieder wohl fühlt.

Los geht's!

Was fehlt dir?

Look at the photos that accompany the story.
What do you think is happening?
Why was Maike not at school on this day?
What do the boys do to help her?

Maike

David

Thorsten

Nicolas

Wiebke

David und Thorsten sitzen im Alsterpark. Sie lernen zusammen ihre Englischvokabeln für den Englischtest.

①

THORSTEN	Wollen wir aufhören?
DAVID	Nie! Aber machen wir mal eine Pause!
THORSTEN	Okay! Übrigens, wollen wir mal die Maike anrufen? Was meinst du?
DAVID	Klar! Die Maike, die war heute nicht in der Schule. Hoffentlich ist sie nicht krank.

②

MAIKE	Tag, Thorsten! Was gibt's?
THORSTEN	Du warst heute nicht in der Schule. Ist was mit dir?
MAIKE	Mir ist nicht gut. Mir tut der Hals weh, und ich kann kaum schlucken.

Mir ist so heiß!

Mit Fieber kannst du nicht in die Schule gehen. Deine Stirn ist auch ganz schön heiß. Willst du dich wieder in dein Bett legen? 38,9°! Das ist ganz schön hoch!

Maike mit ihrer Mutter früh am Morgen

Ich glaub, du hast Fieber. Du musst heute unbedingt zu Hause bleiben!

③ ④

Aber ich hab heute eine Klassenarbeit!

Ich mess mal, wie hoch deine Temperatur ist ...

Maike weiter am Telefon

MAIKE	Der Hals tut noch weh, aber es geht mir schon besser. Ich glaube, ich habe kein Fieber mehr.
THORSTEN	Können wir etwas für dich tun?
MAIKE	Ihr könnt mir die Medizin aus der Apotheke holen, aus der Manstein Apotheke. Aber kommt erst vorher hier vorbei! Ihr müsst den Abholschein noch mitnehmen.

In der Apotheke

APOTHEKERIN	Guten Tag! Ja bitte?
THORSTEN	Einmal die Medizin für Johannsen, bitte! Hier ist der Abholschein.
APOTHEKERIN	Einen Moment mal!
THORSTEN	Danke! Bin ich Ihnen etwas schuldig?
APOTHEKERIN	Nein, es war schon bezahlt. Wiedersehen!

Zu dieser Zeit sind Wiebke und Nicolas in einer Drogerie. Die beiden wollen sich später mit Maike, David und Thorsten treffen und Ball spielen.

WIEBKE	Das ist meine Marke. Die nehme ich.
NICOLAS	So eine große Tube?
WIEBKE	Ja, nach jeder Mahlzeit putze ich mir die Zähne. Schau! Und da geht so eine Tube schnell weg.
NICOLAS	Da, Sonnencreme, Schutzfaktor acht!
WIEBKE	Das ist nicht hoch genug für mich. Meine Haut ist sehr empfindlich. Ich nehme gewöhnlich Schutzfaktor zwanzig.

NICOLAS	Da, sogar fünfundzwanzig! Für dreiundzwanzig Mark neunundneunzig.
WIEBKE	Das ist mir zu teuer. Hier ist eine Sonnencreme für zwölf Mark vierzig. Die nehme ich.

1 Was passiert hier?

Verstehst du alles, was diese Schüler sagen? Beantworte die Fragen!

1. Warum rufen Thorsten und David die Maike an?
2. Warum will Maike heute in die Schule gehen? Warum kann sie nicht gehen?
3. Was machen Thorsten und David für Maike? Was müssen sie zuerst tun?
4. Was braucht Wiebke in der Drogerie? Warum braucht sie jeden Artikel?
5. Warum kauft Wiebke die Sonnenmilch nicht?

2 Genauer lesen

Lies den Text noch einmal und beantworte diese Fragen!

1. Was tut Maike weh?
2. Was kann sie kaum tun?
3. Was meint Maikes Mutter, was Maike hat?
4. Wo holen Thorsten und David die Medizin?
5. Was macht die Wiebke nach jeder Mahlzeit?
6. Welchen Schutzfaktor braucht Wiebke gewöhnlich?

3 Was passt zusammen?

Welche Ausdrücke auf der rechten Seite passen zu den Ausdrücken auf der linken Seite?

1. Maikes Hals tut ihr noch weh, aber
2. Du hast Fieber.
3. Maike war heute nicht in der Schule.
4. Die kostet 23,99 DM.
5. Schutzfaktor acht!
6. Du kannst mir die Medizin aus der Apotheke holen.
7. Machen wir mal eine Pause!

a. Hoffentlich ist sie nicht krank.
b. Okay!
c. es geht ihr schon besser.
d. Du musst unbedingt zu Hause bleiben.
e. Aber du brauchst erst den Abholschein.
f. Das ist mir zu teuer.
g. Nicht hoch genug für mich.

4 Beschreibungen

Welche Beschreibung passt zu welcher Person?

1. Maike
2. Thorsten
3. David
4. Nicolas
5. Wiebke
6. Maikes Mutter

a. braucht eine große Tube Zahnpasta, weil sie sich nach jeder Mahlzeit die Zähne putzt.
b. will nicht mit dem Englischlernen aufhören, sondern will nur eine Pause machen.
c. misst Maikes Temperatur und sagt ihr, dass sie zu Hause bleiben muss.
d. hat heute Halsweh und geht nicht in die Schule.
e. will wissen, warum Wiebke so viel Zahnpasta braucht.
f. spricht mit Maike am Telefon und holt dann für sie die Medizin in der Apotheke.

5 Nacherzählen

Erzähle einem Partner, was in dieser Fotogeschichte passiert!

CD-ROM Disc 2

Was machst du, wenn dir nicht gut ist?

What do German students do when they don't feel well? Is it that different from what we do in the United States? Let's find out.

Birgit, *Bietigheim*

„Ja, so wenn's mir in der Schule halt schlecht wird, dann geh ich nach Hause, und ja, wenn halt, wenn ich jetzt stark krank bin, dann geh ich zum Arzt."

Tim, *Berlin*

„Es kommt öfters vor, dass ich Magenprobleme habe, dass ich Magenkrämpfe habe. Und dagegen hab ich von meinem Arzt ein paar Tabletten bekommen, die ich dann also auch meistens nicht dabeihabe, also so schnell wie möglich nach Hause fahre und die Tabletten einnehme."

A. 1. Where does Birgit go when she is sick? What phrases does she use to describe how she feels?
2. What kind of problems does Tim describe? What does he do when he has this problem?

B. You may have heard that Germany has a national health care system. Did you know that the first health care system was introduced in Germany in 1883? Because of this long history, Germans have come to expect that every person has some kind of insurance. If you're an exchange student or visit Germany for any length of time, you are required to have insurance in order to stay in the country. For the average German, the amount paid for health insurance is relatively small. The government and employers carry much of the cost in this system.

C. What is the status of health care reform in the United States? Do you think everyone should be insured? Who should pay for it? The individual, the government, or employers? Do you think America's tradition of individualism has influenced our views on this issue?

ERSTE STUFE

Inquiring about someone's health and responding; making suggestions

CD-ROM Disc 2

WORTSCHATZ

Wie geht's dir denn? Was ist los mit dir?

Mir ist überhaupt nicht gut. Ich glaube, ich bin krank.

Ich habe Hals-schmerzen. Ich kann kaum schlucken.

Ich fühl mich nicht wohl. Mir ist nicht gut.

Kopfschmerzen

Zahnschmerzen

Ohrenschmerzen

Mir ist so schlecht. Ich habe Fieber.

Mir ist gar nicht gut. Ich hab eine Erkältung.

Ich hab Husten und Schnupfen.

Bauchschmerzen

6 Hör gut zu!

Vier Schüler erzählen, wie sie sich fühlen. Mach dir Notizen, dann beantworte die folgenden Fragen!

a. Wer hat Halsschmerzen?   c. Wer muss in die Apotheke gehen?
b. Wer hat hohes Fieber?   d. Wer fühlt sich heute wohl?

7 Was ist los mit dir?

Was hast du, wenn du krank bist? Schreib auf, was du gewöhnlich hast und wie oft! Such dir dann einen Partner und fragt euch gegenseitig, was ihr manchmal habt!

oft   manchmal
   gewöhnlich
            nie
ab und zu

SO SAGT MAN DAS!

Inquiring about someone's health and responding

You have used the expression **Wie geht's?** to ask about general well-being. As a response to this question, you used such expressions as **Danke, gut! Danke, es geht! Nicht gut!** and **Miserabel!**

Here are some specific ways to inquire about someone's health.

You may ask:

> **Wie fühlst du dich?**
> **Wie geht es dir?**
> **Ist dir nicht gut?**
> **Ist was mit dir?**
> **Was fehlt dir?**

And the response may be:

> **Ich fühl mich wohl!**
> **Es geht mir nicht gut!**
> **Mir ist schlecht.**
> **Mir ist nicht gut. Ich bin krank.**
> **Nichts!**

If someone tells you that he or she is not doing well, you might say:

> **Ach schade!**
> **Gute Besserung!**
> **Hoffentlich geht es dir bald besser!**

How many dative pronouns do you recognize?

Schon bekannt

EIN WENIG GRAMMATIK

Remember to use the correct reflexive pronouns with **sich wohl fühlen**. It requires a reflexive pronoun in the accusative case. Can you name these pronouns?[1] How would you ask an older person how he or she feels? And two friends?[2]

Pay attention to the dative forms used with these phrases:

> **Ist dir nicht gut?**
> **Nein, mir ist schlecht.**
> **Es geht mir nicht gut.**

When using an adjective to describe how you feel, you use the dative pronoun **mir** to refer to yourself. When asking a friend or family member, you use **dir**.

8 Wie fühlst du dich?

Such dir einen Partner! Frag ihn, wie er sich fühlt! Er sagt es dir. — Tauscht dann die Rollen aus! Dann beschreibt die beiden hier unten!

9 Was ist mit ...?

Such dir einen Partner! Dein Partner möchte wissen, was mit jemandem (*someone*) in der Klasse los ist, warum er so schlecht aussieht. Du sagst es ihm. — Tauscht dann die Rollen aus!

1. **mich, dich, sich, uns, euch**
2. **Fühlen Sie sich wohl? Fühlt ihr euch wohl?**

Ich fühl ___ nicht wohl.
Es geht ___ nicht gut.
___ ist schlecht, ich fühl
___ miserabel!

Maike

Gestern hab ich
nicht wohl gefühlt. ___
___ war furchtbar schlecht,
aber heute geht es ___
viel besser!

David

Wir fühlen
___ absolut prima. Es
geht ___ echt gut!
___ fehlt nichts!

Saskia und Finn

10 Was ist los?

Was sagen diese Schüler?

a. Schreib, was diese Schüler sagen! Welche Pronomen kommen in die Lücken?
b. Jetzt schreib, was diese Schüler gesagt haben! Fang so an: Maike hat gesagt, sie fühlt ...

11 Was hast du?

Deine Partnerin war heute nicht in der Schule! Frag sie, warum sie nicht in der Schule war, was sie hat und wie sie sich jetzt fühlt! — Tauscht dann die Rollen aus!

Schnupfen   Kopfschmerzen
    Husten   Fieber
Zahnschmerzen   Halsschmerzen
    eine Erkältung

SO SAGT MAN DAS!

Making suggestions

Here are some ways you have learned to make suggestions so far:

Möchtest du ins Kino gehen?   *or*   **Willst du** ins Café Freizeit gehen?

Du kannst für mich Brot **holen**.   *or*   **Kauf** es doch beim Bäcker!

Here are two other ways to make suggestions:

Rufen wir mal die Maike an!
Sollen wir mal die Maike anrufen?

What are the English equivalents of the last two sentences? What purpose does the word **mal** serve in these suggestions?

12 Sollen wir mal ...?

Such dir einen Partner! — Du weißt nicht so recht, was du tun sollst, und du fragst deshalb deinen Partner. Gebraucht die Ausdrücke in den Kästen! — Tauscht dann die Rollen aus!

DU **Sollen wir mal ...?**
PARTNER **Prima Idee!**

Was tun?

in den Alsterpark gehen
die Englischvokabeln lernen
die ... anrufen
den ... besuchen
zu Hause bleiben
in die Drogerie gehen
in die Apotheke gehen
einkaufen gehen
nach ... fahren

Ja?

Prima Idee!
Na klar!
Ja, gern!
Warum nicht?
Machen wir!

Nein?

Es geht nicht.
Ich hab keine Zeit.
Ich muss zu Hause bleiben.
Ich hab zu viel zu tun.
Ich ...

Schon bekannt
EIN WENIG GRAMMATIK

Read the following sentence.

Ich soll einkaufen gehen.

What does the modal verb **sollen** mean here? **Sollen** is often used to express obligation, but it has other meanings as well.

Sollen wir ein Eis essen?

In what way is **sollen** being used in the sentence above?[1]

GRAMMATIK   The inclusive command

1. When making suggestions, the inclusive command can be used. It consists of the **wir**-form of the verb with the verb itself in first position followed by **wir**.

gehen: wir gehen   **Gehen wir** mal ins Kino!
Let's go to the movies!

2. If a verb has a separable prefix, the prefix is at the end of the command.

anrufen: wir rufen an   **Rufen wir** mal Maike **an!**
Let's call Maike!

EIN WENIG LANDESKUNDE

Traditionally, the **Apotheke** and the **Drogerie** in German towns and cities serve two different purposes. If you need medicine, whether prescription or over-the-counter, you go to the **Apotheke.** You can also get vitamins, herbal teas, and other health-related items at the **Apotheke.** If you need shampoo, tooth-paste, or other such items, you would go to the **Drogerie.** In many larger cities, the **Drogerie** is being re-placed by larger stores that sell everything from toiletries to books.

13 Schade, es geht leider nicht!

Such dir eine Partnerin! Ruf sie an und lade sie ins Kino oder ins Konzert ein! Sie kann aber leider nicht mitgehen. Sie fühlt sich nicht wohl, ihr ist nicht gut. Du fragst sie, was sie hat, und sie sagt es dir. — Tauscht dann die Rollen aus!

14 Für dein Notizbuch

a. Schreib in dein Notizbuch, wann du das letzte Mal krank warst, was du gehabt hast, wie du dich gefühlt hast und wie lange du nicht in der Schule warst!
b. Sag es dann auch einer Partnerin!

1. To make a suggestion.

Kuren und Bäder

Baden-Baden

Bundesland:
Baden-Württemberg
Kfz-Kennzeichen: BAD
Höhe: 183 m ü.d.M. - Einwohnerzahl:
50 000
Postleitzahl: #76530
Telefonvorwahl: 07221

ⓘ Kurdirektion
(Gäste-Information),
Augustaplatz 1;
Tel.: 27 52 00

⑭ Baden-Baden

Baden-Baden besitzt als Kurstadt Weltruf.
Seit zweitausend Jahren werden die heißen
Kochsalzquellen genutzt.

Friedrichsbad (→ Marktplatz): Der
Renaissancebau ist eines der prächtigsten
und traditionsreichsten Badehäuser der Welt.
Das „Römisch-Irische Bad" bietet u. a.
Heißluft-Dampfbad, Thermal-Vollbad,
Sprudelbad und Tauchbad.

Römische Badruinen (unter dem →
Römerplatz): Etwa 2000 Jahre alt sind die
Reste einer römischen Badeanlage für die
Legionäre, ein anschauliches Bild antiker
Thermen.

Schwangau

Gesundzeit mit Heubad

Unter dem Motto „Gesundzeit in
Bayern" bietet der heilklimatische
Kurort Schwangau 1994 Gesund-
heitsurlaube von einwöchiger Dauer an.
Darin enthalten sind: ärztliche
Untersuchung mit Gesundzeitplan, drei
medizinische Anwendungen (davon ein
Heubad aus ungedüngtem Bergwiesen-
heu, eine Kneippsche Anwendung, eine
Massage), zweimal Gymnastik, je eine
geführte Wanderung zu den beiden
Königsschlössern Hohenschwangau und
Neuschwanstein. Außerdem gibt es Tips
und Anleitungen vom Gesundheitsbe-
rater. Preis pro Person ab 385 Mark.
Gültig ist die „Gesundzeit" ganzjährig.
Infos: Kurverwaltung Schwangau,
Münchener Str. 2,
87645 Schwangau,
Tel. 08362/8198-0

Bad Rotenfels

Neuer Saunapark lädt ein

Der Thermal-Mineral-Badeort
Gaggenau-Bad Rotenfels im romanti-
schen Murgtal präsentiert bis zum 30.
April 1994 ein Bade- und
Saunavergnügen zum Supersparpreis.
Im Mittelpunkt stehen dabei das
Thermal-Mineral-Badezentrum
Rotherma mit über 600 qm
Wasserfläche und der neue Saunapark
mit einer Größe von über 3000 qm. Das
Sparangebot ab 189 Mark beinhaltet
fünf Übernachtungen mit Frühstück in
Privat- oder Gästehäusern. Weiter sind
vier Thermalbäder und ein
Saunabesuch sowie Kurtaxe enthalten.
Infos: Gaggenau-Tourist-Info,
Rathausstr. 11, 76571
Gaggenau-Bad Rotenfels,
Tel. 07225/62301

Todtmoos

Schlittenhunde unterwegs

Am Wochenende vom 28. bis 30.
Januar 1994 sind in Todtmoos im
Südschwarzwald wieder die Hunde los!
Bei den schon traditionellen
Schlittenhunderennen, die bereits zum
19. Mai in Todtmoos ausgetragen wer-
den, laufen die schnellsten Hunde
Europas. Zu diesem Hundespektakel
hat die Kurverwaltung Todtmoos ein
interessantes Pauschalangebot zusam-
mengestellt: Gültig vom 28. bis 30.
Januar ab 96 Mark für Übernachtung
mit Frühstück in Privatzimmern mit
Dusche und WC. Die Kurtaxe ist im
Preis inbegriffen. Das Pauschalpaket
enthält außerdem die Eintritte für die
Rennen, den großen Countryabend am
29. Januar und den Bustransfer zur
Rennstrecke.
Infos: Kurverwaltung, 79682
Todtmoos, Tel. 07674/534

Bad Wurzach

Moor und vieles mehr

Zur Bad Wurzacher Gesundheitswoche
lädt das älteste Moorheilbad Baden-
Württembergs in der Zeit vom 9. Januar
bis 30. April 1994 ein. Dabei werden
nicht nur Mooranwendungen, sondern
auch Wassergymnastik, Massagen und
Gesundheitsvorträge angeboten. Zur
Behandlung von rheumatischen
Erkrankungen, Bandscheiben- und
Wirbelsäulenschäden,
Gelenkerkrankungen.
Infos: Städtische Kurverwaltung,
Mühltorstr. 1, 88410 Bad Wurzach,
Tel. 07564/302150

LESETRICK

Deciphering charts and graphs.
Charts and graphs can be confusing, even in your native language,
but if you follow a few important steps before
answering any questions, you can master the
information: 1) read titles and subtitles;
2) check for a legend and become familiar with
it; 3) understand what the numbers represent
(percents, parts per thousand, etc.); and 4)
check the source and the way survey questions
are worded. Remember, charts and graphs require careful reading—short cuts won't work.

Getting Started

1. Skim over the headline areas of the chart and
   the articles. What general concern do these
   texts all have in common? Is this information
   about work? fashion? health? leisure? Or
   some combination of topics?
2. Look at the title area of the chart. Notice that
   the chart depicts the results of an **Umfrage**.
   What does the slogan „Bleich ist beautiful"
   tell you to expect of the new trend? Locate
   the legend. What do the colored bars indicate? And the vertical lines? What do the
   numbers represent? Make sure you feel comfortable with the organization of information.

Der neue Trend:

„Bleich ist beautiful"

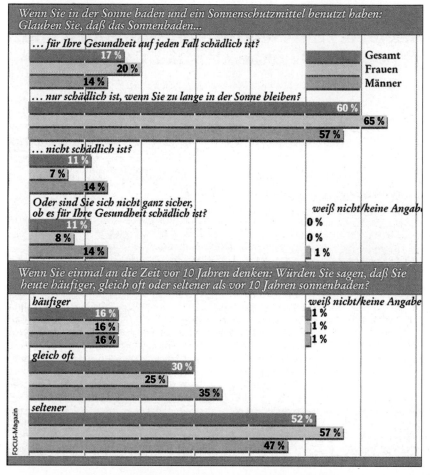

Wenn Sie in der Sonne baden und ein Sonnenschutzmittel benutzt haben: Glauben Sie, daß das Sonnenbaden...

... für Ihre Gesundheit auf jeden Fall schädlich ist?
- 17 %
- 20 %
- 14 %

Gesamt
Frauen
Männer

... nur schädlich ist, wenn Sie zu lange in der Sonne bleiben?
- 60 %
- 65 %
- 57 %

... nicht schädlich ist?
- 11 %
- 7 %
- 14 %

Oder sind Sie sich nicht ganz sicher, ob es für Ihre Gesundheit schädlich ist?
- 11 %
- 8 %
- 14 %

weiß nicht/keine Angabe
- 0 %
- 0 %
- 1 %

Wenn Sie einmal an die Zeit vor 10 Jahren denken: Würden Sie sagen, daß Sie heute häufiger, gleich oft oder seltener als vor 10 Jahren sonnenbaden?

häufiger
- 16 %
- 16 %
- 16 %

weiß nicht/keine Angabe
- 1 %
- 1 %
- 1 %

gleich oft
- 30 %
- 25 %
- 35 %

seltener
- 52 %
- 57 %
- 47 %

FOCUS-Magazin

A Closer Look

Tip: If you know how to divide long compound words, you can usually guess their meaning. An -s following a masculine or neuter noun belongs with that word. The same is often true of -n following feminine nouns, as in **Sonnenbaden.** Also be aware of common prefixes, such as **er-** or **be-**. How would you divide **Alterserscheinungen?**

3. Read the two survey questions. What were the results? Try to summarize the data in two sentences.

4. Read the description of Baden-Baden. Give two reasons why it is world famous.
5. Read the articles from **Kuren und Bäder** and, together with a partner, fill out a chart with the following headings as you read: Place, Main Feature of **Kur,** Other Attractions, Cost, and Number of Days.
6. **Kuren** have long been a part of Germany's health traditions. How would you describe a typical **Kur** based on the information from the four descriptions you read? What are the general characteristics of a **Kur?** Is there anything comparable in the United States?

ZWEITE STUFE

Asking about and expressing pain

WORTSCHATZ

Was tut dir weh? — Mir tut / tun ... weh!

Mir tut der Hals weh.

Der Kopf tut mir weh.

Der Bauch tut mir weh.

die Schulter

der Rücken

die Hüfte

die Beine

der Arm

Hast du dich verletzt? Hast du dir etwas gebrochen?

Ich hab mir den Fuß gebrochen.

Ich hab mir den Knöchel verstaucht.

Ich hab mir das Knie verletzt.

15 Hör gut zu!

Was ist mit diesen Leuten los? Schau diese Bilder an und hör gleichzeitig die Kassette an! Welches Bild passt zu welcher Beschreibung?

a.

b.

c.

d.

16 Tut dir was weh?

Such dir einen Partner! Frag ihn, was ihm manchmal weh tut! Er muss dir zwei Dinge sagen, die ihm weh tun. — Tauscht dann die Rollen aus!

SO SAGT MAN DAS!

Asking about and expressing pain

To ask a friend if he or she is hurting, you say:

Tut's weh?
Tut es noch weh?

To inquire what hurts, you ask:

Was tut dir weh?
Tut dir der Kopf weh?

Why do you think the verb form **tut** is used sometimes, and sometimes the form **tun?**[1] What other verb does **wehtun** remind you of?

The response might be:

Au! *or* **Aua! Es tut weh!**
Nein, es geht!

And the response might be:

Die Ohren tun mir weh.
Ja, ich hab Kopfschmerzen.

EIN WENIG GRAMMATIK

The verb **wehtun** acts like a separable prefix verb, with the adverb **weh** in last position in a simple statement. **Tun** is an irregular verb, but you need only two forms in this phrase:

Der Hals **tut** mir **weh.**
Die Augen **tun** ihm **weh.**

17 Was tut ihnen weh?

Wie viele Sätze kannst du machen?

BEISPIEL **Meinem Opa tun oft die ... weh.**

Wem?

(mein) Opa
Oma
Mutter
Vater
Bruder
Schwester
Eltern
ich

wehtun

Wie oft?

ab und zu
oft
sehr oft
häufig
manchmal
nie

Was?

Arm   Beine
Schulter   Hals
Ellbogen   Hüfte
Kopf   Hand
Knöchel   Füße
Bauch   Rücken
        Knie

GRAMMATIK Verbs used with dative case forms

There are verbs that require the direct object to be in the dative case.

wehtun	Was tut **dir** weh? — Der Hals tut **mir** weh.
(gut) gehen	Wie geht es **dir**? — Danke, es geht **mir** gut.
gefallen	Dresden hat **dem Frank** gut gefallen.
helfen	Der Robert hilft **seiner Oma** gern.
schmecken	Die Quarkbrötchen schmecken **den Schülern** gut.
fehlen	Was fehlt **dir**? — **Mir** fehlt nichts.

Name all the direct objects in these questions and statements. Can you express these sentences in English?

1. **Tut** is used with a singular subject, **tun** if the subject is in the plural.

GRAMMATIK Reflexive verbs used with dative case forms

1. You already know some reflexive verbs that require a reflexive pronoun in the accusative case, such as **sich freuen** and **sich fühlen.**

> Ich freue **mich**, dass du **dich** wohl fühlst.

2. When there is another object, a direct object, in the accusative case, the reflexive pronoun must be in the dative case.

> Ich habe **mir** *das Knie* verletzt.

3. Look at the chart. Are the dative reflexive pronouns the same as the personal pronouns? What difference do you observe?

Ich habe	**mir**	
Du hast	**dir**	
Er/ Sie/Es hat	**sich**	
Wir haben	**uns**	das Bein gebrochen.
Ihr habt	**euch**	
Sie (pl)/Sie haben	**sich**	

4. Also note the use of the definite article with the direct object:

> Ich habe mir **das** Bein gebrochen. *I broke* my *leg.*
> Er hat sich **den** Fuß verstaucht. *He sprained* his *ankle.*

What do you notice about the positions of the pronoun and the direct object?[1]

18 Sätze bauen

Wie viele Sätze kannst du bauen?

ich wir unser Lehrer du meine Oma ihr	haben habt habe hast hat	uns euch sich mir dir	Ellbogen Arm Knöchel Hand Knie Fuß Daumen Nase	Bein Finger Auge Hüfte	verletzt gebrochen verstaucht

19 Und du?

Lies die folgenden Fragen! Schreib, was für dich zutrifft (*what pertains to you*)!

1. Wie oft verletzt du dich?
2. Was hast du dir schon öfter verletzt?
3. Hast du dir schon einmal etwas verstaucht? Was? Wievielmal?
4. Was hast du dir schon einmal gebrochen?

1. The reflexive pronoun precedes the direct object.

20 Hast du dir etwas gebrochen?

Frag jetzt einen Partner, ob er sich schon einmal etwas gebrochen, verstaucht oder verletzt hat! — Tauscht dann die Rollen aus! Erzähl danach deinen Mitschülern, was dein Partner gesagt hat!

EIN WENIG GRAMMATIK

The verb **brechen** has a stem vowel change in the **du**-form and the **er/sie**-form of the present tense.

Was **brichst** du dir oft?
Wiebke **bricht** sich nie etwas!

WORTSCHATZ

Er wäscht das T-Shirt.

Er wäscht sich die Hände.

Sie kämmt den Hund.

Sie kämmt sich.

21 Wie oft machst du das?

Such dir einen Partner! Frag ihn:

a. wie oft er sich die Hände wäscht
b. wie oft er sein Auto wäscht
c. wie oft er sich die Haare kämmt
d. wie oft er (seine Katze) kämmt
e. wie oft er sich die Zähne putzt
f. wie oft er sein Fahrrad putzt
Danach fragt er dich.

Er putzt die Fenster.

Er putzt sich die Zähne.

wann? und wie oft?

jeden Tag
abends
vor dem Essen
zweimal am Tag
nach dem Essen
morgens
nach jeder Mahlzeit
wenn ich (Zeit) habe
wenn (sie) schmutzig sind

EIN WENIG GRAMMATIK

The verb **waschen** has a stem vowel change in the **du**-form and the **er/sie**-form of the present tense.

Wann **wäschst** du dir die Hände?
Jeden Tag **wäscht** er sich die Haare.

Vorsicht vor Sonnenstrahlen!

Ein Sonnenbad kann ein Genuss sein. Aber zu intensive Sonneneinstrahlung schadet nicht nur der Haut, sondern kann einen Sonnenstich oder sogar Hitzschlag verursachen.

Zu viel Sonne! Was passiert?

Die Symptome eines Sonnenstichs treten schon beim Sonnenbaden oder manchmal kurz danach auf. Die Haut ist heiß und trocken, der Kopf hochrot, der Puls läuft schnell. Die Körpertemperatur ist hoch. Es kommt zu Kopfschmerzen, Ohrensausen — der Patient fühlt sich unwohl.

Wann müssen Sie zum Arzt?

Bei erhöhter Temperatur nach einem Sonnenbad und bei eintretenden Kopfschmerzen unbedingt den Arzt anrufen. Nur er kann die Tätigkeit von Herz und Kreislauf stabilisieren.

Wie kann man sich schützen?

*Setzen Sie sich nie zu lange intensiver Sonneneinstrahlung aus!

*Trinken Sie viel Wasser, bis zu vier Liter am Tag, damit Sie genug schwitzen können!

*Vermeiden Sie körperliche Anstrengung in der Hitze!

*Vermeiden Sie Alkohol und essen Sie nur leichte Speisen!

Helfen Sonnenschutzmittel?

Einen absolut sicheren Sonnenschutz gibt es nicht. Wenn Sie unbedingt in der Sonne sein müssen, so schützen Sie Ihre Haut mit einer guten Sonnencreme! Eine Creme mit einem hohen Lichtschutzfaktor schützt die Haut vor schädlichen UV-Strahlen!

22 **Was hast du verstanden?**

Lies den Bericht! Dann diskutier die Antworten zu den folgenden Fragen mit deinen Mitschülern!

1. Was kann zu intensive Sonneneinstrahlung verursachen?
2. Was sind die Symptome eines Sonnenstichs?
3. Wann soll man sofort den Arzt anrufen?
4. Wie kann man sich vor einem Sonnenstich schützen?
5. Wie helfen Sonnenschutzmittel?

23 Hör gut zu!

Ein Schüler kann heute nicht zur Schule kommen, weil er krank ist. Hör zu, als ein Freund ihn anruft und fragt, wie es ihm geht! Schreib dann auf, was dem Schüler fehlt, was er machen soll und wie sein Freund ihm helfen will!

WORTSCHATZ

Was soll ich tun? — Du musst unbedingt ...!

die Sonne vermeiden

Alkohol vermeiden

viel Wasser trinken

nur Sonnen-creme mit hohem Lichtschutz-faktor be-nutzen

nur leichte Speisen essen

den Arzt anrufen

24 Bist du vorsichtig?

Frag deine Partnerin, was sie macht, wenn sie im Sommer in der großen Hitze zu einem Konzert unter freiem Himmel (*open-air concert*) geht! Und was machst du? Wie schützt du dich?

SO SAGT MAN DAS!

Asking for and giving advice

When asking for advice, you say:

Was soll ich machen?
Was soll ich bloß tun?

When giving advice, you say:

Du gehst am besten zum Arzt.
Geh doch mal zum Arzt!
Du musst unbedingt zum Arzt gehen!

CD-ROM Disc 2

How does **bloß** affect the meaning of the question? How would you say the responses in English?

25 Du musst unbedingt ...!

Such dir eine Partnerin! — Deine Partnerin hat viele Beschwerden (*complaints*). Du sagst ihr, was sie tun muss. Gebraucht die Ideen in beiden Kästen! Eure Antworten müssen aber stimmen! — Tauscht dann die Rollen aus!

Beschwerden

Was soll ich bloß machen?

> Ich bin krank.
> Ich brauche Medizin.
> Ich glaub, ich hab einen Sonnenstich.
> Meine Haut ist ja ganz rot.
> Ich fühl mich nicht wohl.
> Ich bin so müde.
> Ich habe Hunger.
> Meine Stirn ist so heiß.

WORTSCHATZ

das Fieber messen	*to measure one's temperature*
müde	*tired*
der Sonnenstich	*sun stroke*
die Haut	*skin*
die Temperatur	*temperature*

Was tun?

Du musst unbedingt . . .

> die Sonne vermeiden
> den Arzt anrufen
> eine gute Sonnencreme benutzen
> etwas essen
> eine Pause machen
> in die Apotheke gehen
> (dein) Fieber messen
> zu Hause bleiben
> zum Arzt gehen

26 Geh doch mal zum Arzt!

Such dir einen neuen Partner! — Macht jetzt die gleiche Übung noch einmal, aber diesmal mit der **du**-Form des Imperatives!

BEISPIEL   PARTNER   **Ich bin so müde.**
            DU   **Mach doch mal eine Pause!**
            PARTNER   **Gute Idee!**

EIN WENIG GRAMMATIK

The verb **messen**, as in **Fieber messen**, has a stem vowel change in the **du**- and **er/sie**-forms.

> **Misst** du mal mein Fieber?
> Er **misst** jetzt sein Fieber.

The **du**-command is **miss**!

> **Miss** doch mal deine Temperatur!

SO SAGT MAN DAS!

Expressing hope

To express hope, you may say:

> **Ich hoffe**, du hast kein Fieber.
> **Wir hoffen, dass** du dir nichts gebrochen hast.
> **Hoffentlich** hast du dir nur den Fuß verstaucht.

What do you notice about the word order in the **dass**-clause? What do you think **hoffentlich** means?

27 Hör gut zu!

Nach dem großen Fußballspiel am Samstag sprechen drei Schüler über das Spiel und die Verletzungen. Hör zu und schreib auf, über wen sie reden und welche Schmerzen diese Personen haben! Welche Personen drücken auch Hoffnung aus?

28 Was hoffst du?

Sprich mit einem Partner am Telefon darüber, wie er sich fühlt und was ihm fehlt! Drück Hoffnung aus und sage ihm, wie du ihm helfen kannst! Wenn ihr wollt, könnt ihr die Wörter rechts als Hilfe benutzen.

kein Fieber mehr haben

morgen wieder in die Schule gehen können

wieder besser gehen

die Medizin nehmen

der Hals nicht mehr wehtun

nichts gebrochen haben

CD-ROM Disc 2

WORTSCHATZ

Warum kaufst du dir nicht ...?

Sonnencreme
DM 12.90

Sonnenmilch
DM 9.80

Haarshampoo
SHAMPOO
DM 6.45

Zahnpasta
DM 1.79

Seife
DM 2.50

Die Seife ist mir zu par- fümiert.

Handcreme
DM 3.90

Die Hand- creme ist mir zu fett.

Die Sonnen- creme ist mir zu teuer.

Schutzfaktor 8 ist mir nicht hoch genug.

Das Shampoo ist mir nicht gut genug.

Die Zahnpasta ist mir zu süß.

29 Warum kaufst du das nicht?

Such dir eine Partnerin! — Ihr seid in einer Drogerie! Sag ihr, dass du hoffst, dass sie sich etwas kauft, was dir gefällt, aber sie hat für alles eine Ausrede (*an excuse*).

Das ist mir zu teuer!

30 In der Drogerie

Du bist in einer Drogerie. Dein Partner ist der Drogist. Du brauchst drei ganz bestimmte Artikel. Du fragst, ob er diese Artikel hat und was sie kosten. Wenn es einen Artikel nicht gibt, sag, dass du etwas anderes nimmst!

31 Sie wünschen, bitte?

Schreib jetzt mit deinem Partner ein Gespräch, das du mit ihm in der Drogerie gehabt hast! Führt dann dieses Gespräch in der Klasse vor!

EIN WENIG GRAMMATIK

You also use the dative case forms to express the idea of something being "too expensive, too large, too small for you."

Die Creme ist **mir** zu teuer.
Die Seife ist **ihr** zu parfümiert.

CD-ROM
Disc 2

1 Einige Leute erzählen, was sie haben, was ihnen fehlt und was sie brauchen. Wo muss jeder hingehen, um das zu bekommen, was er braucht? (Zum Beispiel: Wenn man Brot braucht, muss man zur Bäckerei.) Schreib auf, wo jeder hingehen muss!

2 Ab und zu mal hat jeder Schmerzen und muss etwas dagegen tun. In diesem Artikel von *Bunte* werden Vorschläge gemacht, wie man mit Schmerzen zurechtkommt.
What is this article about?
   a. If you have pain, think about something like ice cream and the pain won't seem so severe.
   b. If you force yourself to think about something else, your body will forget about the pain and it will go away.
   c. If you concentrate on whatever is causing you pain, it will make it easier for the pain to go away.

Jetzt ein Eis!

Sie lesen diese Überschrift – und plötzlich können Sie gar nicht anders: Immer wieder denken Sie an ein Eis. Und je mehr Sie versuchen, nicht daran zu denken, desto stärker wird der Gedanke. Forscher der Uni Houston haben dieses Phänomen untersucht und festgestellt: Machen Sie es genau andersrum – denken Sie bewußt an etwas, das Sie verdrängen wollen, und Sie werden es bald vergessen. So lassen sich auch Schmerzen „wegdenken". Je mehr Sie sich auf den Schmerz konzentrieren, desto leichter vergeht er.

3 Was für Schmerzen hast du gehabt? Was machst du, wenn du Schmerzen hast? Schreib mindestens vier Sätze darüber in dein Notizbuch!

4 You are the health official in a new resort opening up soon. It is your responsibility to prepare a pamphlet informing tourists of what they should and should not do in order to stay healthy and safe while they are at the resort, and what they should do in case of sickness or an accident. Work with two other students, your team of health workers, to prepare this document. Use drawings or photos from magazines to illustrate your ideas.

5 Dein Brieffreund in Dresden will wissen, wie dein tägliches (*daily*) Leben in den USA aussieht. Schreib ihm einen Brief und erzähl ihm alles, was du an einem Tag machst — von früh morgens bis abends!

BEISPIEL   **Ich stehe um 7 Uhr auf (*get up*). Dann wasche ich mich, putze mir . . .**

6 Tell a friend about several things you are planning to do. Your friend expresses hope that you will take care of yourself so that nothing bad happens. Du willst:

   a. acht Stunden in Kalifornien am Strand liegen
   b. ein hartes Fußballspiel gegen eine College-Mannschaft spielen
   c. eine tolle Party in einer anderen Stadt besuchen
   d. heute Abend gar nicht für den großen Test lernen

Zum Schreiben

7

Write a dialogue between a doctor and some sick students. You are the doctor on call at a boarding school in Germany and plan on using actual examples in a radio program about health. In order to make the program interesting you have decided to use dialogues between doctor and patient with several students playing the parts of patients. You sorted through your charts and found a number of students who had complained of various ailments. You gave them advice on how to handle his or her illness and recommendations about staying healthy in the future. You use these charts as a basis for your dialogue.

SCHREIBTIP

Peer evaluation is reading and commenting on someone else's writing. It trains you to read critically and helps you see your writing from someone else's point of view.

Vorbereiten   Brainstorm different ailments, and then write down advice for someone with those problems. Using this as a base, begin your doctor/patient dialogues. Remember also the recommendations for leading a healthy life which are discussed in Chapter 4 as well as in this chapter.

Ausführen   Try to make your **dialogue realistic.** Make the questions and answers flow logically from one to another. Give logical advice for each ailment and give logical health advice.

Überarbeiten

· Reread your dialogue. For each piece of advice given, ask yourself if an actual doctor would agree with what you advise.

· Trade papers with a partner and read each other's dialogues. Ask questions when necessary, and suggest where your partner might add details or make changes.

· Proofread for spelling and punctuation errors. Rewrite and share your final draft. You might want to present your radio program to the class.

8

ROLLENSPIEL

Work with several students to act out the following situation. You are an **Apotheker** in a German city. Several people come to you during the day and explain their injuries, aches, or pains. You listen to their explanations, ask questions to get more specific information, then make recommendations about what they can do to remedy the situation. Take turns playing the **Apotheker.** Bring props to make the situation livelier.

Can you inquire about someone's health and respond? (p. 137)

1 How would you ask someone how he or she is doing? How would you ask if something is wrong?

2 How would you respond to the question above in the following situations?

a. You have a sore throat and can hardly swallow.
b. You have an earache.
c. You have a toothache.
d. You have a cold, with coughing and a stuffy nose.

Can you make suggestions? (p. 138)

3 How would you tell the following people what they should do?

a. Hanna / go to the pharmacy
b. your little brother / not to go to school
c. your good friend / stay at home
d. Thorsten and Wiebke / go to the **Drogerie**
e. you and your friends / go to the movies

Can you ask about and express pain? (p. 143)

4 How would you ask someone what is hurting him or her? How would you say that these people have the following problems?

a. your mother's arm hurts often
b. your throat hurts
c. your sister's head hurts sometimes
d. your dad's tooth hurts

5 How would you say that you are doing great — that nothing hurts?

Can you ask for and give advice? (p. 147)

6 What advice would you give to these people?

Can you express hope? (p. 148)

7 How would you express hope that

a. Birgit's throat doesn't hurt anymore
b. your sister hasn't broken her leg
c. you don't have a fever anymore
d. Wiebke can go to school tomorrow

ERSTE STUFE

INQUIRING ABOUT SOMEONE'S HEALTH AND RESPONDING

Wie fühlst du dich? *How do you feel?*
Wie geht es dir? *How are you?*
Ist dir nicht gut? *Are you not feeling well?*
Ist was mit dir? *Is something wrong?*
Was fehlt dir? *What's wrong with you?*
Ich fühle mich wohl! *I feel great!*
Es geht mir (nicht) gut! *I'm (not) doing well.*
Mir ist schlecht. *I'm feeling sick.*

Ich bin krank. *I'm sick.*
Mir ist nicht gut. *I'm not doing well.*
Ach schade! *That's too bad.*
Gute Besserung! *Get well soon!*
Hoffentlich geht es dir bald besser! *I hope you'll get better soon.*

TALKING ABOUT HEALTH

Ich kann kaum schlucken. *I can hardly swallow.*
Ich habe Husten und Schnupfen. *I have a cough and stuffy nose.*
das Fieber *fever*
die Erkältung *cold*
die Halsschmerzen, (pl) *sore throat*

die Kopfschmerzen, (pl) *headache*
die Zahnschmerzen, (pl) *toothache*
die Ohrenschmerzen, (pl) *earache*
die Bauchschmerzen, (pl) *stomachache*

WHAT TO DO WHEN YOU ARE SICK

zu Hause bleiben *to stay at home*
in die Drogerie gehen *to go to the drugstore*
in die Apotheke gehen *to go to the pharmacy*

ZWEITE STUFE

ASKING ABOUT AND EXPRESSING PAIN

Tut's weh? *Does it hurt?*
Au!, Aua! *Ouch!*
Es tut weh! *It hurts!*
Was tut dir weh? *What hurts?*
Tut dir ... weh? *Does your...hurt?*
... tut mir weh. *My...hurts.*
der Hals, ⸚e *throat*
der Kopf, ⸚e *head*
der Bauch, ⸚e *stomach*
die Schulter, -n *shoulder*
der Rücken, - *back*

die Hüfte, -n *hip*
das Bein, -e *leg*
der Arm, -e *arm*
der Fuß, ⸚e *foot*
der Knöchel, - *ankle*
das Knie, - *knee*
sich etwas brechen *to break something*
 er/sie/es bricht sich *he/she/it breaks*
sich verstauchen *to sprain something*
sich verletzen *to injure (oneself)*

REFLEXIVE PRONOUNS, DATIVE CASE
See p. 144

VERBS THAT CAN BE BOTH REFLEXIVE AND NON-REFLEXIVE

(sich) waschen *to wash*
 er/sie/es wäscht *he/she/it washes*
(sich) kämmen *to comb*
(sich) putzen *to clean*
sich die Zähne putzen *to brush one's teeth*

DRITTE STUFE

TALKING ABOUT HEALTH

nur leichte Speisen essen *to only eat light foods*
Ich bin so müde. *I am so tired.*
der Arzt, ⸚e *doctor*
der Lichtschutzfaktor, -en *sun protection factor*
der Sonnenstich, -e *sunstroke*
die Haut *skin*
die Temperatur *temperature*
Fieber messen *to take one's temperature*
 er/sie/es misst *he/she measures*

ASKING FOR AND GIVING ADVICE

Was soll ich bloß tun? *What should I do?*
Geh doch mal (zum Arzt)! *Go to (the doctor)!*
Du musst unbedingt (zum Arzt) gehen! *You have to go to (the doctor)!*

EXPRESSING HOPE

Ich hoffe, (dass) ... *I hope that...*
hoffentlich ... *hopefully...*

OTHER USEFUL WORDS

die Sonnenmilch *sun tan oil*
die Sonnencreme *sun tan oil*
das Shampoo, -s *shampoo*
die Zahnpasta *toothpaste*
die Seife, -n *soap*
die Handcreme *hand cream*
benutzen *to use*
süß *sweet*
fett *greasy*
parfümiert *perfumed*

Komm mit nach

Stuttgart!

Stuttgart

Einwohner: 550 000

Flüsse: Neckar

Berühmte Gebäude: Schloss Solitude, Stiftskirche, Weißenhofsiedlung, Staatsgalerie

Bedeutende Stuttgarter: Georg Wilhelm Friedrich Hegel (1770-1831, Philosoph), Wilhelm Hauff (1802-27, Schriftsteller), Robert Bosch (1861-1942, Erfinder), Marcia Haydée (1937-, Choreographin)

Industrie: Automobilindustrie, Elektrotechnik, Maschinenbau, Textilindustrie, Verlage

Beliebte Gerichte: Spätzle, Maultaschen, Flädlesuppe

Foto ① Stuttgart, in einem Talkessel gelegen, ist von Obstgärten und Weinbergen umrahmt

go.hrw.com

WKO STUTTGART

Stuttgart

Stuttgart, die Hauptstadt des südwestdeutschen Bundeslandes Baden-Württemberg, hat viele Attraktionen. Institutionen wie die Staatsgalerie, die Württembergische Landesbibliothek, das Stuttgarter Ballett, sowie der Süddeutsche Rundfunk bezeugen die kulturelle Bedeutung dieser Stadt. Der Großraum Stuttgart ist außerdem ein Industriestandort ersten Ranges. Neben Weltfirmen in der Automobilbranche gibt es hier auch hunderte von hoch spezialisierten kleinen Betrieben in den Bereichen Feinmechanik und Maschinenbau.

2 Vor der Staatsgalerie eine Bronzefigur von Henry Moore

4 Die Königstraße, eine populäre Einkaufsstraße in der Stuttgarter Innenstadt

3 Der Blumenmarkt auf dem Schillerplatz

In den Kapiteln 7, 8 und 9 besuchen wir Stuttgart, die Großstadt zwischen „Wald und Reben". Dort treffen wir Boris, Katrin, Roland und Judith, die auf das Dillmann-Gymnasium gehen.

5 Schlossplatz mit dem Neuen Schloss

6 Boris, Katrin, Roland und Judith

7 Konzerthaus Stuttgarter Liederhalle

8 Weinberge am Neckar

7

Stadt oder Land?

① Eine Großstadt hat viele Vorteile. Da ist immer viel los.

Students usually like the places where they have lived and grown up. However, each place may offer advantages as well as disadvantages. Students also have very specific dreams about their future. — In order to talk about that, there are several things that you should know how to say.

In this chapter you will learn

- to express preference and give a reason
- to express wishes
- to agree, with reservations; to justify your answers

And you will

- listen to German students talk about where they live and what they like or dislike about it
- read about where students live and about their wishes and dreams for the future
- write about the advantages and disadvantages of living in your community
- find out what German students wish for the future

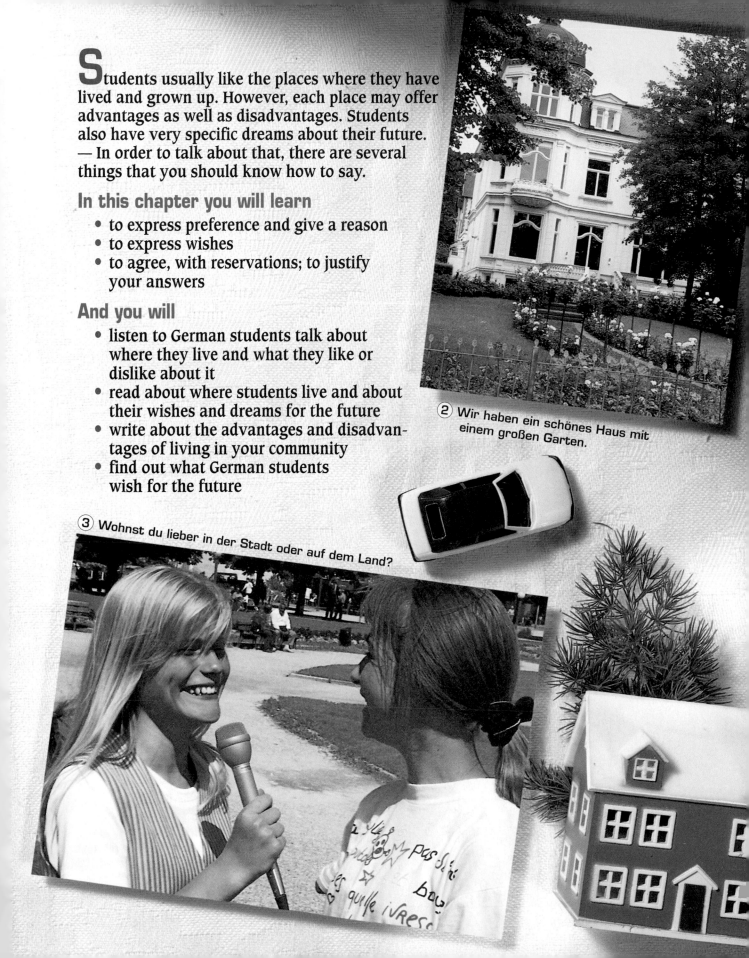

② Wir haben ein schönes Haus mit einem großen Garten.

③ Wohnst du lieber in der Stadt oder auf dem Land?

Los geht's!

Das Interview

Look at the photos that accompany the story.
What do you think is happening?

 Katrin   Frank   Bettina   Judith

KATRIN Hallo! — Hallo, darf ich dich mal etwas fragen? Und dürfen wir dich filmen?

FRANK Ja, schon. Aber erst mal, worum geht's?

> ② Wir machen eine Umfrage für unsern Deutschunterricht. Ich möchte dich fragen, wo du wohnst, wohnst du gern dort und warum oder warum nicht?

KATRIN Aber erst mal, wie heißt du?

FRANK Ja, ich heiße Frank Härtle, und ich wohne hier in Stuttgart — wir, das ist meine Mutter und ich, meine Mutter ist geschieden. Wir haben eine nette Wohnung in der Innenstadt.

KATRIN Und du wohnst gern in der Stadt?

FRANK Ja, eigentlich schon. Alles ist eben in der Nähe, die Geschäfte und so ...

> ④ Ja, das sind schon Vorteile, wenn man in der Stadt wohnt. Aber leider gibt es auch Nachteile. Es sind oft zu viele Leute in der Stadt. Und der Verkehr ist größer, und damit ist die Luft auch schmutziger als in der Umgebung. Aber, ehrlich gesagt, ich möchte nicht fort von hier, nicht fort von Stuttgart!

KATRIN Wo wohnst du, und wie gefällt dir dein Wohnort?

BETTINA Ich heiße Bettina, und ich wohne in der Umgebung von Stuttgart, in Bietigheim. Also, ich möchte nicht in einer großen Stadt wie Stuttgart wohnen. Ich ziehe eine kleine Stadt wie Bietigheim vor. Das Leben ist hier ruhiger, wir haben weniger Verkehr, und die Luft ist hier besser als in einer großen Stadt.

BETTINA Tja, was wünsche ich mir noch? Was es hier in Bietigheim nicht gibt, gibt es in Stuttgart. Und Stuttgart ist mit der Bahn nur fünfundzwanzig Minuten entfernt.

KATRIN Vielen Dank, Bettina! Das war ein toller Bericht!

BETTINA Das freut mich. Viel Glück! Tschüs!

Bei Katrin zu Hause

Hallo! Übrigens, ich bin die Katrin. Und das ist die Judith, eine Klassenkameradin von mir.

Hallo, Oma, Opa! Meine Großeltern wohnen auch bei uns. Sie sind gern im Garten, immer aktiv! Ja, hier bin ich zu Hause. Ein schönes Haus, nicht? — Komm! Meine Eltern sind nicht da. Sie arbeiten.

Wie viele Zimmer habt ihr denn?

Ach ja, was haben wir? Eine Küche, ein großes Wohnzimmer, vier Schlafzimmer, ja ... ein Badezimmer und zwei Toiletten. — Aber komm! Ich zeig dir mein Zimmer.

Toll! Ein eigenes Zimmer!

Ja, das ist schon prima! Aber ich wünsch mir noch so viele Dinge: einen größeren Schreibtisch, einen bequemeren Sessel und einen größeren Schrank für meine vielen Klamotten.

Wirklich? Der ist doch groß genug!

1 Was passiert hier?

Verstehst du alles, was diese Leute sagen? Beantworte die Fragen!

1. Wer macht eine Umfrage?
2. Wofür ist diese Umfrage?
3. Wen hat Katrin interviewt?
4. Woher ist Frank?
5. Wo wohnt Bettina?
6. Was hast du über Katrins Familie gehört?
7. Und über Katrins Haus?
8. Was wünscht sich Katrin?

2 Genauer lesen

Lies den Text noch einmal und beantworte diese Fragen!

1. Frank wohnt gern in Stuttgart. — Welche Vorteile hat Stuttgart?
2. Er nennt auch drei Nachteile. Was sind diese?
3. Bettina zieht das Leben in einer Kleinstadt vor. Welche Vorteile nennt sie?
4. Was tut Bettina, wenn sie etwas braucht, was es in ihrer Stadt nicht gibt?

3 Was ist richtig?

Ergänze die folgenden Aussagen mit der besten Antwort!

1. Frank wohnt ___ .
   a. in Bietigheim   **b.** bei seiner Mutter   **c.** gern in einer Kleinstadt.
2. Es gibt in Stuttgart Nachteile wie ___ .
   a. viel Verkehr   **b.** nicht genug Geschäfte   **c.** bessere Luft
3. Bettina fährt nach Stuttgart ___ .
   a. ..., wenn es viel Lärm in Bietigheim gibt   **b.** mit der Bahn   **c.** ..., weil es ruhiger ist
4. Katrin wünscht sich ___ .
   a. einen größeren Schrank   **b.** immer mehr Klamotten   **c.** ihr eigenes Zimmer

4 Ein Interview

Beantworte die folgenden Fragen auf Deutsch, bitte!

1. How does Katrin initiate her interview with Frank? What does she say? How does he respond?
2. What does Frank want to know first? What does he ask her?
3. What does Katrin give as a reason for the interview?
4. What does Katrin say to Bettina at the close of the interview?

5. Using your answers to these questions as a guide, write a "framework" for an interview that you will do later in this chapter.

5 Und du?

Das Leben in einer Großstadt hat Vorteile (*advantages*) und Nachteile (*disadvantages*), auch das Leben auf dem Land. Wohnst du in der Stadt oder auf dem Land? In einer Großstadt oder in einer Kleinstadt? Welche Vorteile und Nachteile hat dein Wohnort? Schreib sie auf!

Wo wohnst du lieber?
In der Stadt oder auf dem Land?

Diese Frage haben wir zwei jungen **L**euten gestellt.
Lies, was sie gesagt haben!

Britta
17 Jahre

„Ich heiße Britta Wegener, bin 17 Jahre alt und gehe hier auf die Oberschule in Weißensee. Weißensee ist ein Stadtteil hier im Osten Berlins, also — ich meine auch im früheren Osten."

Wohnst du gern hier in Weißensee?

„Eigentlich schon, aber ... na ja, die Gegend sieht im Moment noch nicht sehr schön aus. Unsere Häuser sind alt, alles sieht halt noch ziemlich grau aus und ist nicht so piekfein wie im Westen."

Möchtest du lieber woanders wohnen?

„Nö. Berlin gefällt mir. Berlin ist eine internationale Stadt; hier ist eben immer was los! Mir gefällt zum Beispiel Berlin besser als Hamburg oder sogar München. Berlin hat so viele Seen und Kanäle. Wir können segeln und Kajak fahren, im Winter können wir sogar Ski laufen auf unserm Teufelsberg.[1] Und es gibt billige öffentliche Verkehrsmittel: U-Bahn, S-Bahn, Busse."

Norbert
17 Jahre

„Ich bin Norbert Seemüller, bin 17 Jahre und lerne Schreiner. Ich bin im zweiten Lehrjahr. Ich wohne auf dem Land außerhalb von Besigheim."

Wo wohnst du? Und bist du dort zufrieden?

„Ja, klar! Ich wohne bei meinen Eltern, und wir haben ein schönes Haus mit einem großen Garten. Ja, und ich habe meine Lehrstelle hier — ich muss noch ein Jahr lernen, bis ich meine Gesellenprüfung machen kann."

Du möchtest also nicht woanders wohnen, zum Beispiel in Stuttgart?

„Nein. Und warum denn? Ich hab hier halt alles, was ich brauche: eine schöne Umgebung, viel mehr Platz als in der Stadt. Ja, was noch? Die Luft ist eben hier viel sauberer als in einer großen Stadt und der Verkehr geringer. Ja, ich bin hier schon sehr zufrieden."

---

1. The **Teufelsberg,** an artificial mountain in the Grunewald section of Berlin, was built after World War II from the rubble of the destroyed city. Now beautifully landscaped, it is the sight of many sports events, grass-skiing in the summer, and skiing and sledding in the winter.

6 Ein Fragebogen: Britta und Norbert

Nimm ein Blatt Papier zur Hand und mach deinen eigenen Fragebogen! Schreib auf, was du über Britta und Norbert gelesen hast!

1. Nachname
2. Alter
3. Wohnort
4. Beschreibung des Wohnorts
5. Vorteile des Wohnorts
6. Nachteile des Wohnorts

	Britta	Norbert
Nachname		
Alter		

7 Britta oder Norbert?

Such dir einen Partner! — Nimm deinen ausgefüllten Fragebogen zur Hand und sag deinem Partner, was du alles über Britta weißt! — Dann sagt dir dein Partner, was er über Norbert weiß. Stimmt das, was dein Partner sagt?

WORTSCHATZ

Wo wohnst du? Ich wohne ...

in einer Großstadt

in einem Dorf

in einer Kleinstadt

Und dann noch ...

am Stadtrand
mitten in der Stadt
im Stadtzentrum
im Stadtteil (Degerloch)
im Kreis (Ludwigsburg)
in (*Ludwigsburg*) *County*

in einem Vorort
in den Bergen
an einem See
an einem Fluss

8 Wo wohnst du?

Erzähl deinen Mitschülern möglichst genau (*in as much detail as possible*), wo du wohnst! Gebrauche auch die Wörter rechts, die dir schon bekannt sind!

auf dem Land

in der Innenstadt

in der ...straße

in der Stadt

in (Chicago)

(nicht) weit von hier

am ...platz

in der Nähe von ...

SO SAGT MAN DAS!

Expressing preference and giving a reason

You already know some ways to express preference and favorites:

> **Ich sehe lieber einen Actionfilm.**
> **Am liebsten lese ich Sciencefiction.**
> **Mein Lieblingsstar ist Tom Cruise.**

Here are some other ways to express preference:

> **Mir gefällt Berlin besser als Hamburg.**
> **Ich finde die Innenstadt von Hamburg schöner.**
> **Ich ziehe eine kleine Stadt wie Bietigheim vor.**

You may also want to give a reason for your preference:

> **Ich wohne lieber in einem Dorf. Da ist die Luft besser.**
> **Wir ziehen die Stadt vor, weil da einfach mehr los ist.**

Which words or phrases help to make a comparison and show preference? What might the verb **vorziehen** mean? Where is the conjugated verb in a **weil**-clause?

WORTSCHATZ

─── Vorteile ───		─── Nachteile ───	
Land:	**Stadt:**	**Stadt:**	**Land:**
Wohnungen billiger	mehr los	mehr Menschen	weniger Geschäfte
Umgebung schöner	mehr zu tun	Wohnungen teurer	weniger los
weniger Verkehr	Geschäfte in der Nähe	mehr Verkehr	keine Theater, Museen
weniger Lärm	Theater, Museen,	Lärm größer	keine Oper, kein Ballett
Luft sauberer	Oper, Ballett	Luft schmutziger	keine U-Bahn oder
Leben ruhiger	öffentliche Verkehrsmittel		S-Bahn
	(Bus, U-Bahn)		

9 Hör gut zu!

In der Radiosendung „Guten Morgen!" diskutieren zwei Zuhörer über das Thema: Stadt oder Land? Vorteile oder Nachteile. Schreib die Vorteile und Nachteile auf, die diese Leute für jeden dieser Orte erwähnen!

1. Stuttgart   2. Bietigheim   3. Esslingen   4. Schönaich

10 Für mein Notizbuch

Schreib in dein Notizbuch

a. warum dir dein Wohnort gefällt!
b. warum dir dein Wohnort besser gefällt als dein Nachbarort!

GRAMMATIK Comparative forms of adjectives

1. Words such as *larger, cleaner,* and *more beautiful* are called comparatives. In English, most comparatives have the ending *-er.* In German, all comparatives end in **-er**.

Positive	Comparative
Die Umgebung ist schön.	**Die Umgebung hier ist aber schöner.**
Die Wohnungen sind billig.	**Die Wohnungen hier sind billiger.**

2. Most one-syllable adjectives with stem-vowels **a, o, u,** add an umlaut in the comparative:

   alt **älter**   groß **größer**   jung **jünger**

3. As in English, some comparative forms are completely different from the positive forms.

   gern **lieber**   gut **besser**   viel **mehr**

4. To compare two things that are equal, the words **so ... wie** are used:

   Die Luft ist hier **so** schlecht **wie** in der Großstadt.

5. To compare two things that are not equal, the comparative form and the word **als** are used.

   Die Luft ist hier **schlechter als** in der Großstadt.

11 Wo ist es schöner?

Setzt euch in Gruppen von vier oder fünf Personen zusammen! Ihr vergleicht euren Heimatort mit einem Nachbarort.

a. Macht zuerst zusammen eine Liste mit Vor- und Nachteilen von euerm Heimatort! Dann macht eine Liste mit Vor- und Nachteilen von dem Nachbarort! Schreibt dann alle Vor- und Nachteile auf kleine Karteikarten. Legt die Karten in vier Stapel (*piles*)!

b. Ein Partner in der Gruppe fragt dann einen anderen Schüler, welchen Ort er schöner findet. Dieser Schüler gibt eine Antwort und zieht (*draws*) eine Karte von einem der vier Stapel. Er sagt dann seinen Grund dafür.

c. Macht weiter, bis alle ihre Meinung gesagt haben!

> BEISPIEL DU **Welche Stadt gefällt dir besser, Denver oder Colorado Springs?**
>
> PARTNER **Colorado Springs** (Zieh eine Karte!)
>
> **... , weil es dort weniger Verkehr gibt.**

12 Und du? Wo wohnst du lieber?

Am Anfang des Kapitels (Übung 6, S. 164) hast du einen Grundriss (*framework*) für ein Interview gemacht. Verwende ihn jetzt, um deine Partnerin zu interviewen. Frag sie, wo sie wohnt, wie es ihr dort gefällt und welche Vor- und Nachteile ihr Wohnort hat! Möchte sie lieber woanders wohnen? Wo und warum?

CD-ROM Disc 2

Wo wohnst du lieber? Auf dem Land? In der Stadt?

LANDESKUNDE

Where do teenagers in Germany like to live? In the big cities, in the country, or somewhere in between? We asked many students about their preferences and this is what some of them said.

Ilse, *Wedel*

„Ja, also, ich wohn gerne in Wedel, weil Wedel halt 'ne nette Kleinstadt ist. Es ist nicht allzu dreckig, es ist nicht dieser Stress mit dem vielen Verkehr, und ... es ist einfach lustig. Man kann viel unternehmen, dafür, dass es so 'ne Kleinstadt ist. Und ... na ja, es ist einfach nett hier."

Hans, *Hamburg*

„Ja, Hamburg ist schön, hat viele grüne Flächen, aber ich würde auch eigentlich auch mal gern auf dem Lande leben, für 'ne Weile auf jeden Fall. Ja, weil eben hier viel Verkehr ist eben, stickige Luft auch, eben typische Großstadt, eben."

Heide, *Berlin*

Iwan, *Bietigheim*

„Also, ich würde lieber in 'ner Kleinstadt wohnen, so wie hier in Bietigheim, weil hier es doch ruhiger ist. Und es ist besser für ... ich mein, besser auch für kleinere Kinder, weil die hier besser aufwachsen können als in 'ner großen Stadt. In 'ner großen Stadt ist halt auch schlecht, dass die Luftverschmutzung dort groß ist. Aber andererseits, in einer großen Stadt kann man natürlich alles bekommen, was in 'ner kleinen Stadt nicht zu haben ist."

„Ich leb eigentlich relativ gerne in Berlin, obwohl Berliner, Berlin sowohl Nachteile als auch Vorteile hat. Die Nachteile sind halt, dass immer relativ schlechtes Wetter ist und dann die Luft stickig ist und man Kopfschmerzen hat. Aber dann Vorteil halt ist auch, dass in Berlin immer relativ viel los ist, so konzertmäßig und partymäßig, und von daher ist es ganz schön, hier zu leben."

A.
1. What do you think a **Kleinstadt** is? And a **Großstadt**? In which categories do the places where these students live belong?
2. Which advantages and disadvantages does each student mention? What seems to be the big disadvantage to living in a large city, according to most of these students? Did that surprise you?
3. Think about where you live and places you've visited in the United States. What would you say are the advantages and disadvantages of living in a) cities, b) small towns, and c) the country? Are they similar to what these students said?

B. Germany's population density is 593 people per square mile compared to seventy-one per square mile in the United States. How do you think Germany's population density might affect Germans' daily lives, their habits, and their concerns? Write a short essay on this question. Be sure to include any facts or first-hand information from Germans which help to illustrate the effects of Germany's dense population.

Nicco, 15

„Ich wünsch mir erst mal ein eigenes Zimmer mit neuen Möbeln, eine größere Stereoanlage und vor allem meinen eigenen Fernseher mit einem Videorecorder."

Nadine, 16

„Ich möchte gern mal ein großes aber gemütliches Haus haben mit bequemen Möbeln. Dann wünsch ich mir einen großen Garten mit vielen Blumen und Sträuchern und vielen Bäumen, und ein kleiner Pool wäre auch nicht schlecht."

Sven, 17

„Meine Wünsche? Ja, einen guten Wagen, einen tollen Job, später einmal eine nette Frau, gute Freunde, ja, ich wünsch mir mal ein schönes Leben. Warum nicht?"

André, 16

„Was ich mir wünsche und was ich dringend brauche sind gute Noten in der Schule, damit ich später eine gute Ausbildung bekomme und einmal einen guten Job."

Jeanine, 16

„Mein großer Wunsch ist ein guter Schulabschluss, das heißt bei mir ein gutes Abitur, damit ich einen Platz an der Uni bekomme und studieren kann. Dann wünsch ich mir einen netten Freundeskreis, ein schönes Familienleben und vor allem ein gutes und sicheres Einkommen."

Britta, 16

„Ich wünsche mir und meinen Mitmenschen vor allem eine saubere Umwelt und ein friedliches Leben, ohne Armut, ohne Hunger und ohne Krieg."

13 Wer wünscht sich was?

Lies, was sich diese Schüler wünschen und beantworte die Fragen!
1. Welche Schüler wünschen sich mehr materielle Dinge? Welche nicht?
2. Mit welchen Schülern kannst du dich identifizieren? Warum?

EIN WENIG GRAMMATIK

Look again at the first interview above. What do you notice about the pronoun that follows the verb **wünschen**? Here, **wünschen** is used reflexively (**sich wünschen**), and the reflexive pronoun is always in the dative case.

Was wünschst du **dir**?
Ich wünsche **mir** einen großen Garten.

SO SAGT MAN DAS!

Expressing wishes

When asking someone about his or her wishes, you may ask:

> **Was möchtest du gern mal haben?**
> *or* **Was wünschst du dir mal?**

> **Und was wünscht ihr euch?**

And the answer may be:

Ich möchte gern mal einen tollen Wagen!

Ich wünsche mir mal eine schöne Wohnung!

Wir wünschen uns ein eigenes Zimmer.

Name the noun phrases in the right-hand column. What are the genders of the three nouns? How do you know? To how many people is the third question addressed?

Für mein Traumhaus wünsch ich mir

einen kleinen Pool

einen Garten mit Blumen,
Sträuchern und Bäumen

auch:

eine moderne Küche
ein nettes Wohnzimmer
ein gemütliches Esszimmer
ein hübsches Schlafzimmer
ein eigenes Badezimmer
einen hellen Flur
zwei Toiletten
einen kühlen Keller
eine ruhige Terrasse

Ich wünsch mir auch:

eine gute Ausbildung *a good education*
einen tollen Job *a great job*
ein friedliches Leben *a peaceful life*
eine saubere Umwelt *a clean environment*
ein sicheres Einkommen *a secure income*
keine Armut *no poverty*
keinen Hunger *no hunger*
keinen Krieg *no war*

Sag deinen Klassenkameraden, was du dir wünschst!

---

14 Hör gut zu!

Hör zu, was sich diese Schüler wünschen! Wer wünscht sich was? Schreib zuerst die Namen auf, die du hörst! Dann schreib neben jeden Namen, was sich diese Person wünscht!

15 Was sind deine Wunschträume?

Such dir einen Partner! Er fragt dich nach deinen Wunschträumen, und du sagst ihm, was du dir wünschst. Tauscht dann die Rollen aus!

Was du dir wünschst:

ein eigenes Zimmer

einen großen Garten

eine gute Note in (Mathe)

ein schönes Auto

einen tollen Job

ein neues Rad

ein ruhiges Leben

ein eigenes, modernes Badezimmer

eine saubere Umwelt

eine nette kleine Wohnung

CD-ROM Disc 2

GRAMMATIK   Adjective endings following **ein**-words

1. Adjectives following **ein**-words (**ein, kein,** and the possessives **mein, dein, sein, ihr,** etc.) have these endings:

Nominative	Das ist	ein	groß er	Garten.	*masculine nouns*
Accusative	Ich wünsche mir	einen	groß en	Garten.	

Nominative	Das ist	eine	nett e	Wohnung.	*feminine nouns*
Accusative	Ich wünsche mir	eine	nett e	Wohnung.	

Nominative	Das ist	ein	schön es	Zimmer.	*neuter nouns*
Accusative	Ich wünsche mir	ein	schön es	Zimmer.	

Nominative	Das sind	keine	modern en	Möbel.	*plural nouns*
Accusative	Ich möchte	keine	modern en	Möbel.	

2. Since **ein** has no plural form itself, the plural adjective ending is **e** in both the nominative and the accusative.

	Singular	Plural
Nominative	Das ist **ein toll** er **Garten!**	Das sind **toll** e **Gärten!**
Accusative	Ich habe **eine neu** e **Lampe.**	Ich habe **zwei neu** e **Lampen.**

3. In the dative case, the adjective endings are **-en** for nouns of all gender and for plural nouns.

	einem	klein en	Vorort
Ich möchte mal in	einer	groß en	Stadt
	einem	schön en	Haus
		groß en	Städten	wohnen.

4. When more than one adjective is used, both have the same ending.

Das ist aber ein schön**es,** klein**es** Haus, nicht?

16 Was wünschen sich diese Schüler?

Schreib, was sich diese Schüler wünschen und setz dabei die richtigen Endungen ein!

Ich habe alles, was ich brauche. Wir haben eine nett===== Wohnung in einem groß===== Mietshaus. Die Wohnung hat ein gemütlich===== Wohnzimmer, zwei schön===== Schlafzimmer, eine groß===== Küche und ein modern===== Badezimmer. Wir haben sogar einen schön=====, klein===== Garten.

Bettina wünscht sich ein ruhig===== Leben; sie zieht eine klein===== Stadt vor. In einer klein===== Stadt ist die Luft besser, sagt sie.

17 Ein Briefpartner schreibt

Stell dir vor, dein Briefpartner aus Deutschland hat dir geschrieben! Lies das Ende seines Briefes! Dann beantworte die Fragen!

1. What is Jochen talking about in the first part of the letter?
2. How does Jochen describe where he lives?
3. Does he have his own room?
4. What is special about the cellar?

immer Tennis spielen.

Nun, genug über Sport. Jetzt möchte ich deine Fragen beantworten. Also, wir wohnen in einem kleinen Vorort von Stuttgart, in Eßlingen. Dort haben wir ein schönes Haus mit einem großen Garten. Wir haben eine moderne Küche, ein sonniges Wohnzimmer und drei große Schlafzimmer. Mein Bruder und ich, wir haben jeder unser eigenes Schlafzimmer.

Ach ja, im Keller haben wir einen schönen Hobbyraum.

Schreib mal, wie du wohnst!

Viele Grüße

Jochen

18 Lieber Jochen!

Schreib deinem Briefpartner Jochen, wie du wohnst! Lies danach deinem Partner deinen Brief vor, und er tut das Gleiche (*the same*)!

19 Für mein Notizbuch

Überleg dir (*think about*), was du dir wirklich einmal wünschst, und schreib deine Wünsche in dein Notizbuch!

Wo wohnst du?

Stadtrand
Kleinstadt
Vorort
Dorf
Großstadt

Was habt ihr?

Haus
Wohnung
Garten
Schlafzimmer
Wohnzimmer
Küche
Toilette
Bad
Terrasse
Garage

Und dein Traumhaus?

Getting Started

1. Do you think having one's own room might be something German teenagers dream about? Considering what you have learned about the kinds of clothes German teens wear and their lifestyles in general, could you make any predictions about what a **Traumzimmer** would look like? Or would it depend on the individual?

2. Skim quickly over the readings. What theme do they all have in common? What are the different formats? How will you adjust your reading strategy to get the most out of each text?

A Closer Look

3. Read the paragraph about **Kinderzimmer.** Convert the size of the average child's room in Germany from square meters to square feet (1 square meter equals approximately 11 square feet). Do you think the average child's room in the United States

MEIN TRAUMHAUS IST AUS SCHOKOLADE

Kinderzimmer in deutschen Mietwohnungen sind zwischen 8 und 12 Quadratmeter groß. Zieht man die notwendigen Flächen für Bett, Schrank und Tisch ab, bleiben 1,20m x 1,80m für Spiel und Bewegung übrig. In Wohn- und Schlafzimmern, tagsüber meistens leer, dürfen nur wenige Kinder spielen.

Keine Grenzen für die Fantasie: Mit viel Eifer und Energie entstanden die Objekte der Kinder

Traumhaus

Mein Traumhaus ist aus Schokolade,
und im Schwimmbecken fließt Limonade.
Aus Marzipan sind die Gardinen,
und das Bett ist aus Rosinen.
Mein Sofa ist aus Kaubonbons,
und daran hängen Luftballons.
Die Treppe ist aus Joghurteis,
da lauf' ich rauf mit sehr viel Fleiß.
Zwei Türme, die sind auch noch dran,
worin man sehr gut zeichnen kann.

TEST

(von Susi, Anette, Dani und Julie aus München. Alle Vier sind 14 Jahre alt.)

Was bist Du für ein Wohntyp?

1. Stell Dir vor, Du kannst Dein neues Bett selber aussuchen. Was wählst Du?
- a) Ein rosarotes Himmelbett in Herzform.
- b) Eine neonfarbene Couch.
- c) Du würdest am liebsten auf dem Fußboden schlafen, weil das alle tun.
- d) Dir ist das Design egal — Hauptsache bequem.

2. Wie würdest Du Dich bei einem Umzug verhalten?
- a) Der Umzug ist Dir egal. Hauptsache, Dein Teddybär kommt mit.
- b) Du würdest Deinen Hamster mit Punkfrisur mitnehmen. Was sonst!
- c) Du nimmst keine Möbel mit. Du kaufst neue, die gerade „in" sind.
- d) Du nimmst alles Brauchbare mit, was Dir zur Verfügung steht.

3. Du brauchst Geld und mußt etwas verkaufen. Wovon trennst Du Dich als erstes?
- a) Von dem Drahtbett, das Dir ein Freund geschenkt hat.
- b) Von dem braunen Kleiderschrank, den Deine Eltern gekauft haben.
- c) Von Deiner Zahnbürste, weil Zähneputzen „uncool" ist.
- d) Von Deinem Computer, weil er schädlich für Dich ist.

4. Du bist umgezogen. Mit wem freundest Du Dich zuerst an?
- a) Mit Lisa, weil sie eine schöne Kuschelecke hat.
- b) Mit dem Punker von nebenan, weil Du seine Klamotten „cool" findest.
- c) Mit dem Typen, der den Schaukelstuhl (siehe Bild) entworfen hat, weil Du solche Sachen gut findest.
- d) Mit Hannelore, weil sie Dir giftfreie Farbe für Deine Wände geschenkt hat.

5. Du hast nach Deiner dritten Mahnung die Miete noch nicht gezahlt. Nun klingelt der Vermieter. Wie verhältst Du Dich?
- a) Du versuchst, ihn mit echten Tränen einzuschüchtern.
- b) Du vertreibst ihn mit einem Heavy-Metal-Song.
- c) Du sagst: „Mann, ich bin Kick-Boxer. Das schwöre ich Dir!"
- d) Du bietest ihm Deinen selbstgebackenen Bio-Kuchen an.

Lösung

Du hast **a)** am meisten angekreuzt. Du bist ein verspielter Schmuse-Typ. Dein Zimmer würdest Du am liebsten nur mit Stofftieren einrichten. *Du träumst davon, in einem großen Stofftier zu leben.*

Du hast **b)** am meisten angekreuzt. Du liebst grelle Farben und Verrücktes. Sanfte Farben findest Du langweilig. *Bist Du vielleicht ein Punker?*

Du hast **c)** am meisten angekreuzt. Du magst moderne Möbel, die nicht unbe-dingt bequem sein müssen. *Man findet bei Dir das Nagelbett eines Fakirs — wenn es gerade modern ist.*

Du hast **d)** am meisten angekreuzt. Du bist der praktische Öko-Typ. Du faßt nichts an, was Du nicht vorher desinfiziert hast. Wer mit Dir reden will, muß sich mindestens fünfmal täglich waschen. *Frage: Übertreibst Du da nicht ein bißchen?*

---

is bigger or smaller? What about your own room?

4. Now read the poem slowly two times. Then listen as a classmate reads it aloud. What is it about? What terms does the writer use in his or her description? Could you sketch the **Traumhaus?**

5. Look at the self-test. Who wrote it, and what is it designed to reveal?

6. Read the first three questions of the test once. Then look back at the individual sentences and try to guess the meanings of the following words from the words on the right. First determine the part of speech, then look for clues to its meaning.

sich vorstellen	*to sell*
Himmelbett	*to choose*
Umzug	*to imagine*
sich verhalten	*harmful*
verkaufen	*move*
wählen	*to behave*
schädlich	*canopy bed*

7. Reread the questions and answer them for yourself. Follow the same procedure with questions four and five and the solutions. What type are you?

Kuschelecke	*non-toxic*
giftfrei	*to intimidate*
anbieten	*to offer*
vertreiben	*to drive away*
einschüchtern	*quiet corner*
Schmuse-Typ	*to furnish*
einrichten	*cuddly type*

8. Schreib jetzt nach dem Muster unten dein eigenes, fünfzeiliges Gedicht über dein Traumhaus!

a noun	*Apfel*
two adjectives	*rot, vergiftet*
three verbs	*essen, schmecken, geben*
an idea	*Ein schöner Apfel ist nicht immer gut.*
a noun	*Schein*

DRITTE STUFE

Agreeing, with reservations; justifying your answers

WORTSCHATZ

Was produziert Lärm?

LKWs (Lastkraftwagen)

Flugzeuge

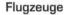
Motorräder

Und dann noch . . .
PKWs (Personenkraft-wagen)
Mofas und Mopeds
Busse
zu viel Verkehr
Motorboote

Man produziert auch Lärm, wenn man ...

zu schnell in die Kurven fährt

die Autotür oder den Koffer-raumdeckel zuschlägt

das Autoradio zu laut spielt

Sieh dir die Illustrationen an! Was kann man tun, um Lärm zu vermeiden?

langsam fahren

den Motor abstellen

nicht hupen

20 Hör gut zu!

Zwei Schüler, Markus und Ute, sprechen über den Lärm in ihrer Stadt. Markus nennt einige Probleme, und Ute macht Vorschläge (*suggestions*), wie man das Problem lösen (*solve*) kann. Wie reagiert Markus auf Utes Vorschläge? Hör dem Gespräch zweimal zu! Schreib zuerst die Probleme auf, die Markus erwähnt! Dann schreib Utes Vorschläge auf und wie Markus darauf reagiert!

Der Lärm wird größer!

Der Lärm in unseren größeren Städten nimmt zu.

Mehr als 50 Prozent der Bevölkerung fühlt sich durch Lärm belästigt. Verkehrslärm steht mit 70% an erster Stelle. Lastkraftwagen und Busse verursachen einen größeren Lärm als Personenkraftwagen. Unsere motorisierten Zweiräder, besonders die Leichtkrafträder und Motorräder, machen einen größeren Lärm als zum Beispiel Mofas und Mopeds. Als Kraftfahrer können Sie aber durch ein lärmbewusstes Verhalten zur Lärmminderung beitragen.

Hier sind einige Tips:
- Vermeiden Sie Kavalierstarts!
- Fahren Sie nicht zu schnell in Kurven!
- Schlagen Sie Ihre offene Autotür und den Kofferraumdeckel nicht zu!
- Drehen Sie Ihr Autoradio auf Normalstärke!
- Machen Sie keine unnötigen Fahrten, vor allem in Wohngebieten!
- Stellen Sie den Motor an Bahnübergängen ab!
- Beachten Sie strikt die Geschwindigkeitsbeschränkungen aus Lärmschutzgründen!

21 Was tun, um Lärm zu beseitigen?

Beantworte die folgenden Fragen!

1. Welcher Lärm belästigt die Bevölkerung am meisten?
2. Welche Fahrzeuge machen den größten Lärm? Welche machen weniger Lärm?
3. Bist du ein Lärmmuffel? — Was tust du selbst, um Verkehrslärm zu mindern? Schau dir die Tips an und nenne zwei Dinge, die du selbst tust!

SO SAGT MAN DAS!

Agreeing, with reservations

If someone wants to know about your preference, he or she might ask:

> **Findest du Boston schöner als New York?**
> **Ich finde die Innenstadt von Baltimore schöner. Du auch?**
> **Wohnst du auch lieber in der Stadt als auf dem Land?**
> **Das Leben auf dem Land ist todlangweilig, nicht wahr?**

In your answer, you may want to express reservations by saying:

> **Ja schon, aber ... (Boston hat im Winter mehr Schnee).**
> **Ja, aber ... (New York hat bessere Theater).**
> **Eigentlich schon, aber ... (in einer Großstadt gibt es schönere Museen).**
> **Ja, ich stimme dir zwar zu, aber ... (es ist viel gesünder).**

Which words or phrases show that the speaker has reservations?

22 Eigentlich schon, aber ...

Schreib drei Vorteile deiner Heimatstadt auf einen Zettel. Deine Partnerin schreibt drei Nachteile auf. Sag ihr jetzt, was du über deine Heimatstadt denkst! Sie stimmt dir zwar zu, aber sie hat dazu auch etwas anderes zu sagen. — Tauscht dann die Rollen aus!

GRAMMATIK   Adjective endings of comparatives

Read the following pairs of sentences.

Adjectives before nouns	Comparatives before nouns
Das ist ein **groß** er Garten.	Aber dort ist ein viel **größer** er Garten!
Wir haben einen **groß** en Garten.	Schmitts haben einen **größer** en Garten.
Frank hat ein **klein** es Zimmer.	Sein Bruder hat ein **kleiner** es Zimmer.
Wir wohnen in einer **klein** en Stadt.	Webers wohnen in einer **kleiner** en Stadt!
Meiers haben keine **modern** en Möbel.	Sie wollen keine **moderner** en Möbel.

What do you notice about the endings of the comparative forms of adjectives?[1]

23 Was glaubt Peter?

Peter glaubt, in der Stadt ist alles besser. Schreib auf, was er sagt!

1. In der Stadt gibt es modern═══ Häuser!
2. Ihr wohnt bestimmt in einer bess═══ Gegend.
3. In der Stadt gibt es immer groß═══ Wohnungen.
4. Hier gibt es auch ein bess═══ Theater.
5. Es gibt auch einen schön═══ Tennisplatz als bei uns.

24 Ich stimme dir zwar zu, aber ... !

Such dir eine Partnerin! — Du sagst deiner Partnerin etwas über deine Wohnung. Deine Partnerin stimmt dir zuerst zu, aber dann sagt sie, dass bei ihr doch alles besser, schöner oder größer ist! Tauscht dann die Rollen aus!

ein toller Swimmingpool
ein schöner Garten
eine ruhige Terrasse
ein gutes Haus
ein großer Tennisplatz
ein großes Wohnzimmer
eine alte Wohnung
eine moderne Küche
ein schöner Hobbyraum
ein neuer Wagen

1. The endings are the same for both comparative and positive adjectives.

25 Nach Gründen suchen

Lies noch einmal, was Britta und Norbert auf Seite 163 gesagt haben! Such beim Lesen die Gründe heraus, die die Wörter „eben" und „halt" enthalten! Welche Aufgabe, glaubst du, erfüllen diese beiden Wörter?

SO SAGT MAN DAS!

Justifying your answers

If someone asked you about your preferences, for example:

Warum gefällt es dir in Stuttgart besser als in Bietigheim?

You might answer:

> Mir gefällt es in Stuttgart besser, weil da **halt** alles in der Nähe ist. Hier kann man **eben** schnell einmal ins Theater gehen.

Eben and **halt** are often used when giving a reason, justifying something, or giving an explanation.

26 Ein guter Grund?

Für jede Aussage auf der linken Seite gibt es einen guten Grund auf der rechten Seite. Für jeden Grund gebrauche entweder „eben" oder „halt".

1. Wir wohnen jetzt in einer kleinen Stadt in der Nähe von Stuttgart.
2. Wir wohnen jetzt in einer wirklich schönen Gegend.
3. Wir haben jetzt viel mehr Platz, und einen Garten. Die Großeltern können jetzt auch bei uns wohnen.
4. Ich hab jetzt mein eigenes Zimmer.
5. Und einen kleinen Swimmingpool haben wir auch!

a. Da hab ich alles, was ich brauche.
b. Da kann ich schnell mal schwimmen gehen.
c. Da können wir alle zusammen sein.
d. Aber da sind die Häuser und die Wohnungen teurer.
e. Die Luft ist da viel besser als in Stuttgart.

27 Bei uns ist alles besser, oder?

a. Bildet zuerst zwei Gruppen! Eure Aufgabe ist, etwas über eure Gegend zu berichten oder über eine Gegend, in der ihr gern wohnen möchtet. Welche Vor- und Nachteile bietet diese Gegend?
b. Dann trägt jemand aus der Gruppe den Bericht vor, den ihr gemeinsam erarbeitet habt. Die Mitglieder der anderen Gruppe dürfen sich dabei Notizen machen.
c. Sprecht eure Vorbehalte (*reservations*) aus!

28 Für mein Notizbuch

Frag zuerst deine Eltern (oder andere Verwandte oder Bekannte), ob sie gern oder nicht gern in deiner Gegend wohnen! Welche Vor- und Nachteile erwähnen sie? Schreib danach in dein Notizbuch, was sie gesagt haben!

ANWENDUNG

1 Ein paar Leute sagen, wo sie lieber wohnen und warum. Mach eine Tabelle wie diese und füll sie dann aus!

Person	wo?	warum?
1		

2 Zeichne dein Traumhaus! Zeichne zuerst das Haus auf ein großes Blatt Papier! Danach beschreibe deinem Partner das Haus! Dein Partner hört dir zu und zeichnet dein Traumhaus. Vergleicht dann die beiden Zeichnungen! Hat dein Partner alles richtig gehört? Dann erzählt dir dein Partner, wie sein Traumhaus aussieht, und du zeichnest sein Traumhaus auf ein Blatt Papier.

3 Lies den Text unten und beantworte die folgenden Fragen!

  1. Worüber berichtet der Text?
  2. Wo ist der Garten?
  3. Was wächst im Garten?
  4. Wie finden die Schüler den Garten? Warum? Was sagen sie?
  5. Was, meinst du, lernen die Schüler von der „Schule im Garten"?

SCHULE IM GARTEN

Schüler ziehen mit Spaten, Hacken, Heckenscheren und Schubkarren hinaus ins Freie, um an „ihrer" Oase zu arbeiten. Und wie die blüht und wächst! Es gibt Gemüse- und Blumenbeete sowie einen Kräutergarten. Die Schüler beliefern die Schulküche mit Zwiebeln, Karotten, Tomaten, Kartoffeln und Erdbeeren. Nicht nur der Garten, auch die Klassenzimmer werden immer grüner: Im Sommer gibt es dort jetzt frische Blumensträuße. Die jungen Hobbygärtner sind ganz begeistert. „Die Penne (Schule) macht viel mehr Spaß, weil etwas ganz Eigenes entsteht", meint Lizzy. „Klar kostet das Arbeit, aber dann siehst du etwas wachsen, kannst riechen, es anschauen." Am Ende kann man einiges sogar schmecken, essen und davon satt werden.

4 Die Schüler im Bericht haben einen Garten angelegt, um ihr Schulleben zu bereichern (*enrich*). Was kannst du tun, um deine Schule oder dein Schulleben zu bereichern? Such dir zwei Klassenkameraden! Ihr macht ein Poster von allem, was ihr wünscht, um die Schule zu verbessern. Auf der linken Seite schreibt die Verbesserungsvorschläge auf, und auf der rechten Seite schreibt Ideen, wie ihr diese Wünsche erfüllen könnt! Dann erzählt euren Klassenkameraden etwas über eure Ideen!

5 Zum Schreiben

You moved from the country to the city six months ago. Write a short composition comparing and contrasting what you used to do when you lived in the country with what you now do in the city.

SCHREIBTIP

Comparing and contrasting helps your reader understand an unfamiliar idea or see something familiar in a new way. Comparing is telling how two things are alike, and contrasting is telling how two things are different.

Vorbereiten   Make three lists: "Things I did in the country," "Things I do in the city," "Things I can do in both places." Then cross the items on the third list off of the first two lists. You will then have one list of similarities and two lists of differences. This will make organizing comparisons and contrasts easy.

Ausführen   Begin with a topic sentence which states your purpose in writing. For example, **Das Leben auf dem Land und das Leben in der Stadt sind fast gleich.** Or you could take the opposite viewpoint and say that life in the country and life in the city are not at all alike. Then write six to eight sentences supporting your viewpoint by comparing and contrasting life in both places.

Überarbeiten

· Check for clarity. Have you clearly stated your activities in both places?
· Proofread for spelling and punctuation errors, and then exchange with a partner and use your peer editing skills to help each other.
· Write and share a final draft.

6

ROLLENSPIEL

Using props, role-play the following scene in front of the class.

You and three of your classmates are participants in a television talk-show. The topic of the day is "The best place in the world to live." One of you will play the role of the host and ask questions of the others, who will play the guests. Everyone in the class writes the name of a large city anywhere in the world on a slip of paper and puts it in a box. Each guest draws a city from the box. He or she must think of some reasons and justifications for why he or she thinks this city is the best place in the world to live. The host will ask specific questions about the guest's interests to try to find out more information about why each person thinks he or she lives in the best place in the world.

KANN ICH'S WIRKLICH?

Can you express
preference and give
a reason?
(p. 165)

1 How would you say you prefer to live in the following places and give a reason for it?

    a. in a small town
    b. in a big city
    c. in the country
    d. in the mountains
    e. by a river
    f. by a lake

2 How would you ask a friend's opinion about different locations, using the following expressions?

    a. **lieber**
    b. **gefallen**

Can you express
your wishes, and ask
others about their
own?
(p. 168)

3 How would you say you wish for the following things?

    a. a television and a VCR
    b. a great job
    c. a secure income
    d. a peaceful life
    e. a clean environment
    f. no war

4 How would you ask someone what he or she wishes for?

Can you agree, with
reservations?
(p. 175)

5 How would you say to your friend that you agree that he or she does everything possible to avoid making excessive noise, but that you have the following reservations? He or she...

    a. drives too fast around curves
    b. slams the car door
    c. plays the car radio too loud

Can you justify your
answers, using **halt**
and **eben**? (p. 177)

6 How would you now tell your friend he or she actually does make too much noise, and use the same arguments to justify your opinion?

ERSTE STUFE

EXPRESSING PREFERENCE

Mir gefällt ... besser als ...
I like... better than...
da ist einfach mehr los
there's simply more going on
vorziehen (*sep*)   *to prefer*
Ich ziehe ... vor   *I prefer...*
so ... wie   *as... as*
(schlechter) als   *(worse) than*
älter   *older*
größer   *bigger*
jünger   *younger*

TALKING ABOUT WHERE YOU LIVE

in einer Großstadt   *in a big city*

in einem Vorort   *in a suburb*
der Vorort, -e   *suburb*
in einer Kleinstadt   *in a town*
in einem Dorf   *in a village*
das Dorf, ¨er   *village*
in den Bergen   *in the mountains*
der Berg, -e   *mountain*
an einem See   *on a lake*
der See, -n   *lake*
an einem Fluss   *on a river*
der Fluss, ¨e   *river*

LIVING IN YOUR COMMUNITY

der Vorteil, -e   *advantage*
der Nachteil, -e   *disadvantage*

mehr Menschen   *more people*
weniger Geschäfte   *fewer stores*
öffentliche Verkehrsmittel (pl)   *public transportation*
die Wohnung, -en   *apartment*
die Umgebung, -en   *surrounding area*
der Verkehr   *traffic*
der Lärm   *noise*
die Luft   *air*
das Leben   *life*
sauber   *clean*
schmutzig   *dirty*
ruhig   *calm*

ZWEITE STUFE

AROUND THE HOUSE

das Haus, ¨er   *house*
der Flur, -e   *hallway*
das Wohnzimmer, -   *living room*
das Esszimmer, -   *dining room*
die Küche, -n   *kitchen*
das Schlafzimmer, -   *bedroom*
das Badezimmer, -   *bathroom*
die Toilette, -n   *bathroom, toilet*
der Keller, -   *cellar*
die Terrasse, -n   *terrace, porch*
der Garten, ¨   *garden, yard*

der Pool, -s   *pool*
der Strauch, ¨er   *bush*
der Baum, ¨e   *tree*

EXPRESSING WISHES

sich wünschen   *to wish*
Was wünschst du dir (mal)?
What would you wish for?
Ich wünsche mir ...   *I wish for...*
die Ausbildung, -en   *education*
der Job, -s   *job*

das Einkommen   *income*
die Umwelt   *environment*
die Armut   *poverty*
der Krieg, -e   *war*

USEFUL WORDS FOR DESCRIBING THINGS

friedlich   *peaceful*
gemütlich   *comfortable, cozy*
hell   *bright*
sicher   *secure*
eigen   *(one's) own*

DRITTE STUFE

TALKING ABOUT NOISE POLLUTION

der Lärm   *noise*
Was produziert Lärm?   *What produces noise?*
der Lastkraftwagen (LKW), -   *truck*
das Flugzeug, -e   *airplane*
das Motorrad, ¨er   *motorcycle*
langsam   *slow, slowly*
abstellen (*sep*)   *to switch off*
der Motor, -en   *motor*
Stellen Sie den Motor ab!   *Turn your engine off!*
hupen   *to honk the horn*

Du fährst zu schnell in die Kurve!   *You're taking the curve too fast!*
Er schlägt die Autotür (den Kofferraumdeckel) zu!   *He's slamming the car door (the trunk)!*
He, Sie da! Sie spielen das Autoradio zu laut!   *Hey you there! You're playing your car radio too loud!*

AGREEING, BUT WITH RESERVATIONS

Ja schon, aber ...   *Well yes, but...*

Eigentlich schon, aber ...   *I suppose so, but...*
Ja, ich stimme dir zwar zu, aber ...   *Yes, I do agree with you, but...*
todlangweilig   *extremely boring*

GIVING REASONS OR JUSTIFICATIONS

halt: Die Kleinstadt gefällt mir gut, weil es da halt ruhiger ist.   *I like a small town because it's just quieter there.*
eben: Man kann eben den Großstadtlärm vermeiden.   *You can really avoid big city noise.*

8

Mode? Ja oder nein?

1 Kauf dir ja nichts aus Acryl!

German students, like you and other American students, dress for the occasion; the outfit for school is likely to be different from the outfit for a bike ride or a picnic. The look and the style of the clothes they wear is heavily influenced by American styles. In order to talk about clothes and express specific interest in clothes, you need to know several new expressions as well as specific vocabulary.

In this chapter you will learn

- to describe clothes
- to express interest, disinterest, and indifference; to make and accept compliments
- to persuade and dissuade

And you will

- listen to students talk about clothes
- read about the kinds of clothes German students like to wear
- write your own clothing ads
- find out what German students think about fashion and clothes

② Dieser fesche Rollkragen-pulli steht dir gut!

③ Für Mode interessier ich mich besonders.

Los geht's!

Katrin

Judith

Roland

Boris

Ein starkes Outfit

Look at the photos on the left. What might the topic of
the conversation be? Now look at the photos on the right.
What is the topic there? What roles do the two boys play?

2 Das Zeug da muss ich waschen, und das kommt in die Reinigung. Und das dort möchte ich am liebsten wegwerfen.

1 Was machst du denn da? Willst du verreisen?

Nö! Ich muss mal ein bisschen Ordnung in meine Sachen bringen und sehen, was ich hab.

Hm! Diesen Pulli willst du wirklich wegwerfen?

3 Ja, schau! Er passt mir nicht. Er ist mir viel zu weit, und er ist aus Acryl! Kauf dir nie etwas aus Acryl! Ich kaufe mir jetzt auch nur noch Sachen aus Baumwolle oder Wolle.

Wie findest du meine grüne Bluse?

Die ist echt stark, und sie steht dir gut. Sie passt gut zu der weißen Jeans. Das ist ein echt heißes Outfit!

Meinst du?

Ja, wirklich! Du interessierst dich eben mehr für Mode als ich.

1 Was passiert hier?

Verstehst du alles, was diese Leute sagen? Beantworte die Fragen!

1. What is this text about?
2. Why does Judith think that Katrin is going on a trip?
3. What does Katrin intend to do with her clothes?
4. What are her favorite materials? What clothes will she never buy again?
5. Which one of the two girls is interested in fashion? How does that show?
6. What does Judith's brother like to wear?
7. Whom do the girls seem to like and why?
8. What does this person like about Katrin?

2 Stimmt oder stimmt nicht?

Wenn der Satz nicht stimmt, schreib die richtige Antwort!

1. Katrin möchte verreisen.
2. Sie möchte den Pulli in die Reinigung geben.
3. Sie kauft sich jetzt nur noch Klamotten aus Acryl.
4. Katrin interessiert sich sehr für Mode.
5. Der Roland trägt am liebsten Schwarz.
6. Die Katrin mag den Boris nicht.
7. Der Boris ist ein lässiger Typ.

3 Welche Sätze passen zusammen?

Welche Sätze auf der rechten Seite passen zu den Sätzen auf der linken Seite?

1. Katrin bringt Ordnung in ihre Klamotten.
2. Der grüne Pullover passt ihr nicht.
3. Judiths grüne Bluse passt gut zu der weißen Jeans.
4. Der Roland ist ein richtiger Mode-Freak.

a. Das ist ein heißes Outfit.
b. Er ist stolz auf seine Klamotten.
c. Sie möchte sehen, was sie hat.
d. Er ist ihr viel zu weit, und er ist aus Acryl.

4 Welche Wörter passen in die Lücken?

1. Ich muss mal __1__ in meine Klamotten bringen.
2. Das muss ich waschen, und das muss in die __2__.
3. Diesen Pullover willst du __3__?
4. Der Roland ist ein __4__ Mode-Freak.
5. Er ist __5__ auf seine Klamotten.
6. Mode ist für ihn ziemlich __6__.
7. Der Boris ist ein wirklich lässiger __7__.

Ordnung   Reinigung   richtiger   Typ   stolz   wegwerfen   wichtig

5 Und du?

Wie beschreibst du dich selbst? Was ist dein Stil? Gebrauche drei Adjektive aus dem Kasten, um dich zu beschreiben.

modisch   einfach   sportlich   schick   lässig   elegant   verrückt   natürlich   fesch   cool   fetzig

CD-ROM Disc 2

Was trägst du am liebsten?

We asked several teenagers the question **Was trägst du am liebsten und warum?** Based on what you already know about what German students like to wear, think about the kinds of clothing these teenagers might mention. What reasons might they give for wearing certain kinds of clothing? Listen to and then read the interviews.

LANDESKUNDE

Monika, *Hamburg*

„Also, ich wechsle mein Outfit auch je nach Gelegenheit. Entweder zieh ich mich total gruftimäßig an oder im siebziger Jahrestil, wie man das jetzt so sieht. Nicht zu eng. Oder, na ja, ich geh halt ganz normal zeckig, ganz normal richtig links."

Rosi, *Berlin*

„Ich trage am liebsten 'ne Jeans und T-Shirt, also, weil es ist in der Schule so, da zieht keiner schicke Sachen an, also mit Kleidern nur wenige Ausnahmen, und ich fühl mich darin am wohlsten."

Jens, *Berlin*

„Also, was ich gerne anziehe, kann ich nicht sagen. Ich ... kleide mich gerne sportlich, weil ich fein nicht so mag, weil das was Besonderes ist. Und meine Lieblingsfarbe ist Dunkelblau."

Uli, *München*

„Also, Kleidung muss natürlich bequem sein, in erster Linie, und es unterscheidet sich natürlich, ob ich abends weggehe mit Freunden oder ob ich arbeite. Also, wenn man mich jetzt sieht, das ist eine typisch bequeme Arbeitsklamotte, sag ich mal, die ich anhab, also mit Turnschuhen, in denen ich bequem laufen kann, weil ich doch viel unterwegs bin. Wenn ich abends weggehe, zieh ich mich gerne etwas feiner an, also sprich weg, so dass ich meine, ich sehe besser aus, in dann engen Hosen oder mal ein ausgeschnittenes T-Shirt."

A. 1. What kind of clothing do each of these people say they like to wear the best? What kind of reasons do they give for their choices? Which person says he or she likes to dress up? Who mentions comfort? The athletic look? Does Uli make a distinction between clothes she wears every day and clothes she wears when she goes out in the evening? What does she say? Describe the two outfits she wears.

2. With a partner choose one of the interviews above and jot down a few notes about what that person said. Then summarize in German (in your own words) the interview. Describe that person to your classmates using the phrase **Diese Person ...** to identify him or her. Let your classmates guess which person you are describing.

B. What do these people's statements and their choice of clothes tell you about them? Do you think their parents would make the same choices? How does their taste in clothes compare to yours and your friends'?

6 Hast du alles verstanden?

Lies zuerst den Text unten, und dann beantworte die Fragen!

1. Was ist heute in der jungen Mode anders als früher?
2. Die Jugend experimentiert. Wie zeigt sich das?
3. Nenne die Adjektive, die diese Modeartikel beschreiben!

WORTSCHATZ

Was ist heute „in"?

Früher hat es in der jungen Mode gewöhnlich nur zwei Stile gegeben: konservativ und modisch. Und heute? — Heute geht alles. Die Jugend von heute experimentiert und kombiniert: Hosen aus den 60er Jahren mit geblümten Hemden aus den 70er Jahren. Und farblich? Alles geht! Aber Schwarz ist zur Zeit „in".

Richtig cool ist die schwarze Jeans und das bunte Shirt darüber, das am besten offen bleibt.

Jeans 129,40
Shirt 80,90

Für jeden sportlichen Typ: Käppis! Am liebsten natürlich von US-Baseball-Mannschaften.

Käppis ab 28,00

Immer noch „in": Die schon klassischen Turnschuhe gibt's jetzt in tollen Farben.

Turnschuhe 79,60

Echt toll ist dieser blaue Blazer und das lässige, weite Hemd darunter.

Blazer 189,00
Hemd 69,80

Lässig für den kalten Winter: diese gefütterte Wind- und Wetterjacke über der Jeansweste und dem karierten Wollhemd.

Windjacke 186,00
Jeansweste 96,00
Wollhemd 45,00

Diese bunten Krawatten passen besonders gut zu dem blauen Jeansshirt.

Krawatten ab 27,00

Dieser bunte Anorak sieht auch von hinten scharf aus – ein Anorak mit Patches! Darunter trägt man, was man will. Dieses witzige T-Shirt vielleicht?

Anorak 109,00
T-Shirt 39,90

Welche Adjektive beschreiben die Kleidungsstücke von deinen Klassenkameraden?

7 Hör gut zu!

Ein Schüler beschreibt die Kleidung von vier neuen Klassenkameraden. Mach dir Notizen (zum Beispiel Adjektive) über die verschiedenen Kleidungsstile! Wer von den Klassenkameraden kleidet sich a. modisch? b. sportlich? c. witzig? d. konservativ?

8 Du und dein Partner

Du und dein Partner, ihr müsst euch jeder einen Artikel aus der Reklameseite (Seite 188) heraussuchen. Was gefällt euch? Was nicht? Was kauft sich dann jeder von euch?

SO SAGT MAN DAS!

Describing clothes

When describing clothes, as well as other things, you want to use adjectives in your description.

> **Diese schwarze Jeans und das bunte Shirt sind echt cool.**
> **Für den kalten Winter bei uns brauch ich diese gefütterte Windjacke.**
> **Dieser bunte Anorak sieht sehr gut aus.**

Identify the adjectives in the noun phrases above. Why do you think **schwarze**, **bunte**, and **gefütterte** have an **-e** ending, but **kalten** an **-en** ending?

GRAMMATIK   Adjectives following der and dieser-words

1. Adjectives following **der** and **dieser**-words (**dieser, jeder, welcher**) have these endings.

Nominative: Dieser bunt e Anorak sieht toll aus.	}	*Masculine*
Accusative: Diesen bunt en Anorak kauf ich mir.		
Nominative: Die schwarz e Jacke ist echt cool.	}	*Feminine*
Accusative: Die schwarz e Jacke kauf ich mir auch.		
Nominative: Das weit e Hemd ist lässig.	}	*Neuter*
Accusative: Das weit e Hemd trag ich gern.		
Nominative: Diese bunt en Krawatten sehen gut aus.	}	*Plural*
Accusative: Diese bunt en Krawatten mag ich nicht.		

2. In the dative case, the adjective endings are **-en** for all nouns of all genders, and for the plural.

> *Dative:* Das passt echt gut zu {
>   diesem grün en Anorak.
>   dieser weiß en Jacke.
>   diesem bunt en Hemd.
>   diesen bunt en Turnschuhen.

3. When more than one adjective is used to describe a noun, all adjectives have the same ending: Du willst diese schön**e**, grün**e** Bluse wegwerfen?

9 Leute beschreiben

Setz dich mit einer Partnerin zusammen, und sprecht über die Leute auf den Fotos! Welche Kleidungsstücke gefallen euch? Welche nicht? Sagt auch, welche Farben diese Kleidungsstücke haben!

Farben

Schon bekannt

rot blau
weiß
grün gelb
schwarz
grau braun

Und dann noch . . .

feuerrot
wollweiß
türkisblau
olivgrün
knallgelb
hellbraun
dunkelgrau
tiefschwarz

10 Waschen? In die Reinigung? Oder wegwerfen?

Katrin bringt Ordnung in ihre Klamotten. Aber was soll sie nur mit den vielen Klamotten tun? Welche Stücke soll sie waschen? Welche soll sie in die Reinigung bringen? Welche soll sie wegwerfen? Sag deinen Mitschülern, was Katrin machen soll!

waschen?

wegwerfen?

in die Reinigung bringen?

11 Hör gut zu!

Hör zu, wie Erik ein Outfit von seinem Freund Otto beschreibt! Otto trägt nämlich gern ganz verrückte Klamotten. Mach eine Skizze von Ottos Outfit, in Farbe natürlich! Vergleiche dann deine Skizze mit denen deiner Mitschüler! Wer hat den schönsten Otto gezeichnet?

12 Reklame für Klamotten

Jeder in der Klasse muss eine Reklameseite aus einem Katalog mit in die Klasse bringen. Sprecht über die einzelnen Artikel! Was gefällt euch? Was gefällt euch nicht? Wo gibt es diese Sachen? Wie teuer sind sie?

13 Typen wie der Boris?

Bildet Gruppen von drei Personen! Jede Gruppe muss einen Mode-Freak haben, der gern „verrückte" Kleidung trägt. Wenn keiner ein Mode-Freak sein will, verwendet die beste Otto-Zeichnung! Sprecht jetzt über euren Mode-Freak oder Otto!

a. Beschreibt das Outfit!
b. Sagt, was euch besonders gefällt oder überhaupt nicht gefällt!
c. Wie passen die Klamotten?

bei Beck

im Kaufhaus

bei Karstadt

zum Geburtstag

zu Weihnachten

EIN WENIG LANDESKUNDE

Heutzutage ist es fast unmöglich, junge Deutsche der Kleidung nach von jungen Amerikanern zu unterscheiden: die Jugend ist in ihrer Freizeit locker und lässig gekleidet.

Beim Sport legen die jungen Deutschen vielleicht ein bisschen mehr Wert auf richtige Kleidung. Man wandert in bequemen Wanderhosen mit den richtigen Schuhen dazu, man reitet in Reithosen und Stiefeln und man spielt Tennis in Weiß — vielleicht auch deshalb, weil man viele Tennisplätze nur im weißen Outfit betreten darf.

In manchen Gegenden, besonders in Bayern und in Österreich, trägt die Jugend auch Tracht, besonders an Sonntagen oder zu Festtagen, wie zum Beispiel beim Besuch von Volksfesten.

14 Dieses Hemd gefällt mir!

Get together with three other classmates. Find something about each person's outfit that you really like and tell him or her how much you like it. Then find out where each person bought that clothing article. Your classmate will tell you where he or she bought it or if he or she received it as a present. Try to find out how much it costs. The phrases above can help.

BEISPIEL   DU   **Das Kleid gefällt mir sehr. Wo hast du es gekauft?**

PARTNER **Ich hab das nicht gekauft, ich hab es zum Geburtstag bekommen.**

15 Der tolle Sommerjob

Du hast einen Sommerjob in der Reklameabteilung eines Kaufhauses bekommen. Du arbeitest in der Layout-Abteilung. Such dir einen Partner und entwerft (*create*) zusammen eure eigene Reklameseite! Schneidet Artikel aus einem Katalog aus, klebt (*glue*) sie auf ein Blatt Papier und beschreibt die Artikel!

HAST DU INTERESSE AN MODE?

Roland
„Mode ist für mich ziemlich wichtig. Ich trag eigentlich schon, was ‚in‘ ist. Im Moment trage ich Schwarz."

Lin
„Es ist mir ziemlich egal, was ich anhab. Es muss nur sauber sein. Ich lieb aber fetzige Klamotten, bedruckte T-Shirts und Jacken mit bunten Prints."

Stefan
„Mode? — Nein. Ich zieh mir auch Klamotten an, die nicht in Mode sind. Ich kauf mir zum Beispiel viele Klamotten auf dem Trödelmarkt, weil sie dort billiger sind."

Johanna
„Ja, für Mode interessiere ich mich schon ein bisschen. Die Kleidung muss mir auch gut passen und gut stehen. Ich trag furchtbar gern Kleider. Und zu diesem braunen Kleid trag ich schwarze Strümpfe und schwarze Schuhe mit hohen Hacken."

Sandra
„Ich interessier mich schon für Mode. Vor allem müssen die Farben passen. Zum blauen Hemd zum Beispiel passen die grüne Jacke und diese weiße Jeans. Toll! Was?"

16 Verschiedene Interessen

Lies, was diese jungen Leute über Mode sagen! Beantworte die folgenden Fragen!

1. Wer interessiert sich für Mode? Wer nicht?
2. Wie drücken die Schüler ihr Interesse oder Desinteresse aus? Was sagen sie?
3. Wer ist dir sympathisch? Warum?

Was trägst du zu deinen Klamotten? Ich trage ...

| Socken | Schuhe mit flachen Absätzen | Schuhe mit hohen Absätzen | Strümpfe |

Was gefällt dir ...

diese gepunktete Jeans? oder gestreifte, abgeschnittene Jeans?

die ärmellose Bluse?

diese weiche Lederjacke?

Und dann noch . . .

bedruckt	monoton
einfarbig	mehrfarbig
gemustert	locker

SO SAGT MAN DAS!

Expressing interest, disinterest, and indifference

When asking about someone's interests, you ask:

> **Interessierst du dich für Mode?**
> **Wofür interessierst du dich?**

When expressing disinterest, you may answer:

> **Mode interessiert mich nicht.**
> **Ich hab kein Interesse an Mode.**

When expressing interest, you say:

> **Mode interessiert mich sehr.**
> **Ich interessiere mich für Mode.**

When expressing indifference, you may say:

> **Mode ist mir egal.**

Which of the two questions is more general? What do you notice about the verb **interessieren?** What case follows the preposition **für?**[1]

1. **Für** is always followed by accusative case forms.

17 Hör gut zu!

1. Schüler berichten über ihre Interessen. Hör dir die Berichte zweimal an!
   a. Schreib zuerst auf, welche Interessen jeder Schüler hat!
   b. Dann schreib die Gründe neben die Interessen der einzelnen Schüler!
2. Such dir dann einen Schüler aus und erzähl deinem Partner von ihm!

18 Man kann sich für vieles interessieren

Mach eine Liste mit mindestens drei Dingen, für die du dich interessierst und für die du dich nicht interessierst! Schreib auch Gründe dafür auf! Hier sind einige Ideen:

Umwelt — die Natur lieben

Geografie — gern reisen

Kameras — gern fotografieren

Bücher — gern lesen

Sport — gern aktiv sein

EIN WENIG GRAMMATIK

Sich interessieren (*to be interested*) requires a reflexive pronoun in the accusative case. To talk about your or someone else's interest *in* something, the preposition **für** is used:

> **Ich interessiere mich für alte Autos.**

How would you ask two classmates what they are interested in? How might they respond?[1]

19 Wofür interessierst du dich?

Such dir eine Partnerin! Frag sie nach ihren Interessen und Desinteressen! In ihrer Antwort muss sie dir auch einen Grund nennen. Verwende dabei die Information von Übung 18! — Tauscht dann die Rollen aus!

20 Was trägst du gern?

Frag einen Mitschüler, was er gern im Sommer trägt! Er sagt es dir. Dann darf er auch einen Mitschüler fragen, was dieser gern im Sommer, im Winter, usw. trägt. Frag auch, was deine Lehrerin gerne trägt!

EIN WENIG GRAMMATIK

The verb **tragen**, *to wear,* has a stem vowel change in the **du-** and **er/sie/es**-forms:

> **Was trägst du gern?**
> **Und was trägt Roland?**

There is no umlaut in the **du-** command.

> **Trag dieses Kleid nicht!**

SO SAGT MAN DAS!

Making and accepting compliments

When making a compliment, you could say:

> **Deine Jeans steht dir gut.**
> **Sie passt dir auch echt gut.**
> **Und diese Jacke passt dir prima!**
> **Sie passt gut zu deiner blauen Bluse.**

And the responses might be:

> **Meinst du wirklich?**
> **Ist sie mir nicht zu eng?**
> **Ehrlich?**
> **Echt?**

How would you reassure your friend that you really meant it?

CD-ROM
Disc 2

1. **Wofür interessiert ihr euch? Wir interessieren uns für Politik.**

GRAMMATIK Further uses of the dative case

1. In **Kapitel 6** you learned that there are certain verbs that are usually used with dative case forms, such as **passen**, *to fit,* and **(gut) stehen**, *to look (good)*.

> Diese Jeans passt **dir** sehr gut.
> Dieses fetzige Outfit steht **deinem Bruder** gut.

2. Dative case forms are always used after the preposition **zu**.

> Das grüne Hemd passt gut **zu dieser blauen Jacke**.

3. When expressing personal comfort, dative case forms are also usually used.

> Diese Jacke ist **mir** viel zu eng.
> Sind **dir** diese Schuhe nicht zu groß?

21 Tolle Outfits, nicht wahr?

Du bist mit deiner Partnerin in der Stadt, und ihr seht diese Leute auf dem Marktplatz. Erzählt euch gegenseitig, was diese Leute tragen und wie ihnen die Kleidung passt! Gefällt euch ihre Kleidung? Ist sie zu konservativ oder zu fetzig?

zu kurz
zu eng
zu klein
zu monoton

zu lang
zu weit
zu groß
zu bunt

zu fetzig
zu teuer
zu konservativ
zu unpraktisch

22 Komplimente machen

Such dir einen Partner und bewundere, was er anhat! Mach ihm Komplimente! — Tauscht dann die Rollen aus!

23 Für mein Notizbuch

Schreib in dein Notizbuch, ob du dich für Mode interessierst! Schreib, was du gern trägst und warum, und welche von deinen Klamotten besonders gut zusammenpassen oder dir gut stehen!

24 Dein Job: Modefachmann oder Modefachfrau

Du arbeitest in einem Modegeschäft. Ein Kunde hat keine Ahnung, was er sich kaufen soll. Er weiß nicht, was ihm gut steht und was nicht, was ihm gut passt und was nicht, und welche Farben er tragen soll. Du berätst (*advise*) ihn. Entwickelt ein Rollenspiel und spielt es der Klasse vor!

DRITTE STUFE

Persuading and dissuading

25 Aus dem Modekatalog

Lies die folgende Werbung aus dem Katalog der Firma Berger! Dann beantworte die Fragen!

1. Welche Kleidungsstücke sind für Frauen? Für Männer? Für beide?
2. Welche Kleidungsstücke sind aus Naturfasern? Aus Kunstfasern?
3. Such dir zwei Angebote aus, und sag einem Partner, warum du diese Sachen haben möchtest!

7 Fischerhose. Mit Gummibund. Reine Baumwolle. **74.-**

13 Shorts. Gestreift. Mit Reißverschluss. 100% Baumwolle. **22.50**

19 Minirock. Reine Baumwolle. Mit Gürtelschlaufen. Ohne Gürtel. **25.-**

21 Jeans-Röhre. 5 Taschen. 98% Baumwolle, 2% Elasthan. Ohne Gürtel. **39.50**

23 Jeans-Jacke. Bund verstellbar. Denim. Stonewashed. **67.-**

31 Hemdbluse. Mit 2 Brusttaschen. 100% Viskose. **35.-**

37 Rollkragen-Pullover. Lang. 80% Polyacryl, 20% Wolle. **35.95**

41 Rock. 67% Polyester, 33% Viskose. Ohne Gürtel. **69.95**

43 Steghose. Mit Gürtelschlaufen. 63% Polyester, 30% Wolle, 7% sonstige Fasern. **79.95**

47 Träger-Top. Einfarbig. Mit Knöpfen. Hinten elastisch. 100% Viskose. **15.-**

101 Parka. Mit Brusttaschen. Ärmel mit Gummibund. 65% Polyester, 35% Baumwolle. **15.-**

103 Jeans. Fetzig u. fransig, wie's junge Leute mögen. Denim. Reine Baumwolle, stone-washed. **39.95**

108 Jacke. Mit vielen Taschen. Vorn mit Reißverschluss und Druckknöpfen. 100% Nylon. **49.95**

112 Sakko. Leichte Qualität. 55% Leinen, 45% Baumwolle. **89.-**

116 Shorts. Mit Bundfalten, Gürtelschlaufen, Taschen und Gesäßtasche. Ohne Gürtel. 100% Baumwolle. **35.-**

126 Anzug. Zweireiher. 2 Innentaschen, 1 Gesäßtasche. 55% Leinen, 45% Baumwolle. Ohne Gürtel. **129.-**

127 Anzug. Einreiher. 4 Innentaschen. 67% Polyester, 33% Viskose. Ohne Gürtel. **209.-**

134 Bundfaltenhose. Vollwaschbar, mit Reißverschluss. 100% Polyester. **59.-**

der Faltenrock

das Trägerhemd

die Steghose

der Sakko

der Anzug

der Blouson

Aus welchem Material?

Aus Naturfasern:

Wolle *wool*

Baumwolle *cotton*

Leinen *linen*

Seide *silk*

Viskose

Und dann noch . . .

Aus Kunstfasern: Polyester, Acryl, Polyacryl, Nylon, Kunstseide

mit kurzen Ärmeln

mit Kapuze

mit Gesäßtasche

mit Schlaufen

mit Reißverschluss

mit Knöpfen

mit Druckknöpfen

Welches von diesen Kleidungsstücken hast du auch? Aus welchem Material ist es? Schau dir die Werbung auf Seite 196 an! Welche Kleidungsstücke haben Reißverschlüsse, Knöpfe oder Taschen?

26 Hör gut zu!

Schüler sprechen über ihre Einkäufe. Wer von diesen Schülern will sich etwas kaufen und wer nicht? Warum? Warum nicht? Mach dir Notizen!

27 Was möchtest du dir kaufen?

Such dir eine Partnerin! Nenne ihr zwei Angebote aus dem Berger-Katalog und sag ihr, warum du dir diese Sachen kaufen möchtest!

BEISPIEL **Ich möchte mir die Jacke kaufen, die Nummer hundertacht, weil sie viele Taschen hat und auch einen Reißverschluss und Druckknöpfe.**

28 Was trägt dein Klassenkamerad?

Such dir einen Partner und beschreibe seine Kleidung! Sag ihm, was dir gefällt und warum, und sag ihm, was dir nicht gefällt und warum nicht! — Tauscht dann die Rollen aus!

SO SAGT MAN DAS!

Persuading and dissuading

When trying to persuade someone, you may want to say:

> **Warum kaufst du dir kein Woll-hemd?**
>
> **Kauf dir doch dieses karierte Hemd!**
> **Trag doch mal etwas Lustiges!**

When trying to dissuade someone, you may want to say:

> **Kauf dir ja kein Seidenhemd!**
> **Trag ja nichts aus Polyester!**

The response may be:

> **Ich mag keine Wollhemden!**
>
> **Das ist mir zu teuer.**
> **Meinst du?**

The response may be:

> **Ich finde Seide aber toll!**
> **Warum nicht?**

Which words or phrases are used to persuade someone? And dissuade?

29 Soll ich das kaufen?

Such dir einen Kleidungsartikel aus dem Katalog oder aus dem Wortschatz aus, und sag deiner Partnerin, dass du dir diesen Artikel kaufen möchtest! Sie hat ihre eigene Meinung über diesen Artikel. Sie stimmt dir zu oder auch nicht und sagt dir, warum. Versuch es, sie zu überzeugen (*convince*)!

30 Aus welchem Material ist eure Kleidung?

Bildet kleine Gruppen und fragt euch gegenseitig, aus welchem Material eure Kleidungsstücke sind! Sind sie aus Naturfasern? Aus Kunst- oder Mischfasern?

EIN WENIG GRAMMATIK

The verb **kaufen** is often used with a reflexive pronoun in the dative case.

> Kauf **dir** doch ein Wollhemd!

Do you remember the reflexive pronouns?[1] How would you tell two friends to buy themselves jackets? How would you say you want to buy yourself shoes?[2]

aus Polyester
aus Kunstseide

aus Wolle:
Wollhemden, Wolljacken

aus Leinen:
Leinensakko, Leinenhosen

aus Seide:
Seidenhemden, Seidenschals

aus Baumwolle:
Baumwollsocken, Baumwollhosen

31 Eine Auswahl aus deinem Katalog

Such dir zu Hause einen Katalog mit Kleidungsreklame heraus! Dann such dir zwei Kleidungsstücke aus, für die du dich interessierst und zwei, für die du dich nicht interessierst! Bring die Reklame mit in den Deutschunterricht! Sag deiner Gruppe, für welche Klamotten du dich interessierst und warum, und für welche du dich nicht interessierst und warum! Erwähne Farbe, Material und Preis!

1. **mir, dir, sich, uns, euch, sich.** 2. **Kauft euch Jacken! Ich kaufe mir Schuhe.**

32 Hör gut zu!

Listen as four different students talk about what they like to do and under what conditions they usually do this. For each description you hear, match the activity with the condition the student mentions.

1. Mit dem Auto fahren
2. segeln
3. Schach spielen
4. Lebensmittel einkaufen

a. I visit Grandma
b. my bicycle is broken
c. it rains
d. it's warm and sunny

33 Das mache ich, wenn ...

Finde heraus, welche Satzteile logisch zusammenpassen, und verbinde sie dann mit einem wenn-Satz!

Ich gehe ins Kino.
Wir spielen alle Volleyball.
Ich muss mein Zimmer aufräumen.
Wir gehen ins Restaurant.
Ich fahre nach Deutschland.
Ich gehe nicht in die Schule.

Wir haben großen Hunger.
Das Wetter ist wunderbar.
Es ist Weihnachten.
Ich habe genug Geld.
Dort ist Chaos.
Das Wetter ist schlecht.

EIN WENIG GRAMMATIK

Read the following sentences:

**Ich spiele gern Fußball, wenn das Wetter schön ist.
Aber ich bastle zu Hause, wenn es regnet.**

What do you think the conjunction **wenn** means? How would you say these two sentences in English? Here, the conjunction **wenn** has the meaning of *whenever*. Don't confuse this word with the question-word **wann,** which asks about specific time. What do you notice about the word order in clauses beginning with **wenn?**[1] What other conjunctions have you seen which have the same word-order rule?[2]

34 Was trägst du, wenn ...?

Sag deiner Partnerin, welche Klamotten du gern trägst, wenn du ...

BEISPIEL   **Ich trage ... , wenn ich Sport mache.**

a. Sport machst
b. zur Schule gehst
c. arbeitest
d. zu Hause bist
e. in ein Konzert gehst
f. auf eine Fete gehst

35 Wie trägst du deine Sachen gern?

Sag deinem Partner, wie du deine Sachen gern trägst!

einfarbig *oder* mehrfarbig

weiter *oder* enger

länger *oder* kürzer

einfach *oder* gemustert

36 Für mein Notizbuch

Schreib in dein Notizbuch etwas über deine Kleidung! Deine Beschreibung muss folgende Fragen beantworten:

a. Wofür interessierst du dich und warum?
b. Was für Sachen kaufst du dir gewöhnlich und warum?
c. Wie gut müssen die Sachen passen, und welche Farben magst du gern?
d. Aus welchem Material sind deine Sachen und warum?

1. The conjugated verb is in last position.   2. **weil, dass,** and **ob.**

Was bedeutet „reich und schön sein"?

LESETRICK

Understanding relationships between and within sentences.

Cohesive devices are words or phrases that help "glue" a text together and show relationships between ideas, such as time sequence or cause and effect. Cohesive devices can be pronouns, conjunctions (**aber, wenn**), or adverbs (**leider, danach**). Read the following sentences: *My mother is a banker. My mother does volunteer work. My mother is a banker, but she also does volunteer work.* Several words in the last sentence help tie the two ideas together. *But* is a conjunction that joins the two sentences, and *she* is a pronoun that refers back to (and thus forms a connection to) the subject of the first sentence.

Getting Started

1. Read the title, subtitle, and introduction to the list of results from the text on the left. What kind of article is this? What question is the focus of the article? Choose a German noun that would sum up your answer to this question. Now answer the question by completing this statement: **Um reich zu sein, muss man ...**

2. Look at the survey summary list. With a partner, see how many words you can understand. Can you identify the three false cognates?

Eltern–UMFRAGE

Reich ist, wer nix mehr lernen muß!

Realschüler, 12 Jahre

Neben Geld gibt es ganz andere Güter, die den Menschen reich machen – das finden unsere Kinder. Nachdenkenswertes Ergebnis der neuesten ELTERN-Umfrage

Das Wichtigste, was man braucht, um sich reich zu fühlen, ist die Zufriedenheit. Aber leider hat man immer neue Wünsche, die nicht erfüllt werden.

Orientierungsstufenschülerin, 12 Jahre

Tolle Klamotten und ein schnelles Auto, damit jeder sieht, daß da einer kommt, der Mäuse in der Tasche hat.

Hauptschüler, 13 Jahre

Ich brauche nichts, um reich zu sein. Ich fühl' mich sauwohl, besonders wenn ich mit meinen Eltern in Urlaub fahre.

Gesamtschüler, 11 Jahre

Einen tollen Bungalow mit viel Kunst an den Wänden. Möglichst ein Bild von Chagall und eines von Hundertwasser.

Gymnasiast, 15 Jahre

Eine saubere Umwelt. Was hab' ich vom Geld, wenn ich in Dreck ersticke?

Gymnasiastin, 14 Jahre

Einen Computer, damit ich immer genau ausrechnen kann, wieviel ich noch habe und wieviel ich ausgeben darf.

Gesamtschüler, 13 Jahre

Eine gute Gesundheit, sonst hat man nichts von all dem Geld und Luxus.

Hauptschülerin, 13 Jahre

Großes Herz und volle Kasse

ELTERN fragte 1880 Schülerinnen und Schüler, zehn bis 16 Jahre alt: Was muß man haben, um reich zu sein? Am häufigsten genannt:

1. soziale Einstellung (Hilfsbereitschaft, Großzügigkeit);
2. materieller Besitz (Geld, Aktien, Häuser, Fabriken);
3. Luxusgüter (teuerste Autos, Yachten, Schmuck, Kunstsammlungen);
4. gesunde Umwelt;
5. kluger Steuerberater;
6. Personal (Diener, Köchin, Chauffeur);
7. liebevoller Lebenspartner;
8. gute Freunde;
9. Bescheidenheit und Zufriedenheit;
10. Kinder;
11. Titel (Professor, Doktor, Minister);
12. Gesundheit

Tina

Das Mädchen aus dem Katalog

Zur Zeit arbeitet Tina (18) als Modell für eine Agentur. Was sagen sie, ihre Eltern, und ihre Freunde dazu? Tina meint: „Es macht mir Spaß. Ich mag meinen Nebenjob, denn man kann reisen und lernt viele interessante Leute kennen." Ihre Eltern freuen sich, Tina auf Fotos für Werbung oder Modenschauen zu sehen. Andererseits sagen sie: „Vergiß die Schule nicht. Sie ist wichtiger als gutes Aussehen." Und die Freunde? „Die finden mich ganz normal, auch wenn ich Modell bin. Am Anfang, als ich einen Schönheitswettbewerb gewonnen hatte, gab es sehr viele häßliche Bemerkungen. Viele Mädchen waren neidisch. Ich war darüber sehr geschockt. Denn ich habe doch meine Persönlichkeit nicht verändert. Und ein guter Charakter ist für mich bei Freunden viel wichtiger als Schönheit. Wenn man gut aussieht, hat man vielleicht nicht so viele Freunde, wie man glaubt." Simona (16), Tinas Freundin, sagt: „Ich finde wichtig, daß Tina trotz ihres Erfolgs als Modell genauso nett wie früher ist. Natürlich, sie ist wirklich sehr hübsch, und manche unserer Mitschüler denken: ,Sie ist bestimmt eingebildet und arrogant.' Aber ich glaube, sehr viele Jugendliche sind neidisch oder haben Vorurteile. Wenn wir zusammen einkaufen gehen, wird Tina von vielen Jungen bewundert. Manchmal ist Schönheit auch lästig. Man fällt überall auf. Vielleicht möchten schöne Menschen viel lieber ganz normal aussehen und in ein Café gehen, ohne angestarrt zu werden."

3. Skim the survey responses to get the gist of each student's answer. Most answers contain one noun which sums up the person's opinion. Can you identify these words?

A Closer Look

4. What does the thirteen-year-old girl say about health? How does the word **sonst** affect the meaning of the sentence?

> **Tip:** If you see a word that looks like a form for *the* (**der, die, das,** etc.), but it is not followed by a noun, it is usually a pronoun. Try translating it as either *who* or *that*.

5. Look at the two 13-year-old boys' responses. What function does **damit** (*so that*) serve in their answers?

6. What does the eleven-year-old boy say about being rich? How does **besonders** affect the meaning of his sentence?

7. Now skim the article *Tina*. Who is the article about? On which characteristic of this person does the article focus?

8. Reread the article. What is Tina's job? Does she like it? What do her parents think about her job?

9. Do you think that Tina has an easy life because she is pretty? Which sentence(s) from the article can support your answer?

10. Together with your classmates, think of ten answers to the *Eltern* survey question. Form groups of four and, using these choices, design your own questionnaire. Be sure to include instructions on how people should fill out your form. Each person will survey four people (including oneself). With your group, tally the results, then do the same with your class as a whole. With the final results each group will design a summary chart like the one from the *Eltern* survey.

1 Katrin sagt ihren Freunden Judith und Boris, was sie kaufen und nicht kaufen sollen. Sie gibt auch Gründe dafür. Hör gut zu und schreib auf, was Judith und Boris kaufen und nicht kaufen sollen, und aus welchen Gründen!

2 Auf Seite 196 sind einige Sachen aus einem Modekatalog abgebildet. Schau dir mit einer Freundin diese Sachen an! Jeder von euch möchte zwei Sachen bestellen (*order*). Schau dir jetzt die Bestellkarte an und beantworte die folgenden Fragen zusammen mit einem Partner!

PERSÖNLICHE BESTELLKARTE

BESTELLKARTE

Sag' ja zur Qualität!

WITT WEIDEN

WKZ 81 IWL 05

JA, ich möchte Qualität von WITT!

890	Bestellnummer	Größe	Anzahl/Menge	Gesamtpreis	Abb.Seite
1					
2					
3					
4					
5					
6					
7					
8					
9					
10					

Schneller geht's per Telefon!
☎ **0961/400 400**

Mindestbestellwert: 30,-!

Witt Weiden garantiert Ihnen ein uneingeschränktes Rückgaberecht · 14 Tage lang, nachdem Sie die Ware erhalten haben. Zur Wahrung der Frist reicht es aus, wenn Sie die Ware, oder bei Artikeln, die nicht per Postpaket zurückgeschickt werden können, das schriftliche Rücknahmeverlangen rechtzeitig on WITT Weiden, Schillerstr. 4-12, 92630 Weiden abschicken. Der Kaufvertrag wird erst nach Ablauf der 14-tägigen Rückgabefrist wirksam.

Datum ✗ Unterschrift

WITT-Komplett-Lieferung
(bitte ankreuzen!)
☐ Möchten Sie Ihre Ware in nur einer Sendung innerhalb von ca. 3 Wochen? WITT macht's möglich, ohne Aufpreis!

Mein Zahlungswunsch
(bitte ankreuzen!)
☐ **6** MONATSBETRÄGE — Aufschlag: 0,75% pro Monat = 16,0% effektiver Jahreszins.
☐ **3** MONATSBETRÄGE — Aufschlag: 0,75% pro Monat = 13,6% effektiver Jahreszins.
☐ **1** BETRAG AUF RECHNUNG — zur Zahlung innerhalb 14 Tagen.
☐ NACHNAHMEKAUF — Post zusätzlich 3.- DM Nachnahmegebühr.
Versandkostenanteil pro Bestellung nur DM 5,95.

Bitte nicht vergessen!
Ihr Geburtsdatum:
| Tag | Monat | Jahr |

Ihre Telefonnummer für Rückfragen:
☎ Vorwahl / Telefonnummer

1. What would you write in the columns with these labels: Bestellnummer? Größe? Anzahl/Menge? Gesamtpreis? Abb. Seite?
2. What should you do if you want to receive your order within three weeks?
3. What are the different possibilities for paying for your merchandise?
4. What information should you not forget (**Bitte nicht vergessen!**) to include?
5. What on the form tells you that you may order the goods more quickly?

3 Such dir drei Sachen aus dem Katalog, Seite 196, aus! Schreib die Information auf, die du brauchst, um diese Sachen zu bestellen!

4 Du möchtest die drei Sachen schneller bekommen. Ruf die Nummer an, die auf der Bestellkarte steht, und sag der Verkäuferin (deiner Partnerin), was du bestellen möchtest! Die Verkäuferin stellt Fragen, und du beantwortest sie, um die Bestellkarte auszufüllen.

5 Deine Oma möchte dir etwas kaufen, aber sie weiß nicht genau, was dir gefällt. Schreib ihr einen Brief, und beschreib darin das neue „Outfit", das du gestern im Kaufhaus gesehen hast!

6 Such dir einen Partner für dieses kleine Projekt! Entwerft zusammen eine Reklameseite, auf der ihr eure Lieblingskleidungsstücke zeichnet und genau beschreibt! Gebraucht dabei so viele Details wie nur möglich! — Zeigt eure Reklame den anderen Mitschülern! Wer hat die beste Reklameseite?

7 # *Zum Schreiben*

You are a fashion model who wants to become a movie star, and have been asked for an interview by a fashion magazine. Write a dialogue between yourself and the interviewer in which the interviewer asks questions about what is "in" today, about what clothing you prefer to wear, and about what activities you enjoy doing. Men, as well as women, are fashion models.

SCHREIBTIP

Tone and word choice can influence the effect of your writing on your readers. The tone might be serious, formal, humorous, or cheerful. Decide on the tone that will most interest your readers. Adjectives and adverbs are particularly effective for setting a tone; think about the difference in feeling between the words **gut** and **super**.

Vorbereiten What **general feeling** do you want your readers to have about you and what image do you want to project as a highly visible model who wants to go into the movies? What questions can the interviewer use to grab the reader's interest? How do you want to respond to those questions? You could be humorous or serious, depending on what image you want to project.

Ausführen Begin with a question which will immediately **grab the reader's attention.** Write the first response to include something rather ingenious in order to focus the reader's interest on you as a person and not as just another nameless model.

Überarbeiten
· Read your dialogue to a partner. Ask your partner if the responses address the questions asked, and if the dialogue will hold the reader's interest. Has the tone you wanted to use actually been conveyed to your partner?
· Change any words or phrases that need improvement. Proofread and make corrections.
· Print a final copy and then present the interview to the class.

8

R O L L E N S P I E L

Get together with a classmate and role-play the following scene.

You are a salesperson in the clothing department of a large department store. A customer with really bizarre taste wants to buy certain items of clothing that either do not fit, do not match, or are simply not the right style for this person. Your job is to convince the customer to buy the right clothes, without being offensive.

Can you describe clothes, using adjectives? (p. 189)

1 How would you ask a friend what he or she likes to wear?

2 How might your friend respond if he or she likes to wear the following clothes?

    a. black jeans and a colorful shirt/blouse
    b. a red skirt with white stockings and brown shoes
    c. a striped shirt and a leather bomber jacket
    d. a blue wool blazer and grey pants

Can you ask someone about his or her interests and disinterests? Can you express indifference? (p. 193)

3 How would you ask a friend what he or she is interested in?

4 How might your friend respond

    a. that he or she is interested in soccer?
    b. that he or she has no interest in fashion?
    c. that he or she is indifferent to sports?

Can you make and accept compliments? (p. 194)

5 How would you make the following compliments to someone?

    a. this jacket looks great on you
    b. these socks go very well with your grey pants

6 How would that person respond?

Can you persuade and dissuade? (p. 198)

7 How would you try to persuade someone to buy a silk shirt or blouse?

8 How might that person respond

    a. that silk shirts/blouses are too expensive for him or her?
    b. that he or she doesn't like silk shirts/blouses?
    c. that he or she is not sure?

ERSTE STUFE
DESCRIBING CLOTHING

Wo hast du die neuen Stiefel gekauft? *Where did you buy the new boots?*
das Käppi, -s *(baseball) cap*
die Krawatte, -n *tie*
die Wind-, Wetterjacke, -n *windbreaker*
der Blazer, - *blazer*
das Wollhemd, -en *wool shirt*

der Anorak, -s *parka*
die Jeansweste, -n *jeans vest*

der Typ, -en *guy, type*
der Stil, -e *style*

USEFUL ADJECTIVES FOR DESCRIBING CLOTHING

konservativ *conservative*
modisch *fashionable*

cool *cool*
geblümt *flowery*
kariert *checked*
scharf *sharp*
gefüttert *padded*
sportlich *sporty*
bunt *colorful*
witzig *fun*
darunter *under it, underneath*
darüber *over it*
von hinten *from behind*

ZWEITE STUFE
MORE CLOTHING AND DESCRIPTIONS

die Lederjacke, -n *leather jacket*
die Socke, -n *sock*
der Strumpf, ⸚e *stocking*
Schuhe mit flachen und hohen Absätzen *flats, high heels*
ärmellos *sleeveless*
abgeschnitten *cut-off*
weich *soft*
fetzig = toll *really sharp*
tragen *to wear, carry*
du trägst
er/sie/es trägt

EXPRESSING INTEREST

Interessierst du dich für Mode? *Are you interested in fashion?*
Wofür interessierst du dich? *What are you interested in?*

EXPRESSING DISINTEREST

Mode interessiert mich nicht. *Fashion doesn't interest me.*
Ich hab kein Interesse an Mode. *I'm not interested in fashion.*

EXPRESSING INDIFFERENCE

Mode ist mir egal. *I don't care about fashion.*

MAKING AND ACCEPTING COMPLIMENTS

Die schöne Bluse passt (toll) zu dem blauen Rock. *The nice blouse goes (really) well with the blue skirt.*
Das steht dir prima! *That looks great on you!*
Das ist dir zu eng. *It's too tight on you.*
Echt? *Really?*

DRITTE STUFE
PERSUADING AND DISSUADING

Kauf dir doch ...! *Why don't you just buy...*
Trag doch mal ...! *Go ahead and wear...*
Kauf dir ja kein ...! *Just don't buy...*
Trag ja nichts aus ...! *Just don't wear anything made of...*

MORE CLOTHING

der Faltenrock, ⸚e *pleated skirt*

die Steghose, -n *stirrup pants*
das Trägerhemd, -en *camisole*
der Sakko, -s *business jacket*
der Blouson, -s *bomber jacket*
der Anzug, ⸚e *suit*
das Seidenhemd, -en *silk shirt*
die Gesäßtasche, -n *back pocket*
die Tasche, -n *pocket*
die Schlaufe, -n *belt loop*
der Reißverschluss, ⸚e *zipper*
der Knopf, ⸚e *button*
der Druckknopf, ⸚e *snap*

mit langen, kurzen Ärmeln *with long, short sleeves*

TALKING ABOUT THE MATERIAL

aus Naturfasern *made from natural fibers*
die Wolle *wool*
die echte Seide *real silk*
das Leinen *linen*

OTHER USEFUL WORDS

wenn (conj.) *whenever*

① Ich schlage vor, wir fahren nach Bayern.

G ermans enjoy their vacations, whether they spend them at home or traveling abroad. But sometimes vacation plans fall through for one reason or another and have to be improvised, as with the teenagers in this chapter. When you talk about vacations and vacation plans, there are words and expressions that you need to know.

In this chapter you will learn

- to express indecision; to ask for and make suggestions
- to express doubt, conviction, and resignation
- to ask for and give directions

And you will

- listen to students talk about places to go on their vacation and how to get around
- read about various vacation spots
- write about your own vacation plans and ways to get around in your community
- discover why Germans consider vacations a necessity and not a luxury

② Das Bürgerhaus? Das ist gleich hier rechts um die Ecke.

③ Die Brücke ist kaputt?! Da kann man wohl nichts machen.

Los geht's!

Boris

Katrin

Judith

Roland

Mutter

Vater

Verpatzte Ferien

Look at the photos on the left. Judging by Katrin's expressions, what might be happening in the story? Who is she speaking with? Now look at the photos on the right. What are the characters doing in each picture?

KATRIN Ja, was macht ihr denn? Ihr seht fern so früh am Nachmittag!

MUTTER Wir haben eben den österreichischen Wetterbericht gesehen. Unsere Reise nach Tirol ist wahrscheinlich ins Wasser gefallen.

KATRIN Bist du sicher? Warum? Was ist passiert?

VATER Die hatten ein Hochwasser, und die Brücke auf der Straße nach Mittersill ist kaputt.

KATRIN Da gibt's doch bestimmt eine andere Straße.

VATER Eben nicht.

KATRIN Ruf doch mal an!

VATER Das hab ich schon zweimal probiert. Ich bezweifle, dass ich jetzt durchkomme.

Katrin Simon. Ja, der ist da. Einen Moment.

VATER Simon. Ja. Ja. Ja, das haben wir eben zufällig im Fernsehen gesehen. Glauben Sie, dass bis Freitag ... Ja, das ist sehr schade. Wir sind alle sehr enttäuscht. Aber da kann man nichts machen ... Gut! Vielleicht klappt's im nächsten Jahr ... Gut, Herr Mooslechner. Ade!

⑤ Ja, was machen wir jetzt? Jetzt musst auch du die Pfingstferien zu Hause verbringen.

Ich bin dafür, dass wir einmal zusammen nach Ulm fahren.

Blödsinn! Das kennen wir doch schon alle.

⑥ Dann schlage ich vor, wir fahren nach Würzburg. Wir können uns dort die Stadt anschauen.

Das kostet zu viel Geld mit der Bahn.

Ich hab eine bessere Idee! Wir spielen Touristen in einer Stadt. Ich weiß: in Bietigheim!

Spitze! Aber wie?

„Touristen" in Bietigheim

⑦ Entschuldigung! Wo ist bitte das Rathaus?

Da geht ihr diese Straße entlang bis zur nächsten Ecke, nach rechts in die Hauptstraße, und dann seht ihr es schon.

⑧ Verzeihung! Wissen Sie vielleicht, wo das Kronenzentrum ist?

Ja, da geht ihr gleich links um die Ecke und dann die erste Straße rechts, und da steht ihr direkt vor dem Kronenzentrum.

1 Was passiert hier?

Verstehst du alles in der Fotostory? Beantworte die Fragen!

1. Why is Katrin surprised when she comes home?
2. Why do her parents feel disappointed?
3. Why can't the family go where it wanted to go?
4. Why doesn't Katrin's father call Austria again?
5. Who is calling and why?
6. What are Katrin and her three friends talking about?
7. What idea does one of her friends come up with?

2 Stimmt oder stimmt nicht?

Wenn der Satz nicht stimmt, schreib die richtige Antwort!

1. Katrin wollte mit ihrer Familie nach Österreich fahren. ς
2. Aber Österreich hatte furchtbar viel Regen.
3. Es gibt viele Straßen nach Mittersill.
4. Katrins Vater hat Herrn Mooslechner angerufen.
5. Die vier Freunde fahren jetzt nach Würzburg.
6. Am Ende spielen sie Touristen in einer kleinen Stadt in der Nähe von Stuttgart.

3 Was passt zusammen?

Welche Ausdrücke auf der rechten Seite passen zu den Satzanfängen auf der linken Seite?

1. Die Reise nach Tirol
2. Die Brücke nach Mittersill
3. Österreich hatte
4. Katrin und ihre Eltern
5. Aber da kann man nichts
6. Katrin will die Pfingstferien
7. Nach Würzburg fahren
8. Jetzt spielen die Freunde

a. Hochwasser.
b. kann nicht stattfinden.
c. ist kaputt.
d. kostet zu viel Geld.
e. machen.
f. nicht zu Hause verbringen.
g. sind enttäuscht.
h. Touristen in Bietigheim.

4 Genauer lesen

Lies den Text noch einmal und beantworte diese Fragen!

1. Which word in the text expresses "probability"?
2. Which word expresses "doubt"?
3. Which words and phrases express "disappointment"?
4. Which phrase expresses "resignation"?
5. Which phrases are used to "make a proposal"?

5 Welche Wörter passen in die Lücken?

Welches Wort aus dem Kasten passt in welche Lücke?

1. Katrins Eltern haben früh am Nachmittag __1__ .
2. Im Wetterbericht haben sie __2__ , dass Österreich Hochwasser __3__ .
3. Katrin fragt, was __4__ ist.
4. Ihr Vater sagt, die Reise ist ins Wasser __5__ .
5. Die Familie ist __6__ , aber vielleicht __7__ die Reise im nächsten Jahr.

enttäuscht
klappt
ferngesehen
gesehen
passiert
gefallen   hatte

Wohin fährst du in den nächsten Ferien?

LANDESKUNDE

We asked students from around Germany where they were planning to go during their next school holidays. Before you read their answers, think about where students in the United States usually go or what they like to do during summer vacation. Come up with a list of the top ten most popular vacation spots for U.S. teenagers. Then listen to the interviews and read the texts.

Paolo, *Stuttgart*

„Also meistens verbring ich meine Ferien in Italien aufgrund dessen, dass ich selber Italiener bin, aus Salerno komm, die Amalfiküste gerne besuch, zum Beispiel Capri oder Pompeji, Paestum, das gehört ja alles dazu, sehr schöne Gegend."

Gerd, *Bietigheim*

„Also meistens fahr ich in den Ferien überhaupt nicht in Urlaub. Ich mach halt dann Ferienjob und verdien mir 'n bisschen Geld dazu. Da kann ich mir halt auch entweder 'ne neue Gitarre oder 'nen neuen Verstärker, oder halt irgendwas kaufen, was ich halt haben möchte."

Gabi und Anja, *München*

Gabi: „Also ich, wir fahren in den Ferien zusammen eine Woche zum Reiten auf einen Bauernhof in Niederbayern, ja, in den Urlaub."

Anja: „Ja, weil wir beide sehr gern reiten. Jetzt fahren wir zusammen weg."

Gabi: „Genau. Und ich fahr dann noch zwei Wochen nach Bad Gastein, in Österreich, auch Wandern und Schwimmen, ja."

Anja: „Und ich fahr 'n bissel vielleicht auch noch mit 'ner anderen Freundin auch noch nach Österreich, auch auf 'n Dorf, auch zum Wandern, Schwimmen."

Gabi: „Und nach den Ferien fahr ich acht Wochen nach Washington D.C. Genau. — Ein Schüleraustausch, Englisch lernen."

A. 1. Three of these students mention specific places where they are going. What are they? Which of these students mentions three different trips? Are all three trips vacations? What does the fourth student say he or she is going to do during vacation?
  2. What do each of these students plan to do in each of the places they talked about?
  3. How do their plans compare to what you thought most teenagers in the United States would do for summer vacation? Did any German teenagers mention something that was on your list of most popular vacation spots?

B. High school students in Germany attend school year round. Although each **Bundesland** has its own schedule, students typically have one or two weeks off for fall holidays, two weeks for Christmas, two weeks in the spring, and six weeks off during the summer. The summer vacation dates for **Bundesländer** are staggered, with the beginning dates about one week apart. Knowing that Germany is very densely populated, can you guess why this is done? How does this vacation schedule compare with your schedule? Who has more vacation time? What do you think the advantages and disadvantages of year-round school might be?

ERSTE STUFE

Expressing indecision, asking for and making suggestions

6 Hör gut zu!

Hör dir die Beschreibung von jedem der sieben Ferienangebote an! Welches Angebot passt zu welchem Foto? Trag die Lösung in den Rabattcoupon rechts unten ein!

URLAUB IN LETZTER MINUTE
Unsere heißen Reisetips

Für diese Kurzreisen sind noch Plätze erhältlich. Rufen Sie an und kommen Sie dann persönlich vorbei, um sich Ihren Platz zu sichern! Mit einem richtig ausgefüllten Coupon erhalten Sie 10% Rabatt:

1. Mit der Bahn drei Tage an die Nordsee in das kleine Fischerdorf Bensersiel. In diesem Dorf direkt an der Küste sind noch Zimmer frei. Entspannen Sie im Hallenbad, beim Reiten und Strandwandern. Ein Besuch im Buddelschiffmuseum lohnt sich!

2. Einmalig preiswert! Eine Drei-Tage-Busfahrt nach Dresden und in die Sächsische Schweiz. In Dresden besuchen Sie den berühmten Zwinger, und Sie erleben die einmalig schönen Sandsteinfelsen der Bastei.

3. Eine Tagesfahrt an den Bodensee nach Unteruhldingen und weiter mit dem Schiff auf die Insel Mainau, wo Sie unter Palmen spazieren und die Blumenwelt bewundern können. Abfahrt: 6.00.

4. Eine Wochenendfahrt (Sa/So) in die Schweiz. Übernachtung in Brienz. Am nächsten Vormittag mit der Bergbahn aufs Brienzer Rothorn, die Schweizer Bergwelt genießen. Ein Superangebot!

5. Sonderfahrt mit dem Bus nach Ulm zum bekannten Fischerstechen auf der Donau. Am Vormittag Gelegenheit zum Messebesuch im Dom. Mittagessen in einem soliden Gasthaus. Das Fischerstechen beginnt um 14 h. Rückkehr gegen 19.30 h.

6. Drei Tage mit dem Bus durch die schönsten Täler in der Schweiz. Im Emmental Besichtigung eines typischen Bauernhauses und Besuch einer Käserei.

7. Drei Tage (Di. - Do.) mit dem Bus nach Österreich, nach Alpbach in Tirol. Sehr preisgünstig. Ideal für Bergwanderer und solche, die's noch werden wollen!

10% RABATT!
1. _____
2. _____
3. _____
4. _____
5. _____
6. _____
7. _____

7 Wohin geht's?

Lies die Reisetips und beantworte die Fragen!

1. Schreib auf, wohin diese sieben Reisen gehen!
2. Für wie viele Tage ist jede Reise?
3. Welche Reisen führen ans Meer oder an einen See? Welche in die Berge? Welche sind Stadtbesichtigungen?
4. Für welche Reise interessierst du dich? Warum?

Beliebte
Verkehrsmittel:

die Bahn

das Flugzeug

das Schiff

Wohin gehst
du in den
Ferien?

auf den Tennisplatz

ins Hallenbad

Wer steigt auf einen Berg? Aufs Brienzer Rothorn? Auf die Zugspitze?

Mit welchem Verkehrsmittel fährst du gewöhnlich in die Ferien? Und was machst du in den Ferien? Wohin gehst du?

SO SAGT MAN DAS!

Expressing indecision, asking for and making suggestions

When expressing indecision about your plans, you could say:

Was machen wir im Urlaub?
Was sollen wir bloß machen?

If you need specific suggestions, you might ask:

Wohin fahren wir? Hast du eine Idee? *or* **Was schlägst du vor?**

When making suggestions, you might say:

Wir können mal an die Nordsee fahren.
or **Fahren wir mal in die Schweiz!**
or **Ich schlage vor, dass wir mal in die Schweiz fahren.**
or **Ich bin dafür, dass wir an den Rhein fahren.**

Which of these expressions are new to you?

EIN WENIG GRAMMATIK

Many mountains in the German-speaking countries are named **(das) Horn** or **(die) Spitze,** as in **Matterhorn** and **Zugspitze.** Sometimes mountains are also named for near-by towns. In this case, the ending **-er** is added to the name of the town. For example, near the town of **Brienz** is the **Brienzer Rothorn.**

8 Wohin jetzt?

Katrins Familie kann nicht nach Mittersill fahren. Katrin hat die Reisetips gelesen und schlägt den Eltern ein paar Kurzreisen vor. Die Eltern haben keine große Lust dazu. Spiel die Rolle von Katrin, und such dir einen Partner für die Rolle von Katrins Vater oder Mutter!

CD-ROM Disc 3

GRAMMATIK
Expressing direction: the prepositions
nach, an, in, and **auf**

To express directions toward a place, German uses different prepositions depending on the nature of the place. The prepositions **nach, an, in,** and **auf** all convey here the meaning of "to a place."

1. The preposition **nach** is used with names of cities, states, countries, and islands that are not preceded by an article (such as **die Schweiz**).

Wohin fahren wir?
Nach Ulm.	*(city)*
Fahren wir mal **nach Bayern!**	*(state)*
Ich fahre **nach Österreich.**	*(country)*
Fahren wir heute **nach Mainau!**	*(island)*

2. The preposition **in** is used with the names of countries and geographic areas that require the use of the definite article.

Wohin fahrt ihr?
Ich fahre mal **in die Schweiz.**	
Wir fliegen **in die Vereinigten Staaten.**	*(countries)*
Wir fahren **in die Berge, in die Alpen.**	*(areas)*
Ihr fahrt **in den Schwarzwald?**	

3. The preposition **an** is used when referring to bodies of water.

Wohin fahrt ihr?
Ich fahre **an die Nordsee.**	
Wir fahren **an den Rhein.**	*(bodies of water)*
Wir fahren **an den Bodensee.**	

4. The preposition **auf** is used when referring to heights or flat surfaces.

Was macht ihr?   Wir steigen **auf einen Berg, aufs Brienzer Rothorn.**
Wohin geht ihr jetzt?   **Auf den Tennisplatz.**

5. The prepositions **an, auf,** and **in** form contractions with the definite article **das.**

an + das = **ans**   auf + das = **aufs**   in + das = **ins**

Which case is used with noun phrases following **in, an,** and **auf** to express going somewhere?[1]

9 Deine Reiseziele?

nach (Kalifornien)

an den (Michigansee)

in die (Blue Ridge) Mountains

an den Strand in (Mississippi)

auf den (Pikes) Peak

a. Schreib fünf Reiseziele auf einen Zettel! Diese Ziele können in Deutschland, in den Vereinigten Staaten oder irgendwo anders sein! Schreib auch auf, was du an jedem Ziel machen möchtest! Danach ordne deine Reiseziele! Wohin fährst du zuerst? Danach? Zuletzt? Mit wem fährst du? Im Kasten stehen ein paar Reiseziele in den Vereinigten Staaten.

b. Such dir eine Partnerin! Frag sie über ihre Reisepläne für den nächsten Sommer! Frag sie, wohin sie fährt und mit wem, und ob sie mit dem Auto fährt oder fliegt! Frag sie auch, was sie überall macht!

1. the accusative case

10 Franks Reisepläne

Frank und seine Familie (sie wohnen in Stuttgart) haben für die großen Ferien eine lange Reise geplant. Schau auf diese Karte, auf der Frank die Reiseziele eingetragen hat! Sag, wohin er fährt, und was er an jedem Ort bestimmt macht!

Die Reiseroute

1. München
2. Starnberger See
3. Garmisch
4. Tirol/Innsbruck
5. Zürich/Zürichsee
6. Bodensee
7. Schwarzwald
8. Frankfurt/Main
9. Hamburg
10. Lübeck/Ostsee
11. Insel Rügen
12. Potsdam
13. nach Hause

EIN WENIG LANDESKUNDE

Die Deutschen machen gerne Urlaub. Sie sind viel und gewöhnlich sehr lange unterwegs. Wie fahren die Deutschen in den Urlaub? Hier ist eine kleine Statistik darüber.

mit dem Auto	62,6%
mit dem Flugzeug	17,6%
mit der Bahn	8,6%
mit dem Bus	11,2%

11 Meine Sommerreise

a. Plane deine Sommerreise! Schreib auf, wohin du fahren möchtest, und was du dort machen möchtest!
b. Dann erzähle deinen Klassenkameraden von deiner geplanten Reise! Zeig ihnen deine Reiseroute auf einer Landkarte!

12 Im Reisebüro

Du arbeitest in einem Reisebüro. Dein Partner ist ein Kunde. Er ist sehr enttäuscht, denn er kann nicht dorthin fahren, wohin er fahren wollte. Du schlägst ihm ein anderes Reiseziel vor und erzählst ihm, was er dort alles machen kann! Gefällt ihm dein Vorschlag? Wenn nicht, schlag etwas anderes vor! Bring Reisebroschüren mit in die Klasse, die du den Kunden zeigen kannst! — Tauscht dann die Rollen aus!

ZWEITE STUFE

Expressing doubt, conviction, and resignation

13 Warum so unsicher?

Lies den Text und beantworte die folgenden Fragen!

1. Warum kann Boris vielleicht nicht nach Italien fahren?
2. Warum hat es Nadine dieses Jahr schwer, sich für einen Ferienort zu entscheiden?
3. Warum fliegt Katrins Familie gern nach Spanien?

WEISST DU SCHON,

BORIS

„Ja, das ist so 'ne Sache. Wir wollen nach Italien, an die Adria. Aber meine Eltern haben zu spät gebucht, und wir glauben nicht, dass wir noch eine Unterkunft bekommen, also etwas, was einigermaßen preiswert ist. In teuren Hotels, da bin ich sicher, gibt's bestimmt noch Zimmer. Aber so viel Geld wollen wir auch wieder nicht ausgeben."

WO DU DIE FERIEN

NADINE

„Also ich hab's dieses Jahr sehr schwer. Ich kann von der Schule aus einen Segelkurs am Gardasee, also in Italien, mitmachen. Aber ich weiß nicht, ob das so eine gute Idee ist. Im Kurs sprechen alle Deutsch, und ich bezweifle, dass ich dort mein Italienisch verbessern kann. Also, ich fahr wohl lieber mit meinen Eltern nach Südfrankreich. Dort kann ich auch segeln, und ich kann ganz bestimmt mein Französisch verbessern. Ich hab in Französisch bloß 'ne Vier. Schlecht, was?"

VERBRINGST?

KATRIN

„Ja, wie ihr wisst, ist unsere Reise ins Wasser gefallen. Ins Hochwasser! Ich bezweifle, dass meine Eltern in den Bergen Urlaub machen wollen. Das Wetter ist eben zu unsicher. Ich bin nicht sicher, ob wir wieder in die Staaten fliegen, wie letztes Jahr. Das war eine sehr teure Reise. Aber vielleicht geht's nach Spanien. Dort gibt's viel Sonne, das könnt ihr mir glauben! Wir waren schon zweimal dort. Wir fahren immer ans Meer, an die Costa Brava und so. Echt super-toll!"

Ich fahr ans Meer, denn dort kann ich ...

| segeln | windsurfen | tauchen | angeln | Boot fahren |

In unserm Hotel gibt es ...

| einen Pool | einen Golfplatz | einen Sandstrand | einen Fitnessraum | eine Diskothek |

| einen Tennisplatz | eine Liegewiese | eine Sauna | einen Whirlpool | einen Fernsehraum |

1. Wo übernachtest du gewöhnlich, wenn du mit deinen Eltern in die Ferien fährst?
2. Was gibt es gewöhnlich in dem Hotel oder Motel, wo ihr übernachtet?
3. Was machst du, wenn du an einem See oder am Meer Ferien machst?

Und dann noch . . .

rudern
schnorcheln
Kajak fahren
Tretboot fahren
River Rafting
   machen
Motorboot fahren

SO SAGT MAN DAS!

Expressing doubt, conviction, and resignation

When expressing doubt, you might say:

Ich weiß nicht, ob (wir die Reise schon gebucht haben).
Ich bezweifle, dass (es dort einen Golfplatz gibt).
Ich bin nicht sicher, dass (wir dort surfen können).

When expressing conviction, you might say:

Du kannst mir glauben, dass (es dort einen Golfplatz gibt).
Ich bin sicher, dass (wir dort surfen können).

When expressing resignation, you might say:

Da kann man nichts machen.
or **Das ist leider so.**

What do you think the conjunction **ob** means in the first sentence?

14 Hör gut zu!

Einige Leute unterhalten sich über ihre Pläne für die Ferien und drücken dabei Zweifel (*doubts*) aus. Schreib zuerst auf, woran sie zweifeln und danach, ob ihre Gesprächspartner zustimmen oder eine andere Meinung haben!

15 Optimist? Pessimist?

Du und deine Partnerin, ihr streitet euch (*argue*) über eure Reiseziele. Sie bezweifelt, was du ihr sagst, aber du bist sicher, dass es an dem Ferienort alles gibt, was sie gern möchte. — Tauscht dann die Rollen aus!

DU	**Wohin fährst du denn?**
PARTNERIN	**Wir ...**
DU	**Dort kannst du/gibt es bestimmt ...**
PARTNERIN	**Ich weiß nicht, ob ...**
DU	**Aber ich bin sicher, dass ...**
PARTNERIN	**...**

EIN WENIG GRAMMATIK

The conjunction **ob** means *if* or *whether.* Look at the **So sagt man das!** box. What do you notice about the position of the verb in **ob**-clauses? What other conjunctions require verb-last position?[1]

Was?

teure Hotels

eine Unterkunft bekommen

viel Geld ausgeben

eine Diskothek

einen Pool

Deutsch sprechen

segeln/tauchen

GRAMMATIK — Expressing direction and location (Summary)

Read these two blocks of sentences carefully. Which group refers to location? Which to direction? Which question word is used to elicit responses like the ones on the left? And on the right?

Wir fahren nach Frankfurt.	**Ich war auch schon mal in Frankfurt.**
Roland fährt in die Schweiz.	**Ich war auch schon in der Schweiz.**
Boris fliegt in die Vereinigten Staaten.	**Ich war letztes Jahr in den Vereinigten Staaten.**
Katrin fährt an die Nordsee.*	**Ich war auch schon an der Nordsee.**
Wir fahren morgen an den Bodensee.*	**Ich bin auch schon am Bodensee gewesen.**
Roland fährt aufs Brienzer Rothorn.	**Ich war auch schon mal auf dem Brienzer Rothorn.**

*Note the two meanings of the word **See: die See** means *sea,* **der See** means *lake.*

1. To answer a **wo**-question (a question that asks about location), dative case forms are used after the prepositions **an, in, auf,** and some others.

   Wo warst du in den Ferien? Ich war **an der Nordsee.**

2. To answer a **wohin**-question (a question that asks about direction), accusative case forms are used after these prepositions.

   Wohin fährst du? Ich fahre an **die Nordsee.**

1. **weil** and **dass**

16 Hör gut zu!

Einige Freunde haben angerufen und eine Nachricht auf dem Anrufbeantworter hinterlassen. Rufen sie aus dem Ferienort an oder auf dem Weg dahin? Mach dir Notizen!

	aus dem Ferienort	auf dem Weg dorthin
Katja		
Bernd		

17 Franks Reise

Frank ist von seiner Reise zurück. Er war mit seinen Eltern an allen Orten, die er auf der Landkarte eingetragen hat. — Schau auf die Karte auf Seite 215 und erzähle, wo Frank überall gewesen ist und was er wahrscheinlich dort gemacht hat!

18 Für mein Notizbuch

Wohin fährst du mit deinen Eltern oder Verwandten in die nächsten Ferien, oder wohin möchtest du mal fahren? — Beschreibe eine kurze Reise, die drei verschiedene Reiseziele hat! Erwähne:

a. mit wem du fährst
b. wohin ihr fahrt
c. wie ihr dorthin kommt
d. wo ihr übernachtet
e. was ihr dort alles tun könnt

19 Deine Pläne diskutieren

Such dir einen Partner! Erzähle ihm von deiner Reise!

20 Du arbeitest als Reiseberater

Du arbeitest in einem Reisebüro. Deine Partnerin, eine Kundin, möchte mit dir ihre Ferienpläne besprechen, eine Reise planen und bei dir buchen. Sie hat Fragen über verschiedene Reiseziele. Sie möchte zum Beispiel wissen, was sie an jedem Reiseort unternehmen kann. Als Reiseberater bist du bestens informiert, denn du bist schon überall gewesen und kannst deshalb ihre Fragen beantworten. Schreibt ein Rollenspiel und führt es der Klasse vor!

DRITTE STUFE

Asking for and giving directions

Stadtrundgang durch Bietigheim

Parken Sie Ihren Wagen auf dem Parkplatz am Japangarten. Von hier aus sind es nur zwei Gehminuten in die Stadt.

Vom Parkplatz gehen Sie auf der Holzgartenstraße über unser kleines Flüsschen, die Metter, und Sie kommen direkt in die Hauptstraße und damit in die Fußgängerzone in der Innenstadt.

An der Hauptstraße gehen Sie nach links. Vor Ihnen sehen Sie jetzt das

einzige noch gut erhaltene Stadttor. (Es hat einmal vier davon gegeben.) Das imposante Mauerwerk stammt aus dem Ende des 14. Jahrhunderts.

Sie gehen jetzt weiter durch dieses Tor, immer die Hauptstraße entlang bis zur Fräuleinstraße, wo Sie rechts in die Fräuleinstraße einbiegen. An der Ecke Schieringsbrunnerstraße sehen Sie das alte Backhaus auf der rechten Seite. Früher war dieses Haus außerhalb der Stadt.

Nach etwa 60 Metern kommen Sie zur Schieringerstraße. Hier biegen Sie links ein. Auf der linken Seite, Nr. 20, ist das stattliche Bürgerhaus, ein Fachwerkhaus aus dem 17. Jahrhundert.

Neben dem Bürgerhaus befindet sich das Kachelsche Haus, ein repräsentatives Wohnhaus aus dem 16. Jahrhundert.

Schräg gegenüber vom Kachelschen Haus ist die alte Posthalterei, ein schönes Fachwerkhaus aus dem 18. Jahrhundert.

Jetzt kommen Sie bald wieder auf die Hauptstraße. Sie gehen nach rechts, und gleich ein paar Schritte weiter kommen Sie zum Bietigheimer Rathaus mit dem schönen Marktbrunnen davor.

1. Parkplatz
2. Stadttor
3. Backhaus
4. Bürgerhaus
5. Kachelsches Haus
6. Posthalterei
7. Marktbrunnen
8. Rathaus
9. Hormoldhaus
10. Evangelische Stadtkirche
11. Kleines Bürgerhaus
12. Bietigheimer Schloss

21 In Bietigheim

Lies zuerst den Text auf Seite 220! Dann such dir einen Partner, und beantwortet zusammen diese Fragen! Seht euch dabei den Stadtplan von Bietigheim an!

1. Wo kann man den Wagen parken, wenn man die Innenstadt von Bietigheim besuchen will?
2. Wie kommt man vom Parkplatz in die Hauptstraße?
3. Wie kommt man jetzt zum Stadttor?
4. Wie kommt man vom Stadttor in die Fräuleinstraße?
5. Wo steht das Alte Backhaus?
6. Wo ist das Bürgerhaus?
7. Wo befindet sich das Kachelsche Haus?
8. Wo ist die Posthalterei?
9. Wohin kommt man, wenn man wieder rechts in die Hauptstraße einbiegt?

in der ... straße

bis zum ... platz

am ... platz

bis zur ... straße

nach rechts

nach links

dann geradeaus

die erste (zweite) Straße nach rechts

und dann wieder nach links

WORTSCHATZ

CD-ROM
Disc 3

Der Parkplatz befindet sich an der Holzgartenstraße.

Die Metter läuft zwischen der Innenstadt und dem Palmengarten entlang.

Gehen Sie links um die Ecke; dann kommen Sie zum Stadttor!

Die Hauptstraße führt durch das Stadttor.

Das Rathaus steht hier schon seit dem 16. Jahrhundert.

Vor dem Rathaus steht der Ulrichsbrunnen.

Dieses Fachwerkhaus stammt aus dem 17. Jahrhundert.

Dieses Wohnhaus ist beim Rathaus.

Can you identify the prepositions above? What do you think they mean and how would you express them in English? What case follows each of these prepositions?

22 Hör gut zu!

Du hörst drei Kurzbeschreibungen von einem Rundgang durch Bietigheim. Schau auf die Stadtkarte und schreib auf, wo sich der Tourist am Ende der Beschreibung befindet!

GRAMMATIK Prepositions followed by dative case forms

1. The prepositions **mit** and **zu** are always followed by dative case forms:
   Jens kommt **mit dem Moped zur Schule**. Ich muss jetzt **zum Bäcker** gehen.

2. There are other prepositions that must be used with dative case forms.

aus	*from*	Das Tor ist **aus dem 14. Jahrhundert**.
bei	*by, near*	Das Hormoldhaus ist **beim Rathaus**.
nach	*after*	**Nach 60 Metern** ist der Brunnen.
von	*from*	**Vom Parkplatz** sind es nur zwei Gehminuten.
seit	*since*	Es steht hier **seit dem 16. Jahrhundert**.
gegenüber	*across from*	**Gegenüber dem Kachelschen Haus** ist die Posthalterei.

3. Like **zu**, the prepositions **bei** and **von** also form contractions.

   bei + dem = **beim**   von + dem = **vom**

EIN WENIG GRAMMATIK

The prepositions **durch**, *through*, and **um**, *around*, are always followed by accusative case forms.

   Wir gehen **durch das Stadttor**.
   Das Rathaus ist **um die Ecke**.

Which other two prepositions do you know that are always followed by the accusative case?[1]

23 Eine kurze Beschreibung

Your German pen pal is coming to visit. Send him a short description of your town. Rewrite your note with dative prepositions and the correct articles.

... Also, die Amtrakstation ist gar nicht weit vom Stadtzentrum. ===== d===== Station bis zur Innenstadt sind es nur zehn Minuten zu Fuß. Da ist das alte Rathaus. Es stammt ===== d===== neunzehnten Jahrhundert. Das ist schon alt in den Vereinigten Staaten! ===== d===== Rathaus, direkt daneben, siehst du das alte Postgebäude. Auf der anderen Straßenseite, ===== d===== Rathaus, ist ein schöner Park. Dort spiele ich Baseball ===== d===== Schule.

SO SAGT MAN DAS!

Asking for and giving directions

When asking for directions, you might ask:

   Entschuldigung! Wo ist bitte das Rathaus?

or **Wie komme ich bitte zum Stadttor?**

or **Verzeihung! Wissen Sie vielleicht, wie ich zur Post komme?**

When giving directions, you might say:

   Sie biegen hier rechts ein. Dann kommen Sie zum Rathaus.
   Das ist hier rechts um die Ecke.

   Tut mir Leid. Ich weiß es leider nicht. Ich bin nicht von hier.

What do the prepositions **zum** and **zur** indicate? Look at the responses on the right. How would you say them in English?

---

1. **für** and **gegen**

24 Verzeihung! Wissen Sie, wo ...?

Zwei Partner sind Touristen. Du kennst dich in Bietigheim aus, und gibst ihnen Auskunft.

Hier sind die Partner: Sie wollen dorthin:

1. am Rathaus   Evangelische Stadtkirche
2. auf dem Parkplatz   Fußgängerzone
3. in der Fräuleinstraße Marktbrunnen
4. bei der Stadtkirche   Hormoldhaus

25 Touristen in der Stadt

Zwei verschiedene Gruppen von Touristen sprechen dich auf dem Parkplatz in Bietigheim an. Eine Gruppe möchte zur Evangelischen Stadtkirche, die andere zum Bietigheimer Schloss. Sag ihnen, wie man dahin kommt!

EIN WENIG GRAMMATIK

In this chapter you learned that the prepositions **in, an** and **auf** can be followed by either accusative or dative noun phrases. Do you remember in which instances the accusative forms are used? And the dative forms? Here are three other prepositions that also follow this rule:

vor   *in front of*
neben *next to*
zwischen *between*

Like **in, an**, and **auf**, these prepositions must be used with the accusative case when indicating direction and with the dative case when indicating location.

26 Für mein Notizbuch

Schreib in dein Notizbuch

a. wie du mit dem Rad von zu Hause zur Schule kommst!
b. wie du von zu Hause zu einem Freund kommst!

27 Geh vor den Schreibtisch!

Take turns with your classmates giving different students commands to move around your classroom. Use the prepositions **an, vor, zwischen**, and **neben**. Each student will do what you tell him or her. When he or she is in the proper place, that student will tell the class where he or she is now located using these same prepositions.

BEISPIEL   DU **Geh an die Tafel!** (*classmate walks to the chalkboard*)
        MITSCHÜLER **Ich stehe an der Tafel.**

28 So kommst du zu mir!

Du hast eine Party und lädst ein paar Klassenkameraden ein. Zwei Klassenkameraden wissen gar nicht, wo du wohnst. Du hast für sie auf einem Zettel eine Route vorbereitet, wie sie am besten zu dir kommen. Gib ihnen den Zettel und erklär es ihnen persönlich!

29 Ein Klassenprojekt: Unser Ort

An diesem Projekt können zwei oder drei Gruppen arbeiten, je nach Größe eurer Stadt. Jede Gruppe hat die Aufgabe, ein Layout zu erstellen, das eure Stadt zeigt.

a. Bereitet das Layout vor, zeichnet die wichtigsten Straßen und Gebäude ein und beschriftet diese!
b. Die fertigen Layouts dienen dann als offizielle Stadtkarte in euerm Informationszentrum. Ein Mitglied eurer Gruppe arbeitet im Infocenter und die andern in der Gruppe sind Touristen, die Auskunft nach verschiedenen Zielen in euerm Ort erfragen. Die Touristen wollen auch wissen, wie alt einige Gebäude sind.

Was ist dein Lieblingsreiseziel?

LESETRICK

Distinguishing between fact and opinion. It is important to notice when an author is expressing a personal opinion or value as opposed to conveying facts. Understanding the values held by a group of people is a key to getting along in that culture. Here are some expressions that indicate when an author is giving a personal opinion:

Ich finde …

Ich glaube …

Für mich …

Es soll … sein.

Ich meine …

Getting Started

1. Read the following sentences and determine which ones are fact and which are opinion.
   a. Solche Ferien sind besser als nach Mallorca zu fahren.
   b. Nachts machen wir Waldspiele.
   c. Keine Autos fahren vorbei.
   d. Ein Ferienparadies soll ein Urlaub mit Freunden sein.

2. Look at the title, subtitle, and drawings on these two pages. What is the article about? Scan the article. What kind of information is summarized here?

3. Now read the summary of results **Tiere sind Trumpf**. What are the ten most popular vacations for German teenagers?

4. Does this survey focus on facts or opinions? If the question were

---

Gesucht: Bauernhof zum Ausschlafen

Realschüler, 14 Jahre

Wo Mädchen und Jungen am liebsten Ferien machen

„Für die meisten Menschen ist wohl Hawaii der Urlaubstraum. Für mich ist es das Dorf, wo meine Großmutter wohnt. Da ist ein See mit dem Paddelboot von meinem Opa. Ich habe dort mehrere Freunde. Und Großmutter kocht nur, was mir wirklich schmeckt."

Realschülerin, 13 Jahre

„Es ist und bleibt ein Bauernhof. Es soll ein Urlaub mit Freunden, ohne Eltern sein. Man kann bei der Arbeit freiwillig helfen. Alles, was ich nicht muß wie in der Schule, macht mir Freude. Nachts darf ich mit Freunden schon mal auf dem Heuboden schlafen. Dann hört man plötzlich was. Ist es eine Maus oder ein Siebenschläfer oder ein Marder oder eine der vielen Katzen vom Hof? Dann wird's einem ganz gruselig. Solche Ferien sind besser als nach Mallorca zu müssen in den Ölsardinensitzen."

Realschüler, 13 Jahre

„Mein Ideal ist ein Pfadfinderlager. Nachts machen wir Waldspiele

Tiere sind Trumpf

Eltern fragte 2220 Schülerinnen und Schüler acht bis 16 Jahre alt. Was ist für dich ein Ferienparadies? Am häufigsten genannt wurden:

1. Bauernhof, Reiterhof
2. bei Großeltern oder anderen Verwandten
3. Zelten, Jugendlager, Wohnmobil
4. Trampen
5. Strand an südlichen Meeren
6. zu Hause (Ausschlafen)
7. Bergtour
8. Aktivferien (Surfen, Klettern, Angeln)
9. USA/Kanada (Nationalparks, Disney World)
10. Abenteuerreise (Dschungel, Wüste, Vulkane)

Rund zehn Prozent der Befragten bringen zum Ausdruck, daß für sie der Ferienort eigentlich Nebensache ist—sie empfinden es als viel wichtiger, daß die Eltern Zeit haben, entspannt und gutgelaunt sind.

mit Taschenlampen. Wir haben ein Lagerfeuer. Wenn der Wind ums Zelt heult, kuschelt man sich in seinen Schlafsack."

Realschüler, 14 Jahre

„Für mich muß es ganz, ganz weit weg sein. Wenn ich wieder zu Hause bin, kann ich allen meinen Freunden erzählen, wie weit weg ich war."

Hauptschüler, 14 Jahre

„Meine Eltern gehen immer ins Reisebüro und suchen sich was

„Tolles aus. Meistens Urlaubsziele, wo sich Menschenmassen zusammenballen: Mallorca, Gran Canaria, Italien, Kreta, Meran usw. Mein Urlaubstraum aber ist ein kleiner See mit nettem Strand und dahinter etwas weg ein Dorf. Auf dem Strand steht mein Zelt, und daneben liegt mein Paddelboot. Leider habe ich weder ein Boot noch ein Zelt. Nur Träume."

Gymnasiastin, 15 Jahre

„Für mich sind die schönsten Ferien, wenn wir eine Fahrradtour machen. An einem Fluß vorbei und über Waldwege. Daran sieht man, daß es im Urlaub nicht die Super-Luxus-Hotels machen, um echte Freude zu kriegen."

Gymnasiast, 13 Jahre

„Wo keine Abgase sind. Wo man nachts schlafen kann, weil keine Autos und Lastwagen vorbeidonnern."

Realschüler, 13 Jahre

„Viele Urlaubsparadiese kann man erleben, wenn man eine Radtour macht. Am schönsten war für mich der Weg von Passau nach Wien. Im Flugzeug, im Auto, im Bus sieht man doch alles nur hinter Glasscheiben. Aber auf dem Fahrrad ist alles ganz nahe. Die wunderbarsten Waldwege kann man fahren, und an Flüssen und Bächen vorbei."

Realschüler, 15 Jahre

„Wir haben in der Lüneburger Heide ein kleines Ferienhaus. Das ist unser Urlaubsparadies. Wir wandern oder fahren mit einem Pferdewagen durch die Heide. Meine Eltern, meine Schwester und ich, wir fühlen uns dort sehr wohl. Nur manchmal ist es ein bißchen langweilig. Aber diese Stille ist am besten für die Erholung, für mich vom Schulstreß, für meine Eltern von der Firma."

Gymnasiastin, 14 Jahre

„Ein Bauernhof wie in dem Roman ‚Herbstmilch!' So ganz urgemütlich. Betten mit karierten hohen Plümos in einem ganz kleinen Zimmer mit zwei ganz kleinen Fenstern. Aus den Ställen hört man das Vieh brüllen. Pferde sind da und Schafe. Es ist einfach wunderbar, mitten in der Landwirtschaft zu leben. Abends sitzen alle an einem langen Holztisch und essen aus einem Topf und aus einer Pfanne. Es gibt herrliche Suppe, leckere Braten, feine Nachtische und viel Obst. Alles ist deftig gekocht. Und abends sitzen wir an einem alten Kamin. Ja, so erträume ich mir das."

Gymnasiastin, 15 Jahre

Wo warst du in den letzten Ferien? would the answers be facts or opinions?

5. Skim the interviews. For each interview, jot down the student's age, the main idea (in this case, usually the vacation place or the people with whom the vacation is spent), and one specific fact supporting that person's opinion.

A Closer Look

6. What does the thirteen-year-old **Realschülerin** think most people would describe as a vacation paradise? How does her own opinion differ?

7. What does the thirteen-year-old **Gymnasiast** like about bicycle tours? Which parts of his response are opinion and which are fact?

> **Tip:** You may not know the expression **weder ... noch,** but you can guess its meaning from context because you know the word **leider.**

8. How does the fifteen-year-old **Gymnasiastin**'s idea differ from her parents' idea about a vacation paradise? What does she say about a boat and tent? Is this a fact or opinion?

9. Where does the fourteen-year-old **Gymnasiastin**'s family have a vacation house? What is the only drawback, in her opinion?

10. You have probably formed some impressions and opinions of your own about the readings on these pages. How many of these students do you think are city-dwellers? (Why do you think so?) How many of them are describing vacations they have actually taken, and how many are describing a "daydream?" Which tells you more about a person: his or her real life or his or her hopes and dreams?

1 The German exchange student who lived with your family last summer calls you early one morning and tells you about her trip to Austria. Take notes so that you can tell the rest of your family about her vacation.

2 Schau die Tabelle unten an und dann diese Aussagen! Wenn eine Aussage nicht stimmt, ändere sie so, damit sie stimmt!

1. Die deutschen Jugendlichen fahren am liebsten nach Frankreich.
2. Die 17-19jährigen fahren nicht so oft nach Portugal wie die 14-16-jährigen.
3. Die Niederlande sind ein sehr beliebtes Reiseziel.
4. Deutsche Jugendliche fahren lieber nach Jugoslawien als nach Spanien.
5. Nicht sehr viele Jugendliche fahren nach London.
6. Die 14-28jährigen fahren genauso oft nach Dänemark wie nach Griechenland.

Das Ausland steht an erster Stelle

Wohin geht die Haupturlaubsreise der Jugendlichen? Im Inland bleibt nur jeder fünfte. Hier sind vor allem die Küsten von Schleswig-Holstein attraktiv.

Renner sind die Auslandsreisen. Spanien, Frankreich und Italien stehen an den ersten Stellen (siehe Tabelle).

In Spanien ist „schwer was los"

Die Niederlande, Italien, Jugoslawien und die Türkei sind für Deutsche preisgünstig. Großbritannien, Österreich, Italien, Griechenland und die USA bieten nach Ansicht von deutschen Jugendlichen gute Möglichkeiten, neue Leute kennenzulernen. Die Inseln Spaniens, Italien, Jugoslawien, Griechenland und die Türkei bieten eine prima Urlaubsatmosphäre. In Großbritannien, Spanien und Italien ist „schwer was los".

Die wichtigsten Reiseziele der deutschen Jugendlichen im Ausland (1998)			
	14-28 Jahre	14-16 Jahre	17-19 Jahre
Spanien (Inseln und Festland):	17,9	12	20
Frankreich:	11,4	7	12
Italien (mit Inseln):	10,8	7	13
Jugoslawien:	5,9	5	6
Griechenland:	5,4	3	3
Österreich:	5,4	7	6
Dänemark:	4,0	6	5
Portugal:	4,0	-	2
Niederlande:	3,7	2	6
Großbritannien:	3,5	7	6

(alle Angaben in Prozent; durch andere Reiseziele und Mehrfachnennungen ergeben sich keine 100 Prozent)

3 Lies den obigen (*above*) Artikel und beantworte die Fragen auf Englisch!

1. What is the topic of the article?
2. According to the report, what are the different advantages each country has to offer as a vacation spot?
3. Do more German young people choose to travel to another country or to stay within Germany for their vacations? What statistics support your answer?

4 Get together with three other classmates. Each of you chooses (without telling others) one place to go or thing to do in your home town. Each begins by suggesting to the others his or her desire and tries to persuade them to come along. The other two should try to express some reservation about the idea. Everyone gets a turn to suggest and persuade. In the end, all of you must agree on one thing to do together.

5 # *Zum Schreiben*

You took a bicycle tour of a small mountainous area in the US or in a German-speaking country and are now writing a short informative piece about your adventures for a high school German club newspaper.

SCHREIBTIP

Organize your thoughts around a main idea, then **choose details which support your point of view** and which would appeal to your audience. This focuses your writing, keeps you on track, and aids you in persuading someone to see your point of view.

Vorbereiten   Keeping a **writer's journal** is an excellent technique to organize information. By keeping a journal of daily observations, thoughts, and feelings, you can organize your ideas in order to write an article that contains lots of interesting details about your trip. Write daily entries which include what you did, how you felt, and observations about the areas you visited.

Ausführen   In this case, your **main idea** could be that the place you visited is well worth the trip. **Es gibt in dieser Gegend viele Jugendherbergen, wo man billig übernachten kann,** might be a detail which would convince some of your readers that this is a type of vacation they could actually afford.

Überarbeiten

- Reread your paper, checking for good details and descriptions. Have you given facts about the area, included humorous anecdotes, and adequately expressed your feelings about the area you visited?

- Exchange papers with a partner and check each other's paper for details, descriptions, facts, anecdotes and feelings.

- Proofread, make corrections and changes, and read your paper to the class.

6

R O L L E N S P I E L

With two partners, pick a vacation spot in the United States which you will have to present to a group of German students who are prospective travelers to the United States. Market and "sell" the spot, making it as attractive as possible. Get photos of the area, find out the main attractions and conveniences. Orient your presentation to the interests of German students. Then make your presentation to the class.

Can you express indecision? (p. 213)

Can you ask for and make suggestions? (p. 213)

1 How would you ask someone what you should do?

2 How would you ask your friends for specific suggestions on what you all could do this evening?

3 How would your friend suggest that you go to these places?
   a. to Switzerland
   b. to New York
   c. to Lake Constance (**der Bodensee**)

4 How might your friends respond if
   a. they like the idea
   b. they do not like the idea

Can you express doubt, conviction, and resignation? (p. 217)

5 How would you convey to a friend
   a. that you doubt you will be able to go on vacation?
   b. that you are sure you will go to Florida?

6 How would you say to someone that it will rain all summer and that unfortunately nothing can be done about it?

Can you ask for and give directions? (p. 222)

7 How would you ask your teacher how to get to the post office?

8 How would you give directions to someone
   a. who needs to go to the post office from your school?
   b. who is looking for the shopping center?

9 How would you answer if someone asked you for directions, but you were new in town?

ERSTE STUFE

EXPRESSING INDECISION

Was machen wir jetzt? *What are we going to do now?*
Was soll ich bloß machen? *Well, what am I supposed to do?*

TALKING ABOUT GOING ON VACATION

die Bahn, -en *train*
das Flugzeug, -e *airplane*
das Schiff, -e *ship*
der Urlaub, -e *vacation (time off from work)*

die See, -n *ocean, sea*
  die Nordsee *the North Sea*
das Hallenbad, ⁼er *indoor pool*
der Tennisplatz, ⁼e *tennis court*
steigen *to climb*
beliebt *popular*

ASKING FOR AND MAKING SUGGESTIONS

Wohin fahren wir? *Where are we going?*
Hast du eine Idee? *Do you have an idea?*

Was schlägst du vor? *What do you suggest?*
Ich schlage vor, dass ... *I suggest that...*
Ich bin dafür, dass ... *I am for doing...*
Fahren wir nach ... ! *Let's go to... !*

USEFUL PREPOSITIONS FOR EXPRESSING DIRECTION

nach *to, toward*
an *to, at*
in *in, into*
auf *to, onto*

ZWEITE STUFE

WORDS FOR DESCRIBING A VACATION BY THE WATER

das Meer, -e *ocean*
segeln *to sail*
windsurfen *to wind surf*
tauchen *to dive*
angeln *to fish*
Boot fahren *to go for a boat ride*
das Boot, -e *boat*

HOTEL ACTIVITIES

die Liegewiese, -n *lawn for relaxing and sunning*

der Golfplatz, ⁼e *golf course*
der Strand, ⁼e *beach*
der Sandstrand, ⁼e *sand beach*
die Sauna, -s *sauna*
der Fitnessraum, ⁼e *training and weight room*
der Whirlpool, -s *whirlpool*
die Diskothek, -en *discothek*
der Fernsehraum, ⁼e *TV room*

EXPRESSING DOUBT

Ich weiß nicht, ob ... *I don't know whether...*
Ich bezweifle, dass ... *I doubt that...*

Ich bin nicht sicher, dass/ob ... *I'm not sure that/whether...*

EXPRESSING CONVICTION

Ich bin sicher, dass ... *I am certain that...*
Das kannst du mir glauben! *You can believe me on that!*

EXPRESSING RESIGNATION

Da kann man nichts machen. *There's nothing you can do.*
Das ist leider so. *That's the way it is unfortunately.*

DRITTE STUFE

ASKING FOR AND GIVING DIRECTIONS

Entschuldigung! *Excuse me!*
Verzeihung! *Pardon me!*
Das ist hier um die Ecke. *That's right around the corner.*
die Ecke, -n *corner*
Biegen Sie hier ein! *Turn in here!*
Tut mir Leid. Ich bin nicht von hier. *I'm sorry. I'm not from here.*

DESCRIBING A CITY

der Parkplatz, ⁼e *parking lot*

das Stadttor, -e *city gate*
die Hauptstraße, -n *main street*
aus dem (16.) Jahrhundert *from the (16th) century*
der Brunnen, - *fountain*
das Wohnhaus, ⁼er *residence*
Das Fachwerkhaus ist aus dem fünfzehnten Jahrhundert. *The half-timbered house is from the fifteenth century.*
aus *from, out of*
bei *by, near*
nach *after*
von *from, of*
seit *since, for*
gegenüber *across from*

durch *through*
um *around*
neben *next to*
vor *in front of*
zwischen *between*

OTHER USEFUL WORDS AND EXPRESSIONS

Das ist gerade passiert. *That just happened.*
kaputt *ruined, broken*
eine andere, ein anderer, ein anderes *another (a different) one*
eben nicht *actually not*
das Jahrhundert, -e *century*

Komm mit nach

Berlin!

Berlin

Einwohner: 3,5 Millionen

Flüsse: Spree, Havel

Berühmte Gebäude: Kaiser-Wilhelm-Gedächtniskirche, Schloss Charlottenburg, Pergamonmuseum, Brandenburger Tor, Reichstag, Kongresshalle, Nationalgalerie

Bedeutende Berliner: Wilhelm von Humboldt (1767-1835, Diplomat und Linguist), Alexander von Humboldt (1769-1859, Naturforscher), Rahel Varnhagen (1771-1833, Schriftstellerin), Karl Friedrich Schinkel (1781-1841, Architekt), Werner von Siemens (1816-1892, Erfinder), Kurt Tucholsky (1890-1935, Schriftsteller), George Grosz (1893-1959, Maler), Marlene Dietrich (1901-1992, Schauspielerin)

Industrie: Elektrotechnik, Textilindustrie, Metallindustrie, Verlage, Pharmazeutische Industrie

Beliebte Gerichte: Berliner Pfannkuchen, Eisbein, Buletten, Grüner Aal

Foto ① Das nach der Kriegszerstörung wieder aufgebaute Reichstagsgebäude

go.hrw.com

WKO BERLIN

Berlin

CD-ROM
Disc 3

Berlin, das jahrzehntelang geteilt und dessen westlicher Teil von der kommunistischen DDR umgeben war, ist seit 1990 Hauptstadt des vereinten Deutschlands. Die größte deutsche Stadt ist zugleich eine Kulturmetropole von Weltruf. Die Vitalität dieser Stadt, die die Zerstörungen im Zweiten Weltkrieg ebenso überstand wie den Bau der Berliner Mauer, macht Berlin so faszinierend.

④ Die Kaiser-Wilhelm-Gedächtniskirche am Kurfürstendamm

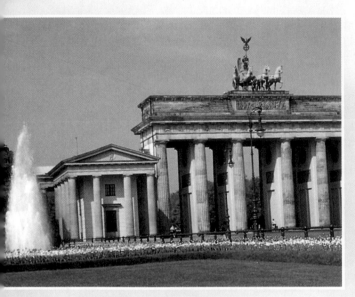

② Das Brandenburger Tor ist das Wahrzeichen Berlins.

③ Mahnmal für die Opfer der Berliner Mauer

6 Das berühmte Café Kranzler am „Ku'damm"

5 „Orgel-Hermi", ein typischer Berliner Leierkastenmann

Die letzten Kapitel in unserem Buch zeigen uns Berlin, die alte und neue deutsche Hauptstadt. Die sechs Schüler in diesen Kapiteln gehen aufs Max-Beckmann-Gymnasium in Reinickendorf.

7 Sandra, Astrid, Andreas, Binh, Ismar und Lars

10
Viele Interessen!

1 Das gibt's doch nicht!

What do German-speaking teenagers do when they need a break from homework? Though television in the German-speaking countries is different from American television, it is a source of information and entertainment for those teenagers who are tired of hitting the books. Cars are another area of interest to many teenagers. Most of them look forward to getting a driver's license and with it a certain amount of independence. To talk about these interests, you need to know a number of words and expressions.

In this chapter you will learn

- to ask about and express interest
- to ask for and give permission; to ask for information and express an assumption
- to express surprise, agreement, and disagreement; to talk about plans

And you will

- listen to students talk about television and cars
- read excerpts from a German television guide
- write about your interests in television and cars
- find out how the German television companies operate, and what is required to obtain a German driver's license

② Ich interessier mich für Ratesendungen.

② Ich werde mir mal so einen tollen Wagen kaufen — ein Solarmobil!

Solarmobil Karlsruhe e.V.

SolarMobil '93

HOTEL KÜBLER
Karlsruhe

Los geht's!

Mensch, zieh die Handbremse an!

Look at the photos on these two pages. What are the boys
doing at first? What topics do you think they are discussing?

Ismar   Andreas

> Du, Ismar, lass mal sehen!
> Das kann doch nicht stimmen.
> Du hast dich ganz bestimmt
> verrechnet. Ich meine ...

> Hier, du darfst nachrechnen.

> Du, ich hab ein ganz
> anderes Ergebnis. Das gibt's doch nicht!
> Was machen wir jetzt?

> Ich meine, wir sind
> müde. Machen wir mal eine
> kleine Pause!

> Einverstanden! —
> Schauen wir mal, was es jetzt im Fernsehen
> gibt! Um diese Zeit kommt gewöhnlich
> nichts Besonderes.

> Du hast bestimmt recht,
> aber schauen wir mal! — Habt
> ihr ein Fernsehmagazin?

> Ja schon. Aber ich
> weiß nicht, wo es liegt.
> Gib mir lieber mal die
> Fernbedienung rüber!

> Hier!

> Danke! Schauen
> wir mal, was es im Ersten
> Programm gibt!

> Ach, etwas über die
> Umwelt. Normalerweise interessiert
> mich so was, aber nicht jetzt.
> Mach weiter!

> Etwas über Politik! Das
> interessiert mich wenig.

> Da stimm ich dir zu.

1 Was passiert hier?

Verstehst du alles, was diese Leute in der Foto-Story sagen? Beantworte die Fragen!

1. What are Andreas and Ismar doing at the beginning?
2. Why do they take a break? What do they do during the break?
3. What do you find out about Andreas and Ismar's interests in television?
4. Who interrupts them? What does Andreas get reminded of?
5. Does Ismar know a lot about cars? How do you know?
6. What happens at the end? What do you think is going to happen next?

2 Genauer lesen

Lies den Text noch einmal und beantworte diese Fragen!

1. Which phrases express compliments? Interest? Permission? Surprise? Agreement? Making suggestions?

3 Was passt zusammen?

Welche Ausdrücke auf der rechten Seite beenden die Satzanfänge auf der linken Seite?

1. Du hast dich verrechnet, denn ...
2. Andreas will die Fernbedienung, denn ...
3. Ismar braucht das Fernsehmagazin, denn ...
4. Andreas interessiert sich für ältere Spielfilme, denn ...
5. Ismar darf bald Auto fahren, denn ...

a. sie sind oft sehr lustig.
b. ich habe ein anderes Ergebnis.
c. in einem halben Jahr kann er den Führerschein machen.
d. er will wissen, was jetzt am Nachmittag kommt.
e. er will das Fernsehgerät einschalten.

4 Stimmt oder stimmt nicht?

Wenn der Satz nicht stimmt, schreib die richtige Antwort!

1. Die Jungen haben das gleiche Ergebnis in den Matheaufgaben.
2. Am Nachmittag kommen Sendungen im Fernsehen, für die sie sich interessieren.
3. Ismar schaut im Fernsehmagazin nach, um zu sehen, was am Nachmittag läuft.
4. Normalerweise interessiert sich Ismar für Umweltprobleme.
5. Ismar und Andreas sehen die gleichen Filme gern.
6. Ismar versteht viel von Autos.
7. Er hat auch schon seinen Führerschein.

5 Welche Wörter passen?

Welche Wörter aus dem Kasten passen in die Zusammenfassung des Foto-Romans?

Andreas und Ismar machen __1__ in Mathe zusammen. Sie machen __2__, weil sie müde sind. Sie wollen __3__ schauen aber finden __4__ nicht und versuchen mit der __5__ herauszufinden, was es im Ersten Programm gibt. Normalerweise interessieren sie sich für __6__, die mit der Umwelt zu tun haben, aber heute nicht. Sie wollen lieber einen __7__ oder Sport schauen. Die Mutter kommt und erinnert (*reminds*) Andreas daran, __8__ heute noch sauber zu machen. Sie machen das zusammen und sprechen über Autos, Autofahren und __9__.

das Auto   Actionfilm
das Fernsehmagazin
den Führerschein
Fernsehen   eine Pause
Fernbedienung
Sendungen
Hausaufgaben

Wer guckt was?

Lies, worüber sich Ismar und Andreas unterhalten und beantworte die Fragen!

ISMAR Für welche Sendungen interessierst du dich am meisten?

ANDREAS Das ist leicht zu sagen, wofür ich mich interessiere: für Nachrichtensendungen und ab und zu vielleicht mal für einen tollen Krimi.

ISMAR Dann bist du ein wirklich typischer Fernsehgucker. — Schau, hier ist eine Statistik über die beliebtesten Fernsehsendungen der Deutschen.

ANDREAS Das gibt's doch nicht! — Interessant! Und wofür interessierst du dich?

ISMAR Wir sehen uns zu Hause Nachrichten, Sport und Politik an. Und danach diskutieren wir immer heftig über alles …

ANDREAS Das find ich toll! — Aber jetzt checken wir schnell mal das Nachmittagsprogramm durch!

„Ich freu mich schon immer auf ‚Tatort'. Das läuft sonntags um 20 Uhr 15 im Ersten Programm."

1. Wofür interessiert sich Andreas? Worauf freut sich Ismar?
2. Warum ist Andreas ein typischer Fernsehzuschauer?
3. Für welche Sendungen interessiert sich Ismars Familie?
4. Was passiert gewöhnlich nach einer Sendung bei ihm zu Hause?
5. Für welche Sendungen interessieren sich die Deutschen am meisten? Am wenigsten?
6. Welche amerikanischen Sendungen passen in diese Kategorien?

Die TV-Hits der Deutschen	
Nachrichtensendungen	74%
Kriminalfilme	57%
Wetterbericht	50%
Ratesendungen/Spielshows	43%
Sportübertragungen	43%
Tier-/Natursendungen	42%
Familiensendungen	42%
Lustspiele/Komödien	39%
Wildwest-/Abenteuerfilme	37%
Gesundheits-/Medizinthemen	37%
Talkshows	36%
Politikerdiskussionen	36%

6 Hör gut zu!

Für welche Fernsehsendungen interessieren sich diese Leute und warum? Mach dir Notizen! Vergleiche dann deine Notizen mit den Notizen deiner Mitschüler!

die Nachrichten,
Nachrichtensendungen

der Wetterbericht

Sportsendungen,
Sportübertragungen

Natursendungen

Ratesendungen

Diskussionen über Politik

Für welche Sendungen interessierst du
dich? Sag es deinen Klassenkameraden!

Und dann noch . . .

Familiensendungen	Tiersendungen
Kriminalfilme	Lustspiele
Wildwestfilme	Komödien
Abenteuerfilme	Sendungen über
Spielshows	Gesundheit
Talkshows	Werbesendungen

7 Wofür interessiert sich Ismar und warum?

Was passt zusammen?

Ismar interessiert sich für ...

den Wetterbericht

die Nachrichten

Sportsendungen

Kriminalfilme

Natursendungen

Komödien

weil er ...

gern lustige
Sachen sieht

Tiere furchtbar gern hat

sie sehr span-
nend findet

wissen möchte, was in
der Welt passiert

nur bei gutem Wetter
im Gebirge wandert

selbst gern
Sport macht

SO SAGT MAN DAS!

Asking about and expressing interest

Schon bekannt

You already know several ways of asking
someone about his or her interests:

Was für Interessen hast du?
Wofür interessierst du dich?

and of expressing your interests:

Ich interessiere mich für Sport.

8 Wofür interessierst du dich und warum?

Bevor du mit deinem Partner die vielen Sendungen durchcheckst, frag ihn, wofür er sich
besonders interessiert und warum! Danach sag ihm, wofür du dich interessierst und warum!

CD-ROM
Disc 3

GRAMMATIK Verbs with prepositions; **wo-** and **da-**compounds

1. As in English, German verbs are often followed by prepositions which convey specific meanings. Think of some examples in English. In German, you have to pay attention to the case (accusative or dative) that follows a preposition. Look at the sentences below. Which case follows each preposition?

> **sprechen über: Die Jungen sprechen über das Ergebnis.**
> **sich freuen auf: Andreas freut sich auf den Krimi.**
> **sich interessieren für: Er interessiert sich für lustige Filme.**

2. When using verbs with prepositions in a question or response, you must do the following:
   a. When referring to people, use the preposition plus the question word **wen** in your questions: **Für wen interessierst du dich?**

> **Ich interessiere mich für ihn, den Ralph.**

   b. When referring to things or ideas, you use a **wo-**compound (**wo** + preposition) in your question:

> **Wofür interessierst du dich?**   **Ich interessiere mich für Politik.**

   If you want to refer to the thing or idea in a statement using a pronoun (*it*), you have to use a **da-**compound (**da** + preposition):

> **Ich interessiere mich für Politik. — Ja? Ich interessiere mich auch dafür.**
> **Er freut sich auf den Krimi. — Ich freue mich auch darauf.**

3. If a preposition begins with a vowel, an **r** is inserted between **wo** and **da** and the preposition to facilitate pronunciation:

> **auf: worauf, darauf**   **über: worüber, darüber**

9 Wie viele Sätze kannst du bauen?

| ich
meine Freunde
und ich, wir
meine Eltern
mein Freund | sprechen
diskutieren
s. freuen
s. interessieren | gewöhnlich
immer
ab und zu
ganz selten | auf
für
über | die Nachrichten
Sportsendungen
Natursendungen
Ratesendungen
Krimis
Kultursendungen
Problemfilme
Kindersendungen
Werbung |

10 Wofür interessierst du dich?

Frag deine Partnerin, wofür sie sich interessiert! Sag ihr, ob du dich auch dafür interessierst oder nicht!

11 Was gucken wir?

Du möchtest mit deiner Partnerin heute Abend Fernsehen gucken. Du weißt aber nicht genau, wofür sie sich interessiert. Habt ihr die gleichen Interessen? Auf welches Programm freust du dich? Und sie?

12 Für mein Notizbuch

Schreib in dein Notizbuch, für welche Sendungen du dich interessierst und was du gewöhnlich guckst! Wann kommen deine Lieblingssendungen? Auf welchem Fernsehsender (*channel*)? Gibt es eine Sendung, auf die du dich besonders freust?

13 Werbung im Fernsehen

Guck dir mal die Werbesendungen im Fernsehen an! Für welche Artikel werben die Sender am meisten? — Mach eine Rangliste mit Werbeartikeln, wie im Beispiel links! Erwähne auch deine Lieblingswerbung und beschreibe sie! Berichte deiner Klasse über dein Ergebnis!

Rang	Werbeartikel
1	Fast-foods
2	Geschirrspülmittel
3	Waschpulver
4	Kaffee
5	Video-Spiele
6	Textilien
7	Rasierklingen

SO	ÜBERSICHT	
18.00 ZDF	Ein Heim für Tiere Bobby hat zwei Zuhause.	60 Min.
18.00 RTL	Mord ist ihr Hobby mit Angela Lansbury	45 Min.
19.00 3SAT	heute	30 Min.
19.00 RTL	Hans Meiser Audience Participation Show	70 Min.
20.00 BR3	Die Sterngucker Sind wir allein im Universum?	45 Min.
20.00 N3	Der amerikan. Bürgerkrieg Letzter Teil: Robert E. Lee	60 Min.
20.00 SW3	Agatha Christie Krimiserie: Hercule Poirot	60 Min.
20.00 PRO 7	Matlock Krimiserie	45 Min.
22.15 ZDF	Die Sport-Reportage	30 Min.
22.30 SAT1	Fußball Berichte der 1. Liga	30 Min.

EIN WENIG LANDESKUNDE

ARD

ZDF

RTL

SAT.1

In Germany there are public and private television companies. The public companies are financed by a monthly viewing fee based upon the number of TV sets in use in each household. As of January 1, 1998, the monthly fee for radio and television (Rundfunk– und Fernsehgebühr) was DM 28,25. The programming of public companies is scrutinized by a quasi-governmental agency, the **Rundfunk- und Fernsehrat,** that is composed of various interest groups. The two public television companies are **ARD,** producing the **Erstes Programm,** and the **ZDF,** producing the **Zweites Programm.** The **ARD** also produces regional programming, the **Regionalprogramm,** or the **Drittes Programm.** Advertising on these stations is restricted to two 15-minute periods a day.

A number of private TV companies that emerged in the eighties are financed by commercials. The most prominent companies are **RTL** and **SAT 1.** These private stations transmit, above all, sports, entertainment programs, and often controversial series. Other popular private companies are **PRO 7, n-tv, MTV,** and **Eurosport.**

PRO 7

3 SAT

RTL 2

VOX

Was machst du, um zu relaxen?

You've learned a lot already about the way German-speaking students like to spend their free time. Now we've asked people from around Germany what they do after school or work in order to relax and unwind. Think about what you've learned so far about Germans' free time interests. Then think about what you and your friends do after school or after work to relax. Afterwards, listen to the interviews, then read the text.

Sabine, *Berlin*

„In der Freizeit viel lesen, schwimmen gehen, Sport, und ich würde gerne mal Fallschirm springen, diese Tandemsprünge würde ich gerne mal machen. Und was ich vor allen Dingen in der Freizeit mache, ist Schlafen, das finde ich ganz besonders schön."

Uwe, *Hamburg*

„So, ich mach Hausaufgaben, mit sehr viel Musik dazwischen, und, ja dann entweder treff ich mich mit meinen Freunden und spiel Basketball oder Fußball, oder etliches, ja, oder ich faulenze einfach, leg mich aufs Bett und schlafe."

Philipp, *Stuttgart*

„In der Freizeit, also da fahr ich speziell fahr Rollerblade und mal fahr Mountainbike, und das hab ich mitgckriegt, weil mal welche aus Amerika da waren — von dem Film ,Rollerboys', und dann hab ich das angefangen. Rollerblade fahren, es macht mir ziemlich viel Spaß, ich finde das irgendwie ... andere Welt für mich und macht mir sehr viel Spaß. Und mit ihm [meinem Freund] speziell mach ich hobbymäßig noch Computer, und da möchten wir dann später auch mal beruflich einsteigen."

A. 1. Write the names of the people interviewed on a piece of paper and next to each the activities or hobbies that he or she talks about.
2. What does Sabine like to do best? What phrase does she use to describe that? Name one thing Sabine would like to do, but has not yet done.
3. What else does Uwe like to do when he's doing homework?
4. When did Philipp first become interested in in-line skating?
5. Scan through the activities again. Which other activities are mentioned which are also popular in the United States? Based on what you already knew about German culture, were you surprised that so many trends popular in the United States are also popular in Germany?

B. 1. People often think the habits of other cultures are somewhat "strange" and difficult to understand. At some time in your life, you may have heard this about German culture. However, once people get to know the other culture (as you've gotten to know German culture) they find it's not so very different from their own. What's your impression? Think about everything you've learned about Germany so far. Are there more similarities between our two cultures or are there more differences?
2. Write an essay in German stating your own opinion. Be sure to support your opinion with several examples based on what you've learned in the **Landeskunde** sections.

ZUM LESEN

Was läuft im Fernsehen?

Getting Started

1. Judging by their format, what kind of texts are these?

2. With your classmates, think of five different kinds of information that you would usually find in a TV schedule at home and list these on the board.

> **Tip:** When reading a schedule you are usually looking for specific information, for instance, dates or times. To orient yourself, you need to scan the schedule to find out what kind of information is given and where it is located.

3. Locate the following kinds of information in the **Fernsehprogramm** excerpts:
   a. times
   b. channels
   c. types of shows
   d. length of shows
   e. day/date
   To what do the initials **ARD, ZDF,** etc. refer? If you had time

SAMSTAG 10–20 UHR

Der Prinz von Bel-Air
Ist die Katze unterwegs, tanzten die Mäuse auf den Tischen – da macht Bel-Air keine Ausnahme

13.20 RTL Serie

Will (M. hinten) sitzt ganz schön in der Klemme: Phil muß helfen

Vivian und Phil sind für zwei Tage unterwegs. Hilary übernimmt in ihrer Abwesenheit die Aufsicht über die Kinder. Will nutzt die Gelegenheit für einen Abstecher in die Stadt, läßt sich zu einem Billardspiel mit Einsatz überreden – und verliert prompt 500 Dollar. **25 Min.**

17.25 ARD Serie

Praxis Bülowbogen
„Schuldgefühle" plagen Thomas: Nach dem Autounfall bleibt Freundin Susanne gelähmt

Behandeln Thomas: Dr. Katrin (l.) und Peter Brockmann (M.)

Seit Susanne durch seine Schuld im Rollstuhl sitzen muß, hat sich Thomas' ganzes Leben verändert. Er kümmert sich rührend um seine Freundin. Doch sie ist überzeugt, daß er sie eines Tags verlassen wird. **65 Min.**

70 TV GUIDE   FILMB

13.15 PRO 7 Doku

Im Reich der wilden Tiere
Auf Flußpferdfang in Afrika und Karibus in Kanada

Flußpferden sieht man nicht an, wie gefährlich sie werden können. Die Wildhüter des Krüger-Nationalparks haben eine spezielle Fangmethode entwickelt: Eine schwere Straßenbaumaschine schützt die Männer bei ihrem gefährlichen Job. Bei den kanadischen Karibus versuchen die Wissenschaftler, der hohen Sterblichkeit unter den Jungtieren auf die Spur zu kommen. **55 Min.**

Hippopotamus amphibius – das Flußpferd und seine Drohgebärde

Eishockey WM _live!_

15.00 EURO. Sport

Aus der Olympiahalle, München: Zweiter der Gruppe B gegen den Dritten der Gruppe A

Die Vorrunde ist ausgespielt. Nun werden im K.O.-System die Endspielgegner ermittelt: Die ersten vier Teams der

beiden Vorrundengruppen kommen weiter. Die Deutschen haben bei dieser WM mit Heimvorteil gute Chancen. **180 Min.**

Eine Spielszene der Begegnung BRD – Kanada

Raumschiff Enterprise

16.09 ZDF Serie

„Illusion oder Wirklichkeit": Ein schwarzes Loch im Universum zieht die Enterprise magisch an

Opfer einer fremden Geisteskraft: Picard, Haskell, Data (o.)

Bei dem Versuch, ein Schwarzes Loch im All näher zu untersuchen, wird die Enterprise verschlungen. Gleich darauf kommt es zu

seltsamen Sinnestäuschungen: Die Mannschaft kämpft gegen ein romulanisches Kriegsschiff, das gar nicht existiert! **51 Min.**

Der Junge mit dem gro-ßen schwarzen Hund

11.30 ZDF Kinder

Ulf und der Neufundländer – eine schwierige Freundschaft

Im Schrebergarten von Oskar hat Nepomuk genug Auslauf

Ulf ist zehn und will schon lange einen eigenen Hund. Eines Tages läuft ihm ein schwarzer Neufundländer hinterher. Ulf gibt ihm den

Namen Nepomuk und nimmt ihn mit nach Hause. Seine Eltern sind nicht gerade begeistert, aber für eine Nacht darf er bleiben. **75 Min.**

---

between 3:00pm and 5:30pm on Saturday, what could you watch on German TV?

A Closer Look

4. If you're reading this section of the TV guide you probably want to figure out what these shows are about or if you've already seen them. For the following shows, look at the photos and read the captions, titles and subtitles: a science fiction series, an American sit-com, a documentary, and a children's TV show. Then, based on this information alone, predict what each show or episode is about.

5. Read the previews of these shows to confirm or adapt your original prediction. How close were you in predicting the content of the show?

6. Previews of TV shows never give the ending away. However, based on everything you know about the shows so far and on your own knowledge of different kinds of shows, predict the endings for the following shows. Then write, in German, one or two concluding sentences for each summary.
   a. _Raumschiff Enterprise_
   b. _Der Junge mit …_
   c. _Praxis Bülowbogen_
   d. _Der Prinz von Bel-Air_

7. Write a preview for one episode of your favorite show. Write one sentence about the main idea of the episode and four sentences which develop the main idea. Use connecting words such as those in the texts on these pages. Be sure not to give away the ending!

8. Write a movie and TV trivia quiz. Everyone will write three trivia questions in German on three separate cards and then put all the cards in a container. Divide up into two teams and play trivia.

Fernseh-Hits in Deutschland 1997			
Rang	Sendung	Datum	Anstalt	Zuschauer (Mio)
1	Wetten daß . . ?	13. 4.	ZDF	17,56
2	Wetten daß . . ?	2. 3.	ZDF	17,50
3	Die Rudi Carrell Show	26. 1.	ARD	16,60
4	ARD-Sport Extra: EM-Qualifikation Deutschland–Wales	16. 10.	ARD	16,43
5	Die Rudi Carrell Show	26. 10.	ARD	16,12
6	Die Rudi Carrell Show	20. 4.	ARD	15,90
7	Wetten daß . . ?	14. 12.	ZDF	15,89
8	Wetten daß . . ?	2. 11.	ZDF	15,72
9	Das Traumschiff	1. 1.	ZDF	15,57
10	Die Rudi Carrell Show	7. 12.	ARD	15,51
11	ZDF-Sport Extra: Fußball Belgien – BRD	20. 11.	ZDF	15,38
12	Tagesschau	3. 2.	ARD	15,35
13	Tagesschau	20. 1.	ARD	15,25
14	Derrick	15. 3.	ZDF	15,09
15	Ein Fall für zwei	25. 1.	ZDF	14,76

Die erfolgreichsten Sendungen

In den Fernsehanstalten weiß man morgens ganz genau, für welche Fernsehprogramme sich die meisten Haushalte am Abend zuvor interessiert haben, denn für alle Sendungen werden die Einschaltquoten gemessen.

Solche Statistiken sind heutzutage für alle Fernsehanstalten für die Planung von neuen Programmen unentbehrlich. Auch wollen die Werbesponsoren diese Einschaltquoten wissen.

Die Gesellschaft für Konsum-, Markt- und Absatzforschung (GfK) in Nürnberg ermittelt diese Einschaltquoten. Fernsehgeräte von ausgewählten Haushalten werden mit kleinen Computern versehen, die der Zentrale sekundengenau anzeigen, wann und wie viele Haushalte die verschiedenen Fernsehprogramme eingeschaltet haben.

PRO 7 und RTL haben das jüngste Publikum

Wenn im Vorabendprogramm die „Real Ghostbusters" oder „Lassie", die „Little Wizards" oder „Doogie Howser" auftauchen, dann ist entweder PRO 7, RTL 2 oder der Kabelkanal eingeschaltet, die Sender mit dem „jüngsten" Publikum (siehe Tabelle rechts). Vor allem Kinder und Jugendliche sehen sich die US-Produktionen an — und die Werbespots für „McDonald's", „Murmel-Mikado" und das Elektronikspiel „Super Nintendo".

Aber Vorsicht mit diesen Zahlen! Die „jüngsten" TV-Sender haben zwar die meisten Zuschauer unter 50 Jahren, doch ist ihr Marktanteil wesentlich geringer als der von ARD und ZDF.

HITPARADE der „jüngsten" TV-Sender im Juni 1997			
RANG	SENDER	ZUSCHAUER	
		unter 50 Jahre	über 50 Jahre
1	PRO 7	76,6%	23,3%
2	RTL 2	74,4%	25,6%
3	KABK	65,1%	34,9%
4	VOX	56,1%	43,9%
5	RTL	56,1%	44,0%
6	DSF	54,5%	45,5%
7	SAT.1	51,2%	48,8%
8	NTV	45,8%	58,3%
9	ARD	43,7%	56,3%
10	ZDF	35,4%	64,6%

14 Beliebte Sendungen

Lies die beiden Artikel und beantworte die Fragen!

1. Was haben beide Artikel gemeinsam (*in common*)?
2. Für wen sind die Einschaltquoten von Interesse und warum?
3. Welche Sendungen sehen sich die jüngeren Zuschauer an? Auf welchen TV-Sendern kommen diese Sendungen?
4. Welche sind die beiden größten deutschen Fernsehanstalten?

WORTSCHATZ

- 68 cm, 2×30 Watt
- Kabeltuner für 39 Programme
- LED-Programmanzeige
- Kopfhöreranschluss
- Fernbedienung
- mit Videotext

Stereo-Farbfernsehgerät

Dieser **Fernseh- und Videowagen** kommt mit zwei **Ablagefächern** für Ihre **Videocassetten**

CD-ROM Disc 3

Diese **Fernbedienung** steuert bequem Ihr Gerät.

Eine **Zimmerantenne** für UHF und VHF

Dieser **Stereo-Kopfhörer** kommt mit einem **Lautstärkeregler**

15 Hör gut zu!

Rolf has just bought himself a new entertainment system with all the latest features. On a piece of paper, draw the outlines of a **Fernseh- und Videowagen.** Then listen to Rolf's description and sketch what you hear. Draw in all the equipment and features he mentions and pay attention to where the features are located.

16 Und du?

Beantworte die Fragen!

1. Was für ein Fernsehgerät habt ihr? Wie groß ist es?
2. Wie viele Programme könnt ihr empfangen (*receive*)?
3. Welche Ausstattung (*features*) hat euer Fernsehgerät?
4. Habt ihr Kabelfernsehen oder eine Zimmerantenne?
5. Wie steuert ihr euer Fernsehgerät?
6. Wie viele Fernsehgeräte habt ihr? Wo stehen sie?
7. Wann gebrauchst du einen Kopfhörer?
8. Hast du einen eigenen Fernseher? Wenn ja, was für einen?

SO SAGT MAN DAS!

Asking for and giving permission

You have been using the helping verbs **dürfen** and **können** in questions such as:

> **Warum darfst du keine Bananen essen?**
> **Kann ich bitte Andrea sprechen?**

When asking for permission, you could say:

> **Darf ich (bitte) das Fernsehgerät einschalten?**
>
> **Kann ich bitte mal die Fernbedienung haben?**
>
> **He, du! Lass mich mal das Fernsehmagazin sehen!**

When giving permission, you may say:

> **Ja, natürlich! Bitte schön!**
>
> **Bitte! Hier!**
>
> **Gern! Hier ist es!**

Which one of these questions seems to be the most formal or polite?

17 Lass mal …!

Frag deinen Partner, ob du die folgenden Sachen sehen oder haben darfst! Er erlaubt es dir.

Fernbedienung
Zimmerantenne
Kopfhörer
Wetterbericht
Fernsehgerät
Fernsehmagazin
Sportsendung
Programmanzeige

EIN WENIG GRAMMATIK

One of the many meanings of the verb **lassen** is *to let,* in questions and statements asking for permission.

> **Lass mich bitte mal sehen!**
> **Lässt du mich bitte fernsehen?**

The verb **lassen** has a stem vowel change in the **du-** and **er/sie-**forms.

SO SAGT MAN DAS!

Asking for information and expressing an assumption

You already know one way of asking for information using *yes/no* questions:

Hat das Gerät eine Fernbedienung?

Here is another way of asking a *yes/no* question, using an **ob**-clause:

Wissen Sie, ob das Gerät eine LED-Programmanzeige hat?
Können Sie mir sagen, ob das Gerät einen Kopfhöreranschluss hat?

As a response, you may express an assumption by saying:

Ich glaube schon, dass (er eine LED-Programmanzeige hat).
Ich meine doch, dass (das Gerät einen Kopfhöreranschluss hat).

What position does the conjugated verb occupy in the **dass**-clause? And in the **ob**-clause? How would you ask a friend the above questions, using **ob**-clauses? What about two friends?

18 Du brauchst Information

Du brauchst einen neuen Fernseher*, aber bevor du ihn kaufst, hast du viele Fragen. Spielt die Rollen von Kunde und Verkäufer mit einem Klassenkameraden und frag, welche Ausstattung der Fernseher hat!

BEISPIEL   KUNDE **Können Sie mir sagen, ob ...**

19 Weißt du, ob ...?

Die neue Fernsehsaison beginnt bald. Du möchtest etwas über deine Lieblingssendung wissen. Dein Partner hat ein Fernsehprogramm von zu Hause mitgebracht. Du möchtest Folgendes wissen (verwende dabei **ob**-Sätze *(if-clauses)*):

a. wann die Sendung kommt
b. um welche Zeit sie kommt
c. wer wieder mitspielt

BEISPIEL   DU **Weißt du, ob ... noch am Samstag kommt?**

Ausstattung
    Farbfernsehgerät
Stereogerät
    Kabelfernsehen
LED-Programmanzeige
    Fernbedienung
Kopfhöreranschluss

20 Und du?

Eure Schule macht eine Umfrage über die Fernsehgewohnheiten (*viewing habits*) von Schülern! Beantworte die Fragen des Reporters der Schülerzeitung! Such dir einen Partner und spielt die Rollen von Reporter und Schüler! Mach dir Notizen!

1. Wie viel Zeit verbringst du vor dem Fernsehgerät?
2. Welches Programm siehst du dir am meisten an?
3. Zu welcher Zeit siehst du fern?
4. Welches sind deine Lieblingssendungen? Warum?
5. Welche Sendungen siehst du dir nur ab und zu an? Warum?
6. Wofür interessierst du dich überhaupt nicht?
7. Schaust du dir die Werbespots an? Warum? Warum nicht?

*__Fernseher__ is a popular way of referring to a **Fernsehgerät**.

21 Was steht im Fernsehprogramm?

Lies, was Andreas über das Fernsehprogramm sagt! Was bedeuten die Wörter **montags, dienstags**, usw.?

> Montags läuft immer eine Krimiserie. Die kommt abends im ARD. Dienstags kommt auf SAT 1 das „Glücksrad" ... und samstags kommt im ZDF immer „Das aktuelle Sport-Studio."

WORTSCHATZ

montags	freitags
dienstags	samstags
mittwochs	sonntags
donnerstags	

22 Was läuft so im Fernsehen?

Dein Partner, ein deutscher Austauschschüler, möchte wissen, wann in der Woche im Fernsehen etwas läuft, wofür er sich vielleicht interessiert. Sieh in deinem Fernsehmagazin nach und sag es ihm! Tauscht dann die Rollen aus!

BEISPIEL   PARTNER   **Was läuft denn samstags so im Fernsehen?**

DU   **Samstags läuft fast nie etwas Besonderes. Aber sonntags läuft immer ...**

EIN WENIG GRAMMATIK

The verb **laufen,** *to walk* or *run,* is also used to talk about what *is on* TV. How would you say the following sentence in English?

Läuft *60 Minutes* **noch am Sonntag?**

Laufen has a stem-vowel change in the **du** and **er/sie**-forms:

Läufst du schnell zum Zeitungsstand? Ich will sehen, was im Fernsehen läuft.

Wann?

montags
     dienstags
mittwochs
     donnerstags
freitags
     samstags
sonntags

Wie oft?

immer   regelmäßig

fast immer   manchmal

meistens   kaum

häufig   fast nie

sehr oft   selten

oft   nie

Was?

etwas/nichts Besonderes

etwas ganz Tolles: ...

eine super Sendung: ...

ein ganz gutes Programm: ...

ein toller Film

23 Eine Reportage

Du musst jetzt einen kurzen Bericht über die Fernsehgewohnheiten von deinem Partner, einem typischen Schüler, für deine Schülerzeitung schreiben. Schau auf deine Notizen von Übung 20, und schreib einen kurzen Bericht über ihn!

DRITTE STUFE

Expressing surprise, agreement, and disagreement; talking about plans

Autofahren kostet viel Geld!

Für einen neuen Wagen muss man heute so um die 20 000 Mark auf den Tisch legen, und der Preis kann noch höher sein, wenn man sich eine Menge Auto-Extras dazu kauft, wie zum Beispiel eine Servolenkung oder Breitreifen. Auch sind die monatlichen Unterhaltungskosten ziemlich hoch, was die Statistik nebenan beweist.

1. Wie viele Extras haben deutsche PKWs?
2. Wie viel muss der Autofahrer monatlich für sein Auto zahlen?

Gefragte Auto-Extras
Vom Hersteller angebotene Serienausstattung bzw. vom Käufer georderte Zusatzausstattung

Von je 100 Neuwagen 1995 hatten

Radio	89
Fahrer-Airbag	83
Servolenkung	81
Zentralverriegelung	72
Elektr. Wegfahrsperre	64
Metallic-Lackierung	61
Schiebedach	59
Antiblockiersystem	59
Beifahrer-Airbag	59
Wärmedämmendes Glas	56
Elektr. Fensterheber	48
Breitreifen	33
Leichtmetallfelgen	33
Automatikgetriebe	11
Klimaanlage	10
Anhängerkupplung	9

Quelle: DAT © Globus 3771

Was Autofahren kostet
Monatsausgaben 1995 am Beispiel eines VW Golf CL 1,8
Berechnung für einen Neuwagen, der 20 000 km pro Jahr gefahren und 5 Jahre behalten wird

Wertverlust	287 DM
Benzin und Öl	227
Wartung, Reparaturen, Reifen	145
Haftpflicht (einschl. Teilkasko)	88
Garage	80
Waschen, Pflege	42
Nebenausgaben	33
Kfz-Steuer	20
insgesamt	922 DM

Quelle: ADAC © Globus 2733

WORTSCHATZ

CD-ROM Disc 3

Jedes Auto hat ...

Scheinwerfer

Scheibenwischer

eine Fußbremse

eine Handbremse

Es gibt auch Extras, zum Beispiel . . .

eine Klimaanlage

ein Schiebedach

Breitreifen

Und dann noch . . .

ein Stereo-Radio, einen Kassettenspieler
eine Automatik   *automatic transmission*
eine Servolenkung   *power steering*
Servobremsen   *power brakes*
ein 5-Gang Getriebe   *five-speed transmission*
eine Zentralverriegelung   *automatic locks*
eine Alarmanlage   *an alarm system*
Sitzschoner   *seat covers*
Alufelgen   *aluminum rims*
Rallyestreifen   *rally stripes*
Aufkleber   *(bumper) stickers*

24 Hör gut zu!

Zwei Leute beschreiben ihre Autos. Mach dir Notizen! Welche Extras haben beide Autos? Welche Extras hat ein Auto, die das andere nicht hat?

25 Und du?

Such dir eine Partnerin und tauscht Informationen zu den folgenden zwei Fragen aus!

1. Welche Ausstattung hat euer Auto zu Hause?
2. Was für ein Auto wünschst du dir einmal? Was für ein Auto muss es sein? Welche Extras muss es haben? Welche Extras brauchst du nicht?

SO SAGT MAN DAS!

Expressing surprise, agreement, and disagreement

You already know many expressions to express surprise, such as:

Was? Wirklich?

Here are some others:

Das ist ja unglaublich!
Das ist nicht möglich!
Das gibt's doch nicht!

You also know many expressions for expressing agreement, such as:

Gut! Na klar! Gern! Ja, das stimmt!

Here are some others:

Da stimm ich dir zu!
Da hast du (bestimmt) recht!
Einverstanden!

When expressing disagreement, you may say:

Das finde ich nicht.
Das stimmt (überhaupt) nicht!

---

26 Ja, das gibt's doch nicht!

Bring Werbung für Autos mit in die Klasse! Zeig deinem Partner, welches Auto du dir gern kaufen möchtest und warum! Dein Partner ist überrascht, dass dieses Auto nicht viele Extras hat. Du sagst ihm, dass du das nicht brauchst und nennst einen Grund dafür. Dein Partner stimmt dir zu oder auch nicht.

BEISPIEL	DU	Ich möchte mir gern dieses Auto kaufen; es sieht toll aus und ist nicht so teuer.
	PARTNER	Aber schau! Es hat keine (Klimaanlage). Das gibt's doch nicht!
	DU	Ich brauch keine. Es ist nicht so heiß bei uns.
	PARTNER	Da hast du recht. *oder* Das finde ich nicht. Ich ...

Schon bekannt

EIN WENIG GRAMMATIK

Remember to use **kein**, *not, not any, no,* to negate a noun rather than an entire sentence.

Es hat **keine** Klimaanlage.
Ich brauche **kein** Schiebedach.

In Deutschland muss man 18 Jahre alt sein, um den Führerschein für einen PKW machen zu können. Jeder Bewerber muss erst einmal eine Fahrschule besuchen. Der theoretische Unterricht besteht aus mindestens zehn Doppelstunden zu je 90 Minuten. Für die Fahrpraxis sind heute 20 normale Fahrstunden vorgeschrieben und zehn Sonderfahrten — auf Landstraßen, auf der Autobahn, auch Fahrten bei Regen und in der Nacht. Um den Führerschein zu bekommen, braucht man also ziemlich viel Zeit — und auch viel Geld. Die Durchschnittskosten für einen PKW-Führerschein liegen heute bei DM 3 000,00. — Wie bekommt man einen Führerschein in den Vereinigten Staaten?

SO SAGT MAN DAS!

Talking about plans

You have been talking about plans in sentences that contain a word referring to future time, such as:

Morgen gehe ich schwimmen. or **Wir gehen am Samstag ins Kino.**

If you want to express your future plans in a very definite manner, you can say:

Ich werde mir einmal einen tollen Wagen kaufen.
In einem halben Jahr werde ich den Führerschein machen.

Name the verbs used in each of these two sentences. Which one is the conjugated verb? The infinitive? How would you say these sentences in English?

27 Hör gut zu!

Zwei Schüler unterhalten sich übers Fernsehen und über Autos. Hör ihrem Gespräch gut zu, und schreib nur die Dinge auf, die jeder ganz bestimmt machen wird!

28 Was wirst du dir kaufen?

Du sagst einem Partner, was du dir ganz bestimmt kaufen wirst. Er ist überrascht, aber du gibst ihm einen guten Grund.

BEISPIEL	DU	**Ich werde mir mal ein Auto mit einem Schiebedach kaufen.**
	PARTNER	**Wirklich? Was willst du denn mit einem Schiebedach?**
	DU	**Ein Schiebedach ist sehr praktisch — Luft und Sonne können ins Auto!**
	PARTNER	**Das finde ich nicht. Ich meine, dass ...**

Was?

ein Auto

mit einem Schiebedach
mit einer Klimaanlage
mit Zentralverriegelung
mit einer Alarmanlage
mit ...

einen Fernseher

mit einer Fernbedienung
mit einem Kabeltuner
mit einer LED-Anzeige
mit ...

GRAMMATIK The future tense with werden

1. Future time can be expressed by using the present tense with a word indicating future time, such as **morgen, nächste Woche,** etc.

   Morgen gehen wir schwimmen.

2. Another way to express future events is to use the verb **werden** as an auxiliary verb together with another verb in the infinitive.

   In einem halben Jahr werde ich den Führerschein machen.

3. The present tense forms of **werden** are:

ich	**werde**	wir	**werden**
du	**wirst**	ihr	**werdet**
er, sie, es, man	**wird**	sie, Sie	**werden**

4. In clauses beginning with **dass, ob, wenn, weil,** the conjugated form of **werden** is in last position, preceded by the infinitive.

   Ich weiß nicht, ob ich mir diesen Wagen kaufen werde.

29 Was wirst du tun?

Dein Partner macht eine Bemerkung, oder er fragt dich etwas. Du sagst ihm, was du tun wirst. Denk an so viele Antworten wie möglich!

PARTNER **Du bist wirklich sehr müde.**

DU **Das stimmt! Und ich werde gleich mal eine kleine Pause machen.**

30 Du und dein Partner

1. Frag deinen Partner, was er sich dieses Wochenende im Fernsehen ganz bestimmt ansehen wird! Er nennt dir mindestens drei Sendungen, und er sagt dir auch, warum er sich diese Programme ansehen wird.
2. Dein Partner fragt dich, was für ein Auto du dir einmal kaufen wirst. Du sagst es ihm, und du sagst ihm auch, was für eine Ausstattung und welche Extras es haben wird und warum.
3. Frag deine Partnerin, ob sie schon ihren Führerschein hat oder wann sie ihn machen wird! Frag sie auch, wie man sich auf den amerikanischen Führerschein vorbereiten muss! Würdest du lieber den deutschen Führerschein machen? Warum oder warum nicht?

31 Wie geht's meinem Brieffreund?

Schreib deinem Brieffreund über deine Freizeitinteressen, besonders übers Fernsehen! Schreib ihm etwas über deine Fernsehgewohnheiten und über deine Lieblingssendungen! Und wenn du dich für Autos interessierst, schreib ihm, was für ein Auto du dir einmal kaufen wirst!

1 Umfrage halten! The German channel ZDF is planning a satellite feed into German classes across the United States, and they have hired you to do market research of TV viewing habits. In groups of three, choose one of the categories below and design a questionnaire with at least three questions relating to your topic. Poll the class, tally your results in the group and present them (in German) to the class.

- Fernsehkonsum (wie viele Stunden? an welchen Tagen? usw.)
- beliebte und unbeliebte Programme
- beliebte Werbesendungen
- Sportsendungen
- Musiksendungen
- Spielfilme
- Serien (*Sit-coms*)
- Spielshows

2 Your partner will describe to you the dream car he or she will one day buy (using **werden**). As your partner describes it, draw a picture according to his or her description. When you're finished, find out if you understood everything by describing the drawing in front of you back to your partner. Then switch roles. Below are types of cars and features your dream car might have.

Aufkleber
(bumper stickers) Schiebedach Rallyestreifen Kombiwagen
(station wagon)

große Boxen
(big loudspeakers) Sportwagen Kleinlaster

Breitreifen Kabriolett
(convertible) Alufelgen
(aluminum rims)

3 Listen to the Bauer family discuss the evening lineup on TV. As you listen, look at the schedule on page 242 and fill in a grid like the one on the right. For each time slot write in the channel the family decides to watch.

18.00		
19.00		
20.00		

4 Schreib in dein Notizbuch deine eigene Meinung zum Thema: Was sind die Vorteile und Nachteile vom Kabelfernsehen?

5 ## Zum Schreiben

ZDF plans to cancel your favorite television show! You have written a petition and it has been signed by hundreds of people. Now you need to write a persuasive letter to the network convincing them to leave the show on its program schedule.

SCHREIBTIP

The purpose of a **persuasive letter** is not just to inform, but also to convince someone to do or think about something from a different perspective. Consider the person or persons to whom you are writing; what would make them change their minds? What are their expectations, goals, concerns? Your letter should be logical and serious and have a rather formal tone. If you write that the TV show should not be cancelled because it is "way cool" the network might not take your opinion very seriously and would probably not be persuaded.

Vorbereiten First you need to choose a "favorite show." There are a number of programs listed in this chapter, or you could make up your own program. Then **brainstorm** reasons why people would like this program and use this list to write your letter.

Ausführen **Begin your letter with a sentence which clearly states your reason** for writing. Back up your opinion with some facts and good reasons why it is in the best interest of the network to leave your favorite show on the program schedule. One of the facts you could mention is the number of people who signed the petition. You might include "testimonials" by these people. You might also mention any good media reviews the show has received.

Überarbeiten
· Exchange your letter with a partner who should read it and determine whether you have been convincing with your arguments. Have you used strong, clear reasons and believable facts?
· Make changes, proofread for spelling and punctuation errors, revise, print a final copy, and submit it to your teacher.

6 ## R O L L E N S P I E L

In groups of three, pick any product and produce your own commercial for German TV. Try to sell your product to your German audience using the phrases you've learned in this chapter. Be sure to use props or glossy photos!

Can you ask about and express interests? (p. 240)

1 How would you ask a friend, using a **wo**-expression,

   a. what his or her interests are?
   b. what he or she is talking about?
   c. what he or she is looking forward to?

2 How would you ask your friend who he or she is interested in?

3 How would you say, using a **da**-expression, that

   a. something interests you?
   b. you don't talk about that?
   c. you are looking forward to that?

Can you ask for and give permission? (p. 247)

4 How would you politely ask someone if you may turn on the TV? How might that person respond?

5 How might you be less polite when asking to have the headphones?

Can you ask for information and express an assumption? (p. 248)

6 How would you ask

   a. a classmate if he or she knows whether you have German today, using an **ob**-clause? How would that person answer that he or she thinks you have class, using a **dass**-clause?

   b. a salesman if a particular car has a lot of extras? How would he respond?

Can you express surprise, agreement, and disagreement? (p. 251)

7 How would you respond if someone told you that

   a. he or she won $10,000,000 in a sweepstakes?
   b. winning $10,000,000 is difficult?
   c. winning $10,000,000 is very easy?

Can you talk about plans? (p. 252)

8 How would you say that

   a. you will get your driver's license in a year?
   b. your sister will travel to Berlin soon?

9 How would you ask a friend if he will buy himself a color TV-set?

ERSTE STUFE
TALKING ABOUT TELEVISION PROGRAMS

Sehen wir nachher fern? *Are we going to watch TV afterwards?*
fernsehen (sep) *to watch TV*
s. freuen auf (acc) *to look forward to*
Fernseh gucken *to watch TV* (colloquial)

die Sendung, -en *show, program*
das Programm, -e *schedule of shows*
der Sender, - *station, transmitter, channel*
die Nachrichten (pl) *the news*
der Wetterbericht, -e *weather report*
die Sportübertragung, -en *sport telecast*

die Übertragung, -en *telecast, transmission*
die Natursendung, -en *nature program*
die Ratesendung, -en *quiz show*
eine Diskussion über Politik *political discussion*
die Diskussion, -en *discussion*
wo- and **da-**compounds (see page 241)

ZWEITE STUFE
TALKING ABOUT A TV SET

Habt ihr ein Farbfernsehgerät zu Hause? *Do you have a color television set at home?*
das Stereo-Farbfernsehgerät, -e *color stereo television set*
der Fernseher, - *television*
die Fernbedienung, -en *remote control*
der (Stereo-)Kopfhörer, - *(stereo) headphones*
die Zimmerantenne, -n *indoor antenna*
der Lautstärkeregler, - *volume control*
der Fernseh- und Videowagen, - *TV and video cart*
das Ablagefach, ̈er *storage shelf*

die Videocassette, -n *video cassette*

ASKING FOR AND GIVING PERMISSION

Darf ich (bitte) ...? *May I (please)...?*
einschalten (sep) *to turn on*
Kann ich bitte ...? *Can I (please)...?*
Lass mich mal ... *Let me...*
Ja, natürlich! *Yes, of course!*
Bitte! Hier! *Here you go!*
Gern! Hier ist es! *Here! I insist!*
lassen *to let, allow*
er/sie lässt *he/she lets, allows*

ASKING FOR INFORMATION

Weißt du, ob ...? *Do you know whether...?*

Können Sie mir sagen, ob ...? *Can you tell me whether...?*
Was läuft im Fernsehen? *What's on TV?*

EXPRESSING AN ASSUMPTION

Ich glaube schon, dass ... *I do believe that...*
Ich meine doch, dass ... *I really think that...*

EXPRESSING RECURRING TIME: DAYS OF THE WEEK

montags *Mondays*
dienstags *Tuesdays*
mittwochs *Wednesdays*
donnerstags *Thursdays*
freitags *Fridays*
samstags *Saturdays*
sonntags *Sundays*

DRITTE STUFE
TALKING ABOUT CARS

der Scheinwerfer, - *headlight*
der Scheibenwischer, - *windshield wiper*
die (Fuß-, Hand-)Bremse, -n *(foot, hand) brake*
die Klimaanlage, -n *air conditioning*
das Schiebedach, ̈er *sunroof*
der Breitreifen, - *wide tire*
der Führerschein, -e *driver's license*

EXPRESSING SURPRISE

Das ist ja unglaublich! *That's really unbelievable!*
(Das ist) nicht möglich! *(That's) impossible!*
Das gibt's doch nicht! *There's just no way!*

EXPRESSING AGREEMENT AND DISAGREEMENT

Da stimm ich dir zu! *I agree with you on that!*
Da hast du (bestimmt) recht! *You're right about that!*

Einverstanden! *Agreed!*
Das finde ich nicht. *I don't think so.*
Das stimmt (überhaupt) nicht! *That's not right (at all)!*

TALKING ABOUT PLANS

Ich werde mir einen tollen Wagen kaufen. *I'm going to buy myself a great car.*
werden *will*
du wirst *you will*
er/sie/es wird *he/she will*

11

Mit Oma ins Restaurant

1 Ich bin dafür, dass wir etwas in der Stadt unternehmen.

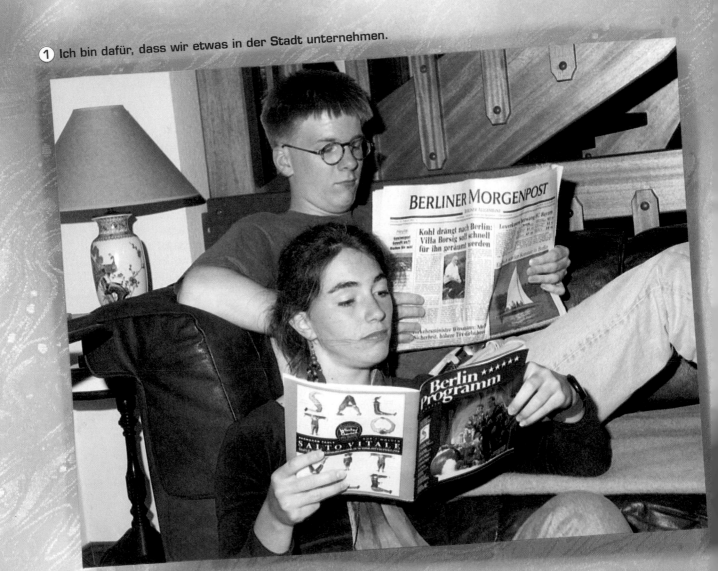

Going to a play, a concert, or an opera, or even going to a nice restaurant is something special. That is especially true if it marks an occasion to celebrate — an anniversary, a birthday, or another family event. If you had to make plans in Germany for a special occasion, you would need to know several new expressions in German.

In this chapter you will learn

- to ask for, make, and respond to suggestions
- to express hearsay
- to order in a restaurant; to express good wishes

And you will

- listen to students talk about their plans to attend cultural events and to go out for dinner
- read excerpts from city guides and restaurant menus
- write about your cultural and culinary tastes
- find out what cultural events are offered in cities and what kinds of specialties Germans like to eat

② Ich würde gern mal in ein typisches Berliner Lokal gehen.

③ Der Fisch soll hier ausgezeichnet sein.

Los geht's!

Pläne für Omas Geburtstag

Look at the photos on these two pages. Who do you think these people are and what do you think they are doing?

 Andreas   Astrid   Oma   Bedienung

 Vater   Mutter

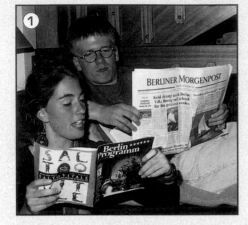

ASTRID	Hier ist etwas, was Oma vielleicht gefallen würde, ein Sommerkonzert in der Philharmonie.
ANDREAS	Ja, Musik mag sie gerne. Vati möchte ja am liebsten nach Schwerin fahren, um dort essen zu gehen.
ASTRID	Wirklich? Bei diesem Verkehr? Ich bin dafür, dass wir hier etwas unternehmen.
ANDREAS	Ich schlage vor, dass ich die Oma mal fragen werde, was sie am liebsten machen möchte.
ASTRID	Das ist doch keine Überraschung mehr!
ANDREAS	Das weiß ich.
ASTRID	Na gut! Wie du meinst.

ANDREAS	Hallo, Omi! Ich hab dir ein paar Blumen mitgebracht, aus unserm Garten.
OMA	Hallo, Andreas! Schön, dass du mich besuchst.
ANDREAS	Du hast doch Geburtstag, Omi. Astrid und ich, wir möchten wissen, was du am liebsten machen möchtest. Da läuft so viel.
OMA	Ach, ich liebe so viele Dinge.
ANDREAS	Eben! Nun, Omi, sag schon! Möchtest du vielleicht ein Konzert besuchen, oder möchtest du in eine Oper oder Operette gehen?
OMA	Ich möchte gern ins Theater gehen, aber nicht im Sommer, sondern später, wenn es kühler ist.

ANDREAS	Möchtest du vielleicht in ein griechisches oder italienisches Restaurant? Oder wie wär's mit einem typischen Berliner Lokal?
OMA	Ich würde am liebsten in ein Lokal gehen, wo wir draußen sitzen können.
ANDREAS	Prima, Oma! Aber, sag nichts dem Vati, dass ich dich gefragt habe! Tschüs!
OMA	Auf Wiedersehen, Andreas! Und noch mal vielen Dank für die Blumen!

Ja, hier ist Schmidt. Ich möchte einen Tisch bestellen, beziehungsweise reservieren, für Samstag, für 12 Uhr 30, und wir sind fünf Personen ... Ja, der Name ist Schmidt, mit d-t. Danke! Tschüs!

HOTEL·RESTAURANT
HAUS Dannenberg AM SEE
ENDHALTESTELLE BUS 13 & 14 · ☎ 431 30 91

⑤

BEDIENUNG	So, bitte schön, die Speisekarte! Möchten Sie zuerst etwas trinken?
MUTTER	Ich hätte gern einen Weißwein, aber trocken.
OMA	Ich auch.
ASTRID	Ein Mineralwasser, bitte!
ANDREAS	Und ich hätte gern einen Apfelsaft.
VATER	Für mich ein Bier, ein alkoholfreies, bitte!

⑥

Der Fisch hier soll sehr gut sein, hab ich gehört. Worauf hättest du denn Appetit, Mutter?

Ich nehme mal die Seezunge.

Ich würde gern das Wiener Schnitzel essen, aber ich weiß nicht, ob ich Salzkartoffeln oder Pommes frites dazu bestellen soll.

Ich würde die Salzkartoffeln nehmen.

Ja, du!

BEDIENUNG	Haben Sie schon gewählt?
VATER	Ja, ich denke, wir sind so weit.
MUTTER	Ja, ich hätte gern ein Schweinerückensteak, mit Käse überbacken.
OMA	Ich nehme die Seezunge mit Salzkartoffeln und Salat.
VATER	Bringen Sie mir bitte das Seebarschfilet mit Salzkartoffeln und einem kleinen Salat!
ASTRID	Ich hätte gerne ... Königsberger Klopse und einen kleinen gemischten Salat.
ANDREAS	Und ich hätte gern das Wiener Schnitzel, aber mit Pommes, bitte!

⑦

VATER	Also, jetzt trinken wir erst einmal auf dein Wohl, Mutter. Alles Gute!
MUTTER	Zum Wohl! Und bleib uns recht lange gesund!
OMA	Zum Wohle, meine Lieben!
ASTRID	Prost, Oma! Alles Gute!
ANDREAS	Alles Gute, Oma! Prost!

⑧

1 Was passiert hier?

Verstehst du alles, was diese Leute sagen? Beantworte die Fragen!

1. For whom are Astrid and Andreas making plans?
2. What does their father want to do? What does Astrid suggest?
3. Why does Andreas go to Oma's?
4. What does Oma like to do on her birthday?
5. Why is Oma not to say anything about Andreas' visit?
6. What does Andreas do after he gets home from Oma's?
7. What does the family order first in the restaurant?
8. What has the father heard about this place?
9. What does Andreas have trouble deciding about?
10. What kinds of side dishes do they order?
11. What happens at the end of the story?

2 Stimmt oder stimmt nicht?

Wenn der Satz nicht stimmt, schreib die richtige Antwort!

1. Der Vater würde am liebsten zu Omas Geburtstag nach Schwerin fahren.
2. Astrid möchte lieber etwas in Berlin unternehmen.
3. Die Oma würde gern mal in eine Oper gehen.
4. Sie würde aber auch gern in ein griechisches Lokal gehen.
5. Andreas bestellt einen Tisch für vier Personen.
6. Andreas' Vater trinkt im Restaurant ein alkoholfreies Bier.
7. Als Hauptgericht bestellt sich die Oma Königsberger Klopse.
8. Alle trinken auf Vaters Wohl.

3 Welche Sätze passen zusammen?

Welche Satzteile auf der rechten Seite passen zu den Satzteilen auf der linken Seite?

1. Die beiden Geschwister planen etwas Besonderes,
2. Ihr Vater möchte nach Schwerin fahren
3. Andreas schlägt vor,
4. Die Oma freut sich sehr,
5. Andreas möchte die Omi fragen, was sie zum Geburtstag tun will,
6. Am liebsten möchte die Oma in ein Lokal gehen,
7. Die Oma soll dem Vater nichts von Andreas' Besuch bei ihr sagen,

a. dass Andreas sie besucht und ihr Blumen mitbringt.
b. dass er die Oma besucht und sie fragt, was sie tun will.
c. denn die Geburtstagsfeier soll eine Überraschung sein.
d. denn in Berlin läuft so viel.
e. und dort ins Restaurant gehen.
f. weil ihre Oma bald Geburtstag hat.
g. wo sie alle draußen sitzen können.

4 Was passt?

Welches Wort im Kasten passt zu welchem Ausdruck unten?

1. Musik ════
2. eine Operette ════
3. den Geburtstag ════
4. mit dem Auto ════
5. in ein Konzert ════
6. einen Tisch ════
7. Appetit ════
8. auf das Wohl ════
9. Blumen ════

feiern hören haben trinken
reservieren wegfahren
gehen sehen mitbringen

LANDESKUNDE

Für welche kulturellen Veranstaltungen interessierst du dich?

We asked people from around Germany what kinds of cultural interests they have. Listen to the interviews, then read the texts.

Herr und Frau Heine, *Goslar*

„Ja, als Kultur ... wir gehen ganz gern nun mal ins Konzert, ins Theater ... und das ist natürlich etwas, was man in der Kleinstadt nicht so hat, das ist ganz klar. In der Kleinstadt müssen wir ungefahr so eine Fahrzeit von ein bis anderthalb Stunden rechnen, um in die nächstgrößere Stadt zu kommen, die dann etwa so 250- bis 500 000 Einwohner hat. In der Großstadt Berlin, oder in 'ner anderen Stadt der Größe oder ähnlicher Größe, wär es natürlich so, dass man ein sehr viel höheres Angebot in der Stadt an Kultur angeboten bekommt — da sind Museen, Theater, Schauspielhäuser, Konzerte. Die Philharmonie hier, die hab ich vor einigen Monaten das erste Mal besuchen können. Das ist schon sehr beeindruckend, überwältigend, auch vom Klang her."

Günther, *Berlin*

„Zu Konzerten und Ausstellungscröffnungen, und zwar Martin-Gropius-Bau ‚Amerikanische Kunst im zwanzigsten Jahrhundert'. Zu so was. Ab und zu Musical, aber eher selten, eigentlich Konzerte mehr."

Claudia und Ursel, *Düsseldorf*

Claudia: „Also, wir zeigen da eigentlich sehr vielseitige Interessen, zum Beispiel auch Kino oder Theater, und ..."
Ursel: „Samstags abends gehen wir auch ganz mal gern in die Disko zum Beispiel."
Claudia: „Oder wir sind ja hier nach Hamburg gekommen, um uns das *Phantom der Oper* anzuschauen, also Musicals auch, also das ist eigentlich sehr weit gefächert."

A. 1. What different kinds of cultural events do these people mention?
   2. Reread Mr. Heine's interview. To what is he referring when he says **Das ist etwas, was man in einer Kleinstadt nicht hat?** What does a city like Berlin have to offer? What phrase does he use to sum this up and make a comparison?

B. Berlin has always been a diverse city with something exciting for everyone. Since unification there is more to see in Berlin than ever. How many of the places below do you recognize? Test your cultural and geographic savvy by matching each name with a photo.

Das Pergamon Museum

Schloss Charlottenburg

Die Weltzeituhr am Alexanderplatz

Mahnmal (Opfer der Mauer)

ERSTE STUFE

Asking for, making, and responding to suggestions

Berlin ist eine Reise wert. Ein deutsches Sprichwort heißt: „Wer die Wahl hat, hat die Qual." Das trifft besonders auf Berlin zu, denn die neue Metropole Deutschlands macht es den Berlinern selbst und den vielen Besuchern nicht leicht, sich für einige von den vielen kulturellen Möglichkeiten zu entscheiden, die diese Stadt bietet. Sie wollen Berlin ja nicht nur sehen, sondern es auch wirklich erleben.

Ein kleiner Auszug aus dem kulturellen Programm:

Sonntag, 26. Januar 1997, 16 Uhr
Philharmonie
Konzert für die ganze Familie in Zusammenarbeit mit der Seehausverwaltung für Schule, Jugend und Sport so wie dem JugendKulturService (GmbH).

Dirigent: **Niels Muus — Moderator: Otto Sander — Entezami:** "Die Maus und der Löwe". Ein musikalisches Märchen für Erzähler und Orchester (Uraufführung) **—Wüsthoff:** "Das Kuscheltierkonzert" für großes Orchester und Sprecher (Uraufführung)

Karten an den bekannten Vorverkaufskassen, an den jeweiligen Veranstaltungsorten sowie Berliner Symphoniker. Telefon 325 55 62 Mo. - Fr. 10-14 Uhr.

Sa, 4.9., Deutschlandhalle, 20 Uhr Berlin 88,8 präsentiert

«Das Phantom Traumpaar ist zurück»

Peter Hofmann
Anna Maria **Kaufmann**

singen

Musical Classics

mit Mitgliedern des
NDR-Sinfonieorchesters
Leitung:
Carl Robert Helg

BERLINER DOM

Sonnabend, 4. August, 19.30 Uhr
Streichkonzert
Israel Camerata
Women's String Orchestra
Werke von Bach u.a.

Sonntag, 5. August, 17 Uhr
Orgelkonzert
Dr. Dieter Hiller (Berlin)
Werke von Schumann, Liszt, Guilmant u.a.

		Deutsche Oper Berlin	Staatsoper Unter den Linden	Theater am Kurfürstendamm	Komödie	Hansa Theater	Berliner Kammerspiele
		Charlottenburg, Bismarckstr. 35, ☎ 3 41 02 49, ☎ 34 38-1 (Zentrale); Ⓤ Dt. Oper; Bus: 101	Mitte, Unter den Linden 7, ☎ 2 00 47 62; Ⓤ Ⓢ Friedrichstraße; Bus: 100, 157	Charlottenburg, Kurfürstendamm 206, ☎ 8 82 78 93; Ⓤ Uhlandstraße; Bus: 119, 129	Charlottenburg, Kurfürstendamm 206, ☎ 8 82 78 93; Ⓤ Uhlandstraße; Bus: 119, 129	Tiergarten, Alt-Moabit 48, ☎ 3 91 44 60; Ⓤ Turmstraße; Bus: 101, 123, 245	Tiergarten, Alt-Moabit 99, ☎ 3 91 55 43; Ⓤ Turmstraße; Bus: 123, 245
2.	Do	19.30 Aida (in ital. Sprache)	20.00 Romeo und Julia (in ital. Sprache)	Keine Vorstellung	20.00 Ausreißer	20.00 Don Camillo und Peppone	19.00 Andorra
3.	Fr	19.30 Ballett: Dornröschen	19.30 Hoffmanns Erzählungen	20.00 Herr im Haus bin ich (Premiere)	20.00 Ausreißer	20.00 Don Camillo und Peppone	19.00 Andorra
4.	Sa	18.30 Liederabend (siehe 'Konzerte')	19.30 Ballett: Nacht/ Verklärte Nacht/Der wunderbare Mandarin	20.00 Herr im Haus bin ich	20.00 Ausreißer	19.00 Don Camillo und Peppone	19.00 Andorra
5.	So	17.00: Der Ring des Nibelungen: Götterdämmerung	19.00: Ballett: Nacht/ Verklärte Nacht/Der wunderbare Mandarin	20.00 Herr im Haus bin ich	18.00 Ausreißer	15.30 Don Camillo und Peppone	Keine Vorstellung

5 Viel zu tun in Berlin!

Lies den Text „Berlin ist eine Reise wert", und beantworte die folgenden Fragen!

1. Was bedeutet das Sprichwort „Wer die Wahl hat, hat die Qual"?
2. In welcher Weise passt das Sprichwort zu Berlin?
3. Für welche kulturellen Veranstaltungen ist dieser Auszug aus dem Berlin Programm?
4. Wohin musst du gehen, wenn du Folgendes sehen oder hören willst?
   a. am Sonnabend „Herr im Haus bin ich"
   b. am Donnerstag „Romeo und Julia"
   c. am Sonntag das Orgelkonzert

CD-ROM Disc 3

Was kann man in Berlin alles sehen?

Die Zauberflöte
von
Wolfgang A. Mozart

eine Oper

Die Fledermaus
von
Johann Strauß

eine Operette

Andorra
von
Max Frisch

ein Schauspiel/Theaterstück

Der Nussknacker
von
Tschaikowsky

ein Ballett

Oklahoma
von
Hammerstein

ein Musical

Und dann noch . . .

in den Zoo gehen
in den Zirkus gehen
ein Symphoniekonzert hören
ein Chorkonzert hören
ins Kabarett gehen

Und man kann **Stadtrundfahrten** machen — mit dem Bus oder mit dem Schiff — und sich die vielen kulturellen **Baudenkmäler** Berlins ansehen.

Busausflug

Ausflugsschiff

Anschlag für Ausflüge

Berliner Synagoge

6 Was kann man alles machen?

Erzähl deinen Freunden alles, was man in Berlin machen kann, indem du die Verben mit den richtigen Hauptwörtern verbindest (*by connecting*).

Man kann ...

in den Zoo
den Dom
eine Stadtrundfahrt
ein Symphoniekonzert
ein Schauspiel
ins Kabarett
Baudenkmäler
eine Kunstausstellung
ein Schloss

gehen
machen
besichtigen
besuchen
sehen
hören

7 Hör gut zu!

Einige Schüler erzählen, für welche kulturellen Veranstaltungen sie sich interessieren und warum. Wähle für jede Beschreibung eine Aktivität aus dem Wortschatzkasten auf Seite 265 aus, die dieser Person besonders gefallen würde!

8 Hast du einen Vorschlag?

Ulf und Beate machen gerade Pläne für heute Abend, aber Ulf ist gar nicht sicher, wie das ablaufen soll und fragt nach Vorschlägen. Für jede Antwort schreib eine passende Frage!

ULF	═══
BEATE	**Gehen wir ins Konzert!**
ULF	═══
BEATE	**Du kannst schon die Konzertkarten abholen.**
ULF	═══
BEATE	**Tja, kauf sie am besten im Musikgeschäft!**
ULF	═══
BEATE	**Na, ich schlage vor, dass wir um sechs dahin fahren.**
ULF	═══
BEATE	**Ich? Ich möchte mal einfach nach Hause fahren. Also, bis dann!**

9 Ich schlage vor, …

Du bist mit deiner Familie und einigen Freunden in Berlin, und alle wollen etwas Tolles unternehmen. Als einziger, der Deutsch spricht, musst du eurem Reiseleiter Vorschläge machen. Schau den Wortschatzkasten auf Seite 265 an, und sage, für welche Veranstaltungen sich deine Eltern interessieren und für welche sich deine Freunde interessieren! Teile deine Ideen deinen Mitschülern mit! Danach mach dem Reiseleiter vier Vorschläge, und schreib sie auf ein Blatt Papier!

SO SAGT MAN DAS!

Asking for, making, and responding to suggestions

Here are some new ways of asking for, making, and responding to suggestions:

You could ask for a suggestion by saying:

> **Was sollen wir mit der Oma machen? Wofür bist du?**

When making suggestions, you might say:

> **Würdest du gern mal in ein italienisches Restaurant gehen?**
> **Wie wär's mit einem typischen Berliner Lokal?**

And you could make a suggestion by saying:

> **Ich bin dafür, dass wir in Berlin etwas unternehmen.**

When responding to suggestions, you might say:

> **Nein, ich würde am liebsten in ein deutsches Lokal gehen.**
> **Das wär' nicht schlecht.**

Identify the verb forms in the second and third questions and answers. Of what do these constructions remind you? How would you express these in English? Which case always follows the preposition **mit**?[1]

---

1. **Mit** is always followed by the dative case.

10 Hör gut zu!

Verschiedene Schüler versuchen, mit Freunden Pläne zu machen. Die Schüler machen einige Vorschläge. Für jedes Gespräch, das du hörst, entscheide dich, ob der Freund mit dem Vorschlag einverstanden ist oder nicht.

GRAMMATIK   The würde-forms

1. Using a form of **würde** followed by **gern, lieber,** or **am liebsten** and an infinitive lets you make suggestions and express wishes in a new way.

   Würdest du gern mal in ein italienisches Restaurant **gehen?**
   Ich würde gern mal wieder eine Scholle **essen.**

2. Here are the **würde**-forms:

ich	**würde**	wir	**würden**
du	**würdest**	ihr	**würdet**
er, sie, es	**würde**	sie, Sie	**würden**

11 Wer möchte was?

Wofür würdet ihr euch (du, deine Familie und Freunde) in Berlin interessieren?

Meine Eltern Mein Bruder Meine Schwester Ich Meine Freunde und ich, wir	bin dafür ist dafür sind dafür würde würden	dass wir gern mal am liebsten	eine Stadtrundfahrt machen ein Konzert im Berliner Dom hören eine Ausstellung besuchen die Mauerreste sehen einen Ausflug nach Potsdam machen Schloss Sanssouci besichtigen in den Zirkus gehen in ein typisches Berliner Restaurant gehen

EIN WENIG LANDESKUNDE

In Germany the arts are state supported. This enables most cities and even smaller towns to offer most cultural events at reasonable prices. The arts receive such generous support due to a long tradition of art patronage in German-speaking countries.

High school students can also take advantage of inexpensive tickets that schools acquire to performances that are not sold out, and university students can make use of sharply reduced tickets at the box office just prior to performances.

12 Was würdest du gern mal tun?

Frag deinen Partner, was er mal gern in Berlin tun würde und warum! Er muss dir drei verschiedene Dinge aufzählen! — Danach fragt er dich.

ZWEITE STUFE

Expressing hearsay

Berliner und ausländische Küche

Friedrich
Altberliner Restaurant
Neue deutsche & vegetarische Küche
Büffet & Veranstaltungsservice
auch außer Haus
Täglich 16-1 Uhr·Küche 16-24 Uhr
Tel.: 421 65 27
Sophie-Charlotten-Str. 80
1000 Berlin 19

SURYA
INDISCHES RESTAURANT
Genießen Sie in indischer
Atmosphäre unsere Spezialitäten,
Huhn, Lamm, vegetarische
Speisen zu kleinen Preisen.
Grolmanstr. 22 · 10623 Berlin-Charlottenbg.
(am Savignyplatz) ☎ 312 91 23
täglich geöffnet 12.00 - 1.00 Uhr

好年華酒樓
CHINA RESTAURANT
»HO LIN WAH«
Chinesische Spezialitäten und
»DIM SAM«-Köstlichkeiten.
Auch außer Haus Verkauf.
Täglich von 12 bis 24 Uhr geöffnet.
Kurfürstendamm 218   Tel. 8 82 11 71
(in der Passage)   8 82 32 71

RESTAURANTS

... von 11-24 (außer montags; Küche bis 23 Uhr): Folgen Sie einer Empfehlung: Schisch-Kebab - Lammlachs, 24 Stunden in einer Spezialmarinade eingelegt, die einen besonderen Geschmack verspricht. Er wird auf Lavastein gegrillt und mit gebratenen Kartoffeln oder Reis, dazu Sesamsauce und gemischter frischer Salat auf ägyptische Art, serviert für DM 25,-. Restaurant El Pharao-Wiesenbaude, Steglitz, Goerzallee 1 ☎ 8 33 78 74.

... von 11-24 Uhr: Ausgewählte Köstlichkeiten, mediterrane Delikatessen, Vollwertkost und vegetarische Speisen erwarten Sie im Restaurant Seaside, Reinickendorf, An der Mühle 5-9, Reservierung ☎ 3 61 90 27.

... von 12-24 Uhr: (Küche bis 22 Uhr): deutsche und internationale Spezialitäten sowie zahlreiche Fischgerichte im gepflegten Restaurant mit maritimer Einrichtung. Yachthafen-Restaurant Blau-Rot, das Restaurant mit Terrasse direkt an der Havel. Spandau, Scharfe Lanke 103-107, Reservierung: ☎ 3 61 90 21.

... von 12-24 Uhr: türkische Köstlichkeiten in Berlins erstem türkischen Speiserestaurant Istanbul. Charlottenburg, Knesebeckstr. 77 ☎ 8 83 27 77.

... von 12-1 Uhr: gutbürgerliche Küche und vorzügliche Pfannengerichte, z.B.: 1/2 Bauernente mit Rotkohl und Kartoffelkloß für DM 25,60. Restaurant Hardtke, Wilmersdorf, Hubertusallee 48 ☎ 8 92 58 48.

... ab 18 Uhr: herzhafte Spezialitäten im rustikalen Pferdestall im Haus Dannenberg am See. Reinickendorf, Alt-Heiligensee 52-54 ☎ 4 31 30 91.

... von 9-14 Uhr: Brunch im Sommergarten (nur bei schönem Wetter) - warme Braten, deftige Wurst- und Käsespezialitäten, Schinken, Lachs, Eier, Rollmops, Salate, dazu süßer Aufstrich und Obst, außerdem Cornflakes oder Müsli und Rote Grütze, Kaffee, Tee oder Fruchtsaft für DM 16,90, 1/2 Portion DM 9,90. Britzer Mühle, Neukölln, Buckower Damm 130, neben der restaurierten Mühle am Britzer Garten ☎ 6 04 10 05.

13 Lies diese Anzeigen und beantworte die Fragen!

1. Wohin kann man gehen, wenn man chinesisch essen will?
2. Wo bekommt man neue deutsche und vegetarische Küche?
3. Was bekommt man alles im Restaurant „Blau-Rot"?
4. Was bekommt man zum Brunch im Sommergarten? Nenne fünf Gerichte!
5. Was für ein Restaurant ist „Istanbul"? Was gibt es dort?
6. Wo kann man indische Atmosphäre genießen und indisch essen?

Ausländische und deutsche Spezialitäten:

eine chinesi-
sche Spezia-
lität: Peking
Ente

Was gibt's zum Brunch?

deftige Wurst- und
Käsespezialitäten

rohen Schinken

eine
ägyptische
Köstlichkeit:
Schisch-
Kebab

marinierten Lachs

Rote Grütze

mediterrane
Deli-
katessen:
Hummer,
Austern,
Krabben

geräucherten Fisch

kalten Braten

ägyptisch	italienisch
chinesisch	mexikanisch
deutsch	russisch
französisch	spanisch
griechisch	türkisch
indisch	typisch Berlin

eine gutbürgerliche Küche: Pfannengerichte,
z.B. Mastente mit Rotkohl und Kartoffelkloß

---

14 Typische Gerichte

Nenne drei typische Gerichte der Länder, für die im Kasten ein Adjektiv steht!

BEISPIEL **Ein typisches französisches Gericht ist ...**

15 Worauf hast du Appetit?

Ihr seid den ganzen Tag in Berlin herumgelaufen und habt viel gesehen. Ihr habt großen
Hunger und wollt essen gehen. Aber wohin? Die Auswahl ist so furchtbar groß! Mach
deinem Partner einen Vorschlag von den Restaurants auf Seite 268! Akzeptiert er ihn?
Oder würde er lieber woanders essen? Warum oder warum nicht? Frag ihn mal!

16 Hör gut zu!

Zwei Berliner Schüler unterhalten sich darüber, in welches Lokal sie zum Essen gehen wollen. Schreib die verschiedenen Möglichkeiten auf, über die sie sprechen! Wohin gehen sie schließlich und warum?

17 Isst du mal gern ein ausländisches Gericht?

Frag deinen Partner, welche ausländische Küche er am liebsten mag und warum! Schau in den Kasten rechts als Hilfe! Dann soll er dich fragen!

So kann man verschiedene Küchen beschreiben:

scharf	*hot, spicy*	mild	*mild*
würzig	*spicy*	deftig	*robust*
herzhaft	*hearty*	gebraten	*fried*
gegrillt	*grilled*		
viel Knoblauch	*lots of garlic*		

SO SAGT MAN DAS!

Expressing hearsay

To pass on something that you have heard, you may say in informal conversation:

Ich habe gehört, dass das Essen dort sehr gut ist.
Man hat mir gesagt, dass die Musik dort toll sein soll.
Der Fisch **soll** dort ausgezeichnet **sein.**

How would you express these ideas in English?

EIN WENIG LANDESKUNDE

In den deutschen Großstädten hat es schon immer eine große Anzahl von ausländischen Restaurants gegeben. Ausländische Besucher sollen sich wie zu Hause fühlen, und die Deutschen wollen die internationale Küche genießen.

Heute kann man auch sehr viele ausländische Restaurants und Lokale in kleinen Städten und Dörfern finden, besonders italienische, griechische und türkische Lokale. Und diese findet man sogar in Häusern, die typisch deutsch aussehen, und wo früher mal ein deutsches Lokal war.

18 Hör gut zu!

Two students from Potsdam are visiting Berlin. Listen as they discuss three restaurants where they might go for dinner and what they have heard about it from their friends. For each category, write what they heard from their friends about each restaurant.

Essen	Bedienung	Atmosphäre	Preise

19 Wo sollen wir heute Abend hingehen?

Together with your partner, decide where you might take a German visitor out for dinner in your town or a large city nearby. Make a suggestion and tell him or her the things you have heard about the restaurant. Your partner will also make a suggestion and say what he or she has heard. Come to a consensus and share your results with your classmates. Ask them if they have heard anything about the restaurant you decided on.

CD-ROM
Disc 3

GRAMMATIK Unpreceded adjectives

1. When an adjective is not preceded by an article (**ein, der, dieser,** etc.), the adjective must show gender and case. Such adjectives get the same endings as the **der** and **dieser**-words would in their place.

Der Salat schmeckt prima.	Griechisch**er** Salat schmeckt prima.
Ich mag **den** Käse nicht.	Ich mag französisch**en** Käse nicht.
Dies**e** Milch schmeckt gut.	Kalt**e** Milch schmeckt gut.
Dies**es** Obst ist gesund.	Frisch**es** Obst ist gesund.
Wir empfehlen dies**e** Wurst- spezialitäten.	Wir empfehlen deftig**e** Wurst- spezialitäten.

2. When there are two or more adjectives in a series, they both share the same ending.

Ich esse gern frisch**en** grün**en** Salat.

20 Internationales Essen!

It's German-American Day and the German chancellor's personal chef is coming to your class to cook an international meal. Tell him one thing you like and one thing you don't like from the list of possibilities. (Be sure to use the correct adjective endings!)

bulgarisch	Schisch-Kebab	
kalifornisch	Salat	
italienisch	Eis	
hausgemacht	Wurst	
polnisch	Lachs	schmeckt mir (nicht).
griechisch	Brot	
norwegisch	Käse	
französisch	Spezialitäten	
deutsch	Gulasch	
türkisch	Trauben	
ungarisch	Kuchen	

21 Für mein Notizbuch

Schreib auf, was für Spezialitäten du am liebsten isst, was du gewöhnlich zum Brunch isst und welche Spezialitäten du nicht gern isst!

HOTEL-RESTAURANT
HAUS *Dannenberg* AM SEE
Speisenkarte

VORSPEISEN
Gefülltes Ei auf Gemüsesalat	5,40
Geräuchertes Forellenfilet	6,50

SUPPEN
Nudelsuppe mit Huhn	4,20
Frische Gemüsesuppe	4,00

BEILAGEN
Portion Sauerkraut	3,80
Portion Pommes frites	3,50
Portion Gemüse	4,20
Salatteller	4,50
Kloß	3,00
Scheibe Brot	0,70

HAUPTGERICHTE

FISCHGERICHTE
Mit Lachs gefüllte Seezungenröllchen mit Brokkoli-Rahmsauce	25,00
Filets vom Babysteinbutt mit Walnusssauce auf einem Gemüsebett serviert	22,50
Gegrilltes Seebarschfilet m. Salzkartoffeln und gemischtem Gemüse	24,60
Frische Seezunge nach Art des Hauses m. Salzkartoffeln u. gem. Salat	26,50

FLEISCHGERICHTE
Wiener Schnitzel m. Salzkartoffeln oder Pommes frites	22,50
Königsberger Klopse m. Nudeln und gemischtem Salat	16,80
Ungarisches Gulasch mit Kloß	11,90
Frische mecklenburgische Mastente mit Kartoffelkloß	18,50
Schweinerückensteak mit Kräuterbutter u. Pommes frites	21,30

NACHSPEISEN
Rote Grütze mit Vanillesauce	4,60
Apfelstrudel	3,80
Frische Erdbeeren mit Sahne	6,90

GETRÄNKE

WARME GETRÄNKE
1 Tasse Kaffee	3,80
1 Kännchen Kaffee	6,00
1 Tasse Tee	3,80
1 Tasse Kaffee Hag	4,30

ALKOHOLFREIE GETRÄNKE
Mineralwasser	0,3*l*	3,80
Apfelsaft	0,4*l*	3,60
Orangensaft	0,3*l*	3,00
Fruchtlimo	0,3*l*	3,00

ALKOHOLISCHE GETRÄNKE
Verlangen Sie bitte unsere Getränkekarte

22 Was steht auf der Speisekarte?

Such dir einen Partner! Stellt euch gegenseitig Fragen über die Speisekarte* von „Haus Dannenberg am See"!

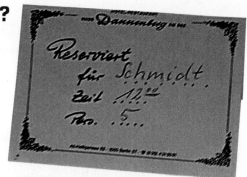

1. Was für ein Gericht ist (Seezunge)?
2. Was für Suppen gibt es?
3. Was für Hauptgerichte gibt es?
4. Welche Fischgerichte gibt es? Welche Fleischgerichte?
5. Welche Beilagen gibt es? Und was für Getränke? Nenne drei!
6. Welche Vor- und Nachspeisen gibt es? Nenne eine Vorspeise und eine Nachspeise!

WORTSCHATZ

Was bestellt man gewöhnlich in einem Restaurant?

eine Vorspeise	ein Hauptgericht	eine Beilage
gefülltes Ei	Schweinerückensteak mit Kartoffelkroketten	Klöße

eine Nachspeise	ein Getränk	**Und dann noch …**
		Bratkartoffeln gemischter Salat eine Scheibe Brot Erdbeeren mit Sahne
Erdbeeren mit Sahne	Spezi	

Was bestellst du gewöhnlich?

23 Beantworte die Fragen!

Such dir einen anderen Partner und beantwortet abwechselnd diese Fragen!

1. Was möchtest du dir bestellen? Welche Vorspeise? Eine Suppe? Welches Gericht? Eine Beilage dazu? Welche Nachspeise? Welches Getränk?
2. Welches von diesen Gerichten möchtest du am liebsten essen? Warum? Welches möchtest du nicht essen? Warum nicht?

*Both words **Speisenkarte** (usually printed on a German menu) and **Speisekarte** are acceptable, the latter being used in everyday speech.

SO SAGT MAN DAS!

Ordering in a restaurant

You have been using various expressions to order food in a restaurant.

Here are some other ways to order:

The waitperson may ask:

Haben Sie schon gewählt?

Und was hätten Sie gern?

You could order by saying:

Ja, bringen Sie mir bitte das Seebarschfilet!

Ich hätte gern das Wiener Schnitzel.

Identify the verb forms in the last question and response. What do these verb forms remind you of? Do these statements refer to the past? What do you think these forms express? How would the waitperson ask several customers at the same time for their order?

24 Hör gut zu!

Die Schüler aus der Beckmann-Oberschule machen heute ihre Schulfeier und fahren zum Haus Dannenberg am See. Hör zu, wie sie ihr Essen und ihre Getränke bestellen! Schreib auf, was drei Schüler bestellen, und dann beantworte diese Fragen!

1. Wer bestellt nur ein Hauptgericht?
2. Wer möchte auch eine Beilage zum Hauptgericht?
3. Wer bestellt keinen Nachtisch?

25 Was hättet ihr gern?

Such dir vier Partner! Frag drei von ihnen, was jeder gern zu essen oder zu trinken hätte! Jeder Partner wählt etwas auf der Speisekarte aus. Du gibst die Bestellung weiter an den vierten Partner. — Tauscht dann die Rollen aus!

CD-ROM
Disc 3

GRAMMATIK The **hätte**-forms

When ordering a meal you can use the **hätte**-forms together with **gern** or **lieber**.

Ich **hätte gern** eine Suppe.
Was **hättest** du denn **gern**?
Andreas **hätte gern** Rote Grütze.

Wir **hätten gern** Bratkartoffeln.
Und was **hättet** ihr **gern** dazu?
Die Kinder **hätten lieber** einen Salat.

From what verb are the **hätte** forms derived? How are they like the imperfect form of this verb? What is different? How would you express **hätte gern** in English?

26 Und was hätten Sie gern?

Du bist mit deinem Partner in einem guten Restaurant in Berlin. Du feierst deinen Geburtstag und bestellst dir deshalb ein großes Essen, mit Vorspeise, Hauptgericht, Beilage, Nachspeise und Getränk. Ein dritter Schüler übernimmt die Rolle der Bedienung. Was bestellst du alles? Was bestellt dein Partner? Entwickelt ein Rollenspiel und spielt die Szene der Klasse vor!

27 Hör gut zu!

Einige Gruppen feiern heute im Haus Dannenberg am See. Als Kellner hörst du verschiedene Gespräche. Was feiert jede Gruppe, und was ist das Verhältnis (*relationship*) der Leute in jeder Gruppe zueinander? Sind es Familienmitglieder, Freunde oder Geschäftsleute (*business people*)?

SO SAGT MAN DAS!

Expressing good wishes

When toasting someone, you say:

> **Zum Wohl!**
> **Auf dein Wohl!**
> **Prost!**
> **Auf euer Wohl!**

Before beginning your meal, you say:

> **Guten Appetit!**
> **Mahlzeit!**

In response to a toast you say:

> **Prost!**
> **Zum Wohl!**
> **Auf Ihr Wohl!**
> **Danke! Zum Wohl!**

In response you can say:

> **Danke! Dir auch!**
> *oder* **Danke, gleichfalls!**
> *oder* **Mahlzeit! Guten Appetit!**

Which of these expressions would you use with an older person whom you do not know well? Which ones would you use with friends and family?

---

28 Zum Wohl!

Du bist mit verschiedenen Leuten in einem Restaurant. Du trinkst auf ihr Wohl. Was sagst du zu ihnen? Was sagst du ...

a. zu einem Freund?   **c.** zu zwei Klassenkameraden?
b. zu deinen Eltern?   **d.** zu deiner Deutschlehrerin?

29 Wir gehen zusammen aus

At the end of the school year you and your classmates and German teacher go out to a German restaurant where the waitstaff speaks German. With the people at your table and/or the waiter

— discuss what you will order and why
— suggest to your friends what they should order
— order your food and drink
— toast each other
— begin the meal with good wishes
— talk about how the food tastes
— order dessert and more drinks
— ask for and pay the bill
— arrange for a decent tip!

Das Leben im fremden Land

LESETRICK

Reading for comprehension. When reading a short story in German, you need to focus on understanding ideas rather than isolated words. You'll be surprised to find out how much you can understand if you use the following strategy: 1) read at least one-third of the text without looking up any words; 2) reread the same passage and ask yourself what you *do* understand; 3) if you have a general idea of what is happening, read to the end without stopping; and 4) read the story a third time, pausing at intervals to see if you can summarize what you have read.

Getting Started

Weißt du noch? Always look at the title before you begin to read a story or poem.

1. Who are the two people in the title of this story? What does **seltsam** mean? And **komisch**? Knowing that there are two people in the story, can you guess the purpose of the dashes?

2. Use your background knowledge about ethnic groups in Germany and the United States to come up with three possible characteristics of life for Turks in Germany. How do you think they fit into society?

Seltsamer Deutscher, komischer Türke

- Grüßgott! Du fahren mich das Adresse?

- Ja mei, wozu sind wir denn da, geben's mir mal den Zettel her . . . (halblaut) Mehmet Öztürk. Klugstr. 19. (laut) Aha, die Klugstraße, in Neuhausen ist die. Steigen S' ein, ich bring Sie hin! (abgewendet) Also, Sepp, Servus. Ich fahr' grad mal nach Neuhausen rüber, vielleicht sehn wir uns noch, die Nacht . . .

- (Sepp: Wenn nicht, funk mich halt an!)

- Dein Auto gutes Auto. Ich arbeite auch in der BMW. Schichtarbeit. Nach der Arbeit mit Kollegen Bier trinken gehen. Jetzt Alkohol trinken, nix Auto fahren.

- Mit wem sind Sie denn zum Biertrinken gegangen — mit deutschen oder türkischen Kollegen?

- Türkische Kollegen. Deutsche Kollegen sagen immer: Keine Zeit, keine Zeit! Meine alte Freunde erzählen, 1960, 1965, 1968 Deutsche immer freundlich; aber jetzt nix freundlich, immer schimpfen, immer sagen „Kanacke" . . .

- Tja, schön ist das nicht, wie sich manche Deutsche im Alltag gegenüber Türken benehmen . . .
  (Pause)

- Die ganze Nacht regnet's schon! Würden Sie mal bitte mit dem Tuch hier das Fenster abwischen. Damit ich an der Kreuzung die rechte Seite sehen kann. So, es reicht schon, danke schön.

- In Türkei jetzt sehr heiß, sehr schön, immer Sonne.

- Jaja, das glaube ich Ihnen schon, daß in der Türkei sehr schönes Wetter ist . . .

- Deutschland immer Regen, kalt. Die Deutsche sagen immer „Türken raus!" — warum? Wir keine schlechte Menschen. Wir immer arbeiten.

- Tja, wissen Sie, die Frage kann ich auch nicht so recht beantworten. Wir sind alle Menschen, da mach' ich überhaupt keinen Unterschied, ob einer Türke ist, Grieche oder Deutscher . . .

- Sie sind aber ein guter deutsche Mensch. Du sagen nicht, Ausländer nehmen mir Arbeit weg.

- Ja mei, es gibt halt solche und solche . . . Wir alle versuchen eben, irgendwie über die Runden zu kommen. So, jetzt sind wir gleich da!
- Du sehr gut fahren Auto!
- Danke für das Kompliment!
- Was muß ich bezahlen?
- Yediseksen ediyor arkadasim?
- Was bitte?
- Dedim ya yediseksen ediyor.
- Hier nehmen Sie, 10 Mark, reicht es?
- Moment mal, ich hab's Ihnen doch schon auf türkisch gesagt. Sagen Sie, sind Sie jetzt eigentlich Türke, oder was!
- Hm, um ehrlich zu sein . . . Ich muß Ihnen gestehen, ich bin gar kein Türke, äh, ich bin Deutscher, also ich meine . . .
- Ja um Gottes willen, wieso haben Sie dann die ganze Zeit dieses Theater gespielt?
- Tja, ich wollt' eben mal ausprobieren, wie ein deutscher Taxifahrer einen türkischen Fahrgast behandelt und wollt' mal wissen, wie Sie auf mein Verhalten reagieren würden. Aber sagen Sie mal, was haben Sie da gerade zu mir gesagt? War das tatsächlich Türkisch? Jetzt sagen Sie bloß, Sie sind wirklich Türke!
- Ja, ja, ich bin ein Türke.
- Aber warum sprechen Sie denn so ausgezeichnet Deutsch?
- Tja, ganz einfach. Ich lebe seit 23 Jahren hier in Deutschland, beziehungsweise, ich bin hier geboren.
- Ja! Da mußte mein Versuch ja danebengehen! Es war trotzdem eine lustige Fahrt, oder?
- Jaja, kann man wohl sagen.
- Hier, das Geld. Stimmt schon so! Also dann — Viel Glück noch heut nacht! Wiedersehen!
- Ja, danke, danke! Wiederschaun!

- (aus dem Hintergrund) Hallo, sind Sie frei?
- Ja freilich. Steigen Sie ein!
  Hab gerade so einen „komischen Türken" gefahren . . .
- Jaja. Unsere Kanacken sind halt so komisch!

Cengiz Kip

3. Complete steps 1 and 2 of the strategy outlined in the **Lesetrick** box. In one sentence, summarize what the story is about thus far. Where is it taking place? Which character do you think is the Turk? Which is the German?

A Closer Look

> **Tip:** Summarizing the action of a story every paragraph or so will help you determine how much you understand and what you might need to read again.

4. Complete steps 3 and 4 of the reading strategy. As you read through the third time, try to summarize the action or topics of the dialogue at regular intervals. What are some of the topics of conversation between the German and the Turk?

5. What is the sudden twist in the dialogue? Who is the passenger really and why is he riding in a taxi?

6. Why does the passenger's experiment fail? How does the passenger react when he finds out who the driver really is? What is he so surprised about?

7. What do you think the point of this story is? That is, what message is the author trying to get across? What happens in the final scene to illustrate the author's point?

8. Schreib eine Zusammenfassung (*summary*) von der Geschichte, die du gerade gelesen hast, mit sieben bis acht Sätzen! Verwende dabei so viele Bindewörter (*connecting words*) wie möglich, zum Beispiel Pronomen (er, sie, es usw.) und Zeitausdrücke (zuerst, dann, zuletzt usw.)!

ANWENDUNG

CD-ROM
Disc 3

1 Einige Touristen sprechen über ihre Pläne für Berlin. Hör gut zu! Was wollen sie sich ansehen? Was schlagen sie vor? — Schreib auf, wo jeder gern mal hingehen würde! Aber was tun sie wirklich?

2 Ein Slogan heißt: Berlin ist eine Reise wert! Sieh dir diesen Auszug für Stadtrundfahrten aus dem Berlin Programm an! Welche Sehenswürdigkeiten kennst du schon?
Schlag deinem Partner vor, was du dir gern mit ihm ansehen würdest! Was meint er dazu? Hat er bessere Vorschläge?

3 Schreib drei Sehenswürdigkeiten auf, die du dir gern einmal ansehen würdest! Schreib auch auf, warum du daran interessiert bist!

4 Such dir eine Partnerin! Schlag ihr vor, dass sie sich mit dir die Sehenswürdigkeiten ansieht, die du dir ausgesucht hast! Sag ihr auch, was du darüber schon gehört hast! Geht sie mit dir mit? Sie muss ihre Antwort begründen.

Tägliche Stadtrundfahrten / Daily Sightseeingtours + Potsdam

Tickets in Ihrem Hotel und am Bus / in your hotel and at the bus

In unserer BBS City Tour zeigen und erklären wir unter anderem:
In our BBS City Tour you will see and have explained among others:

- Gedächtniskirche
- Europa Center
- KaDeWe
- Urania
- Checkpoint Charlie
- Gendarmenmarkt
- Schauspielhaus
- Deutscher Dom
- Französischer Dom
- Friedrichsw. Kirche
- Nicolaiviertel
- Rotes Rathaus
- Alexanderplatz
- T.V.Tower
- Museumsinsel

- Siegessäule
- Schloß Bellevue
- Berliner Dom
- Staatsbibliothek
- Humboldt Universität
- Unter den Linden
- Staatsoper
- Kronprinzenpalais
- Prinzessinnenpalais
- St. Hedwigs Kathedrale
- Forum Fredericianum
- Brandenburger Tor
- Reichstag
- Haus der Kulturen

- Charlottenburger Tor
- Technische Universität
- Ernst-Reuter-Platz
- Deutsche Oper
- Rathaus Charlottenburg
- Schloß Charlottenburg
- Ägyptisches Museum
- Funkturm
- ICC
- Messegelände
- Ku'damm Carée
- Kempinski
- Ku'damm Eck
- Kurfürstendamm
- Café Kranzler

Außer/except Kombi-Ticket

...on 50%
...ction DM 10,-

Zeit	Tour	Häufigkeit	Std.	Preis
10.00	Gr. / Big Berlin-Tour	täglich / daily	3	38,-
11.00	Berlin City-Tour	täglich / daily	2	30,-
11.30	Berlin in Kürze/in brief	täglich / daily	1,5	25,-
13.30	Berlin City-Tour	täglich / daily	2	30,-
14.00	* Potsdam / Sanssouci[1]	täglich / daily	ca. 4	49,-
14.00	Super Berlin-Tour incl. Pergamon-Museum	täglich / daily	4	45,-
14.30	Berlin in Kürze/in brief	täglich / daily	1,5	25,-
16.00	Berlin City-Tour	täglich / daily	2	30,-
21.00	Nightclub-Tour	Sa / Sat	ca. 5	99,-
	Superspar/Discount Ticket 10.00 Gr./ Big Berlin Tour + 14.00 Potsdam / Sanssouci	täglich / daily		79,-
	Kinder / children			69,-

Berlin – Touren: Kinderermäßigung / Reduction for children 0 bis 6 Jahre / Years gratis / free of charge, 7–13 Jahre / Years 50%.
Ausflüge / Excursions: Kinderermäßigung / Reduction for children DM 10,-

* **Platzreservierung erforderlich / Advance booking required.**
1) Siehe Tourbeschreibung / see description.

BBS Berliner Bären Stadtrundfahrt GmbH

Rankestraße 35 · D-10789 Berlin · Tel.213 40 77 · Fax 213 73 54 · Telex 183 794 bbs · Alexanderplatz · D-10178 Berlin · Tel. 242 43 62

5

Zum Schreiben

Your friend has just opened a restaurant and has asked you, the editor of a gourmet magazine, to advertise the restaurant in your magazine by vividly describing five special dishes offered by the restaurant.

SCHREIBTIP

If you focus on **all five senses**, instead of just the sense of sight as we usually do, you will have a wide variety of specific details for your writing. Food can be experienced through all five senses (sight, smell, hearing, taste and touch), and can therefore be described using a wide variety of adjectives.

Vorbereiten   Make a **list** of adjectives which can be used to indicate taste. **Salzig** and **scharf** are adjectives you could use. In describing aromas you might write that **es riecht nach frischem Kaffee.** The sound of a sizzling steak or of crisp lettuce being cut could be mentioned. You may want to describe the green of lettuce against the red of a tomato. What would the food feel like on your tongue? Ice cream could be described as **kremig** or **kalt.**

Ausführen   Decide on the menu you would like to recommend, and using your list of **adjectives,** match the foods on your menu with adjectives which describe them. Be sure to make your descriptions as complete and as enticing as possible.

Überarbeiten

· Ask another student to close his or her eyes and listen as you read your descriptions. Can this student visualize your dish? Are your descriptions pleasing to him or her?
· After getting input from your classmate, make corrections, proofread for errors in spelling and grammar, and present your menu to the class.

 6

ROLLENSPIEL

Groups of six split into pairs of three: travelers and travel agents. Both groups should review by themselves what they know about famous Berlin places and reasons they have heard for going there. Set up rows of desks to simulate a travel agency. The travelers then have to go to the agents and ask about some sights they have heard of. The agents should corroborate that information, urging the travelers to go there (or not) and make suggestions of their own. The travel agents tell the travelers which of the city tours listed on page 278 they should take in order to see those sights, what time the tours are and how much they cost.

Can you ask for, make, and respond to suggestions? (p. 266)

1 How would you ask a friend what he or she would like to do? Think of three different ways!

2 How would you tell a friend you are in favor of eating Chinese food? How would you ask your friend if he or she would like that, using **würde**?

3 How would your friend respond that it wouldn't be bad, but that he or she would rather eat at a Mexican restaurant? How would you then say: "What about 'Los Compadres'?"

Can you express hearsay? (p. 270)

4 How would you say

a. that you heard the food is very good at Hardtke's?
b. that Klaus told you the pizza was excellent at "La Bussola"?
c. that the service is supposed to be very bad at "Jean-Marc's"?

Can you order in a restaurant? (p. 274)

5 How would a waiter ask you

a. if you have made your choice?
b. what you would like?

6 How would you say

a. that you would like a bottle of mineral water?
b. "Please bring me the goulash!"?

7 How would you ask your sister if she would prefer French fries?

Can you express good wishes? (p. 275)

8 How would you say "Enjoy your meal!" to someone? How would that person respond?

9 How would you toast

a. a friend?
b. a group of friends?
c. a teacher?

How would those persons respond?

ERSTE STUFE

ASKING FOR, MAKING, AND RESPONDING TO SUGGESTIONS

Würdest du gern mal ...?
  Wouldn't you like to...?
Wie wär's mit ...? *How about...?*
Ich bin dafür, dass ... *I'm for...*
  (in favor of)

Nein, ich würde am liebsten ...
  No, I would rather...
Das wär' nicht schlecht. *That wouldn't be bad.*

TALKING ABOUT CULTURAL EVENTS

die Operette, -n *operetta*
das Schauspiel, -e *play*
das Theaterstück, -e *play*

das Ballett, -e *ballet*
das Musical, -s *musical*
die Stadtrundfahrt, -en *city tour*
das Baudenkmal, ¨er *monument*
die Synagoge, -n *synagogue*
der Ausflug, ¨e *excursion*
der Anschlag, ¨e *announcement*
würde *would*
  du würdest
  er/sie/es würde

ZWEITE STUFE

EXPRESSING HEARSAY

Ich habe gehört, dass ... *I heard that...*
Man hat mir gesagt, dass ...
  Someone told me that...
Der Fisch soll prima sein. *The fish is supposed to be great.*

DESCRIBING INTERNATIONAL FOODS

chinesisch *Chinese*
mediterran *Mediterranean*
ägyptisch *Egyptian*
italienisch *Italian*
französisch *French*
griechisch *Greek*
indisch *(Asian) Indian*
mexikanisch *Mexican*

russisch *Russian*
spanisch *Spanish*
türkisch *Turkish*
ausländisch *foreign*

TALKING ABOUT GERMAN AND INTERNATIONAL FOODS

die Köstlichkeit, -en *delicacy*
die Spezialität -en *specialty*
die Delikatesse, -n *delicacy*
die Peking Ente, -n *Peking duck*
die Mastente, -n *fattened duck*
das Schisch-Kebab *shish kebab*
der Hummer, - *lobster*
die Auster, -n *oyster*
die Krabbe, -n *crab*
der Lachs, -e *salmon*
gutbürgerliche Küche *good home-cooked cuisine*
die Küche *cuisine*

der Schinken *ham*
das Pfannengericht, -e *pan-cooked entrée*
der Braten, - *roast*
der Rotkohl *red cabbage*
der Kloß, ¨e *dumpling*
der Knoblauch *garlic*
Rote Grütze *red berry dessert*

WAYS TO DESCRIBE FOOD

deftig *robust*
herzhaft *hearty*
roh *raw*
mariniert *marinated*
würzig *spicy*
scharf *spicy, hot*
mild *mild*
gebraten *fried*
gegrillt *grilled*
geräuchert *smoked*

DRITTE STUFE

ORDERING IN A RESTAURANT

Haben Sie schon gewählt? *Have you decided? Are you ready to order?*
wählen *to choose, select*
Bringen Sie mir bitte ... *Please bring me...*
Ich hätte gern ... *I would like...*

ORDERING FROM FOOD CATEGORIES

die Vorspeise, -n *appetizer*
die Beilage, -n *side dish*
das Hauptgericht, -e *main dish*

die Nachspeise, -n *dessert*
Erdbeeren mit Sahne *strawberries with whipped cream*
das Getränk, -e *drink*

MORE GERMAN SPECIALTIES

das Schweinerückensteak, -s *pork loin steak*
das Wiener Schnitzel, - *veal cutlet*
das Seebarschfilet, -s *fillet of perch*
die Kroketten (pl) *potato croquettes*
die Bratkartoffeln (pl) *fried potatoes*

das gefüllte Ei, -er *deviled egg*
das Spezi, -s *mix of cola and lime soda*

EXPRESSING GOOD WISHES

Zum Wohl! *To your health!*
Auf dein/Ihr/euer Wohl! *To your health!*
Prost! *Cheers!*
Guten Appetit! *Bon appétit!*
Mahlzeit! *Bon appétit!*
Danke! Dir/Ihnen auch! *Thank you! The same to you!*
Danke, gleichfalls! *Thank you and the same to you!*

12
Die Reinickendorfer Clique

① Wir haben die meiste Zeit am Strand
verbracht. Es war toll!

German teenagers often get together at someone's home to talk, to listen to music, and to just have fun. This is especially true after a long summer vacation when everyone wants to see each other again and talk about the events of the past six weeks. If you were to get together with some German friends, there are many things you would want to talk about.

In this chapter you will learn

- to report past events; to ask for, make, and respond to suggestions
- to order food, to express hearsay and regret; to persuade and dissuade
- to ask for and give advice; to express preference; to express interest, disinterest and indifference

And you will

- listen to reports about vacations, favorite foods, and clothes
- read about vacation resorts, international cuisine, and clothes
- write about vacation plans and interesting vacation experiences
- find out where Germans like to spend their vacations, what clothes they take, and what kinds of cuisine they enjoy

② Wohin gehen wir? Was schlägst du vor?

③ Ich hab gehört, der Ismar hat die belegten Brote gemacht. Stimmt's?

Los geht's!

Echt toll, Ismar!

Look at the photos on these two pages.
What are these students doing? What do you
think they are talking about?

ASTRID	Das machst du echt toll, Ismar! Du wirst bestimmt mal ein bekannter Chefkoch werden!
ISMAR	Du wirst es mir nicht glauben, aber Kochen macht mir großen Spaß. Du musst mal zu uns kommen, dann mach ich für dich ein bosnisches Gericht, Cevapcici. Echt super!
ASTRID	Du musst mich eben mal einladen.
ISMAR	Mach ich!

ANDREAS	Hm, prima! Das sieht echt lecker aus.
ASTRID	Hat Ismar gemacht. — He, Finger weg! Du darfst dir nichts vom Teller nehmen.
ANDREAS	Ich hab aber Hunger.
ASTRID	Pech gehabt!

ASTRID	Na gut! Ich mach dir ein belegtes Brot. Was willst du denn drauf haben?
ANDREAS	Käse und Schinken! Doppelt gemoppelt hält besser.
ASTRID	So, hier! Schwirr ab!

Hallo, Sandra! Was, du weißt nicht,
wie du herkommst? ... Ach so, du kommst mit
dem Rad. Ja, du biegst von der Müllerstraße rechts
in die Ungarnstraße rein ... fährst diese geradeaus
bis zur Basler Straße. Ja ... da biegst du links
hinein ... fährst diese weiter geradeaus ...

ANDREAS	Hallo! — Das ist also dein neues Moped. Echt super! Wie lange hast du es jetzt schon?
LARS	Seit ich den Führerschein hab, also seit Anfang der Ferien. Gefällt dir, was?
ANDREAS	Ich mach den Vierer in sechs Monaten. Du lässt mich doch dann mal fahren, oder?
LARS	Na klar!
ANDREAS	So, kommt rein! Ismar ist schon da, schwer am Arbeiten, und Sandra wird auch gleich da sein.

6

Rohes Gemüse, hm! Wohl für mich?

Warum? Bist du etwa Vegetarierin? Das ist mir neu.

Nein, so schlimm ist das nicht. Ich ess eben gern Obst und Gemüse. Nur Bananen kann ich nicht essen.

Warum nicht?

Ich bin allergisch gegen Bananen.

Echt? Das hab ich nicht gewusst.

Macht nichts!

7

Mensch, Lars, du siehst heute so anders aus. Ich erkenn dich kaum wieder: weißes Hemd, schwarze Hosen ...

Tja, ich hatte es einfach satt, in Jeans und T-Shirt rumzurennen.

Wirklich? Das soll ich dir glauben?

8

Mensch, Binh, deine Jacke gefällt mir. Die sieht echt toll aus. Und die steht dir auch. Ist sie neu?

Die hab ich mir vor den Ferien gekauft.

Super, echt super! So eine würde ich auch gern mal haben. Darf ich sie mal anprobieren?

Natürlich! Hier, probier sie an!

9

Was hast du denn mit deinem Arm? Hast du dich verletzt?

Ich bin vom Fahrrad gefallen.

Das hat wohl weh getan.

Am Anfang schon. Aber jetzt geht's.

10

So, greift zu!

Hm, super! Die hast du aber mit viel Liebe vorbereitet.

Ehrlich gesagt hab ich gar nichts gemacht. Das hat alles Ismar gemacht — und so schön dekoriert!

1 Was passiert hier?

Verstehst du alles, was diese Schüler sagen? Beantworte die folgenden Fragen!

1. Why are these students getting together? Where is the story taking place?
2. What are Astrid and Ismar discussing in the opening scene?
3. Why does Astrid say **Pech gehabt** to Andreas? What does Astrid do for him instead?
4. Why is Sandra calling? What kind of information does Andreas give her?
5. What do Andreas and Lars discuss when Lars and Binh arrive? What kind of deal does Andreas make with Lars?
6. Why does Binh mention bananas?
7. In what way does Lars look different today? Does Ismar believe the reason Lars gives for the change?
8. What does Astrid say to Binh about her jacket?
9. Why does Andreas ask Binh about her arm? What happened to her?
10. In what way does Astrid compliment Ismar at the end of the story?

2 Genauer Lesen

a. Lies den Text noch einmal! Such die Wörter oder Ausdrücke aus, die das Folgende ausdrücken!

1. compliments or praise
2. a warning or reprimand
3. surprise
4. concern for someone else

b. Beantworte die folgenden Fragen!
1. Astrid makes a prediction. What is it?
2. What wish does Astrid express? What words does she use to say this?
3. Several people instruct others to do something. Find at least three examples.
4. Find three instances in which people ask for specific information. Which phrases do they use to do this?

3 Welche Sätze passen zusammen?

Welche Nebensätze auf der rechten Seite passen zu den Satzanfängen auf der linken Seite?

1. Du darfst dir nichts vom Teller nehmen,
2. Du darfst noch nicht Moped fahren,
3. Ich darf das nicht essen,
4. Ich trage heute mal etwas anderes,
5. Der Arm tut mir weh,
6. Das schmeckt echt gut,

a. denn ich bin vom Rad gefallen.
b. weil du alles mit viel Liebe vorbereitet hast.
c. denn ich bin dagegen allergisch.
d. denn das ist für unsere Gäste.
e. weil du noch keinen Führerschein hast.
f. weil ich es satt habe, immer in denselben Klamotten herumzulaufen.

4 Nacherzählung

Erzähl die Geschichte nach, indem du die folgenden Sätze in die richtige Reihenfolge bringst! Zuerst hilft Ismar der Astrid in der Küche.

— Am Ende sitzen alle am Tisch und essen.
— Danach ruft die Sandra an.
— Andreas findet es toll und möchte bald damit fahren.
— Andreas sagt Sandra, wie man zu ihm kommt.
— Später sprechen die Schüler über das Essen, Klamotten, und wie Binh sich verletzt hat.
— Dann kommt der Andreas und will schon ein Sandwich probieren.
— Kurz danach kommen Lars und Binh mit dem Moped an.
— Das geht aber nicht. Astrid macht ihm aber schnell ein belegtes Brot.

Welche ausländische Küche hast du gern?

What kinds of ethnic cuisine do Germans enjoy? Before you read the responses below, think about what you know about popular foods in Germany. Which foreign cuisine do you think is the most popular among German teenagers?

Werner, *Berlin*

„Ja, ausländische Küche ... würd ich sagen mit Vorliebe italienisch, Spaghetti in jeder Variante, mit Tomatensoße, mit Cremesoßen, Joghurtsoßen, und alles, was zur italienischen Küche dazugehört."

Margit, *Stuttgart*

„Ich interessier mich am meisten für die italienische Küche, koch das auch sehr gerne, les gerne viel darüber. Am meisten eigentlich Nudelgerichte oder auch spezielle Nachtische von dort, weil ich's sehr schmackhaft finde und sehr variationsreich auch."

Monika, *Hamburg*

„Ich ess gerne chinesisch, griechisch, ja auch italienisch, weil es ist halt... es schmeckt halt gut. Und Fastfood ess ich auch gerne, weil so schön viele Kalorien drin sind. Wenn du richtig gut Fastfood essen willst, musst du nach Berlin, und dann gehst du ins Hard Rock Café, und dann bestellst du dir 'nen Hamburger."

Hans, *Hamburg*

„Amerikanische Küche mag ich eigentlich nicht, kein Fastfood, kein Big Mac, mal ab und zu. Aber so, eben so typisch deutsche Gerichte mag ich auch eigentlich gerne, Kartoffeln mit 'nem Steak und Bohnen ... und, ja, das ist eigentlich alles."

A. 1. Which ethnic cuisines do these people say they like? Which is the most popular cuisine? Is this what you guessed beforehand?

2. What does Hans think of as American food? Why might he think this? How do you feel about this stereotype?

3. What other foreign cuisines are popular in Germany which were not mentioned by these particular people?

B. 1. There are many different kinds of eateries in Germany, and you are already familiar with some of them. Which ones can you recall and what are their characteristics? You already know about **Fastfood Restaurants** from your own experience, and there are many American franchises now in Germany. Germany also has some of its own chains, for example, **Nordsee.** Can you guess what kind of food they serve?

2. In addition to fast food, you'll find in every village and town at least one **Gaststätte**. **Gaststätten** reflect the local color and traditions of the region they are in, both in terms of decor and the type of food served. When the weather is good, Germans flock to the outdoors and often congregate in **Biergärten.** These have a definite family atmosphere, much like the English pub. By custom, patrons can buy food there or bring their own, but must purchase beverages from the establishment.

Reporting past events; asking for, making, and responding to suggestions

Die Deutschen – die Europameister im Reisen

DIE DEUTSCHEN SIND ein reiselustiges Volk. Allein im Jahr 1996 gaben sie bei Auslandsreisen 49 Milliarden DM aus. Damit stehen sie mit weitem Abstand an der Spitze der Europäer. Das liegt wohl zum einen daran, daß die Deutschen ein wohlhabendes Volk sind und über viel Freizeit verfügen. Zum andern suchen sie ihr Urlaubsglück häufiger jenseits der Grenzen als daheim. Andere Europäer verbringen ihre Ferien bevorzugt im eigenen Land.

Reisekassen 1996
Ausgaben im internationalen Fremdenverkehr

	in Milliarden Dollar	in Dollar je Einwohner
USA	52,6	200
Deutschland	49,6	610
Japan	38,0	300
Großbritannien	25,0	430
Frankreich	17,5	300
Italien	12,7	220
Österreich	12,1	1 510
Niederlande	11,1	720
Schweiz	7,8	1 080
Schweden	6,3	710
Spanien	4,6	120
Dänemark	4,1	790
Norwegen	4,1	960
Finnland	2,4	460
Griechenland	1,2	110

© Globus 4034

Spanien	Kanarische Inseln	Lanzarote

Sport, Spaß und Erholung

Eine Entdeckungsreise auf der ca. 795 Quadratkilometer großen Insel führt Sie vorbei an kleinen, sauberen Dörfern mit weißen Häusern, abwechslungsreichen Stränden mit hellem oder dunklem Sand, Klippen und einsamen Buchten.

Club „La Santa"

Unter Insidern und Top-Athleten gilt er längst als Geheimtip. Jetzt steht der exklusive Club „La Santa", auf der schwarzen Insel Lanzarote, nur etwa 4 Flugstunden von Deutschland entfernt und ca. 150 km vor der afrikanischen Küste, auch den Gästen von Sport-Scheck Reisen offen. Werfen Sie einen Blick hinein in die Traumanlage der fast unbegrenzten Sportmöglichkeiten, wo sich Olympiasieger wie Claudia Losch, Ulrike Meifarth, die Zehnkämpfer Guido Kratschmer, Jürgen Hingsen und ganze Bundesligateams erholen und auf neue Erfolge vorbereiten — Sie werden begeistert sein.

Um den Club „La Santa" zu besuchen, müssen Sie aber kein Spitzensportler sein — Kinder, Erholungssuchende, Aktive, Familien, Gruppen ... im „Club La Santa" ist jeder herzlich willkommen.

Das „Grüne Team"

Junge, profitrainierte Sportleute (vorwiegend englischsprechend) stehen im „Club La Santa" den Gästen mit Rat und Tat zur Seite. Angeboten wird Unterricht im Squash, Badminton, Tennis, Schwimmen, Schnorcheln, Windsurfen, sowie Fitneß-Test und Gewichttraining — je nach Programm unterteilt in Gruppen für Anfänger, Fortgeschrittene, Erfahrene und Kinder.

Weltklasse Einrichtungen für mehr als 20 Sportarten

„La Santa" ist ausgerüstet wie eine kleine Olympiastadt: Mit Fußball- und Leichtathletikstadion, 50-Meter-Swimmingpool, Badminton- und Handballhalle, Squashcourts, Tauchschule, Surfstation, Tennisplätzen, Fitneß-Studio, Tischtennisräumen, Basketballplatz, großes Fahrrad-Depot. Oft beginnen Fitneß und Entspannung auf Lanzarote mit Entdeckungstouren auf Rennrad oder Mountainbike.

Wohnen im Club „La Santa"

Sämtliche Sportanlagen und Einrichtungen sind um das gepflegte Appartement-Dorf, etwa 250 Meter vom offenen Meer entfernt, gruppiert. Obwohl die 400 Wohnungen Platz für mehr als tausend Gäste bieten, entsteht nie der Eindruck von Enge. Restaurants, Bars, Disco, Shops, Video-Kino, Friseur ... sorgen für eine dörfliche Atmosphäre. Der Supermarkt in der Anlage ist sehr gut sortiert — auch die verwöhnten Genießer und ernährungsbewußten Sportler können dort gut einkaufen.

Die Appartements (Varianten von 1 bis 3 Personen) sind einfach und zweckmäßig eingerichtet. Sie verfügen über Bad/WC, Kitchenette mit Kühlschrank, Schlafraum und Wohnraum sowie Patio (keine Aussicht). Ganz nach Lust und Laune wird selbst gekocht oder in einem der zahlreichen Restaurants innerhalb oder außerhalb des Clubs gespeist. Oder aber Sie nehmen die Halb- bzw. Vollpension, die aus europäischem Frühstücksbuffet und wahlweise Mittag- oder Abendbuffet besteht, in Anspruch. Auch am Abend braucht „Jung und Alt" sich nicht zu langweilen. Grill- und Strandfeste, Kinoabende und Kinder-Bühnen-Show, Ausflüge und Turniere verschiedenster Art erwarten Sie. Das „Grüne Team" stellt sich zweimal wöchentlich einmal ganz anders vor — lassen Sie sich überraschen. Selbstverständlich ist auch in den Bars und in der Club-Disco immer was los.

| das Meer und der Strand | die Küste und die Klippen | eine Insel | eine Bucht | eine Oase |

auf Deutsch erklärt:

der Anfänger =
Schüler,
Greenhorn
der Fortgeschrittene
= weiß mehr als
ein Anfänger
der Erfahrene =
Experte

der Olympiasieger =
hat in der
Olympiade
gewonnen
der Zehnkämpfer =
kämpft in zehn
verschiedenen
Sportarten

der Geheimtip =
nicht alle sollen
das wissen
abwechslungsreich =
nicht langweilig
s. langweilen = nichts
zu tun haben
zahlreiche = viele

Sportanlagen
der Court
der Platz
der Pool
die Anlage
die Halle
das Fahrrad-Depot

Was würdest du auf dieser Insel tun? Welche Sportanlagen würdest du benutzen und warum?

5 Der Ferien Club

Lies den Artikel auf Seite 288! Schreib die Antworten zu den folgenden Fragen auf ein Blatt Papier! Such dir dann einen Partner! Stellt euch abwechselnd diese Fragen und beantwortet sie!

1. Wer gibt am meisten für Auslandsreisen aus?
2. Wo verbringen die meisten Deutschen ihren Urlaub?
3. Warum können die Deutschen so viel Geld für ihren Urlaub ausgeben?
4. Warum besuchen die Urlauber gern den Club „La Santa"?
5. Was kann man alles beim „grünen Team" lernen?
6. Welche Einrichtungen gibt es im Club „La Santa"?
7. Was gibt es alles im Appartement-Dorf?
8. Wie sind die Appartements eingerichtet?
9. Warum braucht sich niemand im Club zu langweilen?

6 Hör gut zu!

Du stehst in der Schlange vor dem Bankschalter und hörst, wie sich zwei junge Leute über ihr letztes Wochenende unterhalten. Sind sie in der Stadt geblieben, oder haben sie eine längere Reise unternommen? Wer hat am meisten Spaß gehabt? Warum müssen sie jetzt auf die Bank?

EIN WENIG GRAMMATIK

When talking about the past, you generally use two verb forms, a helping verb and a past participle.

Wo **bist** du **gewesen?**
Wir **haben** Tennis **gespielt.**

For past participles of verbs that you should know, see the Grammar Summary. You know two verbs that also have a single verb form to refer to the past. What are these verbs? And their forms?

SO SAGT MAN DAS!

Schon bekannt

Reporting past events

When reporting past events, you use special verb forms. Pay special attention to the verbs here:

Die Osterferien habe ich mit meinen Eltern in der Schweiz verbracht. Wir waren in Brienz, in den Bergen. Wir hatten wunderschönes Wetter und haben viel unternommen. Nach dem Frühstück sind wir gewöhnlich ein paar Stunden gewandert und haben irgendwo zu Mittag gegessen. Nach dem Essen haben wir ein bisschen gefaulenzt, und dann ...

When would you use **haben** with the past tense? And **sein?**

7 Andreas' und Astrids Ferien

Die letzten Weihnachtsferien haben Astrid und Andreas mit ihren Eltern auf den Kanarischen Inseln verbracht. Du willst von ihnen wissen, wie es war und was sie dort alles gemacht haben. — Such dir zwei Partner, die die Rollen von Astrid und Andreas spielen!

Du willst folgendes wissen:

a. wo sie waren
b. wo das liegt
c. wo sie gewohnt haben
d. wie das Appartement eingerichtet war
e. welche Sporteinrichtungen es gibt

f. was sie neu gelernt haben
g. welche Spitzensportler sie kennengelernt haben
h. wie sie ihre Abende verbracht haben

8 Ein großes Angebot

„La Santa" ist ausgerüstet wie eine kleine Olympiastadt, und für mehr als 20 Sportarten gibt es Weltklasse Einrichtungen. Sieh dir diesen Plan von „La Santa" an, und schreib sechs Sportarten auf, die du dort gern machen würdest!

9 Was hast du dort gemacht?

Erzähl deinem Partner, wo du überall im Club gewesen bist und was du dort alles gemacht hast und wie oft!

Wo?

in der Pizzeria

in der Minigolfanlage

im Kraftstudio

am Strand

am Pool

am Meer

im Stadion

in der Diskothek

im Beach Club

in der Sauna

im Squashcourt

in der Basketballhalle

im Supermarkt

in der Bucht

auf dem Tennisplatz

Schon bekannt

EIN WENIG GRAMMATIK

You have used questions and statements such as:

> **Wart ihr am Pool?**
> **Nein, in der Minigolfanlage.**

What case follows these two prepositions? Why? For more on two-way prepositions, see the Grammar Summary.

10 Hör gut zu!

Die Familie Kohl bespricht ihren kommenden Urlaub. Leider würden die Kinder, Markus und Annette, lieber ganz andere Dinge machen als ihre Eltern. Schreib auf, welche Vorschläge die Eltern und die Kinder machen. Welche Gründe geben sie an?

SO SAGT MAN DAS!

Schon bekannt

Asking for, making, and responding to suggestions

When asking for suggestions, you could say:

> **Wohin sollen wir fahren? Was schlägst du vor?**

When making suggestions, you could say:

> **Würdest du gern mal an die Küste fahren?**
> **Wie wär's denn mit einem Flug nach Spanien?**

And you could respond by saying:

> **Eine gute Idee!**
> **Das wäre toll! Super!**

Schon bekannt

EIN WENIG GRAMMATIK

For the forms of **sollen** and the **würde**-forms, see the Grammar Summary.

11 Was würdest du gern mal tun?

Sag deinem Partner, was du gern mal in den kommenden Ferien tun würdest und warum! Er sagt dir dann, was er gern tun würde.

12 Auf in die Ferien!

Deine Eltern haben dich und deine Schwester gebeten, zahlreiche Reiseprospekte zu besorgen, damit ihr zusammen am Wochenende eure Pläne für die kommenden Ferien machen könnt.

a. Schreib drei Ferienziele auf ein Blatt Papier!
b. Schreib daneben ein oder zwei Gründe, warum du gern dorthin fahren würdest!

c. Such dir jetzt drei Partner für die Rollen von deinen Eltern und deiner Schwester! Schlag den Eltern einen Ferienort vor und begründe deinen Vorschlag! Was meinen die Eltern dazu?

Schon bekannt

EIN WENIG GRAMMATIK

Read these questions and statements:

Fahrt ihr wieder ans Meer?
Wir waren im Juli am Meer.
Fahren wir heute in die Berge?
In den Bergen regnet es.
Fliegst du nach Österreich?
Ich war schon in Österreich.

What case follows these prepositions and why? What kind of preposition is **nach?** For more on prepositions, see the Grammar Summary.

13 Im Reisebüro

Ihr habt euch in der Familie auf drei Reiseziele geeinigt, aber bevor ihr euch endgültig für einen Ferienort entscheidet, braucht ihr noch mehr Information. Du sollst diese Information besorgen.

a. Schreib die drei Reiseziele auf eine Liste und trag die Sehenswürdigkeiten (*sights*) ein, die ihr an jedem Ziel besuchen wollt!
b. Schreib mindestens acht Dinge auf, über die du Auskunft möchtest, zum Beispiel, ob der Ferienort einen großen Swimmingpool hat oder ob die Pension einen schönen Tennisplatz hat!

c. Such dir jetzt einen Partner! Er übernimmt die Rolle von einem Angestellten im Reisebüro. Er fragt dich, wofür du dich interessierst, und du sagst es ihm. Leider muss der Angestellte dir sagen, dass es nicht alles gibt, was du willst.

BEISPIEL ANGESTELLTER **Ja, wofür interessieren Sie sich denn?**
DU **Ich interessiere mich für eine Reise nach ... und ich möchte wissen, ob ...**

14 Für mein Notizbuch

Du warst mit deiner Familie in einem schönen Ferienort. Schreib einen Bericht über deine Ferien in dein Notizbuch! Er muss Antworten zu folgenden Fragen enthalten (*include*):

1. Wo wart ihr und wie lange?
2. Wo habt ihr gewohnt, und wie waren die Zimmer?
3. Was für Sportarten habt ihr dort ausgeübt?
4. Wo habt ihr gegessen, und wie hat es euch geschmeckt?
5. Wie habt ihr die Abende verbracht?
6. Was hat euch gefallen und was nicht?
7. Würdet ihr gern noch einmal dorthin fahren oder fliegen? Warum? Warum nicht?

15 Und wo bist du gewesen?

Frag deine Partnerin über ihre letzten Ferien! Wo ist sie gewesen, und was hat sie alles gemacht? Danach erzählst du ihr von deinen Ferien.

Ordering food, expressing hearsay and regret; persuading and dissuading

Andreas Elsholz präsentiert sein bestes Spaghettirezept!

Man nehme 300 Gramm italienische Nudeln, ein halbes Pfund Hackfleisch, einen großen Topf und — natürlich einen begabten Koch . . .

„Seit ich in meiner eigenen Bude in Berlin-Köpenick wohne, bin ich der perfekte Koch geworden", erzählt Andreas Elsholz (21) stolz beim POP/Rocky-Interview. „Spaghetti sind meine besondere Stärke." Das wollten wir genauer wissen — und stellten Andreas mit einem Kochtest auf die Probe. Null problemo für Andi, der sich beim Nobel-Italiener „La Locanda" in München-Giesing sofort begeistert in die Küche verdrückte. Chefkoch Nicola staunte nicht schlecht, als Andreas ganz fachmännisch zunächst einige Spritzer Olivenöl in das Spaghettiwasser tat. „Nudeln dürfen nicht zu lange kochen, müssen „al dente" sein, das heißt, sie müssen noch Biß haben", erklärt Andreas seine Nudelphilosophie. Und dann legte er wie ein Wirbelwind los: Er hackte die Zwiebeln und den Paprika für die Sauce, rührte zwischendrin die Nudeln um, würzte den Tomatenfond — so, als wäre er in einer Restaurantküche großgeworden. Nach zwanzig Minuten stand das Gourmetgericht dampfend auf dem Tisch. Koch Nicola durfte als erster kosten. Sein Urteil: „Molto bene, grandioso!" Doch das Jobangebot als Koch mußte der „Heiko" aus „Gute Zeiten — schlechte Zeiten" leider ablehnen. „Ich präsentiere meinen Fans dafür einen Ohrenschmaus mit meinem ersten Hit, „Immer noch verrückt nach dir ..."

SPAGHETTI
MIT PAPRIKA UND PILZEN

225 g Pilze,
in Scheiben geschnitten
115 g kleingeschnittene
Paprika
60 g Butter oder Margarine
300 g Spaghetti
Salz und Pfeffer
1 EL gehackte Petersilie
60 g geriebener Parmesan

Die Pilze und die Paprika in der Hälfte der Butter anbraten. Inzwischen die Spaghetti in reichlich Salzwasser zehn Minuten kochen. Dann ablaufen lassen und zurück in den Topf geben. Den Rest der Butter, Salz, reichlich frisch gemahlenen schwarzen Pfeffer, die Pilze und den Paprika zugeben. Alles gut vermengen. Anschließend die gehackte Petersilie darüberstreuen und geriebenen Parmesan dazu servieren. **Die Rezeptmenge reicht für vier Personen.**

16 Beantwortet diese Fragen!

Lies den Artikel auf Seite 293! Dann such dir einen Partner! Stellt euch abwechselnd diese Fragen und beantwortet sie!

1. Wo wohnt Andreas, und was tut er besonders gern?
2. Wo hat Andis Kochtest stattgefunden?
3. Was ist Andis „Nudelphilosophie"?
4. Woraus besteht sein Gourmetgericht?
5. Wie beurteilt Chefkoch Nicola das Gericht?
6. Warum hat Andi das Jobangebot als Koch nicht angenommen?

17 Ausländische Gerichte

Such dir eine Partnerin und stell ihr folgende Fragen!

1. Was für ein Gericht ist (Paella)?
2. Welches ist ein (griechisches) Gericht?
3. Welche von diesen Gerichten hast du schon gegessen?
4. Welches Gericht würdest du gern einmal probieren? Warum?
5. Welches Gericht wirst du dir bestimmt bestellen, wenn du einmal nach (Griechenland) kommst?

18 Gerichte beschreiben

Alle sollen ein internationales Kochbuch zur Schule mitbringen. Jeder von euch sucht sich ein Gericht aus, das er den Mitschülern genauer beschreiben soll. Ihr müsst euch Fragen ausdenken, um herauszufinden, was das ist.

BEISPIEL	FRAGE	**Was ist Paella?**
	ANTWORT	**Paella ist ein spanisches Reisgericht.**
	FRAGE	**Woraus besteht dieses Gericht?**
	ANTWORT	**Aus Huhn, Wurst, Krabben, Muscheln ...**
	FRAGE	**Wie macht (kocht) man das?**
	ANTWORT	**Man ...**

Internationale Gerichte

Moussaka

Cevapcici

Paella

Fettucine

Crêpes Suzette

Tacos

Wiener Schnitzel

Steak

Couscous

In was für ein Lokal würdest du gern einmal gehen? Was würdest du dir dort bestellen? Welche Gerichte kennst du? Welche hast du schon gegessen?

SO SAGT MAN DAS!

Schon bekannt

Ordering food, expressing hearsay and regret

When you order food, you may say:

Ich hätte gern die Paella.

You might tell your friend what you heard about it:

Ich habe gehört, die Paella soll hier ausgezeichnet sein.

But the waiter may have bad news:

Tut mir Leid. Die Paella ist heute schon alle.

19 Hör gut zu!

Zwei Leute sind in einem Restaurant, wo es viele internationale Gerichte gibt. Sie kennen einige Gerichte überhaupt nicht und unterhalten sich mit der Bedienung darüber. Schreib auf, welches Gericht sich jeder am Ende bestellt, was für ein Gericht das ist und warum sich jeder dieses Gericht bestellt hat!

20 Macht nichts! Dann nehme ich eben ...

Zu deinem Geburtstag gehen deine Eltern mit dir in ein nettes Restaurant, wo du schon ab und zu warst. Du erinnerst dich (*recall*) an ein Gericht, das dir besonders gut geschmeckt hat, und du möchtest es wieder bestellen.

a. Schreib auf einen Zettel, was du damals gegessen und getrunken hast! Vorspeise, Hauptgericht, Beilage, Nachspeise, Getränk.

b. Such dir einen Partner, der die Rolle der Bedienung übernimmt! Du bestellst das Gericht, das dir so gut geschmeckt hat, aber leider ist es schon alle. Deshalb bestellst du dir eben ein anderes Gericht, das auch sehr gut sein soll.

EIN WENIG LANDESKUNDE

In den meisten deutschen Lokalen sucht man sich selbst den Tisch aus. Man muss nur darauf achten, dass man sich nicht an einen reservierten Tisch setzt oder an einen „Stammtisch", der immer für eine bestimmte Gruppe reserviert ist. Wenn man keinen leeren Tisch findet, dann setzt man sich eben zu anderen Leuten, nachdem man vorher höflich gefragt hat: „Ist hier noch frei?" Es ist daher nicht ungewöhnlich, dass drei oder vier verschiedene Gruppen am gleichen Tisch essen und sich miteinander unterhalten. Und unter dem Tisch liegt oft ganz friedlich des Menschen „bester Freund", der Hund, denn in den meisten Lokalen ist es gestattet, seinen Vierbeiner mitzubringen. Gastwirte sind hundelieb. Im Sommer, wenn es sehr heiß ist, stellen viele Wirte einen Wassernapf neben die Eingangstür, damit sich Hunde erfrischen können.

SO SAGT MAN DAS!
Persuading and dissuading

Schon bekannt

When trying to persuade someone,
you might say:

> **Geh doch einmal griechisch
> essen!**
> **Iss doch mal etwas, was du
> noch nie gegessen hast!**

The response might be:

> **Du, die griechische Küche ist
> mir zu scharf.**
> **Das ist ein guter Vorschlag.**

When trying to dissuade someone,
you might say:

> **Iss dort ja keinen Fisch!**
> **Trink dort ja kein ungekochtes
> Wasser!**

The response might be:

> **Warum nicht?**
> **Gut! Mach ich nicht!**

21 Iss ja kein ...!

Deine Verwandten fahren in Urlaub. Sie
fahren dorthin, wo du mit deinen Eltern letztes Jahr warst. Such dir eine Partnerin, die
die Rolle von deiner Kusine übernimmt! —
Sag ihr zwei Dinge, die sie am Ferienort
unbedingt tun soll und zwei, die sie nicht tun
soll! Begründe deine Aussagen! Einige Ideen
stehen im Kasten unten. — Tauscht dann die
Rollen aus!

Schon bekannt

EIN WENIG GRAMMATIK

Do you remember the command forms
of various strong verbs? Here are
some you should recognize: **Iss! Lies!
Nimm! Vergiss!** For command forms,
see the Grammar Summary.

Einige Ideen

ja:

sich richtig ausruhen
etwas Sport machen
in die Disko gehen
Sonnenschutz nicht
  vergessen
die tollen Fischgerichte
  essen

nein:

nicht zu viele Klamotten
  mitnehmen
nicht zu lange in der Sonne
  liegen
kein ungekochtes Wasser
  trinken

22 Mensch, hab ich einen Bärenhunger!

Deine Eltern haben am Ferienort ein Appartement gemietet, und ihr bereitet euer eigenes
Frühstück und Abendessen vor.

a. Schreib mindestens zehn Lebensmittel auf, die deine Familie im Kühlschrank haben würde!
   würde! Zum Beispiel: frisches Obst, geräucherten Fisch, usw.
b. Du bringst einen Freund mit nach Hause ins Appartement. Ihr habt Basketball gespielt,
   und ihr seid jetzt hungrig und durstig. Du schlägst vor, ein paar belegte Brote zu
   machen, und du fragst deinen Freund, was er gern drauf hätte. Er sagt dir, was er gern
   mag und was nicht. Frag ihn, ob es etwas gibt, was er nicht essen darf! Er sagt es dir. —
   Tauscht dann die Rollen aus!

DRITTE STUFE

Asking for and giving advice; expressing preference; expressing interest, disinterest, and indifference

ICH BIN KEIN WUNDERKIND!

Ihr Hippie-Outfit soll beweisen, daß sie auch als Schwimmstar auf dem Boden bleibt . . .

In Action: Franzi ist im Wasser nicht zu bremsen

Supercool: Franziska van Almsick beim Jux mit Bruder Sebastian

„Peace"— nein, mit dem Hippie-Gruß aus den sechziger Jahren, der prima zu ihrem Outfit passen würde, empfängt Franzi unseren Fotografen nicht. Die vierfache Medaillengewinnerin der Olympischen Spiele von Barcelona 1992 fährt neuerdings völlig auf Kluft à la Woodstock ab. Strickstirnband, Schlabberpulli im Ringelmuster, John-Lennon-Sonnenbrille, Schlaghosen-Jeans mit zerissenem Saum, die eher einer Patchworkdecke gleichen: der Jungstar des deutschen Schwimmsports (geboren am 5. April 1978), der bereits im zarten Alter von fünf Jahren mit dem Hochgeschwindigkeitsbaden begann, zeigt allen Beobachtern sein wahres Ich. Viele haben versucht, ihr das Image eines Nesthäkchens und Wunderkindes anzuhängen. „Alles Quatsch", meint Franzi ganz cool dazu. Und unsere Bilder beweisen es. Franziska ist ein ganz normales Mädchen — und dazu noch total süß und natürlich. Sie kann halt nur ein bißchen schneller schwimmen als die meisten anderen . . .

23 Habt ihr alles verstanden?

Lies den obigen Artikel und beantworte die Fragen!

1. Wovon handelt dieser Artikel?
2. Wer ist die Franziska, auch Franzi genannt?
3. Was für Klamotten trägt Franzi zur Zeit?
4. Manche Leute nennen sie ein Wunderkind. Was meint sie dazu?

EIN WENIG GRAMMATIK

Be careful to watch the adjective endings! Can you explain why these endings are correct?

Kalt**er** Kaffee schmeckt mir nicht! Ich mag dies**es** frisch**e** Brot.

For adjective endings, see the Grammar Summary.

Wie bist du gekleidet? Bist du ...

salopp angezogen, mit Pulli
und Jeans, die Löcher haben?

gut angezogen, mit weißem
Hemd, schwarzer Hose?

elegant angezogen, mit
weißem Hemd und Fliege?

Was ziehst du gern an? Vielleicht ...

Was ziehst du zu Festlichkeiten an?

einen Pulli mit
Ringelmuster?

ein Hemd mit
großen Karos?

schwarze
Lackschuhe?

ein modisches
Abendkleid mit
weitem Rock
und Schleife?

einen dunkel-
blauen Smoking,
mit weißem
Hemd, Fliege und
Kummerbund?

eine braune
Wildlederjacke?

eine Bluse mit
Streifen?

Wie kleidest du dich gewöhnlich? Was ziehst du
zu Festlichkeiten an?

---

24 Hör gut zu!

Schüler erzählen, was sie sich heute Abend anziehen. Rate, für welchen Anlass sich jeder
anzieht! Anlässe stehen in den beiden Kästen unten.

25 Was trägst du gern?

Mach eine Liste mit den Kleidungsstücken, die du gern zu drei
verschiedenen Anlässen anziehst!
Schreib daneben, warum du dir
diese Sachen anziehst!

Anlässe

zu Hause
in der Schule
zum Sport
in den Ferien
zum Einkaufen
zu einer Geburtstagsfete

zu Festlichkeiten, wie:
zu einer Hochzeit
zu einem Ball
zu einer Schulfeier

26 Was ziehst du dir gern an?

Frag deine Partnerin, was sie gern anzieht, wenn sie zu Hause ist und wenn sie zu einer Geburtstagsfete geht! Was zieht sie an und warum? Danach fragt sie dich.

SO SAGT MAN DAS!

Schon bekannt

Asking for and giving advice

When asking for advice, you might say:

> **Welchen Pulli soll ich mir zur Fete anziehen, diesen roten Pulli oder den blauen?**

When giving advice, you may say:

> **Zieh doch deinen blauen Pulli an!**
>
> *or* **Ich würde mir diesen blauen Pulli anziehen. Der passt besser zu deiner weißen Jeans.**

EIN WENIG GRAMMATIK

Look at the adjectives in these sentences. What are their endings? What do these endings indicate?

> **Zieh doch den blauen Pulli an!**
> **Der blaue Pulli ist schöner.**
> **Ich zieh das grüne Hemd an.**
> **Ein grünes Hemd passt gut zu dieser bunten Hose.**

For adjective endings, see the Grammar Summary.

27 Was soll ich mir anziehen?

A classmate has invited you to his birthday. Ask your partner which of the different clothing items or styles you should wear to the party. He or she will advise you and say why you should choose one or the other. To get an idea of how the whole outfit will look, sketch a picture as your partner advises you. Then switch roles. Afterwards, share your pictures with the class. Who has given the best advice, judging by the pictures?

—saloppe Kleidung oder gut angezogen?
—Hemd: einfarbig, gestreift oder kariert?
—T-Shirt: einfach oder modisch?
—Bluse: lange oder kurze Ärmel?

—Jeans oder dunkle Hose?
—bunte Krawatte oder (rote) Fliege?
—hübsches Kleid oder Rock und Bluse?
—Lackschuhe oder einfache Sneakers?

SO SAGT MAN DAS!

Schon bekannt

Expressing preference

When asking what someone prefers, you might say:

Welches Hemd findest du schöner, dieses weiße Hemd oder das gestreifte?

Welche Schuhe gefallen dir besser?

Welches Muster ziehst du vor?

Was soll ich anziehen? Jeans oder ein Kleid? Was meinst du?

When expressing preference, you might say:

Ich finde das gestreifte Hemd schöner.

Also, mir gefallen eigentlich diese schwarzen Schuhe besser.

Du, ich ziehe den Pulli mit dem Karomuster vor.

Also, ich würde mir ein Kleid anziehen.

28 Wer die Wahl hat ...

Du hast einfach zu viele Klamotten und weißt nicht, welches Outfit du zum Sting-Konzert anziehen sollst. — Zeichne drei Outfits, die dir gefallen, auf ein Blatt Papier! Beschreibe jedes Outfit und notiere den Namen, Farbe und Stoff von jedem Kleidungsstück! Zeig deinen Mitschülern die Zeichnungen!

EIN WENIG GRAMMATIK

How would you compare two things in German? Is it the same as in English? Some adjectives are irregular. Can you name some? For comparative adjectives, see the Grammar Summary.

29 Was findest du schöner?

Du hast dich noch nicht entschieden, was du zur Fete anziehst. Du beschreibst deinem Partner die drei Outfits, die du dir in Übung 28 ausgesucht hast und fragst ihn, welches Outfit er schöner findet. Dein Partner vergleicht die Outfits. Stimmst du ihm zu? Warum? Warum nicht? — Tauscht dann die Rollen aus!

SO SAGT MAN DAS!

Schon bekannt

Expressing interest, disinterest, and indifference

When asking about someone's interests, you might say:

Wofür interessieren Sie sich?

Soll die Bluse aus Acryl sein?

Welche Farbe soll es sein?

When expressing interest, you might say:

Ich interessiere mich für nette Klamotten, nicht zu salopp, nicht zu fein.

When expressing disinterest, you might say:

Nein, ich interessier mich nicht für Acryl.

When expressing indifference, you might say:

Ach, das ist mir eigentlich egal.

---

30 Also doch etwas Neues kaufen!

Du hast beschlossen, dass du wirklich kein flottes Outfit für die Fete hast und dass du dir lieber ein neues Kleidungsstück kaufen möchtest.

a. Schreib dir zwei Kleidungsstücke auf, die du dir kaufen möchtest! Welche Farbe? Welches Material? Welche Accessoires?

b. Deine Partnerin ist Verkäuferin in einem Bekleidungsgeschäft. Sie fragt dich, wofür du dich interessierst. Sag es ihr! Sag ihr auch, wofür du dich nicht interessierst!

31 Für eine lange Reise planen

Nächsten Sommer darfst du mit deiner Klasse und deiner Deutschlehrerin vier Wochen lang die deutschsprachigen Länder besuchen. Aber bevor ihr fliegt, müsst ihr gemeinsam die Reise planen, und jeder von euch muss sich individuell auf diese Reise vorbereiten. Setzt euch in Gruppen von vier oder fünf Personen zusammen, und arbeitet gemeinsam einen detaillierten Reiseplan aus, den ihr aufschreibt und später der ganzen Klasse vortragt! Euer Plan muss Folgendes enthalten:

a. Wie sieht eure Reiseroute aus? Welche Orte wollt ihr besuchen, und was würdet ihr dort machen?
b. Würdet ihr nur Städte besuchen, oder möchtet ihr auch viel von der schönen deutschen Landschaft sehen? Was interessiert euch am meisten und warum?
c. Was für Kleidung müsst ihr mitnehmen, denn es kann ziemlich kühl oder auch sehr warm sein?
d. Wo würdet ihr wohnen? Bei deutschen Familien? In Jugendherbergen oder Pensionen?
e. Wie würdet ihr euch ernähren? Möchtet ihr immer nur in Gasthäusern essen, oder würdet ihr euch auch oft Lebensmittel in Läden und Supermärkten kaufen? Warum?
f. Welche einheimischen Gerichte möchtet ihr unbedingt einmal probieren? Habt ihr von diesen Gerichten gehört oder gelesen?
g. Wie würdet ihr euch auf der Reise fit halten?
h. Was würdet ihr tun, wenn ihr euch in Deutschland plötzlich nicht wohl fühlt?
i. Welche Fernsehsendungen würdet ihr euch in Deutschland ansehen?
j. Welche sportlichen oder kulturellen Veranstaltungen würdet ihr gern besuchen? In welchen Städten? Welche Gründe habt ihr für den Besuch von solchen Veranstaltungen?

32 Reisebericht an die Klasse

Nun tragen abwechselnd die einzelnen Mitglieder jeder Gruppe ihren detaillierten Reiseplan der ganzen Klasse vor. Ist der Rest der Klasse mit dem Plan einverstanden? Welche Teile des Plans gefallen oder missfallen den andern in der Klasse? Diskutiert dann über die einzelnen Teile des Plans! — Nachdem jede Gruppe ihren Plan vorgetragen hat, muss ein gemeinsamer Plan von allen Schülern ausgearbeitet (*worked out*) werden!

Nach dem Krieg

LESETRICK

Note-taking. In this chapter you will practice taking notes that summarize a short story. Note-taking is a strategy that you can use in all of your classes. When you take summarizing notes as you read, you can gauge whether or not you understand what is going on, and you'll remember the content better and longer. You can also use those same notes to save time when studying for a test.

Getting Started

1. Another word for **Abend**-

> **Tip:** The title of a short story often holds the key to what the story is about. If the title refers to an object, the key is usually the relationship of the object to the main character(s).

essen is **Abendbrot.** Does this tell you anything about the role of **das tägliche Brot** in German life? If the title were *Der Apfelkuchen* or *Die Pommes frites,* you might expect certain kinds of characters or a certain atmosphere. What kind of atmosphere does *Das Brot* suggest?

2. Use the reading strategy you learned in **Kapitel 11** (p. 276) to get a general idea of what the story is about. On your third reading, try to summarize the story in three or four sentences. Where and when is the action taking place? How many characters are there?

Das Brot
VON
Wolfgang Borchert

Plötzlich wachte sie auf. Es war halb drei. Sie überlegte, warum sie aufgewacht war. Ach so! In der Küche hatte jemand gegen einen Stuhl gestoßen. Sie horchte nach der Küche. Es war still. Es war zu still und als sie mit der Hand über das Bett neben sich fuhr, fand sie es leer. Das war es, was es so besonders still gemacht hatte: sein Atem fehlte. Sie stand auf und tappte durch die dunkle Wohnung zur Küche. In der Küche trafen sie sich. Die Uhr war halb drei. Sie sah etwas Weißes am Küchenschrank stehen. Sie machte Licht. Sie standen sich im Hemd gegenüber. Nachts. Um halb drei. In der Küche.

Auf dem Küchentisch stand der Brotteller. Sie sah, daß er sich Brot abgeschnitten hatte. Das Messer lag noch neben dem Teller. Und auf der Decke lagen Brotkrümel. Wenn sie abends zu Bett gingen, machte sie immer das Tischtuch sauber. Jeden Abend. Aber nun lagen Krümel auf dem Tuch. Und das Messer lag da. Sie fühlte, wie die Kälte der Fliesen langsam an ihr hochkroch. Und sie sah von dem Teller weg.

„Ich dachte, hier wär was", sagte er und sah in der Küche umher.

„Ich habe auch was gehört", antwortete sie und dabei fand sie, daß er nachts im Hemd doch schon recht alt aussah. So alt wie er war. Dreiundsechzig. Tagsüber sah er manchmal jünger aus. Sie sieht doch schon alt aus, dachte er, im Hemd sieht sie doch ziemlich alt aus. Aber das liegt vielleicht an den Haaren. Bei den Frauen liegt das nachts immer an den Haaren. Die machen dann auf einmal so alt.

„Du hättest Schuhe anziehen sollen. So barfuß auf den kalten Fliesen. Du erkältest dich noch."

Sie sah ihn nicht an, weil sie nicht ertragen konnte, daß er log. Daß er log, nachdem sie neununddreißig Jahre verheiratet waren.

„Ich dachte, hier wäre was", sagte er noch einmal und sah wieder so sinnlos von einer Ecke in die andere, „ich hörte hier was. Da dachte ich, hier wäre was."

„Ich hab auch was gehört. Aber es war wohl nichts." Sie stellte den Teller vom Tisch und schnippte die Krümel von der Decke.

„Nein, es war wohl nichts", echote er unsicher.

Sie kam ihm zu Hilfe. „Komm man. Das war wohl draußen. Komm man zu Bett. Du erkältest dich noch. Auf den kalten Fliesen."

Er sah zum Fenster hin. „Ja, das muß wohl draußen gewesen sein. Ich dachte, es wäre hier."

Sie hob die Hand zum Lichtschalter. Ich muß das Licht jetzt ausmachen, sonst muß ich nach dem Teller sehen, dachte sie. Ich darf doch nicht nach dem Teller sehen. „Komm man", sagte sie und machte das Licht aus, „das war wohl draußen. Die Dachrinne schlägt immer bei Wind gegen die Wand. Es war sicher die Dachrinne. Bei Wind klappert sie immer."

Sie tappten sich beide über den dunklen Korridor zum Schlafzimmer. Ihre nackten Füße platschten auf den Fußboden.

„Wind ist ja", meinte er. „Wind war schon die ganze Nacht."

Als sie im Bett lagen, sagte sie: „Ja, Wind war schon die ganze Nacht. Es war wohl die Dachrinne."

„Ja, ich dachte, es wäre in der Küche. Es war wohl die Dachrinne." Er sagte das, als ob er schon halb im Schlaf wäre.

Aber sie merkte, wie unecht seine Stimme klang, wenn er log.

„Es ist kalt", sagte sie und gähnte leise, „ich krieche unter die Decke. Gute Nacht."

„Nacht", antwortete er und noch: „Ja, kalt ist es schon ganz schön."

Dann war es still. Nach vielen Minuten hörte sie, daß er leise und vorsichtig kaute. Sie atmete absichtlich tief und gleichmäßig, damit er nicht merken sollte, daß sie noch wach war. Aber sein Kauen war so regelmäßig, daß sie davon langsam einschlief.

Als er am nächsten Abend nach Hause kam, schob sie ihm vier Scheiben Brot hin. Sonst hatte er immer nur drei essen können.

„Du kannst ruhig vier essen", sagte sie und ging von der Lampe weg. „Ich kann dieses Brot nicht so recht vertragen. Iß du man eine mehr. Ich vertrag es nicht so gut."

Sie sah, wie er sich über den Teller beugte. Er sah nicht auf. In diesem Augenblick tat er ihr leid.

„Du kannst doch nicht nur zwei Scheiben essen", sagte er auf seinen Teller.

„Doch. Abends vertrag ich das Brot nicht gut. Iß man. Iß man."

Erst nach einer Weile setzte sie sich unter die Lampe an den Tisch.

(published posthumously in 1949)

3. Using context as a clue, determine the meaning of the words below.
   1. überlegen   a. *to lie*
   2. Atem   b. *breath*
   3. verheiratet   c. *gutter*
   4. ertragen   d. *to chew*
   5. lügen   e. *to listen to*
   6. horchen nach   f. *married*
   7. Dachrinne   g. *to think about*
   8. kauen   h. *to endure*

A Closer Look

4. Read the story again. As you read, you and your partner will take summarizing notes in English, jotting down the main points under these categories: Actions/Dialogues and Thoughts.

5. Compare your summary chart (**Zusammenstellung**) with those of your classmates. Did you understand, in general, the sequence of events and the thoughts of the woman?

6. What excuse did the woman make up for coming down to the kitchen? Why was she upset with her husband?

7. After they went back to bed, what did she hear? What did she seem to have realized by the next day?

8. From whose perspective is the story told? What is the significance of the title? What is implied about the man's motives, but never stated? What kind of social conditions might give rise to the kind of conflict portrayed in this story?

9. Schau noch einmal auf deine Zusammenstellung und stell fest, was durch die Gedanken der Frau erzählt wurde! Rekonstruiere jetzt die Erzählung aus der Perspektive des Mannes! (Vergiss nicht, Zeitausdrücke, wo nötig, zu verwenden!)

KANN ICH'S WIRKLICH?

1 How would you tell a friend what you did yesterday after school? How would you tell someone about the last vacation you enjoyed?

2 How would you ask your father to suggest a place to go on vacation? How would you suggest that you would like to fly to Austria? How could your father respond positively?

3 How would you say that you would like to order a veal cutlet and a glass of mineral water?

4 How would you say that you heard

a. that the French fries are very spicy?

b. that the shish-kebab at "The Slovenia" is excellent?

5 How would a waiter say that there are no more meatballs?

6 How would you persuade someone to go eat Mexican food? How would a friend dissuade you from eating a salad?

7 How would you ask a friend's advice on what to wear

a. to a birthday party?

b. for a day at the beach?

8 How would you suggest the same things to your friend?

9 How would you ask a friend if she prefers

a. the blue blouse or the green one?

b. the striped pants or the checkered ones?

10 How would you say that

a. you really prefer the brown leather shoes?

b. you prefer the T-shirt with the Germany motif?

11 How would you ask someone what he or she is interested in? How would you say you're interested in colorful clothes, but don't care for sweaters made of wool?

12 How would you say to your friend that it doesn't really matter to you which shoes he or she wears?

KAPITEL 12   Die Reinickendorfer Clique

ERSTE STUFE

REPORTING PAST EVENTS

Ich bin gern im Mittelmeer geschwommen. *I enjoyed swimming in the Mediterranean Sea.*
Ich habe auch viel gesehen. *I saw a lot, too.*

TALKING ABOUT TRAVEL

Ich war (in, an, auf) ... *I was (in, at, on)...*
die Küste, -n *coast*
die Klippe, -n *cliff*
die Insel, -n *island*
die Bucht, -en *bay*
die Oase, -n *oasis*
die Sportanlage, -n *sport facility*

die Anlage, -n *grounds, site*
der Court, -s *court*
der Platz, ̈-e *place*
der Pool, -s *swimming pool*
die Halle, -n *hall*
das Fahrrad-Depot, -s *bicycle shed*
der Flug, ̈-e *flight*

OTHER USEFUL WORDS

der Anfänger, - *beginner*
der Fortgeschrittene, -n *advanced (person)*
der Erfahrene, -n *experienced (person)*

der Olympiasieger, - *olympic champion*
der Zehnkämpfer, - *decathlete*
der Geheimtip, -s *secret tip*
abwechslungsreich *varied, diversified*
sich langweilen *to be bored*
zahlreich *numerous*

RESPONDING TO SUGGESTIONS

Gute Idee! *Good idea!*
Das wäre toll! *That would be great!*

ZWEITE STUFE

TALKING ABOUT INTERNATIONAL FOODS

see page 294

EXPRESSING REGRET

Tut mir Leid, aber der Couscous ist leider schon alle. *Sorry, but unfortunately we're all out of couscous.*

RESPONDING TO PERSUASION

Das ist ein guter Vorschlag. *That's a good suggestion.*
der Vorschlag, ̈-e *suggestion*
ungekocht *unboiled*

DRITTE STUFE

TALKING ABOUT CLOTHING

gekleidet sein *to be dressed*
salopp *casual*
elegant *elegant*
weit *big, broad*
fein *fine, exquisite*
der Ringel, - *ringlet*

das Muster, - *pattern*
das Karo, -s *check, diamonds*
der Streifen, - *stripe*
das Loch, ̈-er *hole*
die Schleife, -n *loop, bow*
die Fliege, -n *bow tie*
die Wildlederjacke, -n *suede jacket*

das Abendkleid, -er *evening gown*
der Smoking, -s *tuxedo*
der Kummerbund, -e *cummerbund*
der Lackschuh, -e *patent-leather shoe*

REFERENCE SECTION

SUMMARY OF FUNCTIONS

Functions are probably best defined as the ways in which you use a language for specific purposes. When you find yourself in specific situations, such as in a restaurant, in a grocery store, or at school, you will want to communicate with those around you. In order to do that, you have to "function" in the language so that you can be understood: you place an order, make a purchase, or talk about your class schedule.

Such functions form the core of this book. They are easily identified by the boxes in each chapter that are labeled SO SAGT MAN DAS! These functions are the building blocks you need to become a speaker of German. All the other features in the chapter—the grammar, the vocabulary, even the culture notes—are there to support the functions you are learning.

Here is a list of the functions from both Levels 1 and 2, accompanied by the German expressions you will need in order to communicate in a wide range of situations. The level of the book is indicated by a Roman numeral I or II. The chapter and page on which the expressions were introduced is also indicated.

You have learned to communicate in a variety of situations. Using these expressions, you will be able to communicate in many other situations as well.

SOCIALIZING

Saying hello
I, Ch. 1, p. 21

Guten Morgen!
Guten Tag!
Morgen! ⎤
Tag! ⎦ *shortened forms*
Hallo! ⎤
Grüß dich! ⎦ *informal*

Saying goodbye
I, Ch. 1, p. 21

Auf Wiedersehen!
Wiedersehen! *shortened form*
Tschüs! ⎤
Tschau! ⎥ *informal*
Bis dann! ⎦

Offering something to eat and drink
I, Ch. 3, p. 70

Was möchtest du trinken?
Was möchte *(name)* trinken?
Was möchtet ihr essen?

Responding to an offer
I, Ch. 3, p. 70

Ich möchte *(beverage)* trinken.
Er/Sie möchte im Moment gar nichts.
Wir möchten *(food/beverage)*, bitte.

Saying please
I, Ch. 3, p. 72

Bitte!

Saying thank you
I, Ch. 3, p. 72

Danke!
Danke schön!
Danke sehr!

Saying you're welcome
I, Ch. 3, p. 72

Bitte!
Bitte schön!
Bitte sehr!

Giving compliments
I, Ch. 5, p. 127

Der/Die/Das *(thing)* sieht *(adjective)* aus!
Der/Die/Das *(thing)* gefällt mir.
II, Ch. 8, p. 194
Dein/Deine *(clothing item)* sieht echt fetzig aus.
Sie/Er/Es passt dir auch echt gut.
Und dieser/diese/dieses *(clothing item)* passt dir prima!
Sie/Er/Es passt gut zu deiner/deinem *(clothing item)*.

Responding to compliments
I, Ch. 5, p. 127

Ehrlich?
Wirklich?
Nicht zu *(adjective)*?
Meinst du?
II, Ch. 8, p. 194
Meinst du wirklich?
Ist er/sie/es mir nicht zu *(adjective)*?
Das ist auch mein/meine Lieblings*(clothing item)*.
Echt?

Starting a conversation
I, Ch. 6, p. 145

Wie geht's?
Wie geht's denn?] *Asking how someone is doing*

Sehr gut!
Prima!
Danke, gut!
Gut!
Danke, es geht.
So lala. *Responding to Wie geht's?*
Nicht schlecht.
Nicht so gut.
Schlecht.
Sehr schlecht.
Miserabel.

Making plans
I, Ch. 6, p. 150

Was willst du machen?	Ich will *(activity)*.
Wohin will *(person)* gehen?	Er/Sie will in/ins *(place)* gehen.

Ordering food and beverages
I, Ch. 6, p. 154

Was bekommen Sie?	Ich bekomme *(food/beverage)*.
Ja, bitte?	
Was essen Sie?	Einen/Eine/Ein *(food)*, bitte.
Was möchten Sie?	Ich möchte *(food/beverage)*, bitte.
Was trinken Sie?	Ich trinke *(beverage)*.
Was nimmst du?	Ich nehme *(food/beverage)*.
Was isst du?	Ich esse *(food)*.

II, Ch. 11, p. 274

Haben Sie schon gewählt?	Ja, bringen Sie mir bitte den/die/das *(menu item)*.
Und was hätten Sie gern?	Ich hätte gern den/die/das *(menu item)*.

Talking about how something tastes
I, Ch. 6, p. 156

Wie schmeckt's?	Gut!
	Prima!
	Sagenhaft!
	Der/Die/Das *(food/beverage)* schmeckt lecker!
	Der/Die/Das *(food/beverage)* schmeckt nicht.
Schmeckt's?	Ja, gut!
	Nein, nicht so gut.
	Nicht besonders.

Paying the check
I, Ch. 6, p. 156

Hallo! Ich will/ möchte zahlen.	Das macht (zusammen) *(total)*.
Stimmt schon!	

Extending an invitation
I, Ch. 7, p. 174; Ch. 11, p. 277

Willst du *(activity)*?
Wir wollen *(activity)*. Komm doch mit!
Möchtest du mitkommen?
Ich habe am *(day/date)* eine Party. Ich lade dich ein. Kannst du kommen?

Responding to an invitation
I, Ch. 7, p. 174; Ch. 11, p. 277

Ja, gern!
Toll!
Ich komme gern mit.
Aber sicher!] *accepting*
Natürlich!
Das geht nicht.
Ich kann leider nicht.] *declining*

Expressing obligations
I, Ch. 7, p. 175

Ich habe keine Zeit. Ich muss *(activity)*.

Offering help
I, Ch. 7, p. 179

Was kann ich für dich tun?
Kann ich etwas für dich tun?] *asking*
Brauchst du Hilfe?
Gut! Mach ich! *agreeing*

Asking what you should do
I, Ch. 8, p. 198

Was soll ich für dich tun?	Du kannst für mich *(chore)*.
Wo soll ich *(thing/things)* kaufen?	Beim (Metzger/Bäcker). In der/Im *(store)*.
Soll ich *(thing/things)* in der/im *(store)* kaufen?	Nein, das kannst du besser in der/im *(store)* kaufen.

Getting someone's attention
I, Ch. 9, p. 222

Verzeihung!
Entschuldigung!

Offering more
I, Ch. 9, p. 230

Möchtest du noch etwas?
Möchtest du noch einen/eine/ein *(food/beverage)*?
Noch einen/eine/ein *(food/beverage)*?

Saying you want more
I, Ch. 9, p. 230

Ja, bitte. Ich nehme noch einen/eine/ein *(food/beverage)*.
Ja, bitte. Noch einen/eine/ein *(food/beverage)*.
Ja, gern.

Saying you don't want more
I, Ch. 9, p. 230

Nein, danke! Ich habe keinen Hunger mehr.
Nein, danke! Ich habe genug.
Danke, nichts mehr für mich.
Nein, danke, keinen/keine/kein *(food/beverage)* mehr.

Using the telephone
I, Ch. 11, p. 274

Hier *(name)*.
Hier ist *(name)*.
Ich möchte bitte *(name)*
  sprechen.
Kann ich bitte *(name)*
  sprechen?
Tag! Hier ist *(name)*.

starting a conversation

Wiederhören!
Auf Wiederhören!
Tschüs!

ending a conversation

Talking about birthdays
I, Ch. 11, p. 278

Wann hast du Geburtstag? Ich habe am *(date)*
                           Geburtstag.
                           Am *(date)*.

Expressing good wishes
I, Ch. 11, p. 278

Alles Gute zum/zur *(occasion)*!
Herzlichen Glückwunsch zum/zur *(occasion)*!

II, Ch. 11, p. 275
Zum Wohl!
Prost!
Auf dein/euer/Ihr Wohl!
Guten Appetit!
Mahlzeit!

EXCHANGING INFORMATION

Asking someone his or her name and giving yours
I, Ch. 1, p. 22

Wie heißt du?   Ich heiße *(name)*.
Heißt du *(name)*?   Ja, ich heiße *(name)*.

Asking and giving someone else's name
I, Ch. 1, p. 22

Wie heißt der Junge?   Der Junge heißt *(name)*.
Heißt der Junge *(name)*?   Ja, er heißt *(name)*.
Wie heißt das Mädchen?   Das Mädchen heißt
                             (name).
Heißt das Mädchen *(name)*? Nein, sie heißt *(name)*.

Asking and telling who someone is
I, Ch. 1, p. 23

Wer ist das?   Das ist der/die *(name)*.

Asking someone his or her age and giving yours
I, Ch. 1, p. 25

Wie alt bist du?   Ich bin *(number)* Jahre alt.
                        Ich bin *(number)*.
                        (Number).
Bist du schon *(number)*? Nein, ich bin *(number)*.

Asking and giving someone else's age
I, Ch. 1, p. 25

Wie alt ist der Peter?   Er ist *(number)*.
Und die Monika? Ist
  sie auch *(number)*?   Ja, sie ist auch *(number)*.

Asking someone where he or she is from and telling where you are from
I, Ch. 1, p. 28

Woher kommst du?   Ich komme aus *(place)*.
Woher bist du?   Ich bin aus *(place)*.
Bist du aus *(place)*? Nein, ich bin aus *(place)*.

Asking and telling where someone else is from
I, Ch. 1, p. 28

Woher ist *(person)*?   Er/Sie ist aus *(place)*.
Kommt *(person)* aus *(place)*? Nein, sie kommt aus
                                   (place).

Talking about how someone gets to school
I, Ch. 1, p. 31

Wie kommst du
  zur Schule?   Ich komme mit der/dem
                       (mode of transportation).

Kommt Ahmet zu Fuß
  zur Schule?   Nein, er kommt auch mit
                       der/dem *(mode of
                       transportation)*.

Wie kommt Ayla
  zur Schule?   Sie kommt mit der/dem
                       (mode of transportation).

Talking about interests
I, Ch. 2, p. 46

Was machst du in
  deiner Freizeit?   Ich *(activity)*.
Spielst du *(sport/
  instrument/game)*?   Ja, ich spiele *(sport/
                         instrument/game)*.
                       Nein, *(sport/instrument/
                         game)* spiele ich nicht.
Was macht *(name)*?   Er/Sie spielt *(sport/
                         instrument/game)*.

Asking about interests
II, Ch. 8, p. 193; Ch. 10, p. 240

Interessierst du dich für *(thing)*?
Wofür interessierst du dich?
Was für Interessen hast du?

Expressing interest
II, Ch. 8, p. 193; Ch. 10, p. 240

Ja, *(thing)* interessiert mich.
Ich interessiere mich für *(thing)*.

Expressing disinterest
II, Ch. 8, p. 193

(Thing) interessiert mich nicht.
Ich hab kein Interesse an *(thing)*.

Expressing indifference
II, Ch. 8, p. 193

(Thing) ist mir egal.

Saying when you do various activities
I, Ch. 2, p. 53

Was machst du nach der Schule?	Am Nachmittag *(activity)*.
	Am Abend *(activity)*.
Und am Wochenende?	Am Wochenende *(activity)*.
Was machst du im Sommer?	Im Sommer *(activity)*.

Talking about where you and others live
I, Ch. 3, p. 69

Wo wohnst du?	Ich wohne in *(place)*.
	In *(place)*.
Wo wohnt der/die *(name)*?	Er/Sie wohnt in *(place)*.
	In *(place)*.

Describing a room
I, Ch. 3, p. 75

Der/Die/Das *(thing)* ist alt.	
Der/Die/Das *(thing)* ist kaputt.	
Der/Die/Das *(thing)* ist klein, aber ganz bequem.	
Ist *(thing)* neu?	Ja, er/sie/es ist neu.

Talking about family members
I, Ch. 3, p. 78

Ist das dein/deine *(family member)*?	Ja, das ist mein/meine *(family member)*.
Und dein/deine *(family member)*? Wie heißt er/sie?	Er/Sie heißt *(name)*.
Wo wohnen deine *(family members)*?	In *(place)*.

Describing people
I, Ch. 3, p. 80

Wie sieht *(person)* aus?	Er/Sie hat *(color)* Haare und *(color)* Augen.

Talking about class schedules
I, Ch. 4, p. 98

Welche Fächer hast du?	Ich habe *(classes)*.
Was hast du am *(day)*?	*(Classes)*.
Was hat die Katja am *(day)*?	Sie hat *(classes)*.
Welche Fächer habt ihr?	Wir haben *(classes)*.
Was habt ihr nach der Pause?	Wir haben *(classes)*.
Und was habt ihr am Samstag?	Wir haben frei!

Using a schedule to talk about time
I, Ch. 4, p. 99

Wann hast du *(class)*?	Um *(hour)* Uhr *(minutes)*.
Was hast du um *(hour)* Uhr?	*(Class)*.
Was hast du von *(time)* bis *(time)*?	Ich habe *(class)*.

Sequencing events
I, Ch. 4, p. 101

Welche Fächer hast du am *(day)*?	Zuerst hab ich *(class)*, dann *(class)*, danach *(class)*, und zuletzt *(class)*.

Talking about prices
I, Ch. 4, p. 107

Was kostet *(thing)*?	Er/Sie kostet nur *(price)*.
Was kosten *(things)*?	Sie kosten *(price)*.
Das ist (ziemlich) teuer!	
Das ist (sehr) billig!	
Das ist (sehr) preiswert!	

Pointing things out
I, Ch. 4, p. 108

Wo sind die *(things)*?	Schauen Sie!
	Dort!
	Sie sind dort drüben!
	Sie sind da hinten.
	Sie sind da vorn.

Expressing wishes when shopping
I, Ch. 5, p. 122

Was möchten Sie?	Ich möchte einen/eine/ein *(thing)* sehen, bitte.
	Ich brauche einen/eine/ein *(thing)*.
Was bekommen Sie?	Einen/Eine/Ein *(thing)*, bitte.
Haben Sie einen Wunsch?	Ich suche einen/eine/ein *(thing)*.

Describing how clothes fit
I, Ch. 5, p. 125

Es passt prima.
Es passt nicht.

Talking about trying on clothes
I, Ch. 5, p. 131

Ich probiere den/die/das *(item of clothing)* an.
Ich ziehe den/die/das *(item of clothing)* an.
If you buy it: *If you don't:*
Ich nehme es.   Ich nehme es nicht.
Ich kaufe es.   Ich kaufe es nicht.

Telling time
I, Ch. 6, p. 146

Wie spät ist es jetzt? Es ist *(time)*.
Wie viel Uhr ist es? Es ist *(time)*.

Talking about when you do things
I, Ch. 6, p. 146

Wann gehst du *(activity)*?   Um *(time)*.
Um wie viel Uhr *(action)* du?   Um *(time)*.
Und du? Wann *(action)* du?   Um *(time)*.

Talking about how often you do things
I, Ch. 7, p. 178

Wie oft *(action)* du? (Einmal) in der Woche.
Und wie oft musst
  du *(action)*?   Jeden Tag.
    Ungefähr (zweimal) im Monat.

Explaining what to do
I, Ch. 7, p. 179

Du kannst für mich *(action)*.

Talking about the weather
I, Ch. 7, p. 183

Wie ist das Wetter heute?   Heute regnet es.
    Wolkig und kühl.
Wie ist das Wetter morgen?   Sonnig, aber kalt.
Regnet es heute?   Ich glaube schon.
Schneit es am Abend?   Nein, es schneit nicht.
Wie viel Grad haben wir heute? Ungefähr 10 Grad.

Talking about quantities
I, Ch. 8, p. 202

Wie viel *(food item)*
  bekommen Sie?   500 Gramm *(food item)*.
    100 Gramm, bitte.

Asking if someone wants anything else
I, Ch. 8, p. 203

Sonst noch etwas?
Was bekommen Sie noch?
Haben Sie noch einen Wunsch?

Saying you want something else
I, Ch. 8, p. 203

Ich brauche noch einen/eine/ein
  (food/beverage/thing).
Ich bekomme noch einen/eine/ein
  (food/beverage/thing).

Telling someone you don't need anything else
I, Ch. 8, p. 203

Nein, danke.
Danke, das ist alles.

Giving a reason
I, Ch. 8, p. 206

Jetzt kann ich nicht, weil …
Es geht nicht, denn …

Saying where you were
I, Ch. 8, p. 207

Wo warst du heute Morgen? Ich war in/im/an/am
    (place).
Wo warst du gestern? Ich war in/im/an/am
    (place).

Saying what you bought
I, Ch. 8, p. 207

Was hast du gekauft?   Ich habe *(thing)* gekauft.

Talking about where something is located
I, Ch. 9, p. 222

Verzeihung, wissen Sie,
  wo der/die/das *(place)* ist? In der Innenstadt.
    Am *(place name)*.
    In der *(street name)*.
Wo ist der/die/das *(place)*? Es tut mir Leid. Das
    weiß ich nicht.
Entschuldigung! Weißt du,
  wo der/die/das *(place)* ist? Keine Ahnung! Ich bin
    nicht von hier.

Asking for directions
I, Ch. 9, p. 226

Wie komme ich zum/zur *(place)*?
Wie kommt man zum/zur *(place)*?
II, Ch. 9, p. 222
Entschuldigung! Wo ist bitte *(place)*.
Verzeihung! Wissen Sie vielleicht, wie ich zum/zur
  (place) komme?

Giving directions
I, Ch. 9, p. 226

Gehen Sie geradeaus bis zum/zur *(place)*.
Nach rechts/links.
Hier rechts/links.
II, Ch. 9, p. 222
Sie biegen hier *(direction)* in die *(streetname)* ein.
Dann kommen Sie zum/zur *(place)*.
Das ist hier *(direction)* um die Ecke.
Ich weiß es leider nicht. Ich bin nicht von hier.

Talking about what there is to eat and drink
I, Ch. 9, p. 229

Was gibt es hier zu essen? Es gibt *(foods)*.
Und zu trinken? Es gibt *(beverage)* und
    auch *(beverage)*.

Talking about what you did in your free time
I, Ch. 10, p. 260

Was hast du *(time phrase)* gemacht?

Ich habe ...
(person/thing) gesehen.
(book, magazine, etc.) gelesen.
mit *(person)* über *(subject)* gesprochen.

Discussing gift ideas
I, Ch. 11, p. 282

Schenkst du *(person)* einen/eine/ein *(thing)* zum/zur *(occasion)*?

Nein, ich schenke ihm/ihr einen/eine/ein *(thing)*.

Was schenkst du *(person)* zum/zur *(occasion)*?

Ich weiß noch nicht. Hast du eine Idee?

Wem schenkst du den/die/das *(thing)*?

Ich schenke *(person)* dcn/dic/das *(thing)*.

Asking about past events
II, Ch. 3, p. 57; Ch. 3, p. 63

Was hast du *(time phrase)* gemacht?
Was hat *(person)* *(time phrase)* gemacht?

Asking what someone did
II, Ch. 3, p. 57

Was hast du *(time phrase)* gemacht?
Was hat *(person)* *(time phrase)* gemacht?

Telling what someone did
II, Ch. 3, p. 57

Ich habe *(activity + past participle)*.
Er/Sie hat *(activity + past participle)*.

Asking where someone was
II, Ch. 3, p. 63

Wo bist du gewesen?
Und wo warst du?

Telling where you were
II, Ch. 3, p. 63

Ich bin in/im/an/am *(place)* gewesen.
Ich war in/im/an/am *(place)*.
Ich war mit *(person)* in/im/an/am *(place)*.

Asking for information
II, Ch. 4, p. 95; Ch. 10, p. 248

Ich habe eine Frage: ...?
Sag mal, ...?
Wie steht's mit *(thing)*?
Darf ich dich etwas fragen? ...?
Wissen Sie, ob ...?
Können Sie mir sagen, ob ...?

Stating information
II, Ch. 10, p. 248

Ich glaube schon, dass ...
Ich meine doch, dass ...

Responding emphatically
II, Ch. 4, p. 95

Ja, natürlich!
Na klar!
Aber sicher!

Agreeing, with reservations
II. Ch. 4, p. 95

Ja, das kann sein, aber ...
Das stimmt, aber ...
Eigentlich schon, aber ...

Asking what someone may or may not do
II, Ch. 4, p. 98

Was darfst du (nicht) tun?
Was darfst du (nicht) essen/trinken?
Darfst du *(activity)*?

Telling what you may or may not do
II, Ch. 4, p. 98

Ich darf (nicht) *(activity)*.
Ich darf *(food/drink)* (nicht) essen/trinken.

Expressing skepticism
II, Ch. 5, p. 114

Was soll denn das sein, dieser/diese/dieses *(thing)*?

Making certain
II, Ch. 5, p. 114

Du isst nur vegetarisch, was?	Ja/Nein.
Du isst wohl viel Fleisch, ja?	Nicht unbedingt!
Du magst Joghurt, oder?	Na klar!
Du magst doch Quark, nicht wahr?	Sicher!

Calling someone's attention to something and responding
II, Ch. 5, p. 118

Schau mal!	Ja, was denn?
Guck mal!	Ja, was bitte?
Sieh mal!	Was ist denn los?
Hör mal!	Was ist?
Hör mal zu!	Was gibt's?

Inquiring about someone's health
II, Ch. 6, p. 137

Wie fühlst du dich?
Wie geht es dir?
Ist dir nicht gut?
Ist was mit dir?
Was fehlt dir?

Responding to questions about your health
II, Ch. 6, p. 137

Ich fühl mich wohl!
Es geht mir (nicht) gut!
Mir ist schlecht
Mir ist nicht gut.

Responding to statements about someone's health
II, Ch. 6, p. 137

Ach schade!
Gute Besserung!
Hoffentlich geht es dir bald besser!

Asking about pain
II, Ch. 6, p. 143

Tut's weh?
Was tut dir weh?
Tut dir was weh?
Tut dir (body part) weh?

Expressing pain
II, Ch. 6, p. 143

Au!
Aua!
Es tut weh!
Der/Die/Das (body part) tut mir weh.
Ja, ich hab (body part) Schmerzen.

Expressing wishes
II, Ch. 7, p. 168

Was möchtest du gern
   mal haben?   Ich möchte gern mal
                                 einen/eine/ein (thing)!
Was wünschst du dir mal?   Ich wünsche mir mal ...
Und was wünscht ihr euch?   Wir wünschen uns ...

Talking about plans
II, Ch. 10, p. 252

Ich werde (activity).
(Time phrase) werde ich (activity).

Expressing hearsay
II, Ch. 11, p. 270

Ich habe gehört, dass ...
Man hat mir gesagt, dass ...
(Thing) soll (adjective) sein.

EXPRESSING ATTITUDES AND OPINIONS

Asking for an opinion
I, Ch. 2, p. 55; Ch. 9, p. 232

Wie findest du (thing/activity/place)?

Expressing your opinion
I, Ch. 2, p. 55; Ch. 9, p. 232

Ich finde (thing/activity/place) langweilig.
(Thing/Activity/Place) ist Spitze!
(Activity) macht Spaß!
Ich finde es toll, dass ...
Ich glaube, dass ...

Agreeing
I, Ch. 2, p. 56

Ich auch!
Das finde ich auch!
Stimmt!

II, Ch. 10, p. 251
Da stimm ich dir zu!
Da hast du (bestimmt) Recht!
Einverstanden!

Disagreeing
I, Ch. 2, p. 56

Ich nicht!
Das finde ich nicht!
Stimmt nicht!

II, Ch. 10, p. 251
Das stimmt (überhaupt) nicht!

Agreeing, with reservations
II, Ch. 7, p. 175

Ja, schon, aber ...
Ja, aber ...
Eigentlich schon, aber ...
Ja, ich stimme dir zwar zu, aber ...

Commenting on clothes
I, Ch. 5, p. 125

Wie findest du
   den/die/das
   (clothing item)?   Ich finde ihn/sie/es (adjective).
                         Er/Sie/Es gefällt mir (nicht).

Expressing uncertainty, not knowing
I, Ch. 5, p. 125; Ch. 9, p. 222

Ich bin nicht sicher.
Ich weiß nicht.
Keine Ahnung!

Expressing regret
I, Ch. 9, p. 222

Es tut mir Leid.

II, Ch. 5, p. 113

Ich bedaure, ...
Was für ein Pech, ...
Leider, ...

Downplaying
II, Ch. 5, p. 113

Das macht nichts!
Schon gut!
Nicht so schlimm!
Dann *(action)* ich eben *(alternative)*.
Dann *(action)* ich halt *(alternative)*.

Asking how someone liked something
II, Ch. 3, p. 68

Wie war's?
Wie hat dir Dresden gefallen?
Wie hat es dir gefallen?
Hat es dir gefallen?

Responding enthusiastically
II, Ch. 3, p. 68

Na, prima!
Ja, Spitze!
Das freut mich!

Responding sympathetically
II, Ch. 3, p. 68

Schade!
Tut mir Leid!
Das tut mir aber Leid!

Expressing enthusiasm
II, Ch. 3, p. 68

Phantastisch!
Es war echt super!
Es hat mir gut gefallen.
Wahnsinnig gut!

Expressing disappointment
II, Ch. 3, p. 68

Na ja, soso!
Nicht besonders.
Es hat mir nicht gefallen.
Es war furchtbar!

Expressing approval
II, Ch. 4, p. 88

Es ist prima, dass ...
Ich finde es toll, dass ...
Ich freue mich, dass ...
Ich bin froh, dass ...

Expressing disapproval
II, Ch. 4, p. 88

Es ist schade, dass ...
Ich finde es nicht gut, dass ...

Expressing indecision
II, Ch. 9, p. 213

Was machen wir jetzt?
Was sollen wir bloß machen?

Asking for suggestions
II, Ch. 9, p. 213; Ch. 11, p. 266

Hast du eine Idee?
Was schlägst du vor?
Was sollen wir machen?
Wofür bist du?

Making suggestions
II, Ch. 9, p. 213; Ch. 11, p. 266

Wir können mal *(activity)*.
Ich schlage vor, ...
Ich schlage vor, dass ...
Ich bin dafür, dass ...
Wie wär's mit *(activity/place)*?

Responding to suggestions
II, Ch. 11, p. 266

Das wäre nicht schlecht.

EXPRESSING FEELINGS AND EMOTIONS

Asking about likes and dislikes
I, Ch. 2, p. 48; Ch. 4, p. 102; Ch. 10, p. 250

Was *(action)* du gern?
(Action) du gern?
Magst du *(things/activities)*?
Was für *(things/activities)* magst du?

Expressing likes
I, Ch. 2, p. 48; Ch. 4, p. 102; Ch. 10, p. 250

Ich *(action)* gern.
Ich mag *(things/activities)*.
(Thing/Activities) mag ich (sehr/furchtbar) gern.

Expressing dislikes
I, Ch. 2, p. 48; I, Ch. 10, p. 250

Ich *(action)* nicht so gern.
Ich mag *(things/action)* (überhaupt) nicht.

Talking about favorites
I, Ch. 4, p. 102

Was ist dein
   Lieblings *(category)*?   Mein Lieblings *(category)*
                                    ist *(thing)*.

Responding to good news
I, Ch. 4, p. 104

Toll!
Das ist prima!
Nicht schlecht.

Responding to bad news
I, Ch. 4, p. 104

Schade!
So ein Pech!
So ein Mist!
Das ist sehr schlecht!

Expressing familiarity
I, Ch. 10, p. 252

Kennst du *(person/
place/thing)*?   Ja, sicher!
                     Ja, klar! *or*
                     Nein, den/die/das kenne ich nicht.
                     Nein, überhaupt nicht.

Expressing preferences
I, Ch. 10, p. 253

(Siehst) du gern ...?   Ja, aber ... (sehe) ich lieber.
                        Und am liebsten (sehe) ich ...
(Siehst) du lieber ...
    oder ...?   Lieber ...

II, Ch. 5, p. 123; Ch. 7, p. 165
Welche *(thing)* magst du lieber?
    (Thing) oder *(thing)*?   *(Thing)* mag ich lieber.
Welcher/Welche/Welches
(food item) schmeckt dir
besser? *(Food item)* oder
(food item)?   *(Food item)* schmeckt
                                        mir besser.

Mir gefällt *(person/place/
thing)* besser als
(person/place/thing).
Ich finde die *(person/place/
thing)* schöner.
Ich ziehe *(person/place/
thing)* vor.

Expressing strong preference and favorites
I, Ch. 10, p, 253

Was (siehst) du am liebsten?   Am liebsten (sehe) ich ...

II, Ch, 5, p. 123
Welches *(thing)* magst
    du am liebsten?   Am liebsten mag ich
                                    (thing).
Welche *(food item)* schmeckt
    dir am besten?   *(Food item)* schmeckt
                                    mir am besten.

Expressing hope
II, Ch. 6, p. 148

Ich hoffe, ...
Wir hoffen, ...
Hoffentlich ...

Expressing doubt
II, Ch. 9, p. 217

Ich weiß nicht ob ...
Ich bezweifle, dass ...
Ich bin nicht sicher, ob ...

Expressing resignation
II, Ch. 9, p. 217

Da kann man nichts machen.
Das ist leider so.

Expressing conviction
II, Ch. 9, p. 217

Du kannst mir glauben: ...
Ich bin sicher, dass ...

Expressing surprise
II, Ch. 10, p. 251

Das ist ja unglaublich!
(Das ist) nicht möglich!
Das gibt's doch nicht!

PERSUADING

Telling someone what to do
I, Ch. 8, p. 199

Geh bitte *(action)*!
(Thing/Things) holen, bitte!

Making suggestions
II, Ch. 6, p. 138

Möchtest du *(activity)*?
Willst du *(activity)*?
Du kannst für mich *(activity)*.
(Activity) wir mal!
Sollen wir mal *(activity)*?

Asking for advice
II, Ch. 6, p. 147

Was soll ich machen?
Was soll ich bloß tun?

Giving advice
II, Ch. 6, p. 147

Am besten ...
Du musst unbedingt ...

Persuading
II, Ch. 8, p. 198

Warum kaufst du dir keinen/keine/kein *(thing)*?
Kauf dir doch diesen/diese/diese *(thing)*!
Trag doch mal etwas *(adjective)*!

Dissuading
II, Ch. 8, p. 198

Kauf dir ja keinen/keine/kein *(thing)*!
Trag ja nichts aus *(material)*!

Asking for permission
II, Ch. 10, p. 247

Darf ich (bitte) *(activity)*?
Kann ich bitte mal *(activity)*?
He, du! Lass mich mal *(activity)*!

Giving permission
II, Ch. 10, p. 247

Ja, natürlich!
Bitte schön!
Bitte!
Gern!

ADDITIONAL VOCABULARY

This list includes additional vocabulary that you may want to use to personalize activities. If you can't find the words you need here, try the German–English and English–German vocabulary sections beginning on page R68 and R96 respectively.

SPORT UND INTERESSEN
(SPORTS AND INTERESTS)

angeln *to fish*
Baseball spielen *to play baseball*
Bodybuilding machen *to lift weights*
Brettspiele spielen *to play board games*
fotografieren *to take photographs*
Gewichtheben *lift weights*
Handball spielen *to play handball*
joggen *to jog*
Kajak fahren *to kayak*
kochen *to cook*
malen *to paint*
Münzen sammeln *to collect coins*
nähen *to sew*
Rad fahren *to ride a bike*
reiten *to ride (a horse)*
Rollschuh laufen *to roller skate*
rudern *to row*
schnorcheln *to snorkle*
segeln *to sail*
Skateboard laufen *to ride a skateboard*
Ski laufen *to (snow) ski*
stricken *to knit*
Tischtennis spielen *to play table tennis*
Videospiele spielen *to play video games*

FAMILIE (FAMILY)

der Halbbruder, ⸚ *half brother*
die Halbschwester, -n *half sister*
der Stiefbruder, ⸚ *stepbrother*
die Stiefmutter, ⸚ *stepmother*
die Stiefschwester, -n *stepsister*
der Stiefvater, ⸚ *stepfather*

ZUM DISKUTIEREN
(TOPICS TO DISCUSS)

die Armut *poverty*
die Gesundheit *health*
der Präsident *the president*
die Politik *politics*
die Reklame *advertising*
die Umwelt *the environment*
das Verbrechen *crime*
der Wehrdienst *military service*
der Zivildienst *alternate service*

HAUSTIERE
(PETS)

die Eidechse, -n *lizard*
der Fisch, -e *fish*
der Frosch, ⸚**e** *frog*
der Hamster, - *hamster*
der Hase, -n *hare*
der Kanarienvogel, ⸚ *canary*
das Kaninchen, - *rabbit*
die Maus, ⸚**e** *mouse*
das Meerschweinchen, - *guinea pig*
der Papagei, -en *parrot*
das Pferd, -e *horse*
die Schildkröte, -n *turtle*
die Schlange, -n *snake*
das Schwein, -e *pig*
der Vogel, ⸚ *bird*

GETRÄNKE *(BEVERAGES)*

die Limo, -s *lemon-flavored drink*
ein Glas Milch *a glass of milk*
ein Glas Tee *a glass of tea*
eine Tasse Kaffee *a cup of coffee*

SPEISEN *(FOODS)*

die Ananas, - *pineapple*
der Apfelstrudel, - *apple strudel*
die Banane, -n *banana*
die Birne, -n *pear*
die Bratkartoffeln (pl) *pan-fried potatoes*
der Chip, -s *potato chip*
das Ei, -er *egg*
der Eintopf *stew*
die Erdbeere, -n *strawberry*
die Erdnussbutter *peanut butter*
das Gebäck *baked goods*
der gemischte Salat *tossed salad*
das Gulasch, -e *gulash*
die Gurke, -n *cucumber*
die Himbeere, -n *raspberry*
der Joghurt, - *yogurt*
die Karotte, -n *carrot*
die Magermilch *low-fat milk*
die Marmelade, -n *jam, jelly*
die Mayonnaise *mayonnaise*
die Melone, -n *melon*
die Möhre, -n *carrot*
das Müsli *muesli (cereal)*
die Nuss, ⁻e *nut*
die Orange, -n *orange*
das Plätzchen, - *cookie*
die Pommes frites (pl) *french fries*
der Pudding, -s *pudding*
die Sahne *cream*
der Spinat *spinach*
die Vollmilch *whole milk*
die Zwiebel, -n *onion*

FARBEN *(COLORS)*

beige *beige*
bunt *colorful*
gepunktet *polka-dotted*
gestreift *striped*
golden *gold*
lila *purple*
orange *orange*
rosa *pink*
silbern *silver*
türkis *turquoise*

KLEIDUNGSSTÜCKE
(CLOTHING)

der Anzug, ⁻e *suit*
der Badeanzug, ⁻e *swimsuit*
der Blazer, - *blazer*
das Halstuch, ⁻er *scarf*
der Handschuh, -e *glove*
der Hut, ⁻e *hat*
die Krawatte, -n *tie*
der Mantel, ⁻ *coat*
der Minirock, ⁻e *miniskirt*
die Mütze, -n *cap*
der Parka, -s *parka*
der Rollkragenpullover, - *turtleneck sweater*
die Sandalen (pl) *sandals*
der Schal, -s *shawl*
die Steghose, -n *stirrup pants*
die Strumpfhose, -n *panty hose*
die Weste, -n *vest*

STOFFE *(MATERIALS)*

Acryl, *acrylic*
Kunstfasern, *synthetic fibers*
Kunstseide, *rayon*
Nylon, *nylon*
Polyacryl, *acrylic*
Polyester, *polyester*
Viskose, *viscose*

FÄCHER *(SCHOOL SUBJECTS)*

Algebra *algebra*
Band *band*
Chemie *chemistry*
Chor *chorus*
Französisch *French*
Hauswirtschaft *home economics*
Informatik *computer science*
Italienisch *Italian*
Japanisch *Japanese*
Latein *Latin*
Orchester *orchestra*
Physik *physics*
Russisch *Russian*
Spanisch *Spanish*
Sozialkunde *social studies*
Werken *shop*
Wirtschaftskunde *economics*

INSTRUMENTE *(INSTRUMENTS)*

die Blockflöte, -n *recorder*
die Bratsche, -n *viola*
das Cello (Violoncello), -s *cello*
die Flöte, -n *flute*
die Geige, -n *violin*
die Harfe, -n *harp*
die Klarinette, -n *clarinet*
der Kontrabass, ¨e *double bass*
die Mandoline, -n *mandolin*
die Mundharmonika, -s *harmonica*
die Oboe, -n *oboe*
die Posaune, -n *trombone*
das Saxophon, -e *saxophone*
das Schlagzeug, -e *drums*
die Trompete, -n *trumpet*
die Tuba, (pl) Tuben *tuba*

KÖRPERTEILE *(PARTS OF THE BODY)*

das Auge, -n *eye*
die Augenbraue, -n *eyebrow*
das Augenlid, -er *eyelid*
die Faust, ¨e *fist*
die Ferse, -n *heel*
das Gesicht, -er *face*
der Kiefer, - *jaw*
das Kinn, -e *chin*
der Nacken, - *neck*
der Oberschenkel, - *thigh*
die Stirn, -en *forehead*
der Unterschenkel, - *shin*
die Wade, -n *calf*
die Wange, -n *cheek*
die Wimper, -n *eyelash*

WETTER *(WEATHER)*

feucht *damp*
gewittrig *stormy*
halbbedeckt *partly cloudy*
heiter *bright*
kühl *cool*
neblig *foggy*
nieselig *drizzly*
trüb *murky*
windig *windy*

COMPUTER

der Monitor
das CD-ROM Laufwerk
die CD-ROM
der Bildschirm
die Tastatur
die Maus

die Anzeige *prompt*
das Bedienungsfeld, -er *control panel*
der Benutzer, - *user*
der Bildschirm, -e *screen*
der Browser *browser*
CD-ROM *CD-ROM*
die CD-ROM *CD-ROM disc*
das CD-ROM Laufwerk, -e *CD-ROM drive*
der Computer, - *computer*
der Crash *crash*
die Datei, -en *(data)file*
die Diskette, -n *diskette, floppy disk*
die E-Mail *e-mail*
die E-Mailadresse *e-mail address*
der Cursor *cursor*
die Entferntaste, -n *delete key*
das Feedback *feedback*
die Festplatte, -n *hard drive*
die Feststelltaste, -n *caps lock*
die Hardware *hardware*
die Homepage *homepage*
das Internet *internet*
das Kennwort, ¨-er *password*
das Laufwerk, -e *disc drive*
das Lesezeichen, - *bookmark*
der Link, -s *link*
die Löschtaste, -n *delete key*
die Maus *mouse*
der Mausklick *click*
das Modem *modem*
der Monitor, -e *monitor*
das Netz (das Internet) *internet*
das Netzwerk, -e *network*
der Papierkorb, ¨-e *trash*
die Pfeiltaste, -n *arrow key*
die Rücktaste, -n *back space*
das Schlüsselwort, ¨-er *keyword*
die Schnittstelle, -n *interface*
der Server *server*
die Steuerung *control*
die Software *software*
die Suchmaschine, -n *search engine*
das Symbol, -e *icon*
der Tabulator *tab*

die Textverarbeitung *word processing*
die Umschalttaste, -n *shift*
das Verzeichnis, -se *directory*
die Webpage *Web site*
der Zeilenschalter *return key*
die Zentraleinheit (auch: der Prozessor) *central processing unit*

abbrechen *to cancel/abort*
abrufen (die E-Mail abrufen) *to check the e-mail*
anklicken *to click*
bearbeiten *edit*
beenden *to close*
bei (auch: at) *at (@)*
Bild ⇓ (Bild runter) *page down*
Bild ⇑ (Bild rauf) *page up*
blättern *to scroll*
drucken *to print*
drücken auf *to press*
eingeben (Daten) *enter (data)*
einfügen *to insert*
einladen (sep) *to upload*
einloggen (sep) *to log on*
entfernen *to delete*
erstellen *to create*
formatieren *to format*
herunterladen (sep) *to download*
kopieren *to copy*
löschen *to cancel*
neu starten *to reboot, restart*
öffnen *to open*
online *online*
senden *to send*
speichern *save*
suchen *to search*
surfen *to surf*
versenden *to post*
ziehen (auf ein Symbol) *to drag (to an icon)*

HAUSARBEIT *(HOUSEWORK)*

das Auto polieren *to polish the car*
das Auto waschen *to wash the car*
den Fußboden kehren *to sweep the floor*
den Müll wegtragen *to take out the trash*
putzen *to clean*
Staub wischen *to dust*
sauber machen *to clean*
die Wäsche waschen *to do the laundry*
       trocknen *to dry*
       aufhängen *to hang*
       zusammenlegen *to fold*
       bügeln *to iron*
       einräumen *to put away*

FERNSEHEN *(TELEVISION)*

der Abenteuerfilm, -e *adventure film*
die Familiensendung, -en *family program*
die Komödie, -n *comedy*
der Kriminalfilm, -e *detective film*
das Lustspiel, -e *comedy*
die Sendung, -en (über Gesundheit) *program (about health)*
die Spielshow, -s *game show*
die Talkshow, -s *talk show*
die Tiersendung, -en *animal program*
der Wildwestfilm, -e *western*
die Werbesendung, -en *commercial, advertisement*

MÖBEL *(FURNITURE)*

das Bett, -en *bed*
das Bild, -er *picture*
der Computer, - *computer*
die Couch, -es *or* -en *couch*
der Kleiderschrank, ¨e *wardrobe*
die Kommode, -n *chest of drawers*
die Lampe, -n *lamp*
der Nachttisch, -e *night stand*
das Regal, -e *bookshelf*
der Sessel, - *armchair*
der Schreibtisch, -e *desk*
das Sofa, -s *sofa*
der Stuhl, ¨e *chair*
der Teppich, -e *carpet, rug*
der Tisch, -e *table*
der Vorhang, ¨e *curtain*

IN DER STADT
(PLACES AROUND TOWN)

die Brücke, -n *bridge*
die Bücherei, -en *library*
die Diskothek, -en *dance club*
der Flughafen, (pl) **Flughäfen** *airport*
das Fremdenverkehrsamt, ¨er *tourist office*
der Frisiersalon, -s *beauty shop*
das Krankenhaus, ¨er *hospital*
der Kreis, -e *district; county*
die Minigolfanlage, -n *mini-golf course*
der Park, -s *park*
die Polizei *police station*
das Stadion, (pl) **Stadien** *stadium*
der Stadtrand *outskirts*
der Stadtteil, -e *urban district*
das Stadtzentrum, (pl) **Stadtzentren** *downtown*
der Tennisplatz, ¨e *tennis court*
der Zoo, -s *zoo*

KULTURELLE VERANSTALTUNGEN
(CULTURAL EVENTS)

die Ausstellung, -en *exhibit*
das Chorkonzert, -e *choir concert*
das Kabarett, -e *cabaret*
das Symphoniekonzert, -e *symphony*
der Zirkus *circus*

GEOGRAPHISCHE ADJEKTIVE
(GEOGRAPHIC ADJECTIVES)

amerikanisch *American*
ägyptisch *Egyptian*
chinesisch *Chinese*
deutsch *German*
englisch *English*
französisch *French*
griechisch *Greek*
indisch *Indian*
italienisch *Italian*
japanisch *Japanese*
mexikanisch *Mexican*
österreichisch *Austrian*
polnisch *Polish*
russisch *Russian*
Schweizer *Swiss*
spanisch *Spanisch*
türkisch *Turkish*

GESCHENKIDEEN
(GIFT IDEAS)

das Bild, -er *picture*
die Kette, -n *chain, necklace*
der Ohrring, -e *earring*
die Puppe, -n *doll*
das Puppenhaus, ˝er *dollhouse*
der Ring, -e *ring*
aus Silber *made of silver*
aus Gold *made of gold*
die Schokolade, -n *chocolate*
das Spielzeug, -e *toy*

AUTO   *(AUTOMOBILES)*

die Alarmanlage, -n *alarm system*
die Alufelge, -n *aluminum rims, mag wheels*
der Aufkleber, - *(bumper) sticker*
die Automatik, -en *automatic transmission*
die Lautsprecherbox, -en *speaker*
das 5-Gang Getriebe *five-speed (standard) transmission*
das Kabriolett, -s *convertible*
der Kassettenspieler *cassette player*
der Kombiwagen, - *station wagon*
der Rallyestreifen, - *racing stripes*
die Servolenkung, -en *automatic steering*
die Servobremsen (pl) *automatic brakes*
der Sitzschoner, - *seat cover*
das Stereo-Radio, -s *stereo*
die Zentralverriegelung, -en *automatic locks*

ERDKUNDE *(GEOGRAPHY)*

Here are some terms you will find on German-language maps:

LÄNDER *(STATES)*

Most of the states in the United States (**die Vereinigten Staaten**) have the same spelling in German that they have in English. Listed below are those states that have a different spelling.

Kalifornien	*California*
Neumexiko	*New Mexico*
Nordkarolina	*North Carolina*
Norddakota	*North Dakota*
Südkarolina	*South Carolina*
Süddakota	*South Dakota*

STAATEN *(COUNTRIES)*

Ägypten	*Egypt*
Argentinien	*Argentina*
Brasilien	*Brazil*
China	*China*
England	*England*
Frankreich	*France*
Griechenland	*Greece*
Indien	*India*
Indonesien	*Indonesia*
Italien	*Italy*
Japan	*Japan*
Kanada	*Canada*
Mexiko	*Mexico*
Polen	*Poland*
Russland	*Russia*
Spanien	*Spain*
Türkei	*Turkey*
die Vereinigten Staaten	*The United States*

KONTINENTE *(CONTINENTS)*

Afrika	*Africa*
die Antarktik	*Antarctica*
Asien	*Asia*
Australien	*Australia*
Europa	*Europe*
Nordamerika	*North America*
Südamerika	*South America*

MEERE *(BODIES OF WATER)*

der Atlantik	*the Atlantic*
der Golf von Mexiko	*the Gulf of Mexico*
der Indische Ozean	*the Indian Ocean*
das Mittelmeer	*the Mediterranean*
der Pazifik	*the Pacific*
das Rote Meer	*the Red Sea*
das Schwarze Meer	*the Black Sea*

GEOGRAPHICAL TERMS

der Breitengrad	*latitude*
die Ebene, -n	*plain*
der Fluss, ¨e	*river*
das ... Gebirge	*the ... mountains*
die Grenze, -n	*border*
die Hauptstadt, ¨e	*capital*
der Kontinent, -e	*continent*
das Land, ¨er	*state*
der Längengrad	*longitude*
das Meer, -e	*ocean, sea*
der Nordpol	*the North Pole*
der See, -n	*lake*
der Staat, -en	*country*
der Südpol	*the South Pole*
das Tal, ¨er	*valley*

DEUTSCHE NAMEN *(GERMAN NAMES)*

Here are names that you will hear when you visit a German-speaking country.

MÄDCHEN *(GIRLS)*

Andrea	Gabriele (Gabi)	Martina
Angela, Angelika	Gertrud (Trudi(e))	Meike
Anja	Gisela	Michaela
Anna/Anne	Grete	Monika
Anneliese	Gudrun	Nicole
Annette	Hannelore	Petra
Antje	Heidi/Heidemarie	Regina
Barbara	Heike	Renate
Bärbel	Helga	Roswitha
Beate	Hilde	Rotraud
Birgit	Hildegard	Sabine
Brigitte	Ilse	Sara
Britta	Ina	Silke
Christa	Inge	Simone
Christiane	Ingrid	Sonja
Christine	Irmgard	Stephanie
Claudia	Jennifer	Susanne
Connie	Julie	Susie
Cordula	Jutta	Silvia
Danielle	Karin	Tanja
Dorothea	Katharina	Ulrike (Uli)
Dorothee	Katja	Ursel
Elfriede	Katrin	Ursula (Uschi)
Elisabeth (Lisa)	Kirstin	Ute
Elke	Liselotte (Lotte)	Veronika
Erika	Marie	Waltraud
Eva	Marta	

JUNGEN *(BOYS)*

Adam	Hans	Martin
Alexander	Hans-Georg	Mathias
Andreas	Hans-Jürgen	Max
Axel	Harald	Michael
Bastian	Hartmut	Norbert
Bernd(t)	Hauke	Oskar
Bernhard	Heinrich	Otto
Bruno	Heinz	Patrick
Christian	Heinz-Dieter	Paul
Christoph	Helmar	Peter
Daniel	Helmut	Philipp
David	Ingo	Rainer (Reiner)
Detlev	Jan	Ralf
Dieter	Jens	Reinhard
Dietmar	Joachim	Reinhold
Dirk	Jochen	Robert
Eberhard	Johann	Rolf
Erik	Johannes	Rudi
Felix	Jörg	Rüdiger
Frank	Josef	Rudolf
Franz	Jürgen	Sebastian
Friedrich	Karl	Stefan (Stephan)
Fritz	Karl-Heinz	Thomas
Georg	Klaus	Udo
Gerd	Konrad	Ulf
Gerhard	Kurt	Ulrich (Uli)
Gottfried	Lars	Uwe
Gregor	Lothar	Volker
Günter	Lutz	Werner
Gustav	Manfred	Wilhelm (Willi)
Hannes	Markus	Wolfgang

GRAMMAR SUMMARY

NOUNS AND THEIR MODIFIERS

In German, nouns (words that name a person, place, or thing) are grouped into three classes or genders: masculine, feminine, and neuter. All nouns, both persons and objects, fall into one of these groups. There are words used with nouns that signal the class of the noun. One of these is the definite article. In English there is one definite article: *the*. In German, there are three, one for each class: **der, die,** and **das**.

THE DEFINITE ARTICLE

SUMMARY OF DEFINITE ARTICLES

	NOMINATIVE	ACCUSATIVE	DATIVE
Masculine	der	den	dem
Feminine	die	die	der
Neuter	das	das	dem
Plural	die	die	den

When the definite article is used with a noun, a noun phrase is formed. Noun phrases that are used as subjects are in the nominative case. Nouns that are used as direct objects or the objects of certain prepositions (such as **für**) are in the accusative case. Nouns that are indirect objects, the objects of certain prepositions (such as **mit, bei**), or the objects of special verbs (see page R30) are in the dative case. Below is a summary of the definite articles combined with nouns to form noun phrases.

SUMMARY OF NOUN PHRASES

	NOMINATIVE	ACCUSATIVE	DATIVE
Masculine	der Vater der Ball	den Vater den Ball	dem Vater dem Ball
Feminine	die Mutter die Kassette	die Mutter die Kassette	der Mutter der Kassette
Neuter	das Mädchen das Haus	das Mädchen das Haus	dem Mädchen dem Haus
Plural	die Kassetten die Häuser	die Kassetten die Häuser	den Kassetten den Häusern

DIESER-WORDS

The determiners **dieser, jeder, welcher,** and **alle** are called **dieser**-words. Their endings are similar to those of the definite articles. Note that the endings of the **dieser**-words are very similar to the definite articles.

SUMMARY OF DIESER-WORDS

dieser	*this, that, these*
jeder	*each, every*
alle	*all*
welcher	*which, what*

	NOMINATIVE			ACCUSATIVE			DATIVE		
Masculine	dieser	jeder	welcher	diesen	jeden	welchen	diesem	jedem	welchem
Feminine	diese	jede	welche	diese	jede	welche	dieser	jeder	welcher
Neuter	dieses	jedes	welches	dieses	jedes	welches	diesem	jedem	welchem
Plural	diese	alle	welche	diese	alle	welche	diesen	allen	welchen

THE INDEFINITE ARTICLE

Another type of word that is used with nouns is the *indefinite article:* **ein, eine, ein** in German, *a, an* in English. There is no plural form of **ein**.

SUMMARY OF INDEFINITE ARTICLES

	NOMINATIVE	ACCUSATIVE	DATIVE
Masculine	ein	einen	einem
Feminine	eine	eine	einer
Neuter	ein	ein	einem
Plural	—	—	—

THE NEGATING WORD KEIN

The word **kein** is also used with nouns and means *no, not,* or *not any*. Unlike **ein**, **kein** has a plural form.

	NOMINATIVE	ACCUSATIVE	DATIVE
Masculine	kein	keinen	keinem
Feminine	keine	keine	keiner
Neuter	kein	kein	keinem
Plural	keine	keine	keinen

THE POSSESSIVES

These words also modify nouns and tell you *whose* object or person is being referred to (*my* car, *his* book, *her* mother). These words have the same endings as **kein**.

SUMMARY OF POSSESSIVES

	BEFORE MASCULINE NOUNS			BEFORE FEMININE NOUNS		BEFORE NEUTER NOUNS		BEFORE PLURAL NOUNS	
	Nom	Acc	Dat	Nom & Acc	Dat	Nom & Acc	Dat	Nom & Acc	Dat
my	mein	meinen	meinem	meine	meiner	mein	meinem	meine	meinen
your	dein	deinen	deinem	deine	deiner	dein	deinem	deine	deinen
his	sein	seinen	seinem	seine	seiner	sein	seinem	seine	seinen
her	ihr	ihren	ihrem	ihre	ihrer	ihr	ihrem	ihre	ihren
our	unser	unseren	unserem	usere	unserer	unser	unserem	unsere	unseren
your	euer	eueren	euerem	euere	euerer	euer	euerem	euere	eueren
their	ihr	ihren	ihrem	ihre	ihrer	ihr	ihrem	ihre	ihren
your	Ihr	Ihren	Ihrem	Ihre	Ihrer	Ihr	Ihrem	Ihre	Ihren

Commonly used short forms for unseren: unsren *or* unsern *for* unsere: unsre
eueren: euren *or* euern   euere: eure
for unserem: unsrem *or* unserm *for* unserer: unsrer
euerem: eurem *or* euerm   euerer: eurer

NOUN PLURALS

Noun class and plural forms are not always predictable. Therefore, you must learn each noun together with its article (**der, die, das**) and with its plural form. As you learn more nouns, however, you will discover certain patterns. Although there are always exceptions to these patterns, you may find them helpful in remembering the plural forms of many nouns.

Most German nouns form their plurals in one of two ways: some nouns add endings in the plural; some add endings and/or change the sound of the stem vowel in the plural, indicating the sound change with the umlaut (¨). Only the vowels **a, o, u,** and the diphthong **au** can take the umlaut. If a noun has an umlaut in the singular, it keeps the umlaut in the plural. Most German nouns fit into one of the following five plural groups.

1. Nouns that do not have any ending in the plural. Sometimes they take an umlaut.
    NOTE: There are only two feminine nouns in this group: **die Mutter** and **die Tochter**.

der Bruder, die Brüder	der Schüler, die Schüler	das Fräulein, die Fräulein
der Lehrer, die Lehrer	der Vater, die Väter	das Mädchen, die Mädchen
der Onkel, die Onkel	die Mutter, die Mütter	das Poster, die Poster
der Mantel, die Mäntel	die Tochter, die Töchter	das Zimmer, die Zimmer

2. Nouns that add the ending **-e** in the plural. Sometimes they also take an umlaut.
    NOTE: There are many one-syllable words in this group.

der Bleistift, die Bleistifte	der Sohn, die Söhne	das Jahr, die Jahre
der Freund, die Freunde	die Stadt, die Städte	das Spiel, die Spiele

3. Nouns that add the ending **-er** in the plural. Whenever possible, they take an umlaut, i.e., when the noun contains the vowels **a, o,** or **u,** or the diphthong **au. NOTE:** There are no feminine nouns in this group. There are many one-syllable words in this group.

das Buch, die Bücher	das Haus, die Häuser
das Fach, die Fächer	das Land, die Länder

4. Nouns that add the ending **-en** or **-n** in the plural. These nouns never add an umlaut.
    NOTE: There are many feminine nouns in this group.

der Herr, die Herren	die Klasse, die Klassen	die Tante, die Tanten
der Junge, die Jungen	die Karte, die Karten	die Wohnung, die Wohnungen
die Briefmarke, die Briefmarken	der Name, die Namen	die Zahl, die Zahlen
die Familie, die Familien	der Vetter, die Vettern	die Zeitung, die Zeitungen
die Farbe, die Farben	die Küche, die Küchen	
die Frau, die Frauen	die Schwester, die Schwestern	

    Feminine nouns ending in **-in** add the ending **-nen** in the plural.

die Freundin, die Freundinnen	die Verkäuferin, die Verkäuferinnen
die Lehrerin, die Lehrerinnen	

5. Nouns that add the ending **-s** in the plural. These nouns never add an umlaut.
    NOTE: There are many words of foreign origin in this group.

der Kuli, die Kulis	das Auto, die Autos
die Kamera, die Kameras	das Hobby, die Hobbys

SUMMARY OF PLURAL ENDINGS

Group	1	2	3	4	5
Ending:	-	-e	-er	-(e)n	-s
Umlaut:	sometimes	sometimes	always	never	never

PRONOUNS

PERSONAL   REFLEXIVE

		NOMINATIVE	ACCUSATIVE	DATIVE	ACCUSATIVE	DATIVE
Singular						
1st person		ich	mich	mir	mich	mir
2nd person		du	dich	dir	dich	dir
	m.	er	ihn	ihm		
3rd person	*f.*	sie	sie	ihr	sich	sich
	n.	es	es	ihm		
Plural						
1st person		wir	uns	uns	uns	uns
2nd person		ihr	euch	euch	euch	euch
3rd person		sie	sie	ihnen	sich	sich
you (formal, sing. & pl.)		Sie	Sie	Ihnen	sich	sich

DEFINITE ARTICLES AS DEMONSTRATIVE PRONOUNS

The definite articles can be used as demonstrative pronouns, giving more emphasis to the sentences than the personal pronouns **er, sie, es**. Note that these demonstrative pronouns have the same forms as the definite articles. An exception is **denen**.

Wer bekommt *den* Cappuccino? *Der* ist für mich.

	NOMINATIVE	ACCUSATIVE	DATIVE
Masculine	der	den	dem
Feminine	die	die	der
Neuter	das	das	dem
Plural	die	die	denen

INTERROGATIVES

INTERROGATIVE PRONOUNS

	PEOPLE	THINGS
Nominative	**wer?** *who?*	**was?** *what?*
Accusative	**wen?** *whom?*	**was?** *what?*
Dative	**wem?** *to, for whom?*	

OTHER INTERROGATIVES

wann?	*when?*	**wie viele?**	*how many?*	**welche?**	*which?*
warum?	*why?*	**wo?**	*where?*	**was für (ein)?**	*what kind of (a)?*
wie?	*how?*	**woher?**	*from where?*		
wie viel?	*how much? how many?*	**wohin?**	*to where?*		

PREPOSITIONS

Accusative	durch, für, gegen, ohne, um
Dative	aus, bei, mit, nach, seit, von, zu, gegenüber
Two-Way: *Dative-**wo?*** *Accusative-**wohin?***	an, auf, hinter, in, neben, über, unter, vor, zwischen

WORD ORDER

POSITION OF VERBS IN A SENTENCE

The conjugated verb is in *first* position in:	yes/no *questions (questions that do not begin with an interrogative)* **Trinkst du Kaffee?** **Spielst du Tennis?** **Möchtest du ins Konzert gehen?** *both formal and informal commands* **Kommen Sie bitte um 2 Uhr!** **Geh doch mit ins Kino!**
The conjugated verb is in *second* position in:	*statements with normal word order* **Wir spielen heute Volleyball.** *statements with inverted word order* **Heute spielen wir Volleyball.** *questions that begin with an interrogative* **Wohin gehst du?** **Woher kommst du?** **Was macht er?** *sentences connected by* **und, oder, aber, denn** **Ich komme nicht, denn ich habe keine Zeit.**
The conjugated verb is in *second* position and the infinitive or past participle is *final* in:	*statements with modals* **Ich möchte heute ins Kino gehen.** *statements in conversational past* **Ich habe das Buch gelesen.** *statements with* **werde** *and* **würde** **Ich werde im Mai nach Berlin fliegen.** **Die Oma würde gern ins Theater gehen.**
The conjugated verb is in *final* position in:	*clauses that begin with interrogatives (***wo, wann, warum,*** etc.)* **Ich weiß, wo das Hotel ist.** **Ich weiß nicht, wer heute Morgen angerufen hat.** *clauses that begin with* **weil, dass,** *or* **ob** **Ich gehe nicht ins Kino, weil ich kein Geld habe.** **Ich glaube, dass er Rockmusik gern hört.** **Ich komme morgen nicht, weil ich zu Hause helfen muss.** **Ich weiß nicht, ob er den Film schon gesehen hat.**

POSITION OF NICHT IN A SENTENCE

To negate the entire sentence, as close to the end of the sentence as possible:	**Er fragt seinen Vater**		nicht.
Before a separable prefix:	**Ich rufe ihn**	**nicht**	**an.**
Before any part of a sentence you want to negate, contrast, or emphasize:	**Er kommt**	**nicht**	**heute.** (**Er kommt morgen.**)
Before part of a sentence that answers the question **wo**?	**Ich wohne**	**nicht**	**in Berlin.**

GRAMMAR SUMMARY

ADJECTIVES

ENDINGS OF ADJECTIVES AFTER DER- AND DIESER-WORDS

	NOMINATIVE	ACCUSATIVE	DATIVE
Masculine	der -e Vorort	den -en Vorort	dem -en Vorort
Feminine	die -e Stadt	die -e Stadt	der -en Stadt
Neuter	das -e Dorf	das -e Dorf	dem -en Dorf
Plural	die -en Vororte	die -en Vororte	den -en Vororten

NOTE: Names of cities used as adjectives always have the ending -er: **der Frankfurter Zoo, das Münchner Oktoberfest**

ENDINGS OF ADJECTIVES AFTER EIN

	NOMINATIVE	ACCUSATIVE	DATIVE
Masculine	ein -er Vorort	einen -en Vorort	einem -en Vorort
Feminine	eine -e Stadt	eine -e Stadt	einer -en Stadt
Neuter	ein -es Dorf	ein -es Dorf	einem -en Dorf

ENDINGS OF ADJECTIVES AFTER KEIN AND THE POSSESSIVES

	NOMINATIVE	ACCUSATIVE	DATIVE
Masculine	kein -er Vorort	keinen -en Vorort	keinem -en Vorort
Feminine	keine -e Stadt	keine -e Stadt	keiner -en Stadt
Neuter	kein -es Dorf	kein -es Dorf	keinem -en Dorf
Plural	keine -en Vororte	keine -en Vororte	keinen -en Vororten

ENDINGS OF UNPRECEDED ADJECTIVES

	NOMINATIVE	ACCUSATIVE	DATIVE
Masculine	-er Salat	-en Salat	-em Salat
Feminine	-e Suppe	-e Suppe	-er Suppe
Neuter	-es Eis	-es Eis	-em Eis
Plural	-e Getränke	-e Getränke	-en Getränken

MAKING COMPARISONS

	Positive	Comparative
1. *All comparative forms end in* **-er.**	schnell	schneller
2. *Most one-syllable forms have an umlaut.*	alt	älter
3. *Exceptions must be learned as they appear.*	dunkel gut	dunkler besser

Equal Comparisons:	Er spielt **so gut wie** ich (spiele). *He plays as well as I (do).*
Unequal Comparisons:	Sie spielt **besser als** ich (spiele). *She plays better than I (do).*
Comparative adjectives before nouns:	der **bessere** Wagen ein **schöneres** Auto

NOTE: Comparative adjectives before nouns have the same endings as descriptive adjectives (see page R27).

VERBS

PRESENT TENSE VERB FORMS

		REGULAR	-eln VERBS	STEM ENDING WITH t/d	STEM ENDING WITH s/ß
INFINITIVES		spiel -en	bastel -n	find -en	heiß -en
PRONOUNS		stem + ending	stem + ending	stem + ending	stem + ending
I	ich	spiel -e	bastl -e	find -e	heiß -e
you	du	spiel -st	bastel -st	find -cst	heiß -t
he	er				
she	sie	spiel -t	bastel -t	find -et	heiß -t
it	es				
we	wir	spiel -en	bastel -n	find -en	heiß -en
you (plural)	ihr	spiel -t	bastel -t	find -et	heiß -t
they	sie	spiel -en	bastel -n	find -en	heiß -en
you (formal)	Sie	spiel -en	bastel -n	find -en	heiß -en

NOTE: There are important differences between the verbs in the above chart:

1. Verbs ending in **-eln** (**basteln, segeln**) drop the **e** of the ending **-eln** in the **ich**-form: **ich bastle, ich segle** and add only **-n** in the **wir-**, **sie-**, and **Sie**-forms. These forms are always identical to the infinitive: **basteln, wir basteln, sie basteln, Sie basteln.** Verbs ending in **-ern** (**wandern**) sometimes drop the **e** of the ending **-ern** in the **ich**-form: **ich wandre** and add only **-n** in the **wir-**, **sie-**, and **Sie**-forms. These forms are always identical to the infinitive: **wandern.**

2. Verbs with a stem ending in **d** or **t**, such as **finden**, add an **e** before the ending in the **du**-form (**du findest**) and the **er-** and **ihr**-forms (**er findet, ihr findet**).

3. All verbs with stems ending in an **s**-sound (**heißen**) add only **-t** in the **du**-form: **du heißt.**

VERBS WITH A STEM-VOWEL CHANGE

There are a number of verbs in German that change their stem vowel in the **du-** and **er/sie**-forms. A few verbs, such as **nehmen** (*to take*), have a change in the consonant as well. You cannot predict these verbs, so it is best to learn each one individually. They are usually irregular only in the **du-** and **er/sie**-forms.

	e → i			e → ie		a → ä	
	essen	geben	nehmen	lesen	sehen	fahren	einladen
ich	esse	gebe	nehme	lese	sehe	fahre	lade ein
du	isst	gibst	nimmst	liest	siehst	fährst	lädst ein
er, sie	isst	gibt	nimmt	liest	sieht	fährt	lädt ein
wir	essen	geben	nehmen	lesen	sehen	fahren	laden ein
ihr	esst	gebt	nehmt	lest	seht	fahrt	ladet ein
sie	essen	geben	nehmen	lesen	sehen	fahren	laden ein
Sie	essen	geben	nehmen	lesen	sehen	fahren	laden ein

SOME IMPORTANT IRREGULAR VERBS: HABEN, SEIN, WISSEN, AND WERDEN

	haben	sein	wissen	werden
ich	habe	bin	weiß	werde
du	hast	bist	weißt	wirst
er, sie	hat	ist	weiß	wird
wir	haben	sind	wissen	werden
ihr	habt	seid	wisst	werdet
sie	haben	sind	wissen	werden
Sie	haben	sind	wissen	werden

VERBS FOLLOWED BY AN OBJECT IN THE DATIVE CASE

antworten, *to answer*	**gratulieren,** *to congratulate*
danken, *to thank*	**helfen,** *to help*
gefallen, *to like*	**passen,** *to fit*
glauben, *to believe*	

Es geht (mir) gut.	Es steht (dir) gut.
Es schmeckt (mir) nicht.	Es macht (mir) Spaß.
Es tut (mir) Leid.	Es tut (mir) weh.
Was fehlt (dir)?	

MODAL (AUXILIARY) VERBS

The verbs **dürfen, können, müssen, sollen, wollen, mögen** (and the **möchte**-forms) are usually used with an infinitive at the end of the sentence. If the meaning of that infinitive is clear, it can be left out: **Du musst sofort nach Hause!** (**Gehen** is understood and omitted.)

	dürfen	können	müssen	sollen	wollen	mögen	möchte
ich	darf	kann	muss	soll	will	mag	möchte
du	darfst	kannst	musst	sollst	willst	magst	möchtest
er, sie	darf	kann	muss	soll	will	mag	möchte
wir	dürfen	können	müssen	sollen	wollen	mögen	möchten
ihr	dürft	könnt	müsst	sollt	wollt	mögt	möchtet
sie	dürfen	können	müssen	sollen	wollen	mögen	möchten
Sie	dürfen	können	müssen	sollen	wollen	mögen	möchten

VERBS WITH SEPARABLE PREFIXES

Some verbs have separable prefixes: prefixes that separate from the conjugated verbs and are moved to the end of the sentence.

	INFINITIVE: **aussehen**
ich sehe ... aus	Ich sehe heute aber sehr schick aus!
du siehst ... aus	Du siehst heute sehr fesch aus!
er/sie/es sieht ... aus	Sieht sie immer so modern aus?
	Sieht dein Zimmer immer so unordentlich aus?
wir sehen ... aus	Wir sehen heute sehr lustig aus.
ihr seht ... aus	Ihr seht alle so traurig aus.
sie sehen ... aus	Sie sehen sehr schön aus.
Sie sehen ... aus	Sie sehen immer so ernst aus.

Here are the separable-prefix verbs you learned in Level 1 and Level 2.

abheben	aufräumen	fernsehen	weggeben
abräumen	ausgehen	herausnehmen	wegtragen
anprobieren	aussehen	mitkommen	wegwerfen
anrufen	einkaufen	vorschlagen	wehtun
anziehen	einladen	vorziehen	zustimmen
auflegen	einstecken		

COMMAND FORMS

Regular Verbs	**gehen**	**spielen**
Persons you address with **du** (singular) with **ihr** (pl) with **Sie** (sing & pl) "let's" form	Geh! Geht! Gehen Sie! Gehen wir!	Spiel! Spielt! Spielen Sie! Spielen wir!

Separable-prefix Verbs	**mitkommen**	**anrufen**	**aufräumen**	**anziehen**	**ausgehen**
	Komm mit! Kommt mit! Kommen Sie mit! Kommen wir mit!	Ruf an! Ruft an! Rufen Sie an! Rufen wir an!	Räum auf! Räumt auf! Räumen Sie auf! Räumen wir auf!	Zieh an! Zieht an! Ziehen Sie an! Ziehen wir an!	Geh aus! Geht aus! Gehen Sie aus! Gehen wir aus!

Stem-changing Verbs	**essen**	**nehmen**	**geben**	**sehen**	**fahren**
	Iss! Esst! Essen Sie! Essen wir!	Nimm! Nehmt! Nehmen Sie! Nehmen wir!	Gib! Gebt! Geben Sie! Geben wir!	Sieh! Seht! Sehen Sie! Sehen wir!	Fahr! Fahrt! Fahren Sie! Fahren wir!

NOTE: The vowel changes **e → i** and **e → ie** are maintained in the **du**-form of the command. The vowel change **a → ä** does not occur in the command form.

EXPRESSING FUTURE TIME

In German, there are three ways to express future time:

1. present tense verb forms	Ich **kaufe** eine Jeans. Ich **finde** bestimmt etwas.	*I'm going to buy a pair of jeans.* *I will surely find something.*
2. present tense verb forms with words like ***morgen, später***	Er kommt **morgen**. Elke ruft **später** an.	*He's coming tomorrow.* *Elke will call later.*
3. **werden,** *will,* plus infinitive	Ich **werde** ein Hemd **kaufen**. Er **wird** bald **gehen**.	*I'll buy a shirt.* *He'll go soon.*

SUBJUNCTIVE FORMS

THE FORMS HÄTTE, WÄRE, KÖNNTE, AND WÜRDE

ich	hätte	wäre	könnte	würde
du	hättest	wärest	könntest	würdest
er, sie, es	hätte	wäre	könnte	würde
wir	hätten	wären	könnten	würden
ihr	hättet	wäret	könntet	würdet
sie, Sie	hätten	wären	könnten	würden

NOTE: In spoken German the forms **wärest** and **wäret** are often shortened to **wärst** and **wärt**.

PAST TENSE VERB FORMS

In this book, you learned the simple past of **haben** and **sein**:

THE SIMPLE PAST OF HABEN AND SEIN

	haben	sein
ich	hatte	war
du	hattest	warst
er, sie	hatte	war
wir	hatten	waren
ihr	hattet	wart
sie	hatten	waren
Sie (formal)	hatten	waren

THE CONVERSATIONAL PAST

German verbs are divided into two groups: weak verbs and strong verbs. Weak verbs usually follow a regular pattern, such as the English verb forms *play — played — has played*. Strong verbs usually have irregularities, like the English verb forms *run — ran — has run* or *go — went — has gone*.

The conversational past tense of weak and strong verbs consists of the present tense of **haben** or **sein** and a form called the past participle, which is usually in last position in the clause or sentence.

Die Schüler	**haben**	ihre Hausaufgaben schon	**gemacht.**
Sabine	**ist**	gestern zu Hause	**geblieben.**

FORMATION OF PAST PARTICIPLES				
Weak Verbs	spielen	(er) spielt	gespielt	Er hat gespielt.
with inseparable prefixes	besuchen	(er) besucht	besucht	Er hat ihn besucht.
with separable prefixes	aufräumen	(er) räumt auf	aufgeräumt	Er hat aufgeräumt.
Strong Verbs	kommen	(er) kommt	gekommen	Er ist gekommen
with inseparable prefixes	bekommen	(er) bekommt	bekommen	Er hat es bekommen.
with separable prefixes	mitkommen	(er) kommt mit	mitgekommen	Er ist mitgekommen.

NOTE: For past participles of strong verbs and irregular verbs, see pages R34–R36.

WEAK VERBS FORMING THE PAST PARTICIPLE WITH SEIN

bummeln, *to stroll*	ist gebummelt	**surfen,** *to surf*	ist gesurft
reisen, *to travel*	ist gereist	**wandern,** *to hike*	ist gewandert

PRINCIPAL PARTS OF THE VERBS PRESENTED IN LEVELS 1 AND 2

This list includes all verbs included in the **Wortschatz** sections of Level 1 and Level 2. Both strong and weak verbs, including verbs with separable prefixes, stem-vowel changes, and other irregularities are listed. Though most of the verbs in this list form the conversational past with **haben**, a few of the verbs you have learned take **sein** in the present perfect tense.

STRONG VERBS

INFINITIVE	PRESENT (stem vowel change and/or separable prefix)	PAST PARTICIPLE	MEANING
abheben	hebt ab	abgehoben	*to lift (the receiver)*
anrufen	ruft an	angerufen	*to call up*
anziehen	zieht an	angezogen	*to put on (clothes)*
aussehen	sieht aus	ausgesehen	*to look, appear*
bekommen	bekommt	bekommen	*to get, receive*
beschreiben	beschreibt	beschrieben	*to describe*
bleiben	bleibt	(ist) geblieben	*to stay*
brechen	bricht	gebrochen	*to break*
einladen	lädt ein	eingeladen	*to invite*
essen	isst	gegessen	*to eat*
fahren	fährt	(ist) gefahren	*to drive, ride*
fernsehen	sieht fern	ferngesehen	*to watch TV*
finden	findet	gefunden	*to find*
geben	gibt	gegeben	*to give*
gefallen	gefällt	gefallen	*to like, be pleasing to*
gehen	geht	(ist) gegangen	*to go*
gießen	gießt	gegossen	*to pour; to water*
haben	hat	gehabt	*to have*
halten	hält	gehalten	*to keep*
heißen	heißt	geheißen	*to be called*
helfen	hilft	geholfen	*to help*
herausnehmen	nimmt heraus	herausgenommen	*to take out*
kommen	kommt	(ist) gekommen	*to come*
lassen	lässt	gelassen	*to let*
laufen	läuft	(ist) gelaufen	*to run*
lesen	liest	gelesen	*to read*
messen	misst	gemessen	*to measure*
nehmen	nimmt	genommen	*to take*
Rad fahren	fährt Rad	(ist) Rad gefahren	*to bicycle*
scheinen	scheint	geschienen	*to shine*
schlafen	schläft	geschlafen	*to sleep*
schlagen	schlägt	geschlagen	*to slam*
schreiben	schreibt	geschrieben	*to write*
schwimmen	schwimmt	(ist) geschwommen	*to swim*
sehen	sieht	gesehen	*to see*
sein	ist	(ist) gewesen	*to be*
sprechen	spricht	gesprochen	*to speak*
tragen	trägt	getragen	*to wear*
trinken	trinkt	getrunken	*to drink*
tun	tut	getan	*to do*
vermeiden	vermeidet	vermieden	*to avoid*
vorschlagen	schlägt vor	vorgeschlagen	*to suggest*

INFINITIVE	PRESENT (stem vowel change and/or separable prefix)	PAST PARTICIPLE	MEANING
vorziehen	zieht vor	*vorgezogen	to prefer
waschen	wäscht	gewaschen	to wash
weggeben	gibt weg	weggegeben	to give away
wegtragen	trägt weg	weggetragen	to take away
wegwerfen	wirft weg	weggeworfen	to throw away
wehtun	tut weh	wehgetan	to hurt
wissen	weiß	gewusst	to know

*These verbs have a consonant change in the past participle.

WEAK VERBS

INFINITIVE	PRESENT (stem vowel change and/or separable prefix)	PAST PARTICIPLE	MEANING
abräumen	räumt ab	abgeräumt	to clear away
angeln	angelt	geangelt	to fish
anprobieren	probiert an	anprobiert	to try on
arbeiten	arbeitet	gearbeitet	to work
auflegen	legt auf	aufgelegt	to hang up (receiver)
aufräumen	räumt auf	aufgeräumt	to pick up/clean room
basteln	bastelt	gebastelt	to do arts and crafts
bedauern	bedauert	bedauert	to be sorry about
bedienen	bedient	bedient	to serve
besichtigen	besichtigt	besichtigt	to sight see
besuchen	besucht	besucht	to visit
bezweifeln	bezweifelt	bezweifelt	to doubt
brauchen	braucht	gebraucht	to need
bringen	bringt	** gebracht	to bring
bügeln	bügelt	gebügelt	to iron
decken	deckt	gedeckt	to set (the table)
einkaufen	kauft ein	eingekauft	to shop
einlegen	legt ein	eingelegt	to insert
einstecken	steckt ein	eingesteckt	to insert (coin)
ernähren	ernährt	ernährt	to nourish
faulenzen	faulenzt	gefaulenzt	to be lazy
fotografieren	fotografiert	fotografiert	to photograph
s. freuen	freut s.	gefreut	to be happy about
s. fühlen	fühlt s.	gefühlt	to feel
füttern	füttert	gefüttert	to feed
glauben	glaubt	geglaubt	to believe
gucken	guckt	geguckt	to look
hoffen	hofft	gehofft	to hope
holen	holt	geholt	to get
hören	hört	gehört	to hear
s. interessieren	interessiert s.	interessiert	to be interested in
kämmen	kämmt	gekämmt	to comb
kaufen	kauft	gekauft	to buy
kennen	kennt	** gekannt	to know
kosten	kostet	gekostet	to cost
leben	lebt	gelebt	to live

INFINITIVE	PRESENT (stem vowel change and/or separable prefix)	PAST PARTICIPLE	MEANING
machen	macht	gemacht	*to do or make*
mähen	mäht	gemäht	*to mow*
meinen	meint	gemeint	*to think, be of the opinion*
passen	passt	gepasst	*to fit*
polieren	poliert	poliert	*to polish*
putzen	putzt	geputzt	*to clean*
rauchen	raucht	geraucht	*to smoke*
regnen	regnet	geregnet	*to rain*
sagen	sagt	gesagt	*to say*
sammeln	sammelt	gesammelt	*to collect*
schauen	schaut	geschaut	*to look (at)*
schenken	schenkt	geschenkt	*to give (a gift)*
schmecken	schmeckt	geschmeckt	*to taste*
segeln	segelt	(ist) gesegelt	*to sail*
sortieren	sortiert	sortiert	*to sort*
spielen	spielt	gespielt	*to play*
spülen	spült	gespült	*to wash dishes*
suchen	sucht	gesucht	*to look for*
tanzen	tanzt	getanzt	*to dance*
tauchen	taucht	getaucht	*to dive*
telefonieren	telefoniert	telefoniert	*to call (on the phone)*
verbringen	verbringt	** verbracht	*to spend time*
trocknen	trocknet	getrocknet	*to dry*
wählen	wählt	gewählt	*to dial*
wandern	wandert	(ist) gewandert	*to hike*
s. verletzen	verletzt s.	verletzt	*to injure*
s. verstauchen	verstaucht s.	verstaucht	*to sprain*
wischen	wischt	gewischt	*to dust*
wohnen	wohnt	gewohnt	*to live*
wünschen	wünscht	gewünscht	*to wish*
zahlen	zahlt	gezahlt	*to pay*
zeichnen	zeichnet	gezeichnet	*to draw*
zustimmen	stimmt zu	zugestimmt	*to agree*

**Although weak, these verbs have a vowel and/or consonant change in the past participle.

The following activities give you additional practice in writing correct forms of grammar, in order for you to communicate with a higher degree of accuracy.

KAPITEL 1

ERSTE STUFE

Asking for and giving information about yourself and others; describing yourself and others; expressing likes and dislikes; identifying people and places

1 You and some of your friends are looking at an album that has pictures of your friends and cousins. Who is who? You are describing the pictures to your friends. Complete each of the following statements by filling in each blank with an appropriate form of either **sein** or **haben**. (p. 11)

1. Das _ist_ meine Kusine; sie _hat_ 19 Jahre alt. Meine Kusine _hat_ braune Haare und grüne Augen. Katja _ist_ sehr intelligent. Sie _ist_ sehr gut in der Schule und sie _ist_ Mathe und Physik besonders gern.

2. Wer _ist_ der Junge da? _Ist_ das dein Cousin? _Ist_ Ja, das _ist_ mein Cousin. Roger heißt er. Roger _hat_ 16, er _hat_ blonde Haare, und er _hat_ auch eine Brille. Roger ___ auch einen Hund; er heißt Hasso.

3. Und wer ___ die Kinder da? ___ das deine Geschwister? — Nein, das ___ die Kinder von einer Freundin von meiner Mutter. Die beiden Kinder ___ sehr intelligent. In der Schule ___ sie nur gute Noten.

4. Ja, und das ___ du. Aber hier ___ du doch blaue Augen, nicht? Und deine Augen ___ jetzt braun. — Ganz einfach! Ich ___ jetzt braune Augen, weil meine Kontaktlinsen braun ___ . Und meine Haare ___ blond.

5. John und Frank, ihr seht lustig aus! Was ___ ihr denn nur in der Hand? — Ja, der John ___ eine Kugel, zum Kugelstoßen, und der Frank ___ einen Speer, zum Speerwerfen. Ja, die beiden ___ immer lustig.

2 What do you and your friends do in your spare time? Complete each of the following questions and statements, filling in each blank with an appropriate verb form. (p. 12)

1. Sag mal, was ___ du in deiner Freizeit? ___ du viel Sport? ___ du Hobbys? ___ du ein Instrument? ___ du gern Musik? ___ du gern tanzen? ___ du oft Rad? Und ___ du denn Bücher?

2. Also, ich ___ viel Tennis, ich ___ oft ins Kino, ich ___ jeden Tag die Zeitung, ja, was noch? Ja, ich ___ gern Rad, und wenn ich Zeit ___ , ___ ich meine Freunde. Sie haben viele CDs und wir ___ Musik.

3. Und was ___ ihr gern, Katja und Sabine? ___ ihr gern ins Kino oder ___ ihr lieber Freunde? ___ ihr ein Instrument oder ___ ihr Musik gern? Und ___ ihr Sport? — Ich möchte gern wissen, was ihr ___.

4. Ja, wir ___ gern Sport. Die Katja ___ Volleyball und ich ___ Hürdenlauf. Ja, und dann ___ wir beide ein Instrument. Die Katja ___ furchtbar gern Bücher und ich ___ Rad, und ich ___ gern in unserm Pool.

3 You and your friends are talking about friends and relatives and what you want to give each of them as a present. Complete each of the following questions and statements by filling in each blank with the correct form of the possessive given. (p. 13)

a. use a form of **mein**

1. Kennst du ___ Bruder? Schau, das ist ___ Bruder. Ich habe ___ Bruder sehr gern. Zum Geburtstag schenke ich ___ Bruder immer ein Buch.

2. Was soll ich nur ___ Freundin schenken? Du kennst doch ___ Freundin, die Beate, nicht? ___ Freundin hört Musik gern, also eine CD?

b. use a form of **dein**

1. Was gibst du denn ___ Opa? Hast du schon ein Geschenk für ___ Opa? ___ Opa ist so lieb! Ich möchte ___ Opa auch etwas schenken.

2. Was schenkst du ___ Kusine? Ich weiß, dass ___ Kusine viele Interessen hat. Hat ___ Kusine Bücher gern oder CDs?

c. use **sein** or **ihr**

1. Ich weiß, was der Basti ___ Schwester schenkt. Eine CD, denn ___ Schwester hört Musik furchtbar gern. Und ___ Bruder gibt er einen Fußball, ganz neu, denn ___ Bruder spielt gern Fußball.

2. Die Beatrice schenkt ___ Mutter einen Roman und ___ Vater eine Armbanduhr. ___ Vater sammelt Uhren und ___ Mutter Romane.

ZWEITE STUFE

Giving and responding to compliments; expressing wishes when buying things

4 Ask your friends what they would like as a present or what they would like to eat and drink. Complete each of the following questions and statements by filling in each blank with either an appropriate **möchte**-form, or a form of **ein**. (p. 19)

1. Was ___ du zum Geburtstag? ___ Taschenrechner oder ___ Taschenwörterbuch? Oder ___ du ___ Rock oder ___ Bluse? Ich ___ dir gern ___ Handtasche schenken oder ___ Armband.

2. Was ___ ihr zu Weihnachten? Habt ihr ___ Idee? ___ ihr ___ CD oder ___ Sachbuch oder vielleicht ___ Kalender?

3. Wir wissen, was wir essen ___ . Ich ___ ___ Eisbecher, und die Katja ___ ___ Stück Kuchen und ___ Eis.

5 You are telling a salesperson what you and your friends want to buy, and you are asking if a different color is available. Complete each of the following sentences and questions by filling in the blanks with the correct **möchte**-form, the definite article, and the correct pronoun used to refer to the item you are asking about. (p. 19)

1. Ich ___ ___ Rock da. Haben Sie ___ auch in Blau?

2. Die Katja ___ ___ Stirnband. Haben Sie ___ auch in Rot?

3. Wir ___ ___ T-Shirt da. Haben Sie ___ auch in Blau?

4. Der Basti ___ ___ Hut da. Haben Sie ___ auch in Schwarz?

5. Sabine ___ ___ Bluse da. Haben Sie ___ auch in Braun?

6. Ich ___ ___ Gürtel da. Haben Sie ___ auch in Schwarz?

Making plans; ordering food and beverages, talking about how something tastes

6 The Baumanns are making plans; everyone wants to do something different. Complete each of the following statements and questions, filling in the first blank with a form of **wollen,** and the second one with an appropriate infinitive. (p. 23)

1. Der Basti ___ heute den Rasen ___ .
2. Sein Bruder, der Robert, ___ heute Tennis ___ .
3. Herr und Frau Baumann ___ am Abend ins Kino ___ .
4. Basti, ___ du auch den Müll ___ ?
5. Basti und Robert, ___ ihr im Garten die Blumen ___ ?
6. Nein, ich ___ heute nichts tun, ich ___ einmal ___ .

7 You are in a restaurant, asking what your friends want to order. Complete each of the following questions and statements, filling in each blank with the correct form of the verb given in parentheses. (p. 25)

1. (bekommen)   Was ___ du? — Ich ___ ein Käsebrot.
2. (essen)   Was ___ du? — Ich ___ ein Stück Pizza.
3. (nehmen)   Und was ___ du? — Ich ___ einen Eisbecher.
4. (wollen)   Was ___ du? — Ich ___ im Moment nichts.
5. (möchten)   Was ___ du? — Ich ___ eine Suppe, bitte.
6. (trinken)   Was ___ du? — Ich ___ ein Mineralwasser.

8 You don't seem to like anything today, and you explain why. Complete each of the following statements, filling in each blank with the correct pronoun, the information given in parentheses, and a form of the verb **sein.** (p. 25)

1. (zu salzig)   Ich esse die Suppe nicht, weil ___ .
2. (zu kalt)   Ich esse das Eis nicht, weil ___ .
3. (zu bitter)   Ich trinke den Kaffee nicht, weil ___ .
4. (zu sauer)   Ich mag den Joghurt nicht, weil ___ .
5. (zu heiß)   Ich trinke den Tee nicht, weil ___ .
6. (zu teuer)   Ich nehme das Schnitzel nicht, weil ___ .

KAPITEL 2

ERSTE STUFE

Expressing obligations; extending and responding to an invitation; offering help and telling what to do

1 Who has to help with the chores? Complete each of the following statements, filling in each blank using a form of **müssen** and the information contained in the question. (p. 33)

1. Wer fährt heute in die Stadt? Der Basti? — Ja, er ___ .

2. Wer mäht den Rasen? Ihr beiden? — Ja, wir ___ .

3. Wer räumt die Garage auf? Du? — Ja, ich ___ .

4. Wer trägt den Müll weg? Jens und Moni? — Ja, sie ___ .

5. Wer gießt die Blumen? Die Anja? — Ja, sie ___ .

6. Wer wäscht die Wäsche? Die Mutti? — Ja, sie ___ .

2 You and your friends have too many things to do. You say so and give a reason. Complete each of the following statements, filling in each blank with the information given in parentheses. (p. 35)

1. (keine Zeit haben)   Du, ich kann leider die Garage heute nicht aufräumen, weil ich wirklich ___ .

2. (in die Stadt müssen)   Der Basti kann leider nicht mit euch Fußball spielen, weil er heute um 15 Uhr ___ .

3. (14 Jahre alt sein)   Ich kann diesen super Film leider nicht mit euch im Kino sehen, weil ich erst ___ .

4. (kein Geld haben)   Wir können unserer Mutti diesen Schmuck leider nicht zum Geburtstag kaufen, denn wir ___ .

5. (helfen müssen)   Die Beatrice kann leider nicht mit ihren Freundinnen in die Stadt fahren, denn sie ___ .

6. (in Berlin sein)   Wir können leider nicht am Wochenende zu eurer Fete kommen, denn wir ___ .

3 There is so much to do and everyone wants to help. Complete the following paragraph by filling in each blank with the correct form of the verb **können**. (p. 36)

Sag, was ___ wir für dich tun? — Ja, ihr ___ für mich einkaufen gehen. Ja, zuerst ___ du, lieber Basti, der Mutti helfen. Du ___ für sie Staub saugen, und die Beatrice ___ der Mutti in der Küche helfen. Wir ___ dann den Müll sortieren, und ich ___ den Müll zum Container bringen. Danach ___ ihr den Rasen mähen, der Basti ___ die Blumen gießen, und ich ___ danach Fußball spielen.

4 You are offering to help your friends. But what can you do for them and their relatives? Complete each of the following questions and statements, filling in each blank with either a personal pronoun or a possessive. (p. 37)

1. Basti, was kann ich für ___ tun? Kann ich für ___ Staub saugen? — Ja, du kannst für ___ Staub saugen und die Fenster putzen.

2. Basti, was kann ich für ___ Opa tun? Kann ich für ___ den Rasen mähen? — Prima! Ja, du kannst für ___ Opa den Rasen mähen.

3. Basti, was kann ich für ___ Oma tun? Kann ich für ___ einkaufen gehen? — Das ist eine gute Idee. Geh für ___ Oma einkaufen!

4. Was kann ich für ___ tun, Herr Müller? Kann ich für ___ oder für ___ Großeltern etwas tun?—Ja, du kannst für ___ zur Post gehen.

5. Was kann ich für ___ Schwester tun, Basti? Kann ich für ___ zur Post gehen, oder soll ich für ___ einkaufen gehen? — Geh für ___ Schwester zur Post!

ZWEITE STUFE

Asking and telling what to do; telling that you need something else; telling where you were and what you bought

5 You are telling first one friend, and then several friends what to do. Complete each of the following commands, filling in each blank with the command form of the verbs given in parentheses. (p. 41)

1. (fahren; gehen)   ___ in die Stadt und ___ ins Kino!

2. (gehen; essen)   ___ in eine Imbissstube und ___ eine Pizza!

3. (nehmen; trinken)   ___ ein Käsebrot und ___ eine Limo!

4. (geben; kaufen)   ___ der Oma ein Geschenk; ___ ihr eine CD!

5. (suchen; spielen)   ___ dir einen Partner und ___ diese Rolle!

6 Everyone in the family was at a different location in town. Complete each of the following questions and statements, filling in each blank with the correct past tense form of the verb **sein**. (p. 43)

1. Wo ___ du denn? ___ du schon beim Metzger?

2. Ich ___ beim Bäcker, aber der Basti ___ beim Metzger.

3. Und wo ___ ihr? ___ ihr schon im Supermarkt?

4. Ja, wir ___ im Supermarkt und wir ___ auch beim Bäcker.

5. Und wo ___ deine Geschwister? ___ sie auch in der Stadt?

6. Ja, der Robert ___ im Kino und der Basti ___ in einem Café.

DRITTE STUFE

Discussing gift ideas; expressing likes and dislikes; expressing likes, preferences, and favorites; saying you do or don't want more

7 Two friends are discussing gift ideas for friends and family members. Complete each of the following questions and answers, filling in the blanks with the correct form of an appropriate possessive. (p. 46)

1. Was schenkst du ___ Mutter, Basti? — Ja, ___ Mutter mag Bücher und CDs; ich glaube, ich schenke ___ Mutter einen Roman.
2. Was schenkst du ___ Opa zum Namenstag? — Hm, ___ Opa mag gern Schokolade. Ich gebe ___ Opa also eine Schachtel Pralinen.
3. Was gibst du ___ Kusine zum Geburtstag? — Ja, ich gebe ___ Kusine eine CD. ___ Kusine hört Musik gern, also ein gutes Geschenk für sie.
4. Was kaufst du ___ Bruder? ___ Bruder hat doch bald Geburtstag, nicht? — Ja, ___ Bruder hat am Sonntag Geburtstag. Ja, was schenke ich ihm?

8 You are discussing gift ideas with a friend. Complete each of the following questions and statements, filling in each blank with the correct form of the verb **mögen.** (p. 47)

1. Was ___ du zum Geburtstag? — Ich ___ Bücher und CDs.
2. Wer ___ die CD? — Du, der Basti ___ die CD.
3. Was ___ ihr denn? — Wir ___ Geld!
4. Was ___ deine Geschwister? — Sie ___ Klamotten.
5. Was ___ der Robert? — Er ___ ein super Video!

9 You are in various stores, and in each one you want to ask for another two items. Complete each of the following requests, filling in the blanks with an appropriate form of **noch ein,** *another.* (p. 48)

1. Haben Sie ___ Wunsch?
2. Ich möchte ___ Stück Pizza und ___ Limonade.
3. Ich möchte ___ Eisbecher und danach ___ Mineralwasser.
4. Ja, ich nehme ___ Eibrötchen und dann ___ Kaffee.
5. Ich nehme ___ Pfund Aufschnitt und ___ Kilo Hackfleisch.
6. Ich bekomme ___ Kartoffel und ___ Stück Brot.

KAPITEL 3

ERSTE STUFE

Reporting past events, talking about activities

1 You're reporting on various activities in which you participated during your vacation. Complete each of the following paragraphs, filling in each blank with a form of either **haben** or **sein**, and the past participle of the verbs given in parentheses. (pp. 58/59)

1. (arbeiten)   Ja, zuerst ___ ich zwei Wochen für den Opa ___ .
   (fahren)   Danach ___ ich mit den Eltern an die Nordsee ___ .
   (schwimmen)   Dort ___ wir sehr oft im Meer ___ ; und wenn das
   (hören; lesen)   Wetter schlecht war, ___ wir unsere CDs ___ und
       Bücher ___ .

2. (sehen)   Wir ___ in den Sommerferien furchtbar viel ___ .
   (besuchen)   Wir ___ unsere Tante in Frankfurt ___ , und wir
   (bleiben)   ___ zehn Tage bei ihr ___ . Frankfurt ist sehr
   (gehen)   schön. Wir ___ durch die Zeil ___ , und wir ___
   (essen; trinken)   in tollen Cafés ___ und Limo ___ .

3. (machen)   Sagt mal, was ___ ihr denn in den Ferien ___ ?
   (sein)   ___ ihr mit euren Großeltern am Rhein ___ , und
   (besichtigen)   ___ ihr in Köln den Kölner Dom ___ ? Ja, und
   (spazieren)   ihr ___ bestimmt oft am Rhein entlang ___ , und
   (wandern)   ihr ___ doch auch viel ___ . Und ich weiß auch,
   (fotografieren)   dass ihr wieder viel ___ ___ .

4. (fahren)   Und der Basti ___ mit Thomas nach Tirol ___ .
   (wohnen)   Die Jungen ___ dort in einer Pension ___ , und
   (filmen)   sie ___ in den Bergen ___ . Das Wetter war toll,
   (faulenzen)   und sie ___ oft am See ___ .

ZWEITE STUFE

Reporting past events, talking about places

2 You are finding out where some of your friends spent their vacation. Complete each of the following questions and statements, filling in each blank with a correct past tense form of either **haben** or **sein**. (p. 64)

1. Wo ___ du denn in den Ferien? — Ich ___ an der Nordsee.
2. Sag, ___ du prima Wetter? — Wir ___ nur Sonne, keinen Regen!
3. Und wo ___ ihr, Anna und Ria? — Ja, wir ___ in den Bergen.
4. Ja, ___ ihr Regen? — Nein, wir ___ immer nur Sonnenschein.
5. Wer ___ denn an der Ostsee? — Ich ___ dort mit meinen Eltern.
6. Mein Vater ___ drei Wochen Urlaub, und wir ___ auf Rügen.

3 You are telling where you and your sister were during your vacation. Complete each of the following paragraphs, filling in each blank with the correct preposition and the correct form of the definite article, if required. Use contractions whenever possible. (p. 65)

1. Ja, ich war mit den Eltern ___ Schweiz. Zuerst waren wir ___ Gebirge. Jeden Tag sind wir ___ Bergen gewandert. Und ___ Bodensee waren wir auch. Dann waren wir ___ Rhein und ___ Schwarzwald.

2. Meine Schwester, die Anne, war ___ Nordsee, ___ Ostfriesland. Sie war dort den ganzen Tag ___ Meer, und am Abend ___ Kino, denn dort ist nichts los. Ach ja, dann war sie ___ Frankfurt; sie hat dort viel gesehen. Sie war ___ Museum, ___ Alten Rathaus, und einmal war sie auch ___ Oper!

DRITTE STUFE

Asking how someone liked something, expressing enthusiasm and disappointment, responding enthusiastically or sympathetically

4 Everyone liked where they spent their vacation. Complete each of the following questions and statements, filling in each blank with the correct form of the personal pronoun. (p. 69)

1. Basti, wie hat es ___ in St. Ulrich gefallen? — Es hat ___ gut gefallen.
2. Wie hat es ___ gefallen, Jens und Hans? — Es hat ___ auch gut gefallen.
3. Wie hat es ___ gefallen, Frau Moser? — Es hat ___ nicht so gefallen.
4. Wie hat es dem Robert gefallen? — Es hat ___ sehr gut gefallen.
5. Wie hat es der Beatrice gefallen? — Es hat ___ auch gut gefallen.
6. Wie hat es den Eltern gefallen? — Es hat ___ prima gefallen.

5 Everyone responds sympathetically to their friends' troubles. Complete each of the following statements and questions, filling in each blank with the appropriate personal pronoun. (p. 69)

1. (I'm sorry.)   Das tut ___ aber Leid!
2. (He's very sorry.)   Das tut ___ sehr Leid!
3. (We're so sorry.)   Das tut ___ so Leid!
4. (She's sorry.)   Es tut ___ Leid!
5. (Are you sorry, Mark?)   Tut es ___ Leid, Mark?
6. (Are you sorry, Anne and Peter?) Tut es ___ Leid, Anne und Peter?

6 Everyone likes where they spent their vacation, and they say so enthusiastically. Complete each of the following statements, filling in each blank with the correct form of the phrase given in parentheses. (p. 69)

1. (die Eltern) Es hat ___ in Berlin wahnsinnig gut gefallen.
2. (der Sebastian) Es hat ___ in Tirol sehr gut gefallen.
3. (die Schüler) Es hat ___ an der Nordsee so prima gefallen.
4. (die Beatrice) Es hat ___ am Bodensee gut gefallen.
5. (die Kinder) Es hat ___ in der Jugendherberge gut gefallen.
6. (die Lehrer) Es hat ___ im Gebirge echt prima gefallen.

7 You're telling where you stayed overnight, and where you had your meals. Complete each of the following statements, filling in each blank with the correct form of the indefinite article. (p. 71)

1. Wir haben oft in ___ Privathaus oder in ___ Pension übernachtet.
2. Manchmal waren wir in ___ Jugendherberge, aber nie in ___ Hotel.
3. Wir haben immer in ___ Imbissstube gegessen, auch in ___ Lokal.
4. Wir haben oft in ___ Gasthof gegessen, nie in ___ Restaurant.

KAPITEL 4

ERSTE STUFE

Expressing approval and disapproval

1 You approve or disapprove of the sleeping habits of your friends. Complete each of the following statements and questions, filling in each blank with a correct form of the verb **schlafen.** (p. 88)

1. Ich freue mich, dass du genügend ___ . Ich ___ auch acht Stunden.
2. Toll, dass der David acht Stunden ___ . Wir ___ auch so lange.
3. Wie lange ___ die Maike? ___ sie auch acht Stunden?
4. Es ist schade, dass ihr nicht genügend ___ . Wie lange ___ ihr?
5. Der Thorsten ___ genügend; nur der Nicolas ___ zu wenig.

2 You are expressing approval and disapproval concerning your friend's health habits. Complete each of the following statements, filling in each blank with the information given in parentheses. (p. 89)

1. (Sport machen) Ich bin froh, dass du genügend ___ .
2. (genügend schlafen) Es ist nicht gut, dass du nicht ___ .
3. (Rad fahren) Ich finde es toll, dass du so viel ___ .
4. (nicht rauchen) Ich freue mich, dass du ___ .
5. (gesund leben) Es ist prima, dass du so ___ .

3 You're expressing your disapproval of your friend's unhealthy life. Complete each of the following statements, filling in each blank with the information given in parentheses. (p. 89)

1. (nicht genügend schlafen)   Es ist schade, dass du ___ .
2. (nicht vernünftig essen)   Es ist schade, dass du ___ .
3. (kein Obst essen)   Es ist schade, dass du ___ .
4. (nicht die Sonne vermeiden)   Es ist schade, dass du ___ .
5. (nichts für die Gesundheit tun)   Es ist schade, dass du ___ .

4 How do these people feel, and how do they keep fit? Complete each of the following questions and statements, filling in each blank with the correct reflexive pronoun. (p. 90)

1. Wie fühlst du ___ ? — Du, ich fühle ___ großartig!
2. Fühlt ihr ___ hier wohl? — Wir fühlen ___ hier sehr wohl.
3. Wie fühlt ___ die Maike? — Ich denke, sie fühlt ___ wohl.
4. Wie fühlen ___ die Schüler? — Sie fühlen ___ großartig.
5. Und hältst du ___ auch fit? — Klar! Ich halte ___ sehr fit.
6. Und ihr beiden? Haltet ihr ___ auch fit? — Klar! Wir halten ___ fit.
7. Herr Sauer, wie halten Sie ___ fit? — Ich halte ___ mit Sport fit.

5 You're expressing your approval of your friends' healthy lives. Complete each of the following statements, filling in each blank with the information given in parentheses. (p. 90)

1. (s. wohl fühlen)   Es ist prima, dass du ___ .
2. (s. fit halten)   Es ist gut, dass ihr ___ .
3. (s. richtig ernähren)   Ich finde es toll, dass ihr ___ .
4. (s. darüber freuen)   Wir sind froh, dass du ___ .
5. (s. fit halten)   Ich finde es prima, dass du ___ .
6. (s. hier wohl fühlen)   Ich freue mich, dass Nicolas ___ .

ZWEITE STUFE

Asking for information and responding emphatically or agreeing with reservations

6 A friend of yours is asking you all sorts of questions. You are responding to them emphatically. Complete each of the following statements, filling in each blank with an appropriate form of **jeder**. (p. 94)

1. Du schwimmst nicht gern? — Doch, ich schwimme sogar ___ Tag.
2. Du spielst nicht gern Fußball? — Doch, ich spiele ___ Woche, ___ Samstag.
3. Du wanderst nicht gern? — Doch! Ich wandre ___ Wochenende.
4. Du gehst nicht gern ins Konzert? — Doch, ich gehe ___ Monat ins Konzert.
5. Du hast keine CDs von Nina? — Du, ich habe sogar ___ CDs von ihr.
6. Du gibst keinem Freund ein Geschenk? — Ich geb ___ Freund etwas.

Asking and telling what you may or may not do

7 You and your friends may not eat certain things, and prefer not to eat others. Complete each of the following statements, filling in each blank with the correct form of **kein**. (p. 98)

1. Ja, du, ich darf ___ Fisch essen, ___ Erdbeeren, ___ Joghurt, dann darf ich auch ___ Milch trinken, und ich darf ___ Schokolade essen.

2. Und ich mag ___ Eier, ___ Butter, ja, auch ___ Blumenkohl, und dann mag ich auch ___ Reis und ___ Spinat.

3. Ich glaube, die Maike darf ___ Schweinefleisch essen, ___ Pilze und ___ Bananen, weil sie sehr allergisch dagegen ist.

8 You are telling what you and some of your family members may not eat or drink. Complete the following paragraph, filling in each blank with the correct form of the verb **dürfen**. (p. 99)

Du sagst, du ___ alles essen. Das finde ich prima. Ich ___ zum Beispiel keine Beeren essen, und meine Schwester ___ keine Milch trinken. Wir sind allergisch gegen Beeren und Milch. Meine Großeltern ___ keinen Kaffee trinken, und mein Vater ___ auch keine Schokolade essen. Ja, was ___ ihr nicht essen und trinken?

KAPITEL 5

ERSTE STUFE

Expressing regret and downplaying; expressing skepticism and making certain

1 Express your regret that certain food items are not to your liking. Complete each of the following statements, filling in each blank with the correct form of **dieser**. (p. 114)

1. Ich habe leider nur noch ___ Joghurt.

2. Es tut mit Leid, ___ Joghurt kostet jetzt eine Mark.

3. Ich bedaure, dass ___ Erdbeeren nicht sehr süß sind.

4. Ich bedaure, ___ Fleisch schmeckt mir nicht.

5. Was für ein Pech! ___ Apfel ist zu sauer.

6. Es tut mir Leid, ___ Wurst ist schlecht. Ich kann sie nicht essen.

2 You are not quite sure what certain food items are, and you are very skeptical. Complete each of the following statements, filling in each blank with the correct form of **dieser.** (p. 114)

1. Was soll denn das sein, ___ Gemüse da? — Du, ___ Gemüse da ist Spinat.
2. Was soll das sein, ___ Käse da? — Ja, ___ Käse da ist Tofu!
3. Was soll das sein, ___ Saft da? — Ja, trink mal ___ Saft! Gut, nicht?
4. Was soll das sein, ___ Butter da? — Na, ___ Butter da ist keine Butter.
5. Was soll das sein, ___ Wasser da? — Ja, ___ Wasser ist Mineralwasser.
6. Was soll das sein, ___ Möhre? — Ha, ___ Möhre ist eine Süßkartoffel!

ZWEITE STUFE

Calling someone's attention to something and responding

3 During the morning break you are calling attention to the food you and your friends have brought to eat. Complete each of the following statements, filling in each blank with the correct form of a possessive (**mein, dein, ihr,** usw.). (p. 120)

1. Schau mal, was ich auf ___ Brot habe? — Ja, sag mir doch, was du auf ___ Brot hast.
2. Guck doch mal, was die Wiebke auf ___ Pausenbrot hat? — Ja, sag doch, was sie auf ___ Pausenbrot hat!
3. Weißt du, was der David auf ___ Pausenbrot hat? — Du, ich denke, er hat Käse auf ___ Pausenbrot.
4. Schau mal, was wir auf ___ Pausebroten haben? — Das interessiert mich nicht, was ihr auf ___ Pausebroten habt.
5. Sieh mal, was Wiebke und Thorsten auf ___ Pausebroten haben! — Du, sie haben Tofu mit Sojasprossen auf ___ Pausebroten.
6. Herr Müller, was haben Sie denn auf ___ Brot? Ganz einfach, ich habe Quark mit Schnittlauch auf ___ Brot.

DRITTE STUFE

Expressing preference and strong preference

4 You're asking your friends for their food preferences. Complete each of the following questions and statements, filling in each blank with the correct pronoun or possessive. (p. 123)

1. Sag mal, Thorsten, was schmeckt ___ besser, Schweinefleisch oder Rindfleisch? — Hm, Rindfleisch schmeckt ___ besser.
2. Welche Suppe schmeckt ___ besser, Maike und David, Kartoffelsuppe oder Fischsuppe? — Kartoffelsuppe schmeckt ___ besser.
3. Und dein Vater, Wiebke? Welcher Käse schmeckt ___ besser, Camembert oder Tilsiter? — Ich denke, Camembert schmeckt ___ besser.
4. Und was schmeckt ___ Mutter besser, Brokkoli oder Blumenkohl? — Ich denke, Brokkoli schmeckt ___ Mutter besser.

5 Do you have strong food preferences? Complete each of the following questions, filling in each blank with a correct form of **welcher.** (p. 124)

1. ___ Gemüse isst du am liebsten? Und ___ Beeren?
2. ___ Fisch isst du am liebsten? Und ___ Fleisch?
3. ___ Joghurt isst du am liebsten? Und ___ Eis?
4. ___ Obst magst du am liebsten? Und ___ Gemüse?
5. ___ Reis magst du am liebsten? Und ___ Nudeln?
6. ___ Brot magst du am liebsten? Und ___ Kuchen?

6 You wonder what there is to eat for certain meals, and you express your preferences as to what you want to go with certain foods. Complete each of the following questions and statements, filling in each blank with the preposition **zu** and an appropriate article. Use contractions whenever possible. (p. 125)

1. Schau mal, was es heute ___ Mittagessen gibt!
2. Also, ich esse gewöhnlich Obst ___ Nachtisch.
3. Was isst du ___ Schweinefleisch? Reis oder Kartoffeln?
4. Du, ich brauche ein Stück Brot ___ Suppe.
5. ___ Abendessen gibt es heute Fisch.
6. Was haben wir ___ Fisch? Nudeln oder Reis?
7. Sag, was gibt es ___ Forelle? Nur Brot?

KAPITEL 6

ERSTE STUFE

Inquiring about someone's health and responding; making suggestions

1 You are inquiring about your friends' health, and they are responding. Complete each of the following questions and statements, filling in each blank with the correct pronoun. (p. 137)

1. Wiebke, wie geht es ___ ? Ist ___ wieder besser? — Ja, ___ geht's gut!
2. Wie geht's ___ beiden? Ist was mit ___ ? — Du, ___ ist nicht gut.
3. Ist ___ nicht gut, Herr Müller? Was fehlt ___ ? Danke, ___ fehlt nichts.
4. Fehlt ___ etwas, David? Ist ___ nicht gut? — Ja, ___ ist nicht gut.
5. Maike und Wiebke, was ist mit ___ ? Was fehlt ___ ? ___ fehlt nichts.

2 You are inquiring about the health of various friends and acquaintances, and they are responding. Complete each of the following questions and statements, filling in each blank with the correct pronoun. (p. 137)

1. Wie fühlst du ___ , Maike? Ist ___ nicht gut? — Ich fühl ___ nicht wohl. Ich hab Kopfschmerzen. ___ ist gar nicht gut.

2. Und was ist mit ___, David und Thorsten? Fühlt ihr ___ auch nicht wohl? — ___ ist nicht gut, wir fühlen ___ miserabel.

3. Wie fühlen Sie ___ , Herr Becker? Ist ___ nicht gut? Sagen Sie, was fehlt ___ ? — ___ fehlt nichts, ___ ist wieder besser.

3 You're making suggestions to a friend, and she is responding. Complete each of the following suggestions, using the information given in an inclusive command. (p. 139)

1. Sollen wir in den Park gehen? — Klar, ___ !

2. Sollen wir die Maike anrufen? — Klar, ___ !

3. Sollen wir einen Ball mitnehmen? — Klar, ___ !

4. Sollen wir zuerst zur Apotheke gehen? — Klar, ___ !

5. Sollen wir uns warm anziehen? — Klar, ___ !

6. Sollen wir etwas zum Trinken kaufen? — Klar, ___ !

ZWEITE STUFE

Asking about and expressing pain

4 You're asking various people about their aches and pains, and they are telling you about their ailments. Complete each of the following questions and statements, filling in each blank with an appropriate pronoun. (p. 143)

1. Maike, was tut ___ weh? Tut ___ der Hals weh? — Ja, er tut ___ weh.

2. Was tut ___ weh, Wiebke und David? — Du, ___ tut der Kopf weh.

3. Herr Müller, was tut ___ weh? — Ach, ___ tut der Rücken so weh.

4. Was tut dem Thorsten weh? — Ich glaube, ___ tut der Fuß weh.

5. Was tut denn der Antje weh? — Ach, die Schulter tut ___ weh.

6. Was tut den Kindern weh? — Ich weiß nicht, was ___ wehtut.

5 Your family members are suffering from various aches and pains. Complete the following paragraph, filling in each blank with the correct form of the possessive. (p.143)

In meiner Familie sind alle krank. ___ Vater tut die Hüfte weh, ___ Mutter der Rücken, ___ Geschwistern die Beine; ___ Bruder der Fuß und ___ Schwester der Knöchel. Und ___ Großeltern tut auch immer was weh; ___ Oma tun oft die Beine weh und ___ Opa die Füße.

6 How are the following people feeling? Complete the following statements, filling in each blank with the correct case form of the people underlined in the first sentence. (p. 143)

1. <u>Die Schüler</u> essen die Beeren nicht. Die Beeren schmecken ___ nicht.

2. <u>Meine Oma</u> ist alt und krank. Deshalb helfe ich ___ gern im Garten.

3. <u>Mein Bruder</u> hat sich das Knie verletzt. Das Knie tut ___ weh.

4. <u>Die Kinder</u> haben sich verletzt, aber ich weiß nicht, was ___ weh tut.

5. <u>Meine Geschwister</u> mögen diese CD. Diese CD gefällt ___ sehr gut.

6. <u>Der Tim</u> hat immer Bauchweh. Ich weiß nicht, was ___ fehlt.

7. <u>Mein Cousin</u> schreibt nicht, aber ich glaube, dass es ___ gut geht.

7 People are sometimes injured when doing sports. Complete each of the following questions and statements, filling in each blank with the correct form of the reflexive pronoun. (p. 144)

1. A: Sag, Tim was hast du ___ beim Fußballspielen gebrochen?
   B: Ich hab ___ nichts gebrochen; ich hab ___ die Hand verstaucht.

2. A: Maike und David, habt ihr ___ beim Tennisspielen den Fuß gebrochen?
   B: Nein, wir haben ___ nur den Knöchel verstaucht.

3. A: Was hat ___ der David beim Radfahren gebrochen?
   B: Ich habe gehört, dass er ___ die Schulter gebrochen hat.

4. A: Weißt du, ob ___ zwei Schüler beim Skifahren etwas gebrochen haben?
   B: Ja, ich habe gehört, dass ___ die beiden überhaupt nichts gebrochen haben.

8 Let's see what some people do to look good and keep clean. Complete each of the following questions and statements, filling in each blank with the correct pronoun. (p. 145)

1. Nach jeder Mahlzeit wasche ich ___ die Hände, putze ___ die Zähne und kämme ___ die Haare. — Putzt du ___ auch die Zähne nach jeder Mahlzeit?

2. Maike, wie sehen deine Haare aus? Warum kämmst du ___ nicht? Du, kämm ___ doch die Haare! Du hast so schöne Haare! — Ich wasche ___ jetzt, ich wasche ___ auch die Haare, und danach kämme ich ___ .

3. So, wer wäscht ___ zuerst? Also, zuerst wäscht ___ der David, dann der Thorsten, und zuletzt wasche ich ___ . Ich muss ___ die Füße waschen; sie sind so schmutzig vom Fußballspielen.

Asking for and giving advice; expressing hope

9 You're expressing hope that all is well. Complete each of the following statements, filling in each blank with the correct form of the information given in parentheses. (p. 148)

1. (kein Fieber mehr haben)   Ich hoffe, du ___ .

                                              Ich hoffe, dass ___ .

                                              Hoffentlich ___ .

2. (s. nichts gebrochen haben)   Ich hoffe, du ___ .

                                              Ich hoffe, dass ___ .

                                              Hoffentlich ___ .

3. (s. nicht verletzt haben)   Ich hoffe, ihr ___ .

                                              Ich hoffe, dass ___ .

                                              Hoffentlich ___ .

10 You're giving advice to various people and they are responding to your suggestions. Complete each of the following questions and statements, filling in each blank with the correct personal pronoun. (p. 149)

1. Wiebke, kauf dir doch diese Creme! — Du, diese Creme ist ___ zu fett.

2. Warum kauft sich der David nicht diese Zahnpasta? — Sie ist ___ zu süß.

3. Kauft euch doch diese Sonnencreme! — Sie ist ___ viel zu teuer.

4. Warum kauft die Maike das Shampoo nicht? — Es ist ___ zu parfümiert.

5. Warum kaufst du diese Seife nicht? Ist sie ___ auch zu parfümiert?

6. Ich kann diesen Anzug nicht mehr tragen. Er ist ___ viel zu groß!

7. Du kannst den Pulli nicht anziehen, David. Er ist ___ viel zu eng.

8. Wir können uns diese Sachen nicht kaufen. Sie sind ___ einfach zu teuer.

KAPITEL 7

ERSTE STUFE

Expressing preference and giving a reason

1 Where do you prefer to live? Complete each of the following statements, filling in each first blank with the comparative form of the word given in parentheses, and each second blank with the equivalent of "than," to indicate an unequal comparison. (p. 166)

1. (gern)   Ich wohne ___ in einer Kleinstadt ___ in einer Großstadt.
2. (schön) In einem Dorf ist es ___ ___ in einer Kleinstadt.
3. (billig) Die Wohnungen sind hier ___ ___ in einer Stadt.
4. (alt)   Oft sind in einem Dorf die Häuser ___ ___ in einer Stadt.
5. (gut)   Die Luft ist ___ auf dem Land ___ in der Stadt.
6. (viel)   Aber in einer Stadt gibt es ___ zu sehen ___ auf dem Land.
7. (groß)   In einer Stadt sind die Häuser ___ ___ auf dem Land.

2 Express your preferences. Complete each of the following statements, filling in the blanks of the first part with the words used to make an equal comparison. Fill in the blanks of the second part with the comparative form of the adjective used in the first part, and the word used to make an unequal comparison. (p. 166)

1. Die Luft in Berlin ist ___ gut ___ die Luft in München; aber die Luft im Schwarzwald ist ___ ___ die Luft in Berlin und München.

2. Die Insel Juist ist ___ groß ___ die Insel Norderney; aber die Insel Rügen ist ___ ___ Juist und Norderney.

3. Die Stadt Berlin hat ___ viel Verkehr ___ München; aber die Stadt New York hat ___ Verkehr ___ Berlin und München.

4. Ich habe die Umgebung von Hamburg ___ gern ___ die Umgebung von Berlin; aber die Umgebung von München habe ich ___ ___ die Umgebungen von Hamburg und Berlin.

ZWEITE STUFE

Expressing wishes

3 Ask what these students wish for. Complete each of the following questions and statements, filling in each blank with the correct form of the reflexive pronoun. (p. 168)

1. Was wünschst du ___ mal, liebe Katrin? Wünschst du ___ mal ein schönes Haus? — Ich wünsche ___ mal ein tolles Auto.

2. Bettina und Judith, was wünscht ihr ___ mal? Wünscht ihr ___ mal ein tolles Auto? — Ja, wir wünschen ___ mal ein tolles Auto.

3. Was wünscht ___ Frank? Glaubst du, dass er ___ ein Auto wünscht? Ich glaube, dass er ___ ein Motorrad wünscht.

4 What are your wishes for the future? Complete each of the following statements, filling in each blank with the correct forms of the indefinite article **ein** and the correct form of the adjective given in parentheses. (p. 170)

1. Ich wünsche mir mal (schön) ___ Haus mit (groß) ___ Garten und (klein) ___ Swimmingpool.

2. Und ich wünsche mir (toll) ___ Job, (sicher) ___ Einkommen und vor allem (sauber) ___ Umwelt.

3. Ich wünsche mir (gut) ___ Ausbildung, (nett) ___ Familie und natürlich auch (friedlich) ___ Leben.

4. Ich ziehe (klein) ___ Stadt wie Ulm vor. In (klein) ___ Stadt ist die Luft viel besser, denn (klein) ___ Stadt hat wenig Verkehr.

5. Ich möchte mal (modern) ___ Küche, (gemütlich) ___ Wohnzimmer und natürlich auch (groß) ___ Wagen.

6. Ich möchte mal an (klein) ___ See wohnen oder in (klein) ___ Dorf mit (schön) ___ Umgebung.

5 What are your wishes as far as clothing is concerned? Complete each of the following statements, filling in each blank with the correct form of **ein**, and the correct form of the adjective given in parentheses. (p. 170)

1. Ich wünsche mir (blau) ___ Pulli und (rot) ___ T-Shirt.

2. Ich möchte (weiß) ___ Hemd und (schwarz) ___ Hose.

3. Ich brauche (grau) ___ Rock und (hellblau) ___ Bluse.

4. Ich wünsche mir (rot) ___ Kleid und (weiß) ___ Gürtel.

5. Ich möchte (kurz) ___ Shorts und (leicht) ___ Turnschuhe.

6. Und ich brauche (braun) ___ Jogging-Anzug.

DRITTE STUFE

Agreeing with reservations; justifying your answers

6 You are expressing your preferences and giving your reasons for them. Complete each of the following statements, filling in each blank with the correct form of **ein**, and the correct comparative form of the adjective given in parentheses. (p. 176)

1. Ich weiß, ihr habt (groß) ___ Garten, aber wir haben dafür (groß) ___ Haus mit (groß) ___ Swimmingpool.

2. Ja schon, aber wir haben (alt) ___ Haus in (ruhig) ___ Umgebung in (klein) ___ Vorort von Stuttgart.

3. Du weißt, ich wohne lieber in (klein) ___ Wohnung, aber in (groß) ___ Stadt, wo es (gut) ___ Museum gibt als hier bei uns.

4. Ich weiß, du hast (neu) ___ Wagen und (gut) ___ Motorrad als ich; aber ich habe (gut) ___ Wagen als du.

KAPITEL 8

ERSTE STUFE

Describing clothes

1 You're describing various items of clothing to a friend. Complete each of the following statements, filling in each blank with the correct form of **dieser,** and the correct form of the adjective given in parentheses. (p. 189)

1. (bunt)   ___ Anorak sieht echt toll aus. Darf ich ___ Anorak einmal anprobieren? Ich glaube, ich sehe gut aus in ___ Anorak.

2. (weiß)   ___ Hemd steht dir gut. Probier doch mal ___ Hemd an! Ja, in ___ Hemd siehst du wirklich fesch aus.

3. (grün)   ___ Jacke ist echt cool. Probier doch mal ___ Jacke an! Ja, wirklich, in ___ Jacke siehst du sehr fesch aus.

4. (schwarz)   ___ Turnschuhe passen gut zu ___ Jeans.

5. (blau)   ___ Hemd passt nicht zu ___ Anorak.

6. (rot)   ___ Krawatte passt nicht zu ___ Hemd.

2 You're describing your clothing preferences. Complete each of the following statements, filling in each blank with the correct ending. (p. 189)

1. Ich möchte ein___ rot___ Krawatte zu dies___ grün___ Hemd.

2. Ich möchte ein___ weiß___ Hemd zu dies___ blau___ Jacke.

3. Trägst du ein___ gelb___ Pulli zu dies___ weiß___ T-Shirt?

4. Trägst du ein___ schwarz___ Käppi zu dies___ grün___ Anorak?

5. Ich brauche ein___ braun___ Gürtel für dies___ braun___ Hose.

6. Ich brauche ein___ weiß___ T-Shirt für dies___ blau___ Shorts.

ZWEITE STUFE

Expressing interest, disinterest, and indifference; making and accepting compliments

3 What are students interested in? Let's find out. Complete each of the following questions and statements, filling in each blank with the correct form of the reflexive pronoun. (p. 194)

1. Boris, wofür interessierst du ___ ? Interessierst du ___ für Musik oder für Sport? — Ich interessiere ___ für Musik, Sport und Politik.

2. Weißt du, wofür ___ der Roland interessiert? Interessiert er ___ auch für Musik und Sport? — Der Roland interessiert ___ nur für Sport.

3. Katrin und Judith, wofür interessiert ihr ___ ? Interessiert ihr ___ für Sport oder Politik? — Wir interessieren ___ für Bücher und Musik.

4. Ja, viele Schüler interessieren ___ für Sport und Musik, aber viele interessieren ___ auch für Politik und für die Umwelt.

4 What kinds of clothes do some students like to wear? Let's find out. Complete the following paragraph, filling in each blank with the correct form of the verb **tragen**, *to wear.* (p. 194)

Was für Klamotten ___ die Schüler gern? Die Judith ___ gern weiße Outfits, und der Roland ___ alles gern, was schwarz ist. Die Katrin ___ nichts aus Acryl, und der Boris ___ lässige Klamotten gern. So, jetzt wissen wir, was unsere vier Schüler gern ___ .

5 You're complimenting various friends on the look and fit of their clothes. Complete each of the following statements, filling in each blank with the correct form of the personal pronoun and the correct endings. (p. 195)

1. Boris, diese Jacke steht ___ gut. Sie passt gut zu dies___ blau___ Hose.
2. Judith, diese Bluse passt ___ nicht; sie ist ___ viel zu eng. Die grüne Bluse passt besser zu dein___ weiß___ Jeans.
3. Dieser schwarze Pulli passt d___ Roland ausgezeichnet; Schwarz steht ___ sehr gut. Die Jeans passt auch gut zu dies___ schwarz___ Pulli.
4. Die Turnschuhe passen d___ Kindern nicht. Sie sind ___ viel zu eng!
5. Dieses Käppi steht dein___ Schwester gut. Es passt ___ prima, und die Farbe passt auch gut zu ihr___ grün___ Bluse.
6. Frau Meier, dieses Kleid steht ___ gut!

DRITTE STUFE

Persuading and dissuading

6 You're trying to persuade or dissuade your friends and teachers. Complete each of the following statements, filling in each first blank with the correct reflexive pronoun, and the second and third blanks with the correct endings. (p. 198)

1. Katrin, kauf ___ doch dies___ kariert___ Hemd!
2. Katrin und Judith, kauft ___ dies___ braun___ Schuhe!
3. Herr Wagner, kaufen Sie ___ doch dies___ toll___ T-Shirt!
4. Judith, kauf ___ ja nicht dies___ blöd___ Pulli!
5. Boris und Roland, kauft ___ ja nicht dies___ bunt___ Krawatte!
6. Frau Moser, kaufen Sie ___ ja nicht dies___ geblümt___ Anorak!

7 You're telling your friends that you'll do certain things under certain conditions. Complete each of the following statements, filling in each blank with the "condition" expressed in parentheses. (p. 199)

1. (Das Wetter ist schlecht.)   Ich bleibe zu Hause, wenn ___ .
2. (Ich habe genug Geld.)   Ich kaufe mir eine CD, wenn ___ .
3. (Ich gehe ins Kino.)   Ich rufe dich an, wenn ___ .
4. (Du hast Geburtstag.)   Ich kaufe dir ein Buch, wenn ___ .
5. (Wir gehen ins Café.)   Ich hole euch ab, wenn ___ .
6. (Es regnet nicht.)   Wir spielen Fußball, wenn ___ .

KAPITEL 9

ERSTE STUFE

Expressing indecision, asking for and making suggestions

1 Du und deine Freunde, ihr wisst nicht, wo ihr eure Ferien verbringen wollt. Du fragst sie um Rat, und sie machen Vorschläge. Schreib die folgenden Sätze ab, und schreib dabei die richtige Präposition und, wenn nötig, den richtigen bestimmten (*definite*) Artikel in die Lücken. Wenn möglich, verwende Kurzformen (*contractions*). (S. 214)

    1. Sollen wir mal ___ Ostsee fahren? Was meinst du? — Ich schlage vor, dass wir mal ___ Rhein fahren.

    2. Wir können mal ___ Schweiz fahren, ___ Zürich. — Der Boris ist dafür, dass wir ___ Schwarzwald fahren, ___ Freiburg.

    3. Oder sollen wir ___ Berge fahren? Vielleicht ___ Alpen? — Ach, fahren wir doch mal ___ Nordsee, ___ Sylt.

    4. Sollen wir mal ___ Österreich fahren, ___ Wien? — Ich bin dafür, dass wir ___ Schweiz fahren und ___ Brienzer Rothorn steigen.

    5. Fahren wir doch mal ___ Bayern, ___ Starnberger See. — Ja, du, dann bin ich aber dafür, dass wir ___ Garmisch und ___ Zugspitze fahren.

ZWEITE STUFE

Expressing doubt, conviction, and resignation

2 Du planst mit deinen Eltern die kommenden Ferien. Du bezweifelst aber, dass euer Ferienort all die Einrichtungen hat, die du dir wünschst. Ergänze die folgenden Sätze, und schreib die in Klammern gegebene Information in die Lücken. (S. 217)

    1. (Wir können dort segeln.)   Ich weiß nicht, ob ___ .

    2. (Es gibt dort einen Golfplatz.)   Ich bezweifle, dass ___ .

    3. (Es gibt einen Fitnessraum.)   Ich bin nicht sicher, dass ___ .

    4. (Du kannst dort Boot fahren.)   Ich weiß nicht, ob ___ .

    5. (Es gibt dort einen Pool.)   Ich weiß nicht, ob ___ .

    6. (Es gibt dort eine Disko.)   Ich weiß nicht, ob ___ .

Du erzählst, wo du die letzten Ferien verbracht hast, und du drückst mit Sicherheit aus, wo du die kommenden Ferien verbringen wirst. Schreib die folgenden Sätze ab, und schreib die richtige Präposition und, wenn nötig, den richtigen bestimmten (*definite*) Artikel in die Lücken. Wenn möglich, verwende Kurzformen (*contractions*). (S. 218)

. Letztes Jahr waren wir ___ Schweiz, und ich bin sicher, dass wir diesen Urlaub nicht wieder ___ Schweiz fahren.

. Den letzten Urlaub haben wir ___ Ostsee verbracht, und du kannst mir glauben, dass wir in diesem Urlaub nicht wieder ___ Ostsee fahren.

. Wir waren letztes Jahr ___ Alpen, und ich bin sicher, dass wir in diesem Jahr nicht wieder ___ Alpen fahren.

. Den letzten Urlaub haben wir ___ Schwarzwald verbracht, und du kannst mir glauben, dass wir diesen Urlaub nicht wieder ___ Schwarzwald fahren.

5. Letztes Jahr waren wir ___ Vereinigten Staaten, und ich bin sicher, dass meine Eltern dieses Jahr wieder ___ Vereinigten Staaten fliegen.

6. Die letzten Ferien habe ich bei meiner Tante ___ Frankfurt verbracht, und ich bin sicher, dass ich die nächsten Ferien wieder ___ Frankfurt fahre.

Eine Bekannte fragt dich, wohin du gehst, und du sagst ihr, dass du schon dort warst. Schreib die folgenden Fragen und Antworten ab, und schreib die richtige Präposition und, wenn nötig, den richtigen bestimmten (*definite*) Artikel in die Lücken. Wenn möglich, verwende Kurzformen (*contractions*). (S. 218)

1. Gehst du ___ Golfplatz? — Du, ich war heute schon ___ Golfplatz.

2. Gehst du ___ Fitnessraum? — Ich war heute schon ___ Fitnessraum.

3. Gehst du heute ___ Sauna? — Ich war heute schon ___ Sauna.

4. Gehst du ___ Tennisplatz? — Ich war heute schon ___ Tennisplatz.

5. Gehst du jetzt ___ Strand? — Ich war heute schon ___ Strand.

6. Gehst du ___ Liegewiese? — Ich war den ganzen Tag ___ Liegewiese.

7. Gehst du jetzt ___ Pool? — Ich war heute schon ___ Pool.

DRITTE STUFE

Asking for and giving directions

5 Du gibst verschiedenen Leuten Auskunft. Schreib die folgenden Sätze ab, und schreib dabei den richtigen bestimmten Artikel in die Lücken. Gebrauche die üblichen Kurzformen! (S. 222)

1. Wenn Sie aus ___ Rathaus kommen, gehen Sie rechts um ___ Ecke!

2. Sie gehen durch ___ Stadttor, und der Brunnen ist gleich bei ___ Rathaus!

3. Dieses Fachwerkhaus ist aus ___ 17. Jahrhundert; es ist gegenüber ___ Post.

4. Von ___ Kirche bis zu ___ Rathaus sind es nur zwei Minuten.

5. Von ___ Parkplatz bis zu ___ Kirche sind es nur drei Gehminuten.

6. Sie wollen zu ___ Stadttor? Es ist in der Nähe von ___ Parkplatz.

ADDITIONAL GRAMMAR PRACTICE

6 Du gibst weitere Auskünfte, besonders übers Parken. Schreib die folgenden Sätze ab, und schreib dabei den richtigen bestimmten Artikel in die Lücken. Gebrauche die üblichen Kurzformen. (S. 223)

1. Zwischen ___ Rathaus und ___ Schloss ist das Hormoldhaus.
2. Der Brunnen steht auf ___ Marktplatz vor ___ Rathaus.
3. Ein kleiner Parkplatz ist neben ___ Kirche und neben ___ Rathaus.
4. Ein großer Parkplatz ist vor ___ Innnenstadt, an ___ Holzgartenstraße.
5. Neben ___ Kirche kann man nicht parken, aber neben ___ Post.
6. Neben ___ alten Schloss und vor ___ Kirche kann man auch nicht parken.

KAPITEL 10

ERSTE STUFE

Asking about and expressing interest

1 Du drückst deine eigenen Interessen und die deiner Freunde aus, und du fragst andere, was für Interessen sie haben. Schreib die folgenden Sätze und Fragen ab, und schreib dabei in zwei Lücken das richtige Reflexivpronomen und in die dritte Lücke das richtige **wo**-Adverb (*wo-compound*). (S. 241)

1. Ja, ich interessiere ___ für Sport. Und du, ___ interessierst du ___ ?
2. Wir interessieren ___ für Politik. Und ihr, ___ interessiert ihr ___ ?
3. Ismar interessiert ___ für Autos. Und ___ interessiert ___ Andreas?
4. Astrid interessiert ___ für Mode. Und ___ interessiert ___ Antja?
5. Ich interessiere ___ für Filme. Und ihr, ___ interessiert ihr ___ ?
6. Wir interessieren ___ für CDs. Und du, ___ interessierst du ___ ?

2 Du sprichst über deine eigenen Interessen, und du fragst Freunde nach ihren Interessen. Schreib die folgenden Sätze und Fragen ab, und schreib dabei die fehlenden Reflexivpronomen und **wo**-Adverbien (*wo-compounds*) in die Lücken. (S. 241)

1. Ich freue ___ auf den Krimi. Und ___ freust du ___ ?
2. Ismar spricht über seinen Führerschein. Und ___ spricht Andreas?
3. Andreas interessiert ___ für CDs. Und ___ interessierst du ___ ?
4. Wir freuen ___ auf die Ferien. Und ___ freut ihr ___ ?
5. Ich spreche heute über Politik. Und ___ sprichst du heute?
6. Ich interessiere ___ für Sport. Und ___ interessierst du ___ ?

3 Du drückst deine eigenen Interessen aus, und du fragst deine Freunde, ob sie die gleichen Interessen haben. Schreib die folgenden Sätze und Fragen ab, und schreib dabei das richtige **da**-Adverb (*da-compound*) und das richtige Reflexivpronomen, wenn nötig, in die Lücken. (S. 241)

1. Ich freue ___ auf den Krimi. Freust du ___ auch ___ ?
2. Ich spreche über die Umwelt. Sprichst du auch ___ ?
3. Ich interessiere ___ für Politik. Interessierst du ___ auch ___ ?
4. Wir freuen ___ auf die Ferien. Freut ihr ___ auch ___ ?
5. Wir sprechen über die Talkshow. Sprecht ihr auch ___ ?
6. Wir interessieren ___ für Mode. Interesssiert ihr ___ auch ___ ?

ZWEITE STUFE

Asking for and giving permission; asking for information and expressing an assumption

4 Du fragst, ob du fernsehen darfst. Schreib den folgenden Absatz ab, und schreib dabei die richtigen Formen des Verbs **lassen** in die Lücken! (S. 247)

"Mutti, ___ du mich jetzt fernsehen?" — "Ich ___ dich fernsehen, wenn du mir heute Abend hilfst." Viele Eltern ___ ihre Kinder immer fernsehen, aber es gibt Eltern, die ihre Kinder nur bestimmte Programme sehen ___ . Mein Großvater ___ mich alle Programme sehen, aber der Opa hat kein Kabelfernsehen.

5 Du brauchst Information übers Fernsehen. Schreib den folgenden Absatz ab, und schreib dabei die richtigen Formen des Verbs **laufen** in die Lücken! (S. 249)

Weißt du, was heute Abend im Fernsehen ___ ? Ich glaube, dass um acht Uhr ein Krimi ___ . Heute ___ gleich zwei Krimis, und ich weiß nicht, welchen ich mir ansehen soll. Schau mal nach, was im ZDF ___ . Ich habe mein Programmheft nicht; ___ doch mal in den Garten, Peter! Es liegt auf dem Gartentisch.

DRITTE STUFE

Expressing surprise, agreement, and disagreement; talking about plans

6 Du bist überrascht, dass eine bestimmte Automarke oder ein bestimmtes Fernsehgerät nicht die Ausrüstung hat, die du erwartest. Schreib die folgenden Sätze ab, und ergänze dabei die Lücken mit der richtigen Form von **kein**! (S. 251)

1. Es ist unglaublich, dass dieses Auto ___ Schiebedach hat.
2. Es ist nicht möglich, dass dieser Wagen ___ Breitreifen hat.
3. Das gibt's doch nicht, dass dieses Modell ___ Klimaanlage hat.
4. Ich kann es nicht glauben, dass du ___ Farbfernseher hast.
5. Es ist nicht möglich, dass der Fernseher ___ Fernbedienung hat.
6. Es ist unglaublich, dass dieses Gerät ___ Lautstärkeregler hat.

7 Du sprichst mit verschiedenen Leuten über Dinge, die in der Zukunft liegen. Schreib die folgenden Sätze ab, und ergänze dabei die Lücken mit der richtigen Form des Verbs **werden**! (S. 253)

    1. Andreas, was für einen Wagen ___ du dir einmal kaufen? — Ja, ich ___ mir bestimmt mal einen deutschen Wagen kaufen.

    2. Was ___ ihr einmal tun, wenn ihr aus der Schule kommt? — Ja, wir ___ zuerst einmal an einer Universität studieren.

    3. Weißt du vielleicht, was der Ismar einmal machen ___ ? — Ich glaube, dass der Ismar für seinen Vater arbeiten ___ .

    4. Frau Wagner, wissen Sie was Sie machen ___ , wenn die Schule aus ist? — Ich ___ Urlaub machen.

8 Du bist dir nicht ganz sicher über deine Pläne. Schreib die folgenden Sätze ab und ergänze sie mit der Information, die in Klammern steht. Gebrauche das Futur! (S. 253)

    1. (einen Wagen kaufen)   Ich weiß nicht, ob ich mir ___ .

    2. (den Führerschein machen)   Ich weiß nicht, ob ich ___ .

    3. (heute Abend fernsehen)   Ich weiß nicht, ob ich ___ .

    4. (morgen Fußball spielen)   Ich weiß nicht, ob ich ___ .

    5. (in die Schweiz fahren)   Ich weiß nicht, ob ich ___ .

    6. (morgen ins Kino gehen)   Ich weiß nicht, ob ich ___ .

KAPITEL 11

ERSTE STUFE

Asking for, making, and responding to suggestions

1 Du machst verschiedenen Leuten Vorschläge. Sie reagieren darauf und sagen dir, dass sie lieber etwas anderes tun wollen. Schreib die folgenden Fragen und Sätze ab, und schreib dabei in eine Lücke die richtige **würde**-Form und in die andere ein passendes Verb! (S. 267)

    1. Du, Astrid, ___ du gern mal in den Zoo ___ ? — Das wäre toll, aber ich ___ lieber mal in den Zirkus ___ .

    2. Ismar und Andreas, ___ ihr gern mal ein Musical ___ ? — Ja klar, aber wir ___ lieber mal eine Oper ___ , nicht wahr, Ismar?

    3. Herr Schmidt, ___ Sie gern mal ein Symphoniekonzert ___ ? — Ja, natürlich, aber ich ___ lieber mal ein Chorkonzert ___ .

2 Du sagst, was du und deine Freunde am liebsten tun würden. Ergänze die folgenden Satzanfänge mit der in Klammern stehenden Information! (S. 267)

1. (eine Stadtrundfahrt machen) Also, ich ___ .
2. (einen Ausflug machen) Ja, wir ___ .
3. (in den Zoo gehen) Ismar ___ .
4. (in ein Museum gehen) Nun, ich ___ .
5. (ein Musical sehen) Und wir ___ .
6. (ein Chorkonzert hören) Astrid ___ .

ZWEITE STUFE

Expressing hearsay

3 Du sagst einem Freund, was du über verschiedene Lebensmittel gehört hast. Schreib die folgenden Sätze ab, und schreib dabei die richtige Form des Adjektivs, das in Klammern steht! (S. 271)

1. (geräuchert) Der ___ Fisch soll hier ausgezeichnet sein. — Sag mal, magst du denn überhaupt ___ Fisch?

2. (hausgemacht) Die ___ Wurst soll hier sehr gut sein. — Sag mal, magst du denn überhaupt ___ Wurst?

3. (italienisch) Das ___ Eis soll in diesem Café am besten schmecken. Sag mal, magst du denn überhaupt ___ Eis?

4. (dunkel) Das ___ Brot soll gut für die Gesundheit sein. — Sag, magst du denn überhaupt ___ Brot?

5. (mariniert) Der ___ Lachs soll in diesem Delikatessenladen viel besser sein. — Magst du denn überhaupt ___ Lachs?

6. (griechisch) Die ___ Spezialitäten sollen in diesem Restaurant am besten sein. — Magst du denn ___ Spezialitäten?

7. (roh) Der ___ Schinken soll in diesem Lokal furchtbar gut sein. — Magst du denn überhaupt ___ Schinken?

4 Du hast gehört, dass das Essen in einem gewissen Restaurant ausgezeichnet sein soll. Auf der Speisekarte stehen folgende Gerichte. Schreib diese Gerichte ab, und schreib dabei die richtige Form des Adjektivs vor den Namen jedes Gerichtes! (S. 271)

1. (geräuchert)	___ Forellenfilet	10. (frisch)	___ Obst
2. (gekocht)	___ Schinken	11. (deutsch)	___ Eis
3. (frisch)	___ Gemüsesuppe	12. (heiß)	___ Tee
4. (gefüllt)	___ Ei	13. (kalt)	___ Milch
5. (gemischt)	___ Salat	14. (rot)	___ Grütze
6. (bayrisch)	___ Sauerkraut	15. (roh)	___ Eier
7. (griechisch)	___ Käse	16. (kalt)	___ Braten
8. (süß)	___ Trauben	17. (italienisch)	___ Pizza
9. (indisch)	___ Reis	18. (gebraten)	___ Fisch

DRITTE STUFE

Ordering in a restaurant; expressing good wishes

5 Wenn du in einem Restaurant ein Gericht bestellst, so kannst du das mit verschiedenen Ausdrücken tun. Schreib die folgenden Sätze ab, und ergänze die Lücken mit der richtigen Form des Adjektivs! (S. 274)

1. Ich hätte gern die frisch___ Gemüsesuppe und den roh___ Schinken.
2. Ich nehme das gegrillt___ Seebarschfilet und den gemischt___ Salat.
3. Ich hätte gern die hausgemacht___ Nudelsuppe und den geräuchert___ Lachs.
4. Bringen Sie mir bitte den kalt___ Braten mit einem gemischt___ Salat.
5. Und für mich den griechisch___ Salat und danach das italienisch___ Eis.
6. Und ich möchte das Wien___ Schnitzel und danach frisch___ Erdbeeren.

6 Deine Klasse geht zum Abendessen in ein gutes Restaurant. Du fragst deine Klassenkameraden und deinen Lehrer, was sie essen möchten. Schreib die folgenden Fragen und Sätze ab, und schreib dabei die richtige **hätte**-Form in die Lücken! (S. 274)

1. John, was ___ du denn gern? ___ du lieber Bratkartoffeln oder Kroketten? — Ja, ich ___ lieber Bratkartoffeln.
2. Und ihr beiden? Was ___ ihr denn lieber? ___ ihr lieber das Seebarschfilet oder das Schnitzel? — Wir ___ lieber ein Steak!
3. Herr Balcke, was ___ Sie denn gern? ___ Sie lieber Fleisch oder Fisch? — Ja, ich ___ lieber Fisch, die frische Seezunge.
4. Wo ist denn der Mark? Weißt du, was er gern ___ ? ___ er lieber Huhn oder Fisch? — Ich glaube, er ___ lieber Huhn.
5. Wer von euch ___ lieber eine Vorspeise oder eine Nachspeise? —Du, wir ___ alle lieber eine Nachspeise als eine Vorspeise.

ERSTE STUFE

Reporting past events; asking for, making, and responding to suggestions

1 Du erzählst, was du während der Ferien alles getan hast. Schreib die folgenden Absätze ab, und schreib dabei die richtige Vergangenheitsform des Verbs, das in Klammern steht, in die Lücken! Achte dabei auf die richtige Form von **haben** oder **sein**! (S. 289)

1. (verbringen)   Die Sommerferien ___ ich mit den Eltern in Bayern ___ .
    (wohnen)   Wir ___ in einer Pension in einem kleinen Dorf ___ .
    (wandern)   Jeden Tag ___ wir viele Stunden in den Bergen ___.
    (bleiben)   Bei schlechtem Wetter ___ wir in der Pension ___ ,
    (spielen)   und wir ___ dort mit anderen Besuchern Karten ___ .

2. (fahren)   Ja, ich ___ mit meinen Freunden an die Nordsee ___ .
    (übernachten)   Wir ___ dort in einer ganz tollen Jugendherberge ___ ,
    (wandern)   wir ___ viele Kilometer den Sandstrand entlang ___ und
    (schwimmen)   wir ___ im kalten Nordseewasser ___ . Am Nachmittag
    (gehen)   ___ wir oft in ein kleines Dorf ___ . Das war ganz toll!

3. (sein)   Ich ___ in den Osterferien bei meinen Großeltern ___ .
    (faulenzen)   Die meiste Zeit ___ ich in Opas Garten ___ . Manchmal
    (helfen)   ___ ich meinem Opa im Garten ___ . Einmal in der
    (mähen)   Woche ___ ich für meinen Opa den Rasen ___ , und ich
    (gießen)   ___ die vielen Blumen und Sträucher im Garten ___ .

4. (besuchen)   Meine Schwester ___ unsere Tante in Frankfurt ___ .
    (sehen)   Die Astrid ___ in Frankfurt wirklich sehr viel ___ . Sie
    (spazieren)   ___ mit meiner Tante durch die Zeil ___ , aber die beiden
    (kaufen)   ___ nichts ___ . In Frankfurt kann man so viel sehen,
    (gefallen)   und ich glaube, dass es meiner Schwester gut ___ ___ .

2 Du möchtest wissen, wo deine Freunde während der Ferien waren. Schreib die folgenden Fragen und Antworten ab, und schreib dabei die richtigen Formen der Vergangenheit des Verbs **sein** in die Lücken! (S. 289)

1. Mark, wo ___ du denn in den Ferien? — Ich ___ in den Bergen.

2. Wie ___ denn das Wetter? — Es ___ eigentlich immer schön.

3. Und ihr beiden, wo ___ ihr denn? — Wir ___ in der Schweiz.

4. ___ ihr allein oder mit den Eltern? — Wir ___ mit den Eltern dort.

5. Wo ___ Sie, Herr Strom? — Ich ___ in Bayern beim Wandern.

6. Weiß jemand, wo der Mark ___ ? — Ich glaube, er ___ in Berlin.

3 Du erzählst, wo verschiedene Freunde gestern waren. Ergänze jeden der folgenden Satzanfänge mit der Information, die in Klammern steht, und mit der richtigen Form der Vergangenheit des Verbs **sein**! (S. 291)

1. (Astrid; Tennisplatz)   Die Astrid ___ .
2. (Andreas; Kraftstudio)   Der Andreas ___ .
3. (Mark und Uwe; Kino)   Mark und Uwe ___ .
4. (ich; Pizzeria)   Ich ___ .
5. (wir; Diskothek)   Wir ___ .
6. (ihr; am Meer)   Ihr ___ , nicht?

4 Du bittest um Vorschläge, und du machst selbst Vorschläge, bestimmte Ferienorte zu besuchen. Schreib die folgenden Fragen und Sätze ab, und schreib dabei in die erste Lücke die richtige **würde**-Form und in die zweite eine Präposition mit dem richtigen bestimmten Artikel! Gebrauche Kurzformen, wenn möglich! (S. 291)

1. Peter, ___ du gern mal ___ Nordsee fahren?
2. Astrid und Katja, ___ ihr gern mal ___ Schwarzwald fahren?
3. Wir ___ wirklich gern mal ___ Berge fahren.
4. Und ich ___ gern mal ___ Vereinigten Staaten fliegen.
5. Meine Geschwister ___ gern ___ Küste fahren, ___ Sylt.
6. Und wohin ___ ihr gern fahren? ___ Ostsee vielleicht?

5 Du schlägst einem Freund verschiedene Ferienorte vor, und er sagt, dass er bald dorthin fahren wird. Schreib die folgenden Fragen und Sätze ab, und schreib dabei die richtigen Präpositionen und, wenn nötig, die richtige Form des bestimmten Artikels (*definite article*) in die Lücken! Gebrauche Kurzformen, wenn möglich! (S. 292)

1. Warst du schon mal ___ Meer? — Ich fahre diesen Sommer ___ Meer.
2. Warst du mal ___ Schwarzwald? — Ich fahre heute ___ Schwarzwald.
3. Warst du mal ___ Bayern? — Ich fahre im Winter ___ Bayern.
4. Warst du mal ___ Bergen? — Ich fahre im Herbst ___ Berge.
5. Warst du mal ___ Ostsee? — Ich fahre in den Ferien ___ Ostsee.
6. Warst du mal ___ Schweiz? — Ich fahre im Frühjahr ___ Schweiz.
7. Warst du schon mal ___ Rhein? — Ich fahre nächste Woche ___ Rhein.

ZWEITE STUFE

Ordering food, expressing hearsay and regret; persuading and dissuading

6 Du bist mit Freunden in einem Restaurant. Du empfiehlst erst einem Freund und dann zwei Freunden, gewisse Gerichte zu bestellen. Schreib die folgenden Empfehlungen zweimal ab, und schreib dabei die Befehlsformen des Verbs, das in Klammern steht, in die Lücken! (S. 296)

1. (gehen)   ___ doch einmal griechisch essen!
2. (essen)   ___ doch lieber Fisch als Fleisch!
3. (bestellen)   ___ dir doch mal ein Wiener Schnitzel!
4. (trinken)   ___ doch ein kühles Spezi dazu!

5. (geben) ___ mir doch mal den Kartoffelsalat!

6. (nehmen) ___ dir doch noch eine Portion Fleisch!

7. (sagen) ___ mir, was ich hier noch bekommen kann!

8. (vergessen) ___ nicht, dem Kellner ein Trinkgeld zu geben!

DRITTE STUFE

Asking for and giving advice; expressing preference; expressing interest, disinterest, and indifference

7 Du erzählst, was für Getränke und Gerichte du nicht so gern hast und was du lieber magst. Schreib die folgenden Sätze ab, und schreib dabei die richtige Adjektivendung in die Lücken! (S. 297)

1. Kalt___ Kaffee schmeckt mir nicht; ich trinke heiß___ Kaffee lieber.

2. Alt___ Brot ist nicht so gut; ich esse frisch___ Brot viel lieber.

3. Warm___ Getränke mag ich nicht; ich habe kalt___ Getränke lieber.

4. Mild___ Käse mag ich nicht so gern, ich habe scharf___ Käse lieber.

5. Griechisch___ Käse schmeckt mir nicht; ich habe deutsch___ Käse lieber.

6. Gebraten___ Fisch schmeckt mir nicht, ich esse gegrillt___ Fisch lieber.

7. Roh___ Schinken mag ich nicht; mir schmeckt gekocht___ Schinken besser.

8. Geräuchert___ Fisch mag ich nicht, mariniert___ Fisch mag ich lieber.

8 Du berätst deine Freunde welche Klamotten sie tragen sollen. Schreib die folgenden Sätze ab, und schreib dabei die richtige Adjektivendung in die Lücken! (S. 299)

1. Zieh doch dies___ blau___ Pulli an; dies___ blau___ Pulli ist schöner!

2. Kauf doch dies___grün___ Hemd; dies___ grün___ Hemd ist schöner!

3. Kauf dies___ rot___ Fliege; dies___ rot___ Fliege sieht besser aus!

4. Nimm dies___ schwarz___ Anzug; dies___ schwarz___ Anzug ist toll!

5. Nimm dies___ klein___ Schleife; dies___ klein___ Schleife ist schön!

6. Kauf dies___ gelb___ T-Shirt; dies___ gelb___ T-Shirt passt besser!

7. Nimm dies___ braun___ Schuhe; dies___ braun___ Schuhe sind toll!

8. Kauf dies___ blau___ Smoking; blau___ Smokings sind in Mode!

9 Du vergleichst bestimmte Bekleidungsartikel. Schreib die folgenden Sätze ab, und schreib dabei die richtige Komparativform des Adjektivs, das in Klammern steht, in die Lücken! (S. 300)

1. (gut) Der blaue Smoking ist ___ als der schwarze Smoking.

2. (viel) Dieser blaue Smoking kostet ___ als der schwarze Smoking.

3. (alt) Dieses graue T-Shirt ist ___ als das weiße T-Shirt.

4. (teuer) Dieser braune Anzug ist ___ als der schwarze Anzug.

5. (neu) Dieses weiße Hemd ist ___ als das grüne Hemd.

GLOSSARY

GERMAN-ENGLISH VOCABULARY

AND

ENGLISH-GERMAN VOCABULARY

GERMAN-ENGLISH VOCABULARY

This vocabulary includes almost all words in this textbook, both active (for production) and passive (for recognition only). Active words and phrases are practiced in the chapter and are listed in the Wortschatz section at the end of each chapter. You are expected to know and be able to use active vocabulary. An entry in black, heavy type indicates that the word or phrase is active. All other words—some in the opening dialogs, in exercises, in optional and visual material, in the Landeskunde, Zum Lesen and Kann ich's wirklich? sections—are for recognition only. The meaning of these words and phrases can usually be understood from the context or may be looked up in this vocabulary.

With some exceptions, the following are not included: proper nouns, verb conjugations, and forms of determiners.

Nouns are listed with definite article and plural form, when applicable. The numbers in the entries refer to the level and chapter where the word or phrase first appears or where it becomes an active vocabulary word. Vocabulary from the location openers is followed by a Loc and the chapter number directly following the location spread.

The following abbreviations are used in this vocabulary: adj (adjective), pl (plural), prep (preposition), sep (separable-prefix verb), poss adj (possessive adjective), sing (singular), dat (dative), acc (accusative), s. (*sich,* or reflexive), and conj (conjunction).

A

der Aal, -e *eel,* Loc 10
die Aalsuppe, -n *eel soup,* Loc 4
ab (prep) *down, off,* II1
ab und zu *now and then,* II4
der Abend, -e *evening,* I; **am Abend** *in the evening,* I
das Abendbrot, -e *dinner,* II12
das Abendbuffet, -s *dinner buffet,* II12
das Abendessen, - *dinner, evening meal,* II5
das Abendkleid, -er *evening gown,* II12
abends *evenings,* II1
das Abenteuer, - *adventure,* II11
der Abenteuerfilm, -e *adventure movie,* I
die Abenteuerreise, -n *exotic vacation,* II9
aber (conj) *but,* I; **aber sicher!** *but of course!,* I
die Abfahrt, -en *departure,* II9
das Abgas, -e *exhaust,* II9
abgebildet *depicted,* II2
abgehakt *crossed off,* II3
abgelegen *remote,* II5
abgeschnitten *cut-off,* II8
abgestanden *stale, flat,* II2
abgewendet *turned away,* II11
abheben (sep) *to pick up,* I; **den Hörer abheben** *to pick up the receiver,* I

abholen (sep) *to come for, pick up,* II11
der Abholschein, -e *receipt to pick up a prescription,* II6
abladen (sep) *to unload,* II2
das Ablagefach, ⸚er *storage shelf,* II10
ablaufen (sep) *to flow or run off; to elapse, expire,* II11
ablehnen (sep) *to decline, turn down,* II12
abräumen (sep) *to clean up, clear off,* I
der Absatz, ⸚e *shoe heel,* II8
die Absatzforschung, -en *marketing research,* II10
abschaffen (sep) *to abolish,* II10
abschneiden (sep) *to cut off,* II5
abschreiben (sep) *to copy,* II5
abschwirren (sep) *to buzz off,* II12
absichtlich *on purpose,* II12
absolut *absolute(ly), unconditional(ly),* II6
der Abstand, ⸚e *distance, gap,* II12
der Abstecher, - *detour,* II10
abstellen (sep) *to switch off,* II7
die Abteilung, -en *division, department,* II1
abtrocknen (sep) *to dry off,* II5
abwechselnd *alternating, one after the other,* II3
die Abwechslung, -en *change, variety,* II3
abwechslungsreich *varied, diverse,* II12

die Abwesenheit *absence,* II10
abwischen (sep) *to erase, wipe up,* II11
Ach *Oh!,* I; **Ach ja!** *Oh yeah!,* I
Ach schade! *That's too bad.,* II6
achten auf (acc) *to pay attention to,* II12
das Acryl *acrylic,* II8
der Actionfilm, -e *action movie,* I
das Adjektiv, -e *adjective,* II8
die Adresse, -n *address,* II11
afrikanisch (adj) *African,* II12
die Agentur, -en *agency,* II8
ägyptisch (adj) *Egyptian,* II11
ähnlich *similar,* II1
die Ahnung, -en *idea, notion,* II8; **Keine Ahnung!** *I have no idea!,* I
die Aktie, -n *share, stock,* II8
aktiv *active,* II8
die Aktivität, -en *activity,* II4
aktuell *current, contemporary,* II1
akzeptiert *accepted,* II11
die Alarmanlage, -n *alarm system,* II10
der Alkohol, -e *alcohol,* II4
alkoholfrei *non-alcoholic,* II11
all- *all,* II8
allein *alone,* II2
allerbesten: am allerbesten *best of all,* II8
die Allergie, -n *allergy,* II4
allergisch (gegen) *allergic (to),* II4

alles *everything*, II4

der Alltag, -e *weekday, workday routine*, II9

allzu *much too, far too*, II7

als *than*, II7

also (conj) *so, therefore*, II6; (particle) *well, okay;* II1

alt *old*, I

älter *older*, II7

die Alterserscheinung, -en *sign of old age*, II6

die Alufelge, -n *aluminum rim*, II10

am=an dem *at the*, I; am ...platz *on ... Square*, I; am Abend *in the evening*, I; am ersten (Juli) *on the first (of July)*, I; am letzten Tag *on the last day*, II3; am liebsten *most of all*, I; am Tag *during the day*, II4; an der Schule *at school*, II4; am besten *best (of all)*, II5

der Amerikaner, - *American*, II4

amerikanisch (adj) *American*, II11

die Ampel, -n *traffic light*, I; bis zur Ampel *until you get to the traffic light*, I

an *to, at*, II9

anbieten (sep) *to offer*, II7

anbraten (sep) *to grill, roast*, II12

ander- *other*, I; ein(-) ander- *another (a different) one*, II9

andererseits *on the other hand*, II7

ändern *to change*, II9

der Anfang, ⁼e *beginning*, II8

der Anfänger, - *beginner*, II12

die Angabe, -en *information*, II6

angeben (sep) *to indicate, state*, II2

das Angebot, -e *offer*, I; Angebot der Woche *weekly special*, I

angeboten *offered*, II12

angeln *to fish*, II9

angenommen *accepted, assumed*, II12

angeregt *lively*, II3

angeschlossen *joined*, II3

angestarrt werden *to be stared at*, II8

der Angestellte, -n *employee*, II4

angezogen *dressed*, II8

angucken (sep) *to look at*, II10

anhaben (sep) *to have on*, II1

anhören (sep) *to listen to*, II6

ankommen (sep) *to arrive*, II12

ankreuzen (sep) *to cross, mark off*, II3

die Anlage, -n *grounds, site*, II12; *system, installation*, II2

der Anlass, ⁼e *occasion*, II2

die Anleitung, -en *instruction*, II6

der Anorak, -s *parka*, II8

anprobieren (sep) *to try on*, I

anregen (sep) *stimulate*, II4

die Anregung, -en *stimulation, incitement*, II1; zur Anregung *as a start*, II1

der Anrufbeantworter, - *answering machine*, II9

anrufen (sep) *to call (on the phone)*, I

anschauen (sep) *to look at*, II7

der Anschlag, ⁼e *announcement*, II11

die Anschlagtafel, -n *bulletin board*, II2

anschließend *following, adjacent*, II12

s. ansehen (sep) *to have a look at*, II2

die Ansicht, -en *view, point of view*, II9; nach Ansicht von *in the opinion of*, II9

ansonsten *otherwise*, II3

die Ansprache, -n *speech, address*, II3

ansprechen (sep) *to talk to*, II9

der Anspruch, ⁼e *claim; right*, II12

die Anstalt, -en *institute, establishment*, Loc 7

die Anstrengung, -en *exertion, effort, strain*, II6

die Antwort, -en *answer*, II2

antworten (dat) *to answer*, II2

die Anwendung, -en *application, use*, II3

die Anzahl, -en *number, quantity*, II8

die Anzeige, -n *ad*, II10

anzeigen (sep) *to show, indicate or record*, II10

anziehen (sep) *to put on, wear*, I

der Anzug, ⁼e *suit*, II8

der Apfel, ⁼ *apple*, I

der Apfelkuchen, - *apple cake*, I

der Apfelsaft, ⁼e *apple juice*, I; ein Glas Apfelsaft *a glass of apple juice*, I

die Apotheke, -n *pharmacy*, II6

der Apotheker, - *pharmacist*, II6

der Apparat, -e *telephone*, I

das Appartement, -s *apartment*, II12

der Appetit: Guten Appetit! *Bon appétit!*, II11

die Aprikose, -n *apricot*, II4

der April *April*, I

die Arbeit, -en *work*, II2

arbeiten *to work*, II3

die Arbeitsklamotte, -n *work clothes*, II8

die Architektur *architecture*, II3

arg *very; annoying*, II4

ärgerlich *annoying*, II3

der Arm, -e *arm*, II6

das Armband, ⁼er *bracelet*, II1

die Armbanduhr, -en *wristwatch*, I

der Ärmel, - *sleeve*, II1

ärmellos *sleeveless*, II8

die Armut *poverty*, II7

der Artikel, - *article, commodity*, II2

der Arzt, ⁼e *doctor*, II6

assoziieren *to associate*, II3

der Atem *breath, breathing*, II12

der Athlet, -en *athlete*, II12

atmen *to breathe*, II12

die Atmosphäre, -n *atmosphere, environment*, II11

attraktiv *attractive*, II1

Au!, Aua! *Ouch!*, II6

auch *also*, I; Ich auch. *Me too.*, I; auch noch *also*, II9; auch schon *also, already*, II3

aufliegen (sep) *lie (on)*, II1

auf (prep) *on, onto, to*, II1; Auf dein/Ihr/euer Wohl! *To your health!*, II11; auf dem Land *in the country*, I; Auf Wiederhören! *Goodbye!*, I; auf einer Fete *at a party*, II8

aufdrehen (sep) *to turn up*, II2

der Aufdruck *print impression*, II1

die Aufgabe, -n *assignment*, II3

aufgeben (sep) *to give up*, II4

aufgelistet *listed*, II4

aufgeschnitten *cut open*, II5

aufgießen (sep) *to brew a drink (tea, coffee)*, II5

aufgrund dessen *because of that*, II9

aufhängen (sep) *to hang out, up*, II4

aufheben (sep) *to lift or raise*, II2

aufhören (sep) *to stop*, II6

der Aufkleber, - *sticker*, II10

aufkommen (sep) *to get up; to arise*, II5

der Auflauf, ⁼e *soufflé*, II5

auflegen (sep) *to hang up (the telephone)*, I

aufliegen (sep) *lie (on)*, II1

aufräumen (sep) *to clean up*, I

der Aufsatz, ⁼e *essay*, II12

der Aufschnitt *cold cuts*, I

aufschreiben (sep) *to write down*, II12

aufsetzen (sep) *to put or place on*, II5

die Aufsicht, -en *supervision*, II10

aufstehen (sep) *to get up*, II6

der Aufstrich, -e *spread*, II11

auftauchen (sep) *to turn up, arise*, II10

auftreten (sep) *to appear*, II6

aufwachen (sep) *to wake up*, II12

aufwachsen (sep) *to grow up*, II7

aufwärmen (sep) *to warm up*, II5

aufzählen (sep) *to enumerate*, II11

das **Auge**, -n *eye*, I
der **Augenblick**, -e *moment*, II12
die **Augenfarbe**, -n *eye color*, II1
der **August** *August*, I
   aus (prep) *from, out of*, II1; **aus Baumwolle** *made of cotton*, I; **aus dem (16.) Jahrhundert** *from the (16th) century*, II9; aus den 60er Jahren *from the sixties*, II8; aus welchen Gründen *for what reasons*, II8
die **Ausbildung**, -en *education*, II7
der **Ausdruck**, ⸚e *expression*, II2
   ausdrücken (sep) *to express*, II6
der **Ausflug**, ⸚e *excursion*, II11
das **Ausflugsschiff**, -e *excursion boat*, II11
das **Ausflugsziel**, -e *destination*, II9
das **Ausführen**, *developing*, II9
   ausfüllen *to fill out*, II4
   ausgeben (sep) *to give out; to spend (money)*, II12
   ausgehen (sep) *to go out*, II1
   ausgeschnitten *low-cut*, II8
   ausgewählt *chosen*, II11
   ausgezeichnet *excellent, outstanding*, II1
   aushöhlen (sep) *to hollow out*, II5
   s. auskennen (sep) *to know all about*, II9
die **Auskunft**, ⸚e *information*, II3
der **Ausländer**, - *foreigner*, II11
das **Ausland** *foreign country*, II9
   ausländisch *foreign*, II11
die **Auslandsreise**, -n *foreign travel, trip*, II9
der **Auslauf** *run*, II10
   auslegen (sep) *to lay out* (money, etc.), II5
   ausmachen (sep) *to make up, constitute*, II12
die **Ausnahme**, -n *exception*, II8
   ausprobieren (sep) *to try out*, II5
   ausquatschen (sep) *to have a good chat*, II2
   ausrechnen (sep) *to calculate; to figure out*, II8
die **Ausrede**, -n *excuse*, II6
   ausreden (sep) *to finish speaking*, II2
der **Ausreißer**, - *deserter, runaway*, II11
   ausrufen (sep) *to call out*, II2
   s. ausruhen (sep) *to relax, rest*, II5
die **Ausrüstung**, -en *equipment, outfit*, II10
die **Aussage**, -n *statement*, II7
   aussagen (sep) *to state, express*, II9
   s. ausschlafen *to sleep one's fill*, II9
der **Ausschnitt**, -e *excerpt*, II4

aussehen (sep) *to look like, to appear*, I; **der Rock sieht ... aus.** *The skirt looks...*, I; **Wie sieht er aus?** *What does he look like?*, I
   außerdem *besides*, II5
die **Aussicht**, -en *view*, II12
die **Ausstattung**, -en *equipment, furnishing*, II10
die **Ausstellung**, -en *exhibition*, II11
die **Ausstellungseröffnung**, -en *opening of an exhibition*, II11
   aussuchen (sep) *to choose*, II7
   austauschen (sep) *to exchange*, II2
der **Austauschschüler**, - *exchange student (male)*, II4
die **Austauschwoche**, -n *exchange week*, II2
die **Auster**, -n *oyster*, II11
die **Auswahl**, -en *choice, selection*, II8
   auswählen (sep) *to choose from*, II5
  s. ausdenken (sep) *to think up*, II5
   ausfüllen (sep) *to fill in (a form)*, II8
   außer (prep) *except for*, II11
   außerdem *besides*, II5
   außereuropäisch *outside of Europe*, II12
   außerhalb (prep) *outside of*, II3
der **Auszug**, ⸚e *excerpt*, II11
das **Auto**, -s *car*, I; **mit dem Auto** *by car*, I
die **Autobahn**, -en *highway*, II10
der **Autofahrer**, - *driver*, II10
der **Automat**, -en *vending machine; robot*, II2
die **Automatik** *automatic transmission*, II10
die **Automobilindustrie**, -n *automobile industry*, Loc 1
die **Autotür**, -en *car door*, II7
der **Autounfall**, ⸚e *car accident*, II10

B

der **Bach**, ⸚e *creek*, II9
der **Bäcker**, - *baker*, I
die **Bäckerei**, -en *bakery*, I
das **Backhaus**, ⸚er *bakehouse*, II9
das **Bad**, ⸚er *bath*, II6
   baden *to swim*, I; **baden gehen** *to go swimming*, I
der **Badestrand**, ⸚e *beach*, II3
das **Badezimmer**, - *bathroom*, II7
die **Bahn**, -en *train*, II9
der **Bahnhof**, ⸚e *train station*, I
der **Bahnübergang**, ⸚e *train crossing*, II7
das **Ballett**, -e *ballet*, II11

die **Banane**, -n *banana*, II2
die **Bank**, -en *bank*, I
der **Bankschalter**, - *bank counter*, II12
der **Bärenhunger** *hungry as a bear*, II12
   barfuß *barefoot*, II12
die **Barockstadt**, ⸚e *baroque city*, II3
   Basketball *basketball*, I
die **Basketballhalle**, -n *basketball gym*, II12
der **Basketballplatz**, ⸚e *basketball court*, II12
   basteln *to do crafts*, I
der **Bau** *construction*, II3
der **Bauch**, ⸚e *stomach*, II6
die **Bauchschmerzen** (pl) *stomach-ache*, II6
das **Baudenkmal**, ⸚er *monument*, II11
   bauen *to build*, II2
der **Bauer**, -n *farmer*, II10
die **Bauernente**, -n *farm-raised duck*, II11
das **Bauernhaus**, ⸚er *farm house*, II9
der **Bauernhof**, ⸚e *farm*, II3
der **Baum**, ⸚e *tree*, II7
die **Baumwolle**, *cotton*, I
   bayerisch (adj) *Bavarian*, II1
   Bayern (das) *Bavaria*, II4
   beachten *to notice, heed, regard*, II7
   beantworten *to answer*, II2
der **Becher**, - *cup*, II2
   bedauern *to be sorry about*, II5
   bedeuten *to mean*, II1
   bedeutend *meaningful*, Loc 1
   bedienen *to serve*, II 3; **die Kamera bedienen** *to operate the camera*, II 3
die **Bedienung**, -en *wait person*, II1
   bedruckt *printed*, II8
   beeindruckend *impressive*, II11
   beenden *to end*, II10
die **Beere**, -n *berry*, II4
  s. befinden *to find oneself, to be*, II9
   befragen *to ask questions*, II9
   begabt *talented*, II12
   begeistert *enthusiastic*, II1
   beginnen *to begin*, II12
   begleiten *to accompany*, II4
   begründen *to found; to give a reason for*, II9
   beherbergt *given shelter*, II3
   bei (prep) *by, near, at*, II9; bei uns *with us at home*, II10; **beim Bäcker** *at the baker's*, I
   beide *both*, II2
die **Beilage**, -n *side dish*, II11
das **Bein**, -e *leg*, II6
das **Beispiel**, -e *example*, II1
   beitragen zu (sep) *to contribute to*, II7

bekannt *known*, II3

der Bekannte, -n *acquaintance (male)*, II7

die Bekleidungsabteilung, -en *clothing department*, II1

das Bekleidungsgeschäft, -e *clothing store*, II12

bekommen *to get, receive*, I

belästigen *to annoy*, II7

belegen *to cover; to register for*, II5

beliebt *popular*, II9

beliefern *to supply (with)*, II7

bemerken *to notice*, II7

die Bemerkung, -en *comment, remark*, II10

s. benehmen *to behave*, II11

benutzen *to use*, II6

das Benzin *gasoline, fuel*, II10

der Beobachter, - *observer*, II12

bequem *comfortable*, I

beraten *to advise*, II8

der Bereich, -e *area*, Loc 7

bereit *willing; prepared*, II5

bereits *already*, II12

der Berg, -e *mountain*, II7

die Bergbahn, -en *mountain or alpine railway*, II9

das Bergsteigen *mountain climbing*, II3

die Bergtour, -en *tour or trip in the mountains*, II9

der Bergwanderer, - *mountain hiker*, II9

berichten (über) *to report on*, Loc 1

beruflich *professional(ly)*, II10

die Berufsschule, -n *vocational school*, II5

berühmt *famous*, II3

beschäftigt *busy*, II3

die Bescheidenheit, -en *modesty*, II8

beschlossen *decided*, II12

beschreiben *to describe*, II1

die Beschreibung, -en *description*, II1

beschrieben *described*, II1

beschriften *to inscribe*, II8

die Beschwerde, -n *trouble, complaint*, II6

beseitigen *to remove, abolish*, II7

besetzt *busy* (telephone), I

besichtigen *to sightsee, visit a place*, II3

die Besichtigung, -en *sightseeing, visit*, II9

der Besitz, -e *ownership*, II1

besonders *especially*, I

besorgen *to provide*, II12

besprechen *to discuss*, II9

besser *better*, I

die Besserung, -en *improvement*, II6; **Gute Besserung!** *Get well soon!*, II6

bestehen *to pass*, II2

bestehen aus *to consist of*, II2

bestellen *to order*, II1

die Bestellkarte, -n *order form*, II8

die Bestellnummer, -n *order number*, II8

die Bestellung, -en *order*, II11

besten: **am besten** *the best*, II5

bestens *very well, best*, II1

bestimmt *certainly, definitely*, I

bestreuen *to sprinkle*, II5

der Besuch, -e *visit*, II2

besuchen *to visit*, I

der Besucher, - *visitor*, II11

betreten *to step on; to enter*, II8

der Betrieb, -e *business, firm*, Loc 10

das Bett, -en *bed*, I

beugen *to bend*, II12

beurteilen *to judge*, II12

die Bevölkerung *population, inhabitants*, II4

bevor (conj) *before*, II2

bevorzugen *to prefer, to favor*, II12

beweisen *to prove*, II12

der Bewerber, - *applicant*, II10

bewundern *to admire*, II9

bewusst *conscious*, II6

bezahlen *to pay*, II11

bezahlt *paid for*, II1

bezeugen *to testify to*, Loc 10

beziehungsweise=bzw. *respectively, that is to say*, II11

das Bezirksamt, ⸚er *local government office*, II11

bezweifeln *to doubt*, II9

die Bibliothek, -en *library*, II5

biegen *to bend, turn*, II9; **einbiegen** (sep): **Biegen Sie hier ein!** *Turn here!*, II9

der Biergarten, ⸚ *open-air restaurant, beer garden*, II12

das Biertrinken *drinking beer*, II11

bieten *to offer*, II7

das Bild, -er *picture*, II5

bilden *to form, shape, construct*, II1

billig *cheap*, I

der Bioladen, ⸚ *natural foods store*, II4

die Biologie=Bio *biology*, I

die Biologielehrerin, -nen *biology teacher (female)*, I

die Birne, -n *pear*, II5

bis (prep) *until*, II1; bis auf *except for, all but*, II5; **Bis dann!** *Till then! See you later!*, I; bis zu *up to*, II9

der Bischof, ⸚e *bishop*, II3

der Biss, -e *bite, sting*, II12

bisschen: **ein bisschen** *a little*, I

bissel=bisschen *a little*, II4

bitte *please*, I; **Bitte (sehr/schön)!** *You're (very) welcome!*, I; **Bitte! Hier!** *Here you go!*, II10

bitter *bitter*, II1

das Blatt, ⸚er *leaf; page*, II12

blau *blue*, I

die Blaubeere, -n *blueberry*, II4

der Blazer, - *blazer*, II8

bleiben *to stay, remain*, II3

bleich *pale*, II6

der Bleistift, -e *pencil*, I

der Blick, -e *glance, view*, II3

blöd *dumb*, I

der Blödsinn *nonsense*, II9

blond *blonde*, I

bloß *only*, I; **Was soll ich bloß tun?** *What should I do?*, II6

der Blouson, -s *bomber jacket*, II8

die Blume, -n *flower*, I

das Blumenbeet, -e *flower bed*, II7

der Blumenkohl *cauliflower*, II4

der Blumenmarkt, ⸚e *flower market*, Loc 7

der Blumenstrauß, ⸚e *flower bouquet*, I

die Bluse, -n *blouse*, I

der Boden *floor, ground*, II12

das Bogenschießen *archery*, II1

die Bohne, -n *bean*, II2

das Boot, -e *boat*, II9; **Boot fahren** *to go for a boat ride*, II9

botanisch *botanical*, II3

boxen *to box, punch*, II10

braten *to roast, bake*, II9

der Braten *roast*, II11

die Bratkartoffeln (pl) *fried potatoes*, II11

die Bratwurst, ⸚e *fried sausage*, II2

brauchen *to need*, I

braun *brown*, I

bräunen *to dye brown; to tan*, II8

s. brechen (etwas) *to break (something)*, II6; **er/sie bricht** *he/she breaks*, II6

breit *large, wide*, II1

die Bremse, -n *brake*, II10

bremsen *to brake*, II12

das Brettspiel, -e *board game*, I; **ein Brettspiel spielen** *to play a board game*, I

die Brezel, -n *pretzel*, I

der Brieffreund, -e *pen pal*, II6

die Briefmarke, -n *stamp*, I

der Briefpartner, - *pen pal*, II7

die Brille, -n *a pair of glasses*, I

bringen *to bring*, II8; zum Ausdruck bringen *to express*, II9; etwas in Ordnung bringen *to get something in order*, II8

der Brokkoli *broccoli*, II4

die Bronzefigur, -en *bronze figure,* Loc 7

das Brot, -e *bread,* I

das Brötchen, - *breakfast roll,* II5

der Brotkrümel, - *bread crumb,* II12

der Brotteller, - *bread plate,* II12

die Brücke, -n *bridge,* II9

der Bruder, = *brother,* I

brüllen *to shout, holler,* II9

der Brunnen, - *fountain,* II9

die Brusttasche, -n *breast pocket,* II8

brutal *brutal, violent,* I

das Buch, =er *book,* I

buchen *to book, reserve,* II9

der Buchstabe, -n *letter* (of the alphabet), II1

die Bucht, -en *bay,* II12

das Buddelschiffmuseum, -museen *museum of bottled boats,* II9

die Bude, -n *hut, room,* II12

bügeln *to iron,* II2

die Bühne, -n *stage,* II12

die Bulette, -n *meatball,* Loc 10

bulgarisch (adj) *Bulgarian,* II11

der Bummel *stroll,* II1

bummeln *to stroll,* II1

das Bund *bunch,* II2

der Bund *waistband,* II8

das Bundesland, =er *(German or Austrian) federal state,* I

das Bundesligateam, -s *team in the federal league,* II12

die Bundfalte, -n *pleat,* II8

die Bundfaltenhose, -n *pleated pants,* II8

bunt *colorful,* II8

das Bürgerhaus, =er *home of a prosperous citizen,* II9

der Bürgerkrieg, -e *civil war,* II10

bürgerlich *civic, civil,* II11; **gutbürgerliche Küche** *good home-cooked food,* II11

der Bürgermeister, - *mayor,* II3

das Büro, -s *office,* II3

der Bus, -se *bus,* I

der Busausflug, =e *bus excursion,* II11

die Busfahrt, -en *bus trip,* II9

die Butter *butter,* I

die Buttermilch *buttermilk,* II2

das Butterschmalz *shortening,* I

bzw.=beziehungsweise *respectively, that is to say,* II12

C

das Café, -s *café,* I

der Camembert Käse, - *Camembert cheese,* II5

---

der Cappuccino, -s *cappuccino coffee,* II2

die CD, -s *compact disc,* I

Cevapcici (Serbocroat: rolled spicy ground meat), II12

Chanukka *Hanukkah,* I; **Frohes Chanukka-Fest!** *Happy Hanukkah!,* I

der Charakter *character, personality, quality,* II8

charakterisieren *to characterize,* II1

checken *to check,* II10

der Chefkoch, =e *head chef,* II12

die Chemie *chemistry,* I

chemisch *chemical,* II4

chic *smart (looking),* I

der Chinese, -n *Chinese (male),* II12

chinesisch (adj) *Chinese,* II11

das Chorkonzert, -e *choir concert,* II11

die Clique, -n *clique,* II4

das Cola, -s *cola (also: die Cola),* I

die Comics (pl) *comic books,* I

der Computer, - *computer,* II10

cool (adj) *cool,* II8

die Couch, -en *couch,* I

der Court, -s *court,* II12

der Couscous=Kuskus *couscous,* II12

der Cousin, -s *cousin (male),* I

die Creme, -s *cream,* II6

die Cremesoße, -n *cream sauce,* II12

die Crêpes (pl) *crepes,* II12

D

da *there,* II1; **Da hast du (bestimmt) Recht!** *You're right about that!,* II10; **da hinten** *there in the back,* I; **da vorn** *there in the front,* I; **Da stimm ich dir zu!** *I agree with you about that!,* II10

dabei *by it; near it; beside it, with it,* II2

die Dachrinne, -n *rain gutter,* II12

dafür *for it,* II10; **Ich bin dafür, dass ...** *I am for doing...,* II11; *I prefer that...,* II11

daheim *at home, in one's own country,* II12

daher *from there;* (conj) *for that reason,* II7

dahin *to that place,* II9

dahinflitzen (sep) *to speed along,* II10

dahinter *behind it,* II9

damals *then, in those days,* II12

damit *with it;* (conj) *so that,* II1

der Damm, =e *dam, dike,* II7

---

dampfend *steaming,* II12

danach *after that,* I

daneben *next to it,* II1

danebengehen (sep) *to be way off, miss the mark,* II11

Dänemark (das) *Denmark,* II9

Danke! *Thank you!,* I; **Danke (sehr/schön)!** *Thank you (very much)!,* I; **Danke! Dir/Ihnen auch!** *Thank you! Same to you!,* II11; **Danke gleichfalls!** *Thank you and the same to you!,* II11

danken (dat) *to thank,* II1

dann *then,* II1; **Dann nehm ich eben ...** *In that case I'll take...,* II5; **Dann trink ich halt ...** *I'll drink instead...,* II5

daran *at it; on it,* II4

darauf *on it; to it,* II3

Darf ich (bitte) ...? *May I (please)...?,* II10

darin *in it,* II8

darüber *over it,* II8

darüberstreuen (sep) *to sprinkle over something,* II12

darunter *under it, underneath,* II8

dass (conj) *that,* I

der Dativ *dative case,* II6

die Datscha, (pl) Datschen *(Russian) garden house,* II11

die Dauer *duration,* II6

der Daumen, - *thumb,* II6

davon *away from it; of it,* II7

davor *in front of it,* II9

dazu *for it; with it,* II2

dazwischen *between it,* II10

der Decathlet, -en *decathlete (male),* II12

die Decke, -n *blanket, cover,* II12

der Deckel, - *lid,* II5

decken *to cover,* II2; **den Tisch decken** *to set the table,* I

deftig *hearty,* II11

dein (poss adj) *your,* I

dekoriert *decorated,* II12

die Delikatesse, -n *delicacy,* II11

denken *to think,* II2

das Denkmal, =er *monument,* Loc 1

denn (particle), I, (conj) *because, for,* I

derselbe *the same,* II3

des *of the,* II1

deshalb (conj) *for this reason,* II2

desinfizieren *to disinfect,* II7

das Desinteresse *disinterest,* II8

dessen *of him, it; of whose,* II9

deswegen (conj) *because of that, for this reason,* II1

detailliert *detailed*, II12

das Deutsch *German* (language), I; (school subject), I

die Deutschklasse, -n *German class*, II2

Deutschland (das) *Germany*, I

der Deutschlehrer, - *German teacher (male)*, I

die Deutschlehrerin, -nen *German teacher (female)*, I

der Deutschschüler, - *German student (male)*, II5

deutschsprachig *German-speaking*, II12

der Dezember *December*, I

das Dia, -s *slide*, II3

die Diätmargarine *diet margarine*, II2

der Dichter, - *writer, poet*, II3

dick (adj) *fat*, II4; **dick machen** *to be fattening*, II4

der Dienstag *Tuesday*, I

dienstags *Tuesdays*, II10

dies- *this*, II5

dieselbe *the same*, II6

diesmal *this time*, II3

das Diktatschreiben, - *dictation*, II2

das Ding, -e *thing*, II1; vor allen Dingen *especially*, II10

dir *to you*, II3

direkt *direct*, II9

die Dirigentin, -nen *conductor (of an orchestra) (female)*, II11

die Disko, -s *disco*, I; **in eine Disko gehen** *to go to a disco*, I

die Diskothek, -en *discothek*, II9

die Diskussion, -en *discussion*, II10

das Diskuswerfen *discus throw*, II1

diskutieren *to discuss*, II7

DM=Deutsche Mark *German mark* (monetary unit), I

doch (particle) *yes, it is!*, I; **Ich meine doch, dass ...,** *I really think that...*, II10

der Doktor, -en *doctor*, II8

der Dom, -e *cathedral*, II3

der Donnerstag *Thursday*, I

donnerstags *Thursdays*, II10

doof *dumb*, I

die Doppelstunde, -n *two-hour block*, II10

doppelt gemoppelt *something done twice*, II12

das Dorf, ⸚er *village*, II7

die Dorfgemeinde, -n *village community*, II3

die Dorfkirche, -n *village church*, II3

dörflich *rural*, II12

der Dorfplatz, ⸚e *village square*, II3

die Dorfplatzeinweihung, -en *village square dedication*, II3

dort *there*, I; **dort drüben** *over there*, I

dorthin *to there*, II9

das Drahtbett, -en *wire-frame bed*, II7

drauf=darauf *on top of it*, II5

draußen *outside*, II5

der Dreck *dirt*, II2

dreckig *dirty*, II7

drehen *to turn*, II7

das Dreikörnerbrot *three-grain bread*, II2

drin=darin *in it*, II8

dringend *urgent*, II7

dritt- *third*, II1

die Drogerie, -n *drugstore*, II6

der Drogist, -en *druggist (male)*, II6

die Drogistin, -nen *druggist (female)*, II6

drücken *to press, squeeze*, II6

der Druckfehler, - *printing error*, II2

der Druckknopf, ⸚e *snap*, II8

drunter=darunter *underneath it*, II5

der Dschungel, - *jungle*, II9

der Duft, ⸚e *scent, perfume*, II2

dumm *dumb, stupid*, I

dummerweise *stupidly*, II3

das Düngemittel, - *fertilizer*, II4

dunkel *dark*, II1

dunkelgrau *dark gray*, II8

durch (prep) *through*, II9

durchchecken (sep) *to check through*, II10

durchkommen (sep) *to get through*, II9

durchschnittlich *average*, II5

die Durchschnittskosten (pl) *average cost*, II10

dürfen *to be allowed to*, II4; **er/sie/es darf** *he/she/it is allowed to*, II4

der Durst *thirst*, II2; **Durst haben** *to be thirsty*, II2

E

eben (particle), II5; **Dann nehm ich eben ...** *In that case I'll take...*, II5; **eben nicht** *actually not*, II9

ebenfalls *likewise*, II5

echt *real(ly)*, I; *genuine*, II1

die Ecke, -n *corner*, II9

eckig *with corners*, I

egal *alike, equal*, II5; **egal sein: Mode ist mir egal.** *I don't care about fashion.*, II8

eher *sooner; rather*, II3

ehrlich *honestly*, I

das Ei, -er *egg*, I

der Eifer *enthusiasm*, II7

eigen *(one's) own*, II7

die Eigenschaft, -en *quality, property, attribute*, II1

eigentlich *actual(ly)*, II1; **Eigentlich schon, aber ...** *Well yes, but...*, II4

ein(-) ander- *another (a different) one*, II9

einander *one another*, II7

einbiegen (sep) *to turn*, II9

der Eindruck, ⸚e *impression*, II12

Einfach! *That's easy!*, I

einfarbig *one-colored*, II8

einfüllen (sep) *to fill in*, II5

der Eingang, ⸚e *entrance*, II1

die Eingangstür, -en *entrance door*, II12

eingebildet *arrogant*, II8

eingeweiht *dedicated*, II3

einheimisch *local, native*, II9

einige *some*, II2

s. einigen auf (acc) *to agree on*, II12

einigermaßen *to a certain extent*, II4

der Einkauf, ⸚e *purchase*, II8

einkaufen (sep) *to shop*, I; **einkaufen gehen** *to go shopping*, I, II5

der Einkaufsbummel *window shopping*, II9

die Einkaufsliste, -n *shopping list*, II5

das Einkaufszentrum *shopping center*, II2

der Einkaufszettel, - *shopping list*, II2

das Einkommen, - *income*, II7

einladen (sep) *to invite*, I; **er/sie lädt ... ein** *he/she invites*, I

die Einladung, -en *invitation*, II1

einlegen (sep): **ein Video einlegen** *to insert a video*, II3

einmal *once*, I; **einmal am Tag** *once a day*, II4

einmalig *unique*, II9

einnehmen (sep) *to take*, II6

der Einreiher, - *coat with one row of buttons*, II8

einrichten (sep) *to arrange*, II7

die Einrichtung, -en *arrangement*, II11

einsam *lonely*, II12

der Einsatz, ⸚e *stake*, II10

einschalten (sep) *turn on*, II10

die Einschaltquote, -n *number of viewers*, II10

einschlafen (sep) *to fall asleep*, II12

einschüchtern (sep) *to intimidate*, II7

einsetzen (sep) *to put, fill in*, II7

GERMAN-ENGLISH VOCABULARY (side tab)

einsteigen (sep) *to get into, onto a vehicle,* II10
die Einstellung, -en *attitude, outlook,* II8
eintragen (sep) *to record (an entry),* II2
eintreten (sep) *to enter,* II6
Einverstanden! *Agreed!,* II10
die Einweihung, -en *(formal) opening,* II3
der Einwohner, - *resident,* Loc 1
einzeln *single, individual, solitary,* II2
einzig *only; unique,* II9
das Eis *ice cream,* I
der Eisbecher, - *a dish of ice cream,* I
das Eisbein *pickled knuckle of pork,* Loc 10
die Eischeibe, -n *slice of egg,* II5
der Eistee *iced tea,* II5
elastisch *elastic,* II8
elegant *elegant,* II12
die Elektroindustrie, -n *electrical appliances industry,* Loc 1
die Elektrotechnik *electrical engineering,* Loc 4
der Ellbogen, - *elbow,* II6
die Eltern (pl) *parents,* I
empfangen *to greet, receive,* II10
empfehlen *to recommend,* II11
die Empfehlung, -en *recommendation,* II11
empfinden *to feel,* II9
das Ende, -n *end,* II2
endgültig *final(ly), last(ly),* II12
endlich *at last,* II8
die Endung, -en *ending,* II5
die Energie, -n *energy,* II4
eng *tight,* I
englisch (adj) *English,* II1
das Englisch *English (school subject),* I; *(language),* I
das Englischlernen *learning English,* II6
englischsprechend *English-speaking,* II12
die Englischvokabel, -n *English vocabulary word,* II6
die Entdeckungsreise, -n *voyage of discovery or exploration,* II12
die Entdeckungstour, -en *discovery tour,* II12
die Ente, -n *duck,* II11
entfernt *far-off, distant,* II3
enthalten *to contain,* II2
entlang *along,* II9
s. entscheiden *to decide,* II9
entscheidend sein *to be crucial,* II9

Entschuldigung! *Excuse me!,* I
s. entspannen *to relax,* II9
die Entspannung, -en *relaxation,* II12
entsprechen (dat) *to correspond to, to agree with,* II2
entstehen *to come into existence,* II12
enttäuscht *disappointed,* II9
entweder: entweder ... oder *either ... or,* II3
entwerfen *to draw up, draft, design,* II2
entwickeln *to develop,* II11
die Epoche, -n *epoch,* II3
er *he,* I; *it,* I
erarbeiten *to get or gain by working for,* II7
erbaut *built, constructed,* Loc 1
die Erbse, -n *pea,* II2
die Erdbeere, -n *strawberry,* II4; **Erdbeeren mit Sahne** *strawberries with whipped cream,* II11
die Erdkunde *geography,* I
die Erdnussbutter *peanut butter,* II5
erfahren *to experience,* II3
der Erfahrene, -n *experienced (person),* II12
erfinden *to invent,* II3
der Erfolg, -e *success,* II12
erfolgreich *successful,* II10
erfragen *to ascertain by questioning,* II3
erfrischen *to refresh, revive,* II12
erfüllen *to fulfill,* II7
ergänzen *to add to, complete,* II4
ergeben *to produce, yield,* II9
das Ergebnis, -se *result,* II2
erhalten: **gut erhalten** *well maintained,* II9
erhältlich *obtainable,* II9
erhöht *raised,* II6
s. erholen *to recover,* II12
die Erholung, -en *recovery,* II9
der Erholungssuchende, -n *person looking to recuperate,* II12
s. erinnern an (acc) *to remember, to remind one of,* II3
s. erkälten *to catch cold,* II12
die Erkältung, -en *cold* (illness), II6
erkennen *to recognize,* II3
erklären *to explain,* II5
erlaubt *permitted,* II10
erleben *to experience,* II9
das Erlebnis, -se *experience,* II5
ermitteln *to find out,* II10
s. ernähren *to feed, nourish,* II4
die Ernährung *food,* II4
der Ernährungsbewusste, -n *person conscious of his diet,* II12

erraten *solve a riddle, guess correctly,* II1
erscheinen *to appear,* II4
erst *first,* II1
erstaunlich *astonishing,* II5
erstellen *to make available,* II9
ersten: am ersten *on the first,* I
erstens *first of all,* II4
ersticken *to suffocate,* II8
ertragen *to bear,* II12
erträumen *to dream of or about, imagine,* II9
erwachsen (pp) *grown up,* II5
erwähnen *to mention,* II3
erwarten *to expect,* II11
erzählen *to tell* (a story), II1
die Erzählung, -en *story,* II12
essen *to eat,* I; **er/sie isst** *he/she eats,* I
der Esslöffel=EL *tablespoon,* II5
der Esstisch, -e *dining table,* I
das Esszimmer, - *dining room,* II7
etlich- *some, a certain,* II10
das Etui, -s *case,* II1
etwa *about, more or less,* II4
etwas *something,* I; **Sonst noch etwas?** *Anything else?,* I
euch (pl, acc case) *you,* I; (pl, dat case) *to you,* II3; (reflexive) *yourselves,* II4
euer (poss adj) *your,* II3
der Europäer, - *European,* II12
europäisch (adj) *European,* II12
evangelisch *Protestant,* II9
exklusiv *exclusive,* II12
experimentieren *to experiment,* II8
der Experte, -n *expert,* II12

F

die Fabrik, -en *factory,* II8
das Fach, ⸚er *school subject,* I
fachmännisch (adj) *expert, competent,* II12
das Fachwerkhaus, ⸚er *cross-timbered house,* II3
fahren *to go, ride, drive* (using a vehicle), I; **er/sie fährt** *he/she drives,* I; **Fahren wir mal nach ... !** *Let's go to ... !,* II9
der Fahrgast, ⸚e *passenger,* II11
die Fahrpraxis *driving experience,* II10
das Fahrrad, ⸚er *bicycle,* II4
das Fahrrad-Depot, -s *bicycle shed,* II12
die Fahrradclique, -n *bicycle group,* II1

die Fahrradtour, -en *tour by bicycle,* II9

die Fahrschule, -n *driving school,* II10

die Fahrstunde, -n *driving lesson,* II10

die Fahrt, -en *ride, drive, journey,* II2

die Fahrzeit, -en *travel time,* II11

das Fahrzeug, -e *vehicle,* II7

der Fakir, -e *fakir,* II7

der Fall, ⸚e *case,* II3

das Fallschirmspringen *sky-diving,* II10

der Faltenrock, ⸚e *pleated skirt,* II8

die Familie, -n *family,* I

das Familienmitglied, -er *family member,* II5

die Familiensendung, -en *family program,* II10

der Fantasyroman, -e *fantasy novel,* I

das Farbbild, -er *color photograph,* II3

die Farbe, -n *color,* I

das Farbfernsehgerät, -e *color TV set,* II10

farblich *colorful,* II8

die Faser, -n *thread, material,* II8

faszinierend *fascinating,* Loc 10

faul *lazy,* II1

faulenzen *to be lazy,* II3

der Februar *February,* I

fechten *to fence,* II1

fehlen: **Was fehlt dir?** *What's wrong with you?,* II6

der Fehler, - *mistake,* II2

die Feier, -n *celebration, party,* II2

der Feiertag, -e *holiday,* I

fein *fine, exquisite,* II12

der Feind, -e *enemy,* II4

die Feinmechanik *precision tool mechanics,* Loc 7

der Fels, -en *boulder,* II9

feminin *feminine,* II5

das Fenster, - *window,* I

die Ferien (pl) *vacation (from school),* II3

das Ferienangebot, -e *special vacation offer,* II9

der Ferienjob *summer job,* II9

der Ferienort, -e *resort,* II3

das Ferienparadies, -e *vacation paradise,* II9

der Ferienplan, ⸚e *vacation plan,* II9

das Ferienziel, -e *vacation destination,* II12

die Fernbedienung, -en *remote control,* II10

Fernseh gucken *to watch TV (colloquial),* II10

der Fernseh- und Videowagen *TV and video cart,* II10

die Fernsehanstalt, -en *TV station,* II10

fernsehen (sep) *to watch TV,* II10

Fernsehen schauen *to watch TV,* I

der Fernseher, - *television set,* II10

das Fernsehgerät, -e *television set,* II10

die Fernsehgewohnheit, -en *TV viewing habit,* II10

der Fernsehgucker, - *TV viewer,* II10

der Fernsehkonsum *time spent watching television,* II10

das Fernsehmagazin, -e *TV magazine,* II10

das Fernsehprogramm, -e *TV schedule,* II10

der Fernsehrat *TV advisory board,* II10

der Fernsehraum, ⸚e *TV room,* II9

die Fernsehsaison, -s *programming season,* II10

die Fernsehsendung, -en *TV program, show,* II12

der Fernsehzuschauer, - *TV viewer,* II10

fertigen *to finish,* II9

das Fertiggericht, -e *frozen food,* II5

fesch *stylish, smart,* I

fest *firm,* II12

das Festland *mainland,* II9

die Festlichkeit, -en *party, celebration,* II12

feststellen (sep) *determine,* II6

der Festtag, -e *holiday, festival,* II8

fett *fat, greasy,* II6

das Fett: **hat zu viel Fett** *has too much fat,* II4

die Fettucine, (pl) *fettucine,* II12

fetzig *really sharp (looking),* II8

feuerrot *bright red,* II8

das Fieber, - *fever,* II6

der Film, -e *movie,* I; *roll of film,* II3

filmen *to film, videotape,* II3

der Filzstift, -e *felt-tip pen,* II1

die Finanzmetropole, -n *financial center,* II3

finden *to think about, to find,* I; **Das finde ich auch.** *I think so, too.,* I; **Das finde ich nicht.** *I disagree.,* I; *I don't think so.,* II10; **Ich finde es gut/ schlecht, dass ...** *I think it's good/bad that...,* I; **Ich finde den Pulli stark!** *The sweater is awesome!,* I; **Wie findest du (Tennis)?** *What do you think of (tennis)?,* I

die Firma, (pl) Firmen *company,* II3

der Fisch, -e *fish,* I

das Fischerdorf, ⸚er *fishing village,* II9

die Fischerhose, -n *pedal pushers,* II8

das Fischgericht, -e *fish entrée,* II11

das Fischstäbchen, - *fish stick,* II5

s. fit halten *to stay fit,* II4

die Fitness *fitness,* II12

die Fitnessgewohnheit, -en *fitness habit,* II4

der Fitnessraum, ⸚e *training and weight room,* II9

flach *flat,* II8

die Fläche, -n *flat area, surface,* Loc 1

die Flasche, -n *bottle,* II5

die Fledermaus, ⸚e *bat,* II11

das Fleisch *meat,* I

das Fleischgericht, -e *meat dish,* II11

der Fleischsalat, -e *meat salad,* II5

der Fleiß *diligence,* II7

fleißig *hard-working,* II1

die Fliege, -n *bow tie,* II12

fliegen *to fly,* II9

die Fliese, -n *tile,* II12

der Flohmarkt, ⸚e *flea market,* II1

flott *lively, brisk,* II12

der Flug, ⸚e *flight,* II12

der Flughafen, ⸚ *airport,* II3

die Flugstunde, -n *hour of flying time,* II12

das Flugzeug, -e *airplane,* II7

der Flur, -e *hallway,* II7

der Fluss, ⸚e, *river,* II7

das Flüsschen, - *streamlet,* II9

das Flusspferd, -e *hippopotamus,* II10

folgen (dat) *to follow,* II8

folgend- *following,* II2

fordern *to demand,* II5

die Forelle, -n *trout,* II4

das Forellenfilet, -s *trout fillet,* II11

die Forstwirtschaft *forestry,* Loc 1

der Fortgeschrittene, -n *advanced (person),* II12

das Foto, -s *photo,* II1

die Fotogeschichte, -n *photo story,* II6

der Fotograf, -en *photographer,* II12

fotografieren *to photograph,* II3

die Frage, -n *question,* II4

der Fragebogen, ⸚ *questionnaire,* II3

fragen *to ask,* II4

(das) Frankreich *France,* II4

fransig *frayed,* II8

französisch (adj) *French,* II11

die Frau, -en *woman; Ms.,* I

die Frauenrechtlerin, -nen *supporter of equal rights for women (female),* Loc 7

frei *free,* II9; **Wir haben frei.** *We have off (from school).,* I freilich *to be sure, quite so,* II11

der **Freitag** *Friday,* I

freitags *Fridays,* II10

freiwillig *voluntary,* II9

die **Freizeit** *free time, leisure time,* I

die **Freizeitbeschäftigung, -en** *free time activity,* II3

das **Freizeitzentrum, (pl) -zentren** *leisure time meeting area,* II1

fremd *foreign; strange,* II11

der **Fremdenverkehrsverein, -e** *tourist bureau,* II3

das **Fremdwort, ⸚er** *foreign word,* II2

die **Freude** *happiness,* II9

s. freuen auf (acc) *to look forward to,* II10

s. freuen über (acc) *to be happy about,* II4; **Ich freue mich, dass ...** *I am happy that...,* II4

der **Freund, -e** *friend (male),* I

die **Freundin, -nen** *friend (female),* II1

freundlich *friendly,* II1

die **Freundschaft, -en** *friendship,* II10

friedlich *peaceful,* II7

frisch *fresh,* I

der **Friseur, -e** *hair stylist,* II12

froh *happy,* II4

fröhlich *cheerful, happy,* II2

der **Froschschenkel, -** *frog's leg,* II5

die **Frucht, ⸚e** *fruit,* II5

das **Fruchtfleisch** *fruit pulp,* II5

der **Fruchtsaft, ⸚e** *fruit juice,* II11

früh *early,* II6

früher *former, earlier,* II7

der **Frühling** *spring* (season), I

das **Frühstück, -e** *breakfast,* II5

s. fühlen *to feel,* II4; **Ich fühle mich wohl!** *I feel great!,* II6

führen *to lead,* II9

der **Führerschein, -e** *driver's license,* II10

die **Fülle, -n** *fullness, abundance,* II4

fünft- *fifth,* II9

fünftgrößt- *fifth biggest,* II3

fünfzeilig *five line,* II7

funken *to radio,* II11

für (prep) *for,* I

furchtbar *terrible, awful,* I; **furchtbar gern haben** *to like a lot,* I

fürs=für das *for it,* II1

der **Fuß, ⸚e** *foot,* II6

der **Fußball** *soccer,* I

der **Fußboden, ⸚** *floor,* II12

die **Fußbremse, -n** *foot brake,* II10

die **Fußgängerzone, -n** *pedestrian zone,* II9

füttern *to feed,* I

G

gähnen *to yawn,* II12

ganz *really, quite,* I; *all, whole,* II1; **Ganz klar!** *Of course!,* I; **ganz wohl** *extremely well,* II4

ganz schön eng *quite narrow,* II5

gar nicht gern haben *not to like at all,* I

die **Garage, -n** *garage,* II2; **die Garage aufräumen** *to clean the garage,* II2

die **Gardine, -n** *curtain,* II7

der **Garten, ⸚** *garden, yard,* I

die **Gartenarbeit, -en** *yard work,* II2

der **Gast, ⸚e** *guest,* II3

der **Gastgeber, -** *host,* II2

das **Gasthaus, ⸚er** *hotel, bed and breakfast,* II3

der **Gasthof, ⸚e** *restaurant, inn,* II3

das **Gastland, ⸚er** *host country,* II9

die **Gastronomie** *gastronomy,* II3

die **Gaststätte, -n** *restaurant, coffee house,* II12

der **Gastwirt, -e** *owner of a restaurant, hotel,* II12

der **Gaumen, -** *palate,* II4

das **Gebäude, -** *building,* Loc 4

geben *to give,* I; **er/sie gibt** *he/she gives,* I; **es gibt** *there is, there are;* **Das gibt's doch nicht!** *There's just no way!,* II10

gebeten *asked,* II12

das **Gebirge, -** *mountains,* II3

geblieben *remained, stayed,* II3

geblümt *flowery,* II8

geboren *born,* II3

das **Gebot, -e** *commandment,* II4

gebracht *brought,* 8

gebraten *fried,* II11

gebrauchen *to use,* II1

gebrochen *broken,* II6

der **Geburtstag, -e** *birthday,* I; **Alles Gute zum Geburtstag!** *Best wishes on your birthday!,* I; **Herzlichen Glückwunsch zum Geburtstag!** *Best wishes on your birthday!,* I; **Ich habe am ... Geburtstag.** *My birthday is on...,* I

die **Geburtstagsfeier, -n** *birthday celebration,* II11

die **Geburtstagsfete, -n** *birthday party,* II2

die **Gedächtniskirche** *Memorial Church,* Loc 10

gedämpft *subdued,* II5

der **Gedanke, -n** *thought, idea,* II5

das **Gedicht, -e** *poem,* II7

gefächert *varied,* II11

gefährlich *dangerous,* II10

gefallen *to like;* **Hat es dir gefallen?** *Did you like it?,* II3; **Wie hat es dir gefallen?** *How did you like it?,* II3

das **Gefäß, -e** *container for liquid,* II3

gefüllt: das gefüllte Ei, -er *deviled egg,* II11

gefüttert *padded,* II8

gegangen *gone,* II3

gegen (prep) *against,* II1

die **Gegend, -en** *area,* II7

gegenseitig *mutual(ly),* II1

gegenüber (prep) *across from,* II9

gegessen *eaten,* II3

der **Gegner, -** *opponent,* II1

gegrillt *grilled,* II11

gehackt *chopped,* II12

der **Geheimtip, -s** *secret tip,* II12

gehen *to go,* I; **Das geht nicht.** *That won't work,* I; **Es geht.** *It's okay,* I; **Wie geht's (denn)?** *How are you?,* I; **Gehen wir mal auf den Golfplatz!** *Let's go to the golf course!,* II9

geholfen *helped,* II3

der **Geigenbau** *violin making,* Loc 1

gekauft *bought,* I; **Was hast du gekauft?** *What did you buy?,* I

gekleidet *dressed,* II12

geknotet *knotted, tied,* II1

gekrönt *crowned,* II3

gekühlt *cooled,* II5

gekürzt *shortened, abbreviated,* II3

gelähmt *paralyzed,* II10

gelaunt: gut gelaunt *in a good mood,* II1; **schlecht gelaunt** *in a bad mood,* II1

gelb *yellow,* I

das **Geld** *money,* I

die **Gelegenheit, -en** *opportunity,* II2

gelesen (pp) *read,* I; **Was hast du gelesen?** *What did you read?,* I

gemacht *done,* I; **Was hast du am Wochenende gemacht?** *What did you do on the weekend?,* I

gemahlen (pp) *milled, ground,* II12

das **Gemälde, -** *painting,* II2

die **Gemäldegalerie, -n** *gallery,* II3

gemeinsam *in common; joint, together*, II3

die Gemeinschaft, -en *community*, II3

gemietet *rented*, II12

gemischt *mixed*, II11

das Gemüse *vegetables*, I; im Obst- und Gemüseladen *at the produce store*, I

die Gemüsefrau *produce vendor (female)*, II2

der Gemüseladen, ÷ *produce store*, I

der Gemüsemann *produce vendor (male)*, II2

die Gemüsesuppe, -n *vegetable soup*, II5

gemustert *patterned*, II8

gemütlich *comfortable*, II7

genannt *named*, II3

genau *exact(ly)*, II4

genauso wie *just as ...*, II8

das Genie, -s *genius*, II12

genießen *to enjoy*, II9

genossen *enjoyed*, II3

genug *enough*, I; Ich habe genug. *I have enough.*, I

genügend *enough*, II4; genügend schlafen *to get enough sleep*, II4

der Genuss, ÷e *pleasure*, II6

die Geografie *geography*, I

gepflegt *well cared for, well groomed*, II12

gepunktet *polka-dotted*, I

gerade *straight*, II2; *precisely, just*, II9; Das ist gerade passiert. *It just happened.*, II9

geradeaus *straight ahead*, I

das Gerät, -e *appliance*, II10

geraten: in Schwierigkeiten geraten *to get into trouble*, II4

geräuchert *smoked*, II11

das Gericht, -e *meal, entrée*, II11

gerieben *grated*, II12

gering *small, unimportant*, II7

die Germanistik (sing) *German studies*, II4

gern (machen) *to like (to do)*, I; gern haben *to like*, I; Gern geschehen! *My pleasure!*, I; besonders gern *especially like*, I; Gern! Hier ist es! *Here! I insist!*, II10

gerne=gern, II2

der Gesamtpreis, -e *total price*, II8

der Gesamtschüler, - *student at a comprehensive school*, II8

die Gesäßtasche, -n *back pocket*, II8

das Geschäft, -e *store; business*, I

die Geschäftsleute (pl) *business people*, II11

gescheit *intelligent*, II8

das Geschenk, -e *gift*, I

die Geschenkidee, -n *gift idea*, I

die Geschichte *history*, I

das Geschirr *dishes*, I; Geschirr spülen *to wash the dishes*, I

das Geschirrspülmittel, - *dishwashing detergent*, II10

geschlossen *closed*, II7

der Geschmack, ÷e *taste*, II5

geschnitten (pp) *cut*, II12

geschrieben *written*, II2

die Geschwindigkeitsbeschränkung, -en *speed limit*, II7

die Geschwister (pl) *brothers and sisters*, I

geschwommen *swum*, II3

die Gesellenprüfung, -en *apprentice's final exam*, II7

die Gesellschaft, -en *social group; society*, II10

das Gespräch, -e *conversation*, II1

gesprochen *spoken*, I; Worüber habt ihr gesprochen? *What did you (pl) talk about?*, I

gestatten *to allow, permit*, II12

gestehen *to admit*, II11

gestern *yesterday*, I; gestern Abend *yesterday evening*, I

gestiegen *climbed*, II3

gestoßen *shoved*, II12

gestreift *striped*, I

gesund *healthy*, II4

die Gesundheit *health*, II4

der Gesundheitsfanatiker, - *health fanatic*, II4

der Gesundheitstip, -s *health tip*, II4

gesüßt *sweetened*, II5

das Getränk, -e *drink*, II11

die Getränkekarte, -n *beverage menu*, II11

das Getriebe, - *transmission*, II10

gewesen (pp) *been*, II3

das Gewichttraining *weight training*, II12

das Gewissen, - *conscience*, II4

das Gewitter, - *thunderstorm*, I

die Gewohnheit, -en *habit*, II4

gewöhnlich *usually*, II3

das Gewölbe, - *archway, vault*, II3

gewonnen *won*, II8

geworden (pp) *became*, II12; er ist groß geworden *he got big, grew up*, II12

gezeigt *shown*, II2

gießen *to water*, I; Blumen gießen *to water the flowers*, I

giftfrei *non-toxic*, II7

die Gitarre, -n *guitar*, I

glänzen *to shine*, II3

das Glas, ÷er *glass*, I; ein Glas Apfelsaft *a glass of apple juice*, I

die Glasscheibe, -n *pane of glass*, II9

glauben *to believe*, I; ich glaube *I think*, I; Ich glaube nicht, dass ... *I don't think that...*, II9

gleich *immediately; equal*, II2

gleichaltrig *of the same age*, II9

das Gleiche *the same*, II7

gleichfalls: Danke, gleichfalls! *Thank you and the same to you!*, II11

gleichmäßig *even, symmetrical*, II5

glotzen *to stare*, II10; Fernseh glotzen *to watch TV*, II10

das Glück *luck*, I; So ein Glück! *What luck!*, I

das Glücksrad, ÷er *lotto wheel, wheel of fortune*, II10

das Goethehaus (Goethe's birthplace), II3

Golf *golf*, I

der Golfplatz, ÷e *golf course*, II9

der Gott, ÷er *God*, II1; um Gottes willen *for God's sake*, II11

die Götterdämmerung, -en *twilight of the gods*, II11

der Grad *degree(s)*, I; zwei Grad *two degrees*, I; Wie viel Grad haben wir? *What's the temperature?*, I

das Gramm *gram*, I

das Gras, ÷er *grass* II4

grau *gray*, I; in Grau *in gray*, I

grausam *cruel*, I

die Grenze, -n *border*, II12

der Grieche -n *Greek*, II9

Griechenland (das) *Greece* II9

griechisch (adj) *Greek*, II11

groß *big*, I

großartig *wonderful*, II4

Großbritannien (das) *Great Britain*, II9

die Größe, -n *size*, I

die Großeltern (pl) *grandparents*, I

größer *bigger*, II7

die Großmutter, ÷ *grandmother*, I

der Großraum, ÷e *metropolitan area*, Loc 10

die Großstadt, ÷e *big city*, II7

der Großvater, ÷ *grandfather*, I

die Großzügigkeit, -en *generosity*, II8

gruftimäßig *grunge*, II8

grün *green*, I; in Grün *in green*, I

der Grund, ÷e *reason*, II2

der Grundriss, -e *framework*, II7

der Grundschüler, - *elementary school student*, II2

die **Gruppe**, -n *group*, I
gruselig *horrible, frightening*, II9
der **Gruselroman**, -e *horror novel*, I
der **Gruß**, ⸚e *greeting*, II7; **grüßen** *to greet*, II1; **Grüß dich!** *Hi!*, I; **Grüß Gott!** *Hello!*, II1
die **Grütze: Rote Grütze** (name of a dessert), II11
gucken *to look*, II5; **Guck mal! Look!**, II5; **Fernseh gucken** *to watch TV* (colloquial), II10
das **Gulasch**, -e *goulash*, I
das **Gummiband**, ⸚er *rubber band*, II8
günstig *favorable*, II9
die **Gurke**, -n *cucumber*, II2
die **Gurkenscheibe**, -n *cucumber slice*, II2
der **Gürtel**, - *belt*, I
gut *good*, I; **Gut!** *Good! Well!*, I; **gut gelaunt** *in a good mood*, II1; **Gut! Mach ich!** *Okay, I'll do that!*, I; gut sein: **Ist dir nicht gut?** *Are you not feeling well?*, II6
die **Gürtelschlaufe**, -n *belt loop*, II8
guterhalten *well-preserved*, II9
der **Gymnasiast**, -en *student in Gymnasium (male)*, II2
die **Gymnasiastin**, -nen *student in Gymnasium (female)*, II2
die **Gymnastik** *exercise, calisthenics*, II4; **Gymnastik machen** *to exercise*, II4
das **Gyros** *gyros*, I

H

das **Haar**, -e *hair*, I
die **Haarfarbe** *hair color*, II1
die **Haarlänge** *hair length*, II1
haben *to have*, I; **er/sie hat** *he/she has*, I; **Haben Sie das auch in Rot?** *Do you also have that in red?*, I
die **Hacke**, -n *hoe*, II7
der **Hacken**, - *heel*, II8
das **Hackfleisch** *ground meat*, I
die **Haftung**, -en *liability*, II2
das **Hähnchen**, - *chicken*, I
halb *half*, I; **halb (eins, zwei, usw.)** *half past (twelve, one, etc.)*, I
halblaut (adj) *whispering*, II11
die **Hälfte**, -n *half*, II12
die **Halle**, -n *hall*, II12
das **Hallenbad**, ⸚er *indoor pool*, II9
Hallo! *Hi! Hello!*, I
der **Hals**, ⸚e *throat*, II6
die **Halskette**, -n *necklace*, II1

die **Halsschmerzen** (pl) *sore throat*, II6
das **Halstuch**, ⸚er *kerchief*, II1
das **Halsweh** *sore throat*, II6
halt (particle), I; **Die Kleinstadt gefällt mir gut, weil es da halt ruhiger ist.** *I like a small town because it's just quieter there.*, II7
halten *to stop, hold*, II4; **(für)** *to consider as*, II9; **s. fit halten** *to keep fit*, II4
der **Hamster**, - *hamster*, II7
die **Hand**, ⸚e *hand*, II6
die **Handbremse**, -n *emergency brake*, II10
die **Handcreme** *hand cream*, II6
der **Handel** *business, trade*, Loc 7
handeln von *to be about*, II12
der **Handelsplatz**, ⸚e *trading center*, Loc 4
die **Handtasche**, -n *handbag*, II1
hängen *to hang*, II3
hart *hard, tough*, II6; **hart gekocht** *hard-boiled*, II5
hassen *to hate*, II5
hässlich *ugly*, I
hätte: Ich hätte gern ... *I would like...*, II11
der **Haufen**, - *pile*, II7
häufig *frequent(ly)*, II6
das **Hauptgericht**, -e *main dish*, II11
der **Hauptpunkt**, -e *main point*, II3
der **Hauptschüler**, - *(male) student at the Hauptschule*, II8
die **Hauptschülerin**, -nen *(female) student at the Hauptschule*, II8
die **Hauptstadt**, ⸚e *capital*, I
die **Hauptstraße**, -n *main street*, II9
die **Haupturlaubsreise**, -n *main vacation trip*, II9
das **Hauptwort**, ⸚er *noun*, II11
das **Haus**, ⸚er *house*, II7; **zu Hause bleiben** *to stay at home*, II6; **Haus halten** *to keep house*, II10
die **Hausarbeit**, -en *housework*, II2
die **Hausaufgaben** (pl) *homework*, I; **Hausaufgaben machen** *to do homework*, I
hausgemacht *home-made*, II11
der **Haushalt**, -e *household*, II10
die **Hausmannskost** *simple, hearty food*, II5
das **Haustier**, -e *pet*, I
die **Haut**, ⸚e *skin*, II6
die **Heckenschere**, -n *pruning shears*, II7
das **Heft**, -e *notebook*, I
heftig *intense*, II10
die **Heide** *heath*, II7

der **Heilbutt** *halibut*, II5
das **Heim**, -e *home; institute*, II10
der **Heimatort**, -e *native place*, II7
die **Heimatstadt**, ⸚e *native city*, II7
die **Heimfahrt** *trip home*, II2
das **Heimweh** *homesickness*, II4
heiß *hot*, I
heißen *to be called*, I; **er heißt** *his name is*, I
helfen (dat) *to help*, I; **zu Hause helfen** *to help at home*, I
hell *bright*, II7
hellbraun *light brown*, II1
das **Hemd**, -en *shirt*, I
die **Hemdbluse**, -n *shirt*, II8
heraus *out*, II3
herausfinden (sep) *to find out*, II5
herauslösen (sep) *to filter out, to remove*, II5
herausnehmen (sep) *to take out*, II3
herausschneiden (sep) *to cut out*, II5
heraussuchen (sep) *to pick out, select*, II8
der **Herbst** *fall* (season), I; **im Herbst** *in the fall*, I
der **Herd**, -e *stove*, I
herstellen (sep) *to manufacture, produce*, II5
der **Herr** *Mr.*, I
herrlich *fantastic*, II9
die **Herrschaft**, -en *rule, dominion; person*, II3
herumlaufen (sep) *to run around*, II11
das **Herz**, -en *heart*, II6
herzhaft *hearty*, II11
herzlich *heartfelt*, II12; **Herzlichen Glückwunsch zum Geburtstag!** *Best wishes on your birthday!*, I
der **Herzog**, ⸚e *duke*, II1
das **Heu** *hay*, II 4
der **Heuboden**, ⸚ *hayloft*, II9
heulen *to cry*, II9
heute *today*, I; **heute Morgen** *this morning*, I; **heute Nachmittag** *this afternoon*, I; **heute Abend** *tonight, this evening*, I
heutzutage *nowadays*, II8
hier *here*, I; **Hier bei ...** *The ... residence.*, I; **Hier ist ...** *This is ...*, I
die **Hilfe**, -n *help*, II11
die **Hilfsbereitschaft** *cooperation*, II8
die **Himbeere**, -n *raspberry*, II2
die **Himbeermarmelade**, -n *raspberry marmalade*, II5

die Himbeertorte, -n *raspberry cake,* II1
der Himmel, - *sky, heaven,* II6
das Himmelbett, -en *canopy bed,* II7
hin *to,* II1
hinaus *out,* II7
hinausziehen (sep) *to go outside,* II7
hinein *into,* II12
hineinwerfen (sep) *to throw into,* II12
hingehen (sep) *to go to,* II2
hinten *at the back,* II1; **da hinten** *there in the back,* I
der Hintergrund, ⁼e *background,* II11
hinterlassen *to leave behind,* II9
der Hinweis, -e *hint, direction,* II4
historisch *historical,* II1
die Hitze *heat,* II6
der Hitzschlag, ⁼e *heat stroke,* II6
hob (past) *lifted,* II12
das Hobby, -s *hobby,* II1
hobbymäßig *for a hobby,* II10
hoch *high,* II6
hochkriechen (sep) *to creep up,* II12
hochrot *deep red, crimson,* II6
das Hochwasser, ⁼ *flood,* II9
die Hochzeit, -en *wedding,* II12
der Hof, ⁼e *court, courtyard,* II9
hoffen *to hope,* II6
hoffentlich ... *hopefully...,* II6; **Hoffentlich geht es dir bald besser!** *I hope you'll get better soon.,* II6
die Hoffnung, -en *hope,* II6
höflich *polite, courteous,* II12
hoh- *high,* II1
höher: noch höher *still higher,* II10
holen *to get, fetch,* I
holländisch *Dutch,* II5
das Holz, ⁼er *wood,* I; **aus Holz** *out of wood,* I
der Holztisch, -e *wooden table,* II9
der Honig *honey,* II5
hören: **Hör mal zu!** *Listen to this!,* II5; **Hör mal!** *Listen!,* II5; **Musik hören** *to listen to music,* I; **Hör gut zu!** *Listen carefully.,* I
horchen *to listen carefully,* II12
der Hörer, - *listener; receiver,* I; **den Hörer abheben** *to pick up the receiver,* I; **den Hörer auflegen** *to hang up (the telephone),* I
der Horrorfilm, -e *horror movie,* I
die Hose, -n *pants,* I
das Hotel, -s *hotel,* I

hübsch *pretty,* I
die Hüfte, -n *hip,* II6
das Huhn, ⁼er *chicken,* II4
der Hummer, - *lobster,* II11
humorvoll *humorous,* II8
der Hund, -e *dog,* I
hundelieb *fond of dogs,* II12
der Hunger *hunger,* I; **Ich habe Hunger.** *I am hungry,* II6
hungrig *hungry,* II12
hupen *to honk the horn,* II7
der Hürdenlauf, ⁼e *hurdling,* II1
der Husten, - *cough,* II6
der Hut, ⁼e *hat,* II1

I

ich *I,* I; **Ich auch.** *Me too.,* I; **Ich nicht.** *I don't.,* I
die Idee, -n *idea,* II9; **Gute Idee!** *Good idea!,* II12; **Hast du eine Idee?** *Do you have an idea?,* II9
identifizieren *to identify,* II1
s. identifizieren mit *to identify yourself with,* II7
das Idol, -e *idol,* II1
ihm *to, for him,* I
ihn *it, him,* I
ihnen *to them,* II3
Ihnen (formal) *to you,* II3
ihr (poss adj) *her, their,* I; *to, for her,* I; (pl) *you,* I
Ihr (poss adj, formal, pl, sing) *your,* II5
die Illustration, -en *illustration,* II7
die Illustrierte, -n *magazine,* II5
im=in dem; im Frühling *in the spring,* I; **im Januar** *in January,* I; **(einmal) im Monat** *(once) a month,* I; **im Wohnzimmer** *in the living room,* I
der Imbissstand, ⁼e *fast-food stand,* II2
die Imbissstube, -n *snack bar,* I
immer *always,* I
das Imperfekt *past tense,* II3
imposant *impressive, majestic,* II9
in (prep) *in, into,* II9; **in Blau** *in blue,* I; **in der (Basketball) Mannschaft** *on the (basketball) team,* II4; **in die Apotheke gehen** *to go to the pharmacy,* II6
indem (conj) *in that,* II11
indisch (adj) *Indian,* II11
individuell (adj) *individual,* II12
die Industrie, -n *industry,* Loc 1
der Industriestandort, -e *industrial location,* Loc 7

das Infoblatt, ⁼er *information brochure,* II4
die Information, -en *information,* II4
der Innenraum, ⁼e *interior, inside,* II5
die Innenstadt, ⁼e *downtown,* II9
die Innentasche, -n *inside pocket,* II8
die Innereien (pl) *innards,* II5
innerhalb (prep) *within, on the inside,* II12
die Insel, -n *island,* II12
insgesamt *altogether,* II5
das Instrument, -e *instrument,* I
intelligent *intelligent,* II1
intensiv *intensive,* II6
interessant *interesting,* I
das Interesse, -n *interest,* I; **Hast du andere Interessen?** *Do you have any other interests?,* I; **Ich habe kein Interesse an Mode.** *I am not interested in fashion.,* II8
s. interessieren für *to be interested in,* II8; **Interessierst du dich für Mode?** *Are you interested in fashion?,* II8
international *international,* II7
interviewen *to interview,* II7
inzwischen *in the meantime,* II12
irgendein- *someone, something,* II2
irgendwas *anything, something,* II2
irgendwelch- *some, any,* II2
irgendwie *somehow,* II1
irgendwo *somewhere,* II2
irgendwohin *to somewhere,* II1
das Islandpferd, -e *Iceland pony,* II3
ist: **er/sie/es ist** *he/she/it is,* I; **sie ist aus** *she's from,* I; **Ist was mit dir?** *Is something wrong?,* II6
Italien (das) *Italy,* II9
der Italiener, - *Italian,* II9
italienisch (adj) *Italian,* II11

J

ja *yes,* I; **Ja klar!** *Of course!,* I; **Das ist ja unglaublich!** *That's really unbelievable!,* II10; **Ja, kann sein, aber ...** *Yes, maybe, but...,* II4; **Ja, natürlich!** *Certainly!,* II4; *Yes, of course!,* II10; **Ja, schon, aber ...** *Well yes, but...,* II7; **Ja? Was denn?** *Okay, what is it?,* II5
die Jacke, -n *jacket,* I

das Jahr, -e *year,* I; **Ich bin ... Jahre alt.** *I am...years old.,* I
der Jahrestil, -e *year's style,* II8
die Jahreszeit, -en *season,* II5
das Jahrhundert, -e *century,* II9; **aus dem 17. Jahrhundert** *from the 17th century,* II9
jährig *year-old,* II9
jahrzehntelang *for decades,* Loc 4
der Januar *January,* I; **im Januar** *in January,* I
der Japangarten *Japanese garden,* II9
je *each, every,* II8; **je nach Gelegenheit** *according to the occasion,* II8
die Jeans (mostly sing) *jeans,* I
die Jeansjacke, -n *jeans jacket,* II1
die Jeansweste, -n *jeans vest,* II8
jed- *every,* II2; **jede Woche** *every week,* II4; **jeden Tag** *every day,* I; **jedes Wochenende** *every weekend,* II4
jemand *someone, somebody,* II6
jenseits (prep) *on the other side, beyond,* II12
jetzt *at present, now,* I
der Job, -s *job,* II7
das Jobangebot, -e *job offer,* II12
joggen *to jog,* I
der Jogging-Anzug, ≈e *jogging suit,* I
der Joghurt, -s (or **das**) *yogurt,* I
die Jugend *youth,* II3
die Jugendherberge, -n *youth hostel,* II3
das Jugendlager, - *youth camp,* II9
der Jugendliche, -n *teenager (male),* II8
die Jugendliche, -n *teenager (female),* II8
die Jugendpflege, -n *youth welfare,* II11
der Juli *July,* I
jung *young,* II7
der Junge, -n *boy,* I
jünger *younger,* II7
der Juni *June,* I
der Jux *practical joke,* II12

K

das Kabarett, -e *cabaret,* II11
das Kabelfernsehen *cable TV,* II10
der Kabeltuner, - *cable tuner,* II10
das Kabriolett, -s *convertible, cabriolet,* II10
der Kaffee *coffee,* I
der Kajak, -s *canoe, kayak,* II7
der Kakao *chocolate milk,* II5

der Kalender, - *calendar,* I
kalifornisch (adj) *Californian,* II11
die Kalorie, -n *calorie,* II1
kalt (adj) *cold,* I
die Kälte, -n *cold, coldness,* II12
die Kamera, -s *camera,* II3
der Kamin, -e *fireplace, chimney,* II9
s. kämmen *to comb,* II6
die Kammerspiele (pl) *(small) theater,* II11
kämpfen *to fight,* II12
der Kanake -n, *also* der Kanacke, -n, *derogatory term for foreigner,* II11
der Kanal, ≈e *canal,* II1
das Kapitel, - *chapter,* II1
das Käppi, -s *(baseball) cap,* II8
kaputt *ruined, broken,* I, II9
die Kapuze, -n *hood,* II8
kariert *checked,* II8
das Karo, -s (pattern) *check, diamond,* II12
die Karotte, -n *carrot,* II7
der Karpfen, - *carp,* II4
die Karte, -n *card; ticket,* I
die Karteikarte, -n *index card,* II7
die Kartoffel, -n *potato,* I
der Käse, - *cheese,* I
das Käsebrot, -e *cheese sandwich,* I
der Käsekuchen, - *cheese cake,* II5
die Käserei, -en *cheese dairy,* II9
die Kasse, -n *cash register,* II8
die Kassette, -n *cassette,* I
der Kassettenspieler, - *cassette deck,* II10
der Kasten, ≈ *box,* II1
der Katalog, -e *catalogue,* II8
die Kategorie, -n *category,* II1
der Katholik, -en *Catholic,* II3
die Katze, -n *cat,* I
das Kaubonbon, -s *chewy candy,* II7
kauen *to chew,* II4
kaufen *to buy,* I
das Kaufhaus, ≈er *department store,* II2
der Kaufmann, (pl) Kaufleute *salesman,* II11
der Kaugummi, -s *chewing gum,* II1
kaum *barely, hardly,* II6
der Kavalierstart, -s *jack-rabbit start,* II7
die Kegelbahn, -en *bowling alley,* II3
kegeln *to bowl,* II3
kein *no, none, not any,* I; **Ich habe keine Zeit.** *I don't have time.,* I; **Ich habe keinen Hunger mehr.** *I'm not hungry any more.,* I; **Keine Ahnung!** *I have no idea!,* I
der Keks, -e *cookie,* I
der Keller, - *cellar,* II7

der Kellner, - *waiter,* II11
kennen *to know, be familiar or acquainted with,* I
kennen lernen (sep) *to get to know,* II12
das Kilo=Kilogramm, - *kilogram,* I
das Kind, -er *child,* II1
die Kinderermäßigung, -en *discount for children,* II11
kinderlieb *fond of children,* II1
das Kinderzimmer, - *nursery, play-room* II7
die Kindheit *childhood,* II3
das Kinn, -e *chin,* II3
das Kino, -s *cinema,* I; **ins Kino gehen** *to go to the movies,* I
die Kirche, -n *church,* I
die Kirsche, -n *cherry,* II4
die Klamotten (pl) casual term for *clothes,* I
der Klang, ≈e *sound, ring,* II11; **vom Klang her** *as far as the sound goes,* II11
klappen *to go smoothly, work,* II9
klappern *to rattle, clatter,* II12
klar *clear,* II2
Klasse! *Great!; Terrific!,* I
die Klasse, -n *grade level,* I; *class,* II4
die Klassenarbeit, -en *(written) class test,* II6
der Klassenkamerad, -en *classmate (male),* II2
die Klassenkameradin, -nen *classmate (female),* II2
das Klassenzimmer, - *classroom,* II2
klassisch *classic(al),* I
das Klavier, -e *piano,* I; **Ich spiele Klavier.** *I play the piano.,* I
kleben *to glue, stick,* II8
das Kleid, -er *dress,* I
die Kleidung *clothing,* II1
der Kleidungsartikel, - *article of clothing,* II8
die Kleidungsreklame, -n *clothing ad,* II8
der Kleidungsstil, -e *clothing style,* II8
das Kleidungsstück, -e *piece of clothing,* II12
klein *small,* I; **klein geschnitten** *cut small,* II12
die Kleinstadt, ≈e *town,* II7
klettern *to climb,* II9
die Klimaanlage, -n *air conditioning,* II10
klingeln *to ring (the bell),* II7
klingen *to sound,* II5
die Klippe, -n *cliff,* II12
der Klops, -e *meat ball,* II11
der Kloß, ≈e *dumpling,* II11

das Kloster, ÷ *monastery,* Loc 1
der Klub, -s *club,* II3
das Klubmitglied, -er *club member,* II3
die Kluft *gap, crevice,* II12
　klug *intelligent,* II8
　knabbern *to gnaw, nibble,* II2
　knackig *crispy,* II4
　knallgelb *glaring yellow,* II8
das Knie, - *knee,* II6
　knien *to kneel,* II1
der Knoblauch *garlic,* II11
der Knöchel, - *ankle,* II6
der Knochen, - *bone,* II2
der Knopf, ÷e *button,* II8
der Koch, ÷e *cook (male),* II12
das Kochbuch, ÷er *cookbook,* II2
　kochen *to cook,* II1
die Köchin, -nen *cook (female),* II8
der Kofferraumdeckel, - *trunk lid,* II7
der Kohl *cabbage,* II12
der Kollege, -n *colleague,* II11
der Kombi, -s (Kombiwagen) *station wagon,* II2
　kombinieren *to combine,* II8
　komisch *funny; strange,* II11
　kommen *to come,* I; **er kommt aus** *he's from,* I; **Komm doch mit!** *Why don't you come along?,* I; **Wie komme ich zum (zur) ... ?** *How do I get to...?,* I
die Komödie, -n *comedy,* I
das Kompliment, -e *compliment,* II1
der Komponist, -en *composer,* Loc 1
die Kondition, -en *condition, shape,* II4
der König, -e *king,* II3
　königlich *royal,* II3
　können *to be able to,* I; **Kann ich bitte Andrea sprechen?** *Could I please speak with Andrea?,* I; **Was kann ich für dich tun?** *What can I do for you?,* I
　konservativ *conservative,* II8
der Konsum *consumption,* II10
die Kontaktlinse, -n *contact lens,* II1
　konvertiert *converted,* II3
das Konzert, -e *concert,* I; **ins Konzert gehen** *to go to a concert,* I
　konzertmäßig *as far as concerts go,* II7
der Kopf, ÷e *head,* II6
der Kopfhörer, - *headphones,* II10
der Kopfhöreranschluss, ÷e *headphone outlet,* II10
der Kopfsalat, -e *head of lettuce,* II2
die Kopfschmerzen (pl) *headache,* II6
　kopieren *to copy,* II1
　körperlich *physical(ly),* II6

die Körpertemperatur, -en *body temperature,* II6
der Korridor, -e *hallway,* II12
die Kost *food, board,* II4
　kosten *to cost,* I; *to taste,* II4
　köstlich *delicious, charming,* II2
die Köstlichkeit, -en *delicacy,* II11
die Krabbe, -n *crab,* II11
der Kraftfahrer, - *driver,* II7
das Kraftstudio, -s *weight gym,* II12
der Kraftwagen, - *motor vehicle,* II7
　krank *sick,* II5
das Krankenhaus, ÷er *hospital,* II4
das Kraut, ÷er *herb,* II5
der Kräutergarten, ÷ *herb garden,* II7
die Krawatte, -n *tie,* II8
der Kreis, -e *circle; district,* II7
der Kreislauf *circulation (of the blood),* II6
die Kreuzung, -en *crossing, junction,* II11
　kriechen *to crawl,* II12
der Krieg, -e *war,* II7
　kriegen *to get, receive,* II9
der Kriegsfilm, -e *war movie,* I
das Kriegsschiff, -e *battleship,* II10
die Kriegszerstörung *war destruction,* II1
der Krimi, -s *detective movie,* I
der Kriminalfilm, -e *detective film,* II10
die Krimiserie, -n *detective series,* II10
　kritisieren *to criticize,* II7
die Kroketten (pl) *potato croquettes,* II11
der Krümel, - *crumb,* II12
die Küche, -n *kitchen; cuisine,* I, II7
der Kuchen, - *cake,* I
der Küchendienst, -e *kitchen duty,* II2
die Kuchenschlacht, -en *run for the cake,* II5
der Küchenschrank, ÷e *kitchen cabinet,* II12
der Kugelschreiber, - *ballpoint pen,* II1
das Kugelstoßen *shot put,* II1
　kühl *cool,* I
　kühlen *to cool,* II7
der Kühlschrank, ÷e *refrigerator,* I
der Kuli, -s *ballpoint pen,* I
die Kultur, -en *culture,* II9
　kulturell *cultural,* II3
die Kulturmetropole, -n *cultural metropolis,* II1
die Kultursendung, -en *cultural program,* II10
die Kulturstadt, ÷e *city of great cultural significance,* II3
der Kummerbund, -e *cummerbund,* II12
der Kunde, -n *customer (male),* II1

die Kundin, -nen *customer (female),* II9
die Kunst, ÷e *art,* I
die Kunstausstellung, -en *art exhibition,* II11
die Kunstfaser, -n *synthetic fabric,* II8
die Kunstsammlung, -en *art collection,* II8
die Kunstseide, -n *synthetic silk, rayon,* II8
der Kunststoff, -e: aus Kunststoff *made of plastic,* I
die Kur, -en *(course of) treatment,* II6
der Kurfürst, -en *Elector (of a king),* II3
der Kurs, -e *course,* II9
die Kurve, -n *curve,* II7
　kurz *short,* I
　kürzer *shorter,* II8
die Kuschelecke, -n *a place to cuddle,* II7
　kuscheln *to cuddle,* II9
die Kusine, -n *cousin (female),* I
die Küste, -n *coast,* II12

　lachen *to laugh,* II2
　lachend *laughing,* II2
der Lachs, -e *salmon,* II11
der Lackschuh, -e *patent leather shoe,* II12
der Laden, ÷ *store,* I
die Lage, -n *setting, place,* II12
das Lagerfeuer, - *campfire,* II9
das Lammfleisch *lamb,* II5
die Lampe, -n *lamp,* I
das Land, ÷er *country,* I; **auf dem Land** *in the country,* I
die Land- und Forstwirtschaft *agriculture and forestry,* II1
der Landesfürst, -en *sovereign, prince,* II3
die Landeshauptstadt, ÷e *state capital,* II1
die Landeskunde *culture,* II3
die Landeszeitung, -en *newspaper (distributed statewide),* II3
die Landkarte, -n *map of the country,* II9
die Landschaft, -en *countryside,* II9
die Landstraße, -n *highway,* II10
die Landwirtschaft *agriculture,* II9
　lang *long,* I
　länger *longer,* II8
der Langlauf *cross-country skiing,* II4
　langsam *slow(ly),* II7
　längst *long ago, since,* II12

der **Langstreckenlauf**, ⸗e *long distance run*, II1

s. **langweilen** *to be bored*, II12

langweilig *boring*, I

der **Lärm** *noise*, II7

lärmbewusst *conscious of noise*, II7

die **Lärmminderung**, -en *lessening of noise*, II7

der **Lärmschutz** *noise protection*, II7

Lärmschutzgründe: aus Lärmschutzgründen *for noise protection*, II7

lassen *to let, allow;* **er/sie lässt** *he/she lets*, II10; **Lass mich mal ...** *Let me...*, II10

lässig *casual*, I

das **Laster**, - *vice*, II4

lästig *bothersome*, II8

der **Lastkraftwagen (Lkw)**, - *truck*, II7

das **Latein** *Latin*, I

der **Lauf**, ⸗e *run*, II1; **der 100-Meter-Lauf** *the 100 meter dash*, II1

laufen *to run*, II3; **er/sie läuft** *he/she runs*, II3; **Was läuft im Fernsehen?** *What's on TV?*, II10

die **Laune**, -n *temper, mood*, II12

laut *loud*, II2

lauten *to sound, read*, II2

der **Lautstärkeregler**, - *volume control*, II10

leben *to live*, II2

das **Leben** *life*, II7

die **Lebensmittel** (pl) *groceries*, I

die **Leber** *liver*, II2

der **Leberkäs** *(a Bavarian specialty)*, I

lecker *tasty, delicious*, I

das **Leder** *leather*, I

die **Lederjacke**, -n *leather jacket*, II8

leer *empty*, II3

legen *to lay*, II2

der **Lehrer**, - *teacher (male)*, I

die **Lehrerin**, -nen *teacher (female)*, I

das **Lehrjahr**, -e *apprenticeship year*, II7

der **Lehrplan**, ⸗e *teaching curriculum*, II2

die **Lehrstelle**, -n *apprenticeship*, II7

leicht *easy, simple*, II1; *light*, II6

die **Leichtathletik** *track and field*, II1

das **Leichtkraftrad**, ⸗er *motorbike*, II7

Leid: Es tut mir Leid. *I'm sorry.*, I

leiden: Ich kann dich nicht leiden. *I can't stand you.*, II10

leider *unfortunately*, I; **Ich kann leider nicht.** *Sorry, I can't.*, I; **Das ist leider so.** *That's the way it is unfortunately.*, II10; **Ich hab leider nur ...** *I only have...*, II5

der **Leierkastenmann** *organ grinder*, II1, Loc 1

das **Leinen**, - *linen*, II8

leise *soft, lightly*, II12

leiten *to direct*, II3

die **Leitung**, -en *direction, conduit*, II3

lesen *to read*, I; **er/sie liest** *he/she reads*, I

letzt- *last*, I; **letzte Woche** *last week*, I; **letztes Wochenende** *last weekend*, I

die **Leute** (pl) *people*, I

das **Licht**, -er *light, lamp*, II12

der **Lichtschalter**, - *light switch*, II12

der **Lichtschutzfaktor**, -en *sun protection factor*, II6

die **Liebe** *love*, II1

lieber: lieber mögen *to prefer*, I

der **Liebesfilm**, -e *romance*, I

der **Liebesroman**, -e *romance novel*, I

liebevoll *loving, caring*, II8

Lieblings- *favorite*, I

liebst: Ich würde am liebsten ... *I would rather...*, II11

das **Lied**, -er *song*, I

der **Liederabend**, -e *evening of songs*, II11

liegen *to lie on*, II6; **das liegt an dir** *it's your fault*, II12

die **Liegewiese**, -n *lawn for relaxing and sunning*, II9

die **Liga**, (pl) **Ligen** *league*, II10

die **Limo**, -s (**Limonade**, -n) *lemon drink*, I

die **Linie**, -n *line*, II8; **in erster Linie** *first of all*, II8

die **Liste**, -n *list*, II1

der **Liter**, - *liter*, I

der **Lkw=Lastkraftwagen**, - *truck*, II7

das **Loch**, ⸗er *hole*, II12

locker *loose*, II8

logisch *logical*, II4

s. **lohnen** *to be worth it*, II9

das **Lokal**, -e *small restaurant*, II3

los *detached*, II3

lösen *to solve*, II7

die **Lücke**, -n *blank*, II9

die **Luft** *air*, II7

der **Luftballon**, -s *air-balloon*, II7

die **Lüftlmalerei**, -en *frescoes on houses (in Bavaria)*, Loc 1

die **Luftverschmutzung** *air pollution*, II7

lügen *to tell a lie*, II11

lustig *funny*, I

das **Lustspiel**, -e *comedy*, II10

der **Luxus** *luxury*, II8

die **Luxusgüter** (pl) *luxury items*, II8

M

machen *to do*, I; **Das macht (zusammen) ...** *That comes to...*, I; **Gut! Mach ich!** *Okay, I'll do that!*, I; **Machst du Sport?** *Do you play sports?*, I; **Hausaufgaben machen** *to do homework*, I; **macht dick** *is fattening*, II4; **Macht nichts!** *That's all right*, II5

das **Mädchen**, - *girl*, I

das **Magazin**, -e *journal*, II10

der **Magenkrampf**, ⸗e *stomach cramp*, II6

die **Magenschmerzen** (pl) *stomach pains*, II4

mag: *see* **mögen**

mager *lean*, II4

die **Magermilch** *skim milk*, II4

mähen *to mow*, I

Mahlzeit! *Bon appétit!* II11

die **Mahlzeit**, -en *meal*, II6

das **Mahnmal**, -e *memorial*, Loc 10

die **Mahnung**, -en *warning*, II7

der **Mai** *May*, I; **im Mai** *in May*, I

mal (particle), I

malen *to paint*, II1

der **Maler**, - *painter*, II1

malerisch *picturesque*, II1

man *one, you* (in general), *people*, I; **Man hat mir gesagt, dass ...** *Someone told me that...*, II11

manche *some*, II4

manchmal *sometimes*, I

der **Mann**, ⸗er *man*, I

die **Mannschaft**, -en *team*, II4

der **Marder**, - *marten*, II9

die **Margarine** *margarine*, II5

mariniert *marinated*, II11

die **Mark**, - *mark (German monetary unit)*, I

die **Markenbutter** *brand-name butter*, II2

der **Markt**, ⸗e *market*, II10

der **Marktanteil** *market share*, II10

der Marktbrunnen, - *market fountain,* II9
der **Marktplatz,** ⸚e *market square,* I, II3
die **Marmelade** *marmalade,* II5
marschieren *to march,* II3
der **März** *March,* I
das Marzipan, -e *marzipan,* II7
der Maschinenbau *mechanical engineering,* II1
die **Mastente, -n** *fattened duck,* II11
materiell (adj) *material,* II7
die **Mathematik=Mathe** *math,* I
die Mauer, -n *wall,* II11
der Mauerrest, -e *remnant of wall,* II11
das Mauerwerk *masonry,* II9
die Maus, ⸚e *mouse,* II9
die Mayonnaise *mayonnaise,* II5
die Medaillengewinnerin, -nen *medal winner (female),* II12
mediterran *Mediterranean,* II11
die Medizin *medicine,* II6
das **Meer, -e** *ocean,* II9
die Meeresfrüchte (pl) *seafood,* II5
das **Mehl** *flour,* I
die Mehlspeise, -n *food made of flour,* II5
mehr *more,* I; **Ich habe keinen Hunger mehr.** *I'm not hungry anymore.,* I
die Mehrfachnennung, -en *repeated reference,* II9
mehrfarbig *many-colored,* II8
meiden *to avoid,* II4
mein (poss adj) *my,* I
meinen: Meinst du? *Do you think so?,* I
die Meinung, -en *opinion,* II8
meist *most,* II9
meistens *most of the time,* II4
der Meister, - *master, champion,* II3
das Meisterstück, -e *masterpiece,* II3
die Melone, -n *melon,* II5
die Menge, -n *quantity, heap,* II8
die Mensa *student cafeteria,* II4
der **Mensch, -en** *human, person,* II1; **mehr Menschen** *more people,* II7
die Menschenmasse, -n *mass of people,* II9
merken *to notice, pay attention to,* II12
die Messe, -n *fair,* II3; *Catholic Mass,* II9
messen: Fieber messen *to take someone's temperature,* II6; **er/sie misst** *he/she measures,* II6
das Messer, - *knife,* II12
die Metallkette, -n *metal chain,* II1
der Meter, - *meter,* II9

die Metropole, -n *metropolis,* II11
der **Metzger,** - *butcher,* I
die **Metzgerei, -en** *butcher shop,* I
mexikanisch (adj) *Mexican,* II11
mich *me, myself,* I
miesest *the worst,* II2
die Miete, -n *rent,* II7
das Mietshaus, ⸚er *rental house,* II7
die Mietwohnung, -en *apartment,* II7
die **Milch** *milk,* I
mild *mild,* II11
die Milliarde, -n *billion,* II12
mindern *to lessen,* II7
mindestens *at least,* II3
das Mineralwasser *mineral water,* I
mir *to, for me,* II3; **Mir gefällt ... besser als ...** *I like ... better than ...,* II7
die Mischfasern (pl) *blended fibers,* II8
miserabel *miserable,* I
missfallen (dat) *to displease, offend,* II12
mit (prep) *with, by,* I; **mit Brot** *with bread,* I; **mit dem Auto** *by car,* I
mitbringen (sep) *to bring along,* II9
miteinander *with one another,* II5
mitgebracht *brought along,* II5
mitgehen (sep) *to go along,* II1
mitgekommen (pp) *come along,* II3
mitgekriegt *understood,* II10
mitgenommen *took along,* II3
das Mitglied, -er *member,* II9
mitkommen (sep) *to come along,* I
mitmachen (sep) *to take part,* II1
der Mitmensch, en *fellow-being,* II7
mitnehmen (sep) *to take along,* II2
der Mitschüler, - *schoolmate (male),* II1
die Mitschülerin, -nen *schoolmate (female),* II1
der Mittag *noon,* II1
das **Mittagessen** *lunch,* II3
die Mitte *middle,* II11
mitteilen (sep) *to communicate; to share,* II4
das Mittelalter *the Middle Ages,* Loc 7
mittelgroß *middle-sized,* II5
mittellang *medium-length,* II1
der **Mittwoch** *Wednesday,* I; **am Mittwoch** *on Wednesday,* I
mittwochs *Wednesdays,* II10
die **Möbel** (pl) *furniture,* I
möchten *would like to,* I; **Ich möchte ... sehen.** *I would like to see...,* I; **Ich möchte noch ein ...** *I'd like another...,* I; **Ich**

möchte kein ... mehr. *I don't want another...,* I
die **Mode, -n** *fashion,* I
die Modefachfrau, -en *fashion consultant (female),* II8
der Modefachmann, ⸚er *fashion consultant (male),* II8
das Modell, -e *model,* II8
die Modenschau, -en *fashion show,* II8
die Moderatorin, -nen *moderator (female),* II11
modern *modern,* I
modisch *fashionable,* II8
das Mofa, -s *moped,* II7
mögen *to like, care for,* I; **Ich mag kein ...** *I don't like...,* II4
möglich *possible,* II10
die Möglichkeit, -en *possibility,* II9
möglichst *as ... as possible,* II8
die **Möhre, -n** *carrot,* II4
der **Moment, -e** *moment,* I; **Einen Moment, bitte!** *Just a minute, please.,* I; **im Moment gar nichts** *nothing at the moment,* I
der **Monat, -e** *month,* I; **einmal im Monat** *once a month,* I
monatlich *monthly,* II10
die Monatsausgabe, -n *monthly expenditure,* II10
monoton *monotonous,* II8
der **Montag** *Monday,* I; **am Montag** *on Monday,* I
montags *Mondays,* II10
das Moor(bad) *mud-bath,* II6
das **Moped, -s** *moped,* I; **mit dem Moped** *by moped,* I
der Mord, -e *murder,* II10
morgen *tomorrow,* I
der **Morgen,** - *morning,* I; **Guten Morgen!** *Good morning!,* I; **Morgen!** *Morning!,* I
morgens *in the mornings,* II2
das Motiv, -e *motif,* II3
der **Motor, -en** *motor,* II7
das Motorboot, -e *motorboat,* II9
motorisiert *motorized,* II7
das **Motorrad,** ⸚er *motorcycle,* II7
die **Moussaka** *moussaka,* II12
müde *tired,* II6
der Muffel, - *a person not interested in something,* II4
die Mühle, -n *mill,* II11
der **Müll** *trash,* I; **den Müll sortieren** *to sort the trash,* I
der Müllhaufen, - *pile of trash,* II2
die **Münze, -n** *coin,* I; **Münzen einstecken** *to insert coins,* I
murmeln *to murmur, to mutter,* II10
die Muschel, -n *mussel,* II5

das Museum, (pl) Museen *museum*, I
das Musical, -s *musical*, II11
die Musik *music*, I; klassische
　Musik *classical music*, I
das Musikgeschäft, -e *music shop*,
　II11
die Musikkapelle, -n *musical
　band*, II3
der Musikkapellmeister, - *band-
　leader*, II3
der Musikraum, ⸚e *music room*, II2
das Müsli *grain cereal*, II11
　müssen *to have to*, I; ich muss
　I have to, I
das Muster, - *pattern*, II12
die Mutter, ⸚ *mother*, I
der Muttertag *Mother's Day*, I; Alles
　Gute zum Muttertag! *Happy
　Mother's Day!*, I
die Mütze, -n *cap*, II1

N

Na ja, soso. *Oh, all right.*, II3
Na klar! *Of course!*, II4
nach (prep) *after*, I; nach der
　Schule *after school*, I; nach
　links *to the left*, I; nach rechts
　to the right, I; nach Hause
　gehen *to go home*, I; nach dem
　Mittagessen *after lunch*, II3
der Nachbarort, -e *neighboring
　town*, II7
　nachdem (conj) *after*, II12
　nachdenken (sep) *to think, to
　reflect*, II5
　nachdenkenswert *worthy of
　reflection*, II8
　nacherzählen (sep) *to retell*, II6
die Nacherzählung, -en *retelling*,
　II12
　nachher *afterwards*, II10
der Nachmittag, -e *afternoon*, I
das Nachmittagsprogramm, e *after-
　noon program*, II10
der Nachnahmekauf *collect on deliv-
　ery (COD)*, II8
der Nachname, -n *last name*, II7
　nachrechnen (sep) *check*, II10
die Nachricht, -en *message*, II9
die Nachrichten (pl) *the news*, II10
　nachsehen (sep) *to look up, look
　again*, II10
die Nachspeise, -n *dessert*, II11
　nächst- *next*, II2; die nächste
　Straße *the next street*, I
　nächstgrößer- *next-largest*, II11
die Nacht, ⸚e *night*, II10
der Nachteil, -e *disadvantage*, II7

der Nachtisch, -e *dessert*, II5
　nachts *nights, at night*, II9
der Nachtzug, ⸚e *overnight train*, II2
　nackt *bare, naked*, II12
das Nagelbett, -en *bed of nails*, II7
　nah *near*, II9
die Nähe *vicinity*, II3; in der Nähe
　von *near to*, II9
die Nahrungsmittel (pl) *food*, II5
der Name, -n *name*, II4
　nämlich *namely*, II2
die Nase, -n *nose*, II6
　nass *wet*, I
die Nationalversammlung, -en
　National Assembly, II3
die Natur *nature*, II3
der Naturforscher, - *natural scientist
　(male)*, Loc 4
　Natürlich! *Certainly!*, I
die Natursendung, -en *nature pro-
　gram*, II10
　neben (prep) *next to*, II9
　nebenan *close by*, II10
der Nebenjob, -s *second job*, II8
die Nebensache, -n *matter of minor
　importance*, II9
der Nebensatz, ⸚e *dependent
　clause*, II12
　negativ *negative*, II4
　nehmen *to take*, I; er/sie nimmt
　he/she takes, I; Ich nehme ...
　I'll take..., I
　neidisch *envious*, II8
　nein *no*, I
　nennen *to name*, II2
　nervös *nervous*, II1
das Nesthäkchen, - *baby of the
　family*, II12
　nett *nice*, II1
　neu *new*, I
　neuerdings *recently*, II12
　neuest *newest*, II8
der Neufundländer, - *Newfoundland
　dog*, II10
　neugierig *curious*, II1
　nicht *not*, I; Nicht besonders.
　Not really., I; *Not especially.*, II3;
　nicht gern haben *to dislike*, I;
　nicht schlecht *not bad*, I; Ich
　nicht. *I don't.*, I
der Nichtraucher, - *non-smoker*, II4
　nichts *nothing*, I; Nichts mehr,
　danke! *Nothing else, thanks!*, I
　nie *never*, I
die Niederlande *Netherlands*, II9
　niemand *no one*, II12
　nix=nichts II8
　noch *yet, still*, I; Haben Sie noch
　einen Wunsch? *Would you
　like anything else?*, I; Ich

　brauche noch ... *I also
　need...*, I; Möchtest du noch
　etwas? *Would you like some-
　thing else?*, I; Noch einen Saft?
　Another glass of juice?, I; noch
　höher *still higher*, II10; noch
　nie *not yet, never*, II3
　normal *normal*, II2
　normalerweise *normally,
　usually*, II4
die Normalstärke *normal volume*,
　II7
　norwegisch *Norwegian*, II11
die Not, ⸚e *need, want*, II5
die Note, -n *grade*, I
　notieren *to note, jot down*, II12
　nötig *necessary*, II4
die Notiz, -en *note*, II1
der Notizblock, ⸚e *note pad*, II9
das Notizbuch, ⸚er *notebook*, II1
　notwendig *necessary*, II7
der November *November*, I
die Nudel, -n *noodle*, II4
das Nudelgericht, -e *noodle dish*, II5
die Nudelsuppe, -n *noodle soup*, I
　null *zero*, I
die Nummer, -n *number*, II8
　nur *only*, II1; nicht nur ...
　sondern auch *not only ... but
　also*, II3
der Nussknacker, - *nutcracker*, II11

O

die Oase, -n *oasis*, II12
　ob (conj) *whether*, II9
　oben *above*, II2
　ober- *upper*, II3
die Oberschule, -n (same as
　Gymnasium), II7
das Objekt, -e *project*, II7
das Obst *fruit*, I
der Obst- und Gemüseladen, ⸚ *fresh
　produce store*, I
der Obstgarten, ⸚ *orchard*, Loc 7
　obwohl (conj) *although*, II7
　oder (conj) *or*, I
der Ofen, ⸚ *oven*, I
　offen *open*, II8
　öffentliche Verkehrsmittel (pl)
　public transportation, II7
　offiziell *official*, II3
die Öffnungszeiten (pl) *opening
　hours*, II2
　oft *often*, I
　öfters *quite often*, II6
　ohne (prep) *without*, II2
　ohne ... zu *without...*; ohne zu
　schlafen *without sleeping*, II4

das Ohrensausen *ringing in the ears,* II6

der Ohrenschmaus *musical treat,* II12

die Ohrenschmerzen (pl) *earache,* II6

der Ohrring, -e *earring,* II1

der Oktober *October,* I

das Olivenöl, -e *olive oil,* II12

olivgrün *olive green,* II8

der Ölstand, ⸚e *oil level,* II10

die Olympiade *Olympiad,* II12

der Olympiasieger, - *olympic champion,* II12

olympisch *olympic,* II12

die Oma, -s *grandmother,* I

der Onkel, - *uncle,* I

der Opa, -s *grandfather,* I

die Oper, -n *opera,* I

die Operette, -n *operetta,* II11

das Opfer, - *victim,* Loc 10

der Optimist, -en *optimist,* II9

die Orange, -n *orange,* II5

der Orangensaft *orange juice,* I

die Ordnung *order,* II8

die Organisation, -en *organization,* II9

organisieren *to organize,* II1

das Orgelkonzert, -e *organ concert,* II11

die Orientierungsstufenschülerin, -nen (student in the beginning years of Gymnasium) *(female),* II8

der Ort, -e *place; location,* II3

die Osterferien (pl) *Easter vacation,* II12

das Ostern *Easter,* I; **Frohe Ostern!** *Happy Easter,* I

Österreich (das) *Austria,* I

österreichisch (adj) *Austrian,* II3

die Ostküste *east coast,* II3

P

paar: **ein paar,** *a few,* I

das Päckchen, - *small package,* II5

das Paddelboot, -e *paddle boat,* II9

die Paella, -s *paella,* II12

die Palme, -n *palm tree,* II9

der Palmengarten, ⸚ *garden of palm trees,* II9

der Pantoffel, -n *slipper,* II2

das Papier, -e *paper,* II1

die Paradejacke, -n *marching band uniform,* II1

das Parfüm, -e *perfume,* I

parfümiert *perfumed,* II6

der Park, -s *park,* I; **in den Park gehen** *to go to the park,* I

parken *to park,* II9

---

der Parkplatz, ⸚e *parking spot, lot,* II9

der Partner, - *partner (male),* I

die Partnerin, -nen *partner (female),* I

die Party, -s *party,* I

partymäßig *for parties,* II7

passen *to fit,* I; **Der Rock passt prima!** *The skirt fits great!,* I

passend *fitting,* II11

passieren *to occur,* II1; **Das ist gerade passiert.** *It just happened.,* II9

Passt auf! *Pay attention!,* I

die Patchworkdecke, -n *quilt,* II12

der Patient, -en *patient,* II6

die Pause, -n *break,* I

das Pausenbrot, -e *sandwich (made especially for class break),* II5

das Pausenklingeln *recess bell,* II2

das Pech *bad luck,* I; **So ein Pech!** *Bad luck!,* I; **Was für ein Pech!** *That's too bad!,* II5

der Pegel, - *level,* II5

die Peking Ente, -n *Peking duck,* II11

die Penne (casual term for) *school,* II7

die Pension, -en *inn, bed and breakfast,* II3

pensioniert *retired,* II4

perfekt *perfect,* II12

die Person, -en *person,* II1

die Personenbeschreibung, -en *personal description,* II7

der Personenkraftwagen, - (Pkw) *car,* II7

persönlich *personal(ly),* II7

die Persönlichkeit, -en *personality,* II8

die Perspektive, -n *perspective,* II12

der Pessimist, -en *pessimist,* II9

das Pestizid, -e *pesticide,* II4

die Petersilie *parsley,* II12

das Pfadfinderlager, - *boy scout camp,* II9

die Pfanne, -n *pan,* II9

das Pfannengericht, -e *pan-cooked entrée,* II11

der Pfannkuchen, - *pancake,* Loc 10

das Pfd.=Pfund *pound,* I

der Pfeffer, *pepper,* II5

der Pfennig, - (smallest unit of German currency; 1/100 of a mark), I

das Pferd, -e *horse,* II9

der Pferdestall, ⸚e *stable,* II11

der Pferdewagen, - *horse-drawn carriage,* II9

die Pfingstferien (pl) *Pentecost vacation,* II9

---

der Pfirsich, -e *peach,* II2

die Pflanze, -n *plant,* II2

die Pflaume, -n *plum,* II2

das Pfund, - (Pfd.) *pound,* I

das Phänomen, -e *phenomenon,* II6

phantasievoll *imaginative,* I

Phantastisch! *Fantastic!,* II3

pharmazeutisch *pharmaceutical,* II10

piekfein *very fine,* II7

der Pilz, -e *mushroom,* II4

die Pizza, -s *pizza,* I

der Pkw, -s *car,* II7

plagen *to bother,* II10

der Plan, ⸚e *plan,* II1

planen *to plan,* II5

die Planung, -en *planning,* II10

platschen *to make a flapping sound,* II12

der Platz, ⸚e *place, site,* II12

plötzlich *sudden(ly),* II9

das Plumeau, -s *comforter,* II9

der Pokal, -e *trophy,* II1

polieren *to polish,* II2

die Politik (sing) *politics,* I

polnisch *Polish,* II11

die Pommes (frites) (pl) *French fries,* II5

das Ponyreiten *pony ride,* II3

der Pool, -s *swimming pool,* II7

der Popstar, -s *pop star,* II1

populär *popular,* Loc 7

positiv *positive,* II4

die Post *post office,* I

der Posten, - *place, position,* II2

das Poster, - *poster,* I

die Posthalterei, -en *stable for post horses,* II9

die Pracht *splendor,* II3

prächtig *magnificent,* II6

praktisch *practical,* II10

die Praline, -n *fancy chocolate,* I

präsentieren *to present,* II12

die Praxis *practice; doctor's office,* II10

der Preis, -e *price,* II1

preisgünstig *cheap,* II9

preiswert *reasonably priced,* I; **Das ist preiswert.** *That's a bargain.,* I

Prima! *Great!* I

der Prinz, -en *prince,* II10

das Privathaus, ⸚er *private home,* II3

das Privatquartier, -e *private accommodation,* II3

die Probe, -n: auf die Probe stellen *to test,* II12

probieren *to try,* I

das Problem, -e *problem*, II7
die Produktion, -en *production*, II10
    produzieren *to produce*, II7
    profitrainiert *trained by a professional*, II12
das Programm, -e *schedule of shows*, II10
die Programmanzeige, -n *listing of shows*, II10
das Projekt, -e *project*, II8
das Pronomen, - *pronoun*, II6
der Prospekt, -e *brochure*, II12
    Prost! *Cheers!*, II11
das Prozent *percent*, II4
das Publikum *public; audience*, II10
der Pudding, -e *pudding*, II4
der Pulli, -s *pullover, sweater*, I
der Pullover, - *sweater*, I
der Puls *pulse*, II6
der Punker, - *punker*, II1
    putzen *to clean*, I; **Fenster putzen** *to wash the windows*, I

Q

der Quadratkilometer, - *square kilometer*, II1
die Qual, -en *pain*, II11
die Qualität *quality*, II3
der Quark (a soft cheese similar to ricotta or cream cheese), II5
das Quartier, -e *quarter, accommodation* II3
der Quatsch *nonsense*, II12
die Quelle, -n *source, (underground) spring*, II9

R

der Rabatt, -e *discount*, II9
das Rad, ⸚er *bike; wheel*, II1; **mit dem Rad** *by bike*, I; **Rad fahren** (sep) *to ride a bike*, II4
die Radfahrgruppe, -n *group of bicycle riders*, II3
das Radieschen *radish*, II2
das Radio, -s *radio*, II2
die Radiosendung, -en *radio show*, II7
die Radtour, -en *bicycle tour*, II1
der Rang, ⸚e *rank*, Loc 7
die Rangliste, -n *ranking chart*, II10
der Radiergummi, -s *eraser*, I
der Rallyestreifen, - *rally stripe*, II10
das Rascheln *rustle*, II5
der Rasen, - *lawn*, I; **den Rasen mähen** *to mow the lawn*, I

die Rasierklinge, -n *razor blade*, II10
    raten *to guess*, II1
die Ratesendung, -en *quiz show*, II10
das Ratespiel, -e *quiz game*, II1
das Rathaus, ⸚er *city hall*, I
der Ratschlag, ⸚e *advice*, II6
    rauchen *to smoke*, II4
der Raucherfeind, -e *person who dislikes smokers*, II4
der Raum, ⸚e *room*, II4
das Raumschiff, -e *spacecraft*, II10
    raus=heraus *out, away*, II11
    reagieren auf (acc) *to react to*, II3
der Realschüler, - *student at a Realschule*, II2
die Rebe, -n *vine*, Loc 7
    rechnen *to tabulate, calculate*, II11
die Rechnung, -en *bill, check*, II1
das Recht, -e *law; right*, II1; **Recht haben** *to be right*, II10
    recht- *right, right-hand*, I; **nach rechts** *to the right*, I
    reden *to talk, speak*, II4
das Reformhaus, ⸚er *natural food store*, II4
das Regal, -e *bookcase*, I
die Regel, -n *rule*, II4
    regelmäßig *regularly*, II4
der Regen *rain*, I
    regnen: Es regnet. *It's raining.*, I
    reiben *to rub, grate*, II10
das Reich, -e *empire*, II1
    reichlich *plenty*, II12
    reicht: Es reicht. *That's enough.*, II11
der Reifen, - *tire*, II10
die Reihe, -n *row; line*, II1
die Reihenfolge, -n *succession, sequence*, II12
die Reihenwörter (pl) *sequencing words*, II3
der Reim, -e *rhyme*, II2
    rein *pure*, II8
die Reinigung, -en *cleaners*, II8
    reinkommen=hereinkommen (sep) *to come in*, II2
    reinschauen=hereinschauen (sep) *to look in*, II1
der Reis *rice*, II4
die Reise, -n *trip, voyage*, II3
der Reiseberater, - *travel agent*, II9
der Reisebericht, -e *travel report*, II12
das Reisebüro, -s *travel agency*, II9
der Reiseleiter, - *tour guide (person)*, II11
    reiselustig *wanting to travel*, II12
    reisen *to travel, take a trip*, II1
der Reiseort, -e *vacation spot*, II9
die Reiseroute, -n *itinerary*, II9
das Reiseziel, -e *travel destination*, II9

das Reisgericht, -e *rice dish*, II12
der Reißverschluss, ⸚e *zipper*, II8
    reiten *to ride a horse*, II3
der Reiterhof, ⸚e *horse farm*, II9
die Reithalle, -n *riding court*, II3
die Reithose, -n *riding breeches*, II8
die Reklame, -n *advertisement*, II8
die Reklameabteilung, -en *advertising department*, II8
die Reklameseite, -n *page of advertising*, II8
    rekonstruieren *to reconstruct*, II12
die Religion, -en *religion* (school subject), I
der Renner, - *runner; top product*, II9
das Rennrad, ⸚er *racing bicycle*, II12
    renoviert *renovated*, II3
die Reparatur, -en *repair*, II10
    repräsentativ *representative*, II9
    reservieren *to reserve*, II11
die Reservierung, -en *reservation*, II11
das Restaurant, -s *restaurant*, II3
    restauriert *restored*, II11
das Resultat, -e *result*, II4
der Rettungswagen, ⸚ *ambulance*, II6
die Reue *remorse, regret*, II4
das Rezept, -e *recipe*, II12; *prescription*, II6
die Rezeptmenge, -n *amount in a recipe*, II12
    s. richten nach *to conform to*, II2
    richtig *proper(ly)*, II4
    riechen nach *to smell like*, II2
das Rindfleisch *beef*, II4; **Rind schmeckt mir besser.** *Beef tastes better to me.*, II5
der Ring, -e *ring*, II2
der Ringel, - *ringlet*, II12
das Rindersteak *(beef) steak*, II5
der Rock, ⸚e *skirt*, I
    rodeln *to sled*, II1
    roh *raw*, II11
das Rohr, -e *pipe*, II8
die Rolle, -n *role*, II1
der Rollkragen, - *turtle-neck*, II8
der Rollschuh, -e *roller skate*, II9
    Rollschuh laufen (sep) *to roller-skate*, II1
der Rollstuhl, ⸚e *wheelchair*, II10
der Roman, -e *novel*, I
der Römer (name of the city hall in Frankfurt), II3
die Rosine, -n *raisin*, II7
    rot *red*, I; **in Rot** *in red*, I
    Rote Grütze (red berry dessert), II11
der Rotkohl *red cabbage*, II11

rötlich *reddish,* II1

rüber=herüber *from there to here,* II11

der **Rücken,** - *back,* II6

die Rückkehr *return,* II9

das Ruderboot, -e *row boat,* II3

rudern *to row,* II9

die Ruhe *calm,* II5; in Ruhe lassen *to leave alone,* II1

ruhig *calm(ly),* II5

rund *round,* I

die Runde: über die Runden kommen *to make ends meet,* II11

runden *to round,* II11

die Rundfunk -und Fernsehanstalt, -en *television and radio communications,* Loc 4

der Rundgang, ⸗e *tour, walk,* II9

runter=herunter *from there down here,* II3

das Rüschenhemd, -en *frilled shirt,* II1

russisch (adj) *Russian,* II11

rustikal *rustic,* II11

S

das **Sachbuch,** ⸗er *non-fiction book,* I

die Sache, -n *thing; matter,* II9

sächsisch (adj) *Saxon,* II9

der **Saft,** ⸗e *juice,* I

sagen *to say,* I; **Sag mal ...** *Tell me...,* II4; **Was sagt der Wetterbericht?** *What does the weather report say?,* I

sagenhaft *great,* I

die **Sahne,** -n *(whipped) cream,* II11

der **Sakko,** -s *business jacket,* II8

der **Salat,** -e *lettuce; salad,* I

das Salatblatt, ⸗er *lettuce leaf,* II5

die Salatgurke, -n *cucumber,* II5

salopp *casual,* II12

das **Salz** *salt,* I

salzig *salty,* II1

sammeln *to collect,* I

die Sammlung, -en *collection,* II3

der **Samstag** *Saturday,* I

samstags *Saturdays,* II10

sämtlich *entire,* II12

der **Sandstrand,** ⸗e *sand beach,* II9

der **Sänger,** - *singer (male),* I

die **Sängerin,** -nen *singer (female),* I

satt *full,* II7; satt haben *to be fed up with,* II12

der Satz, ⸗e *sentence,* II2

der Satzanfang, ⸗e *beginning of a sentence,* II10

die Satzlücke, -n *blank,* II2

der Satzteil, -e *part of a sentence,* II11

sauber *clean,* II7; sauber machen *to clean,* II10

das **Sauerkraut** *sauerkraut,* II5

saugen: Staub saugen *to vacuum,* I

saumäßig *filthy, lousy,* II2

die **Sauna,** -s *sauna,* II9

saure Gurken *pickled cucumbers,* II5

sauwohl *great,* II8

das **Schach** *chess,* I

Schade! *Too bad!,* I

schaden (dat) *to harm,* II6

schädlich *harmful,* II7

der **Schal,** -s *scarf,* II1

schälen *to peel,* II5

scharf *sharp,* II8; *spicy, hot,* II11

schauen *to look,* I; **Schau mal!** *Look!,* II5

der Schaukelstuhl, ⸗e *rocking chair,* II7

der Schaumstoff, -e *foam rubber,* II4

das **Schauspiel,** -e *play,* II11

der **Schauspieler,** - *actor,* I

die **Schauspielerin,** -nen *actress,* I

das Schauspielhaus, ⸗er *playhouse,* II11

die Scheibe, -n *slice,* II5

der **Scheibenwischer,** - *windshield wiper,* II10

der Schein, -e *bill,* II2

scheinen *to shine,* I; **Die Sonne scheint.** *The sun is shining.,* I

der **Scheinwerfer,** - *headlight,* II10

schenken *to give (a gift),* I; **Was schenkst du deiner Mutter?** *What are you giving your mother?,* I

scheußlich *hideous,* I

die Schichtarbeit *shift work,* II11

schick *smart (looking),* I

das **Schiebedach,** ⸗er *sun roof,* II10

das **Schiff,** -e *ship,* II9

der Schimmel *molds,* II4

schimpfen *to scold,* II11

der **Schinken,** - *ham,* II11

das **Schisch-Kebab** *shish kebab,* II11

der Schlabberpulli, -s *baggy sweater,* II12

schlafen *to sleep,* II4

der Schlafsack, ⸗e *sleeping bag,* II9

das **Schlafzimmer,** - *bedroom,* II7

die Schlaghose, -n *bell bottoms,* II12

die Schlange, -n *line,* II12

schlank *slim,* II1

die **Schlaufe,** -n *belt loop,* II8

schlecht *bad(ly),* I; **schlecht gelaunt** *in a bad mood,* II1; **Mir ist schlecht.** *I feel sick.,* II6

die **Schleife,** -n *loop, bow,* II2

schließlich *at the end, after all,* II4

schlimm *bad,* II5

Schlittschuh laufen *to ice skate,* I

das Schlitzohr, -en *rascal,* II2

das Schloss, ⸗er *castle,* II3

schlucken *to swallow,* II6; **Ich kann kaum schlucken.** *I can barely swallow.,* II6

schmackhaft *tasty,* II12

schmalzig *corny, mushy,* I

schmecken *to taste,* II5; **Schmeckt's?** *Does it taste good?,* I; **Wie schmeckt's?** *How does it taste?,* I; **schmeckt mir nicht** *doesn't taste good,* II4; **schmeckt mir am besten** *tastes best to me,* II5

der **Schmerz,** -en *pain,* II6

der **Schmuck** *jewelry,* I

der Schmuse-Typ, -en *cuddly type,* II7

schmutzig *dirty,* II7

die Schnecke, -n *snail,* II5

der **Schnee** *snow,* I

schneiden *to cut,* II5

schneien: Es schneit. *It's snowing.,* I

schnell *fast,* II7

schnippen *whisk off,* II12

der Schnittkäse *cheese for slicing,* II2

der **Schnittlauch** (sing) *chives,* II5

das **Schnitzel,** - *cutlet (pork or veal),* II5

schnorcheln *to snorkel,* II9

der **Schnupfen** *runny nose,* II6

die **Schokolade,** -n *chocolate,* II2

die Scholle, -n *plaice (type of flounder),* Loc 4

schon *already,* I; **Schon gut!** *It's okay!,* II5; **schon oft** *a lot, often,* II3; **Ich glaube schon, dass ...** *I do believe that...,* II10

schön *pretty, beautiful,* I

die Schönheit, -en *beauty,* II8

der Schönheitswettbewerb, -e *beauty competition,* II8

schräg *diagonal,* II9

der **Schrank,** ⸗e *cabinet,* I

die Schranke, -n *barrier,* II7

schreiben *to write,* I

der **Schreibtisch,** -e *desk,* I

der Schreiner, - *cabinet-maker,* II7

der Schriftsteller, - *author (male),* Loc 1

der Schritt, -e *step,* II9

der Schubkarren, - *wheelbarrow,* II7

der **Schuh**, -e *shoe*, II8
das **Schuhwerk**, -e *footwear*, II4
die **Schulaula**, Schulaulen *school auditorium*, II5
die **Schuld** *guilt, fault*, II10
das **Schuldgefühl**, -e *feeling of guilt*, II10
  schuldig sein *to owe*, II6
die **Schule**, -n *school*, I
der **Schüler**, - *student, pupil (male)*, II
der **Schüleraustausch** *exchange student program*, II3
die **Schülerin**, -nen *student, pupil (female)*, II1
die **Schülerzeitung**, -en *school newspaper*, II10
die **Schulfeier**, -n *school celebration*, II11
der **Schulhof**, ‥e *schoolyard*, II2
das **Schuljahrbuch**, ‥er *school yearbook*, II7
die **Schulsachen** (pl) *school supplies*, I
die **Schultasche**, -n *schoolbag*, I
die **Schulter**, -n *shoulder*, II6
  schützen *to protect*, II6
der **Schutzfaktor**, -en *protection factor*, II6
  schwarz *black*, I
das **Schwein**, -e *pig, pork*, II5
der **Schweinebraten**, - *pork roast*, II2
das **Schweinefleisch** *pork*, II5
das **Schweinekotelett**, -s *pork chop*, II5
das **Schweinerückensteak**, -s *pork loin steak*, II1
der **Schweizer**, - *Swiss (male)*, II5
der **Schweizer Käse** *Swiss cheese*, II5
  schwer *heavy; difficult*, II4; **schwer haben** (sep) *to have a hard time*, II9
die **Schwester**, -n *sister*, I
die **Schwierigkeit**, -en *difficulty, problem*, II4
das **Schwimmbad**, ‥er *swimming pool*, I
das **Schwimmbecken**, - *pool*, II7
  schwimmen *to swim*, I
  schwitzen *to sweat*, II2
  schwören *to swear*, II7
der **Sciencefictionfilm**, -e *science fiction movie*, I
der **Sciencefictionroman**, -e *science fiction novel*, I
der **See**, -n *lake*, II7
die **See**, -n *ocean, sea*, II9
das **Seebarschfilet**, -s *fillet of perch*, II11
die **Seezunge**, -n *sole*, II11

das **Segel**, - *sail*, Loc 7
der **Segelkurs**, -e *sailing class*, II9
  segeln *to sail*, II9
das **Segelschiff**, -e *sailboat*, Loc 4
  sehen *to see*, I; **er/sie sieht** *he/she sees*, I
die **Sehenswürdigkeit**, -en *place of interest*, II1
  sehr *very*, I; **Sehr gut!** *Very well!*, I; **sehr gesund leben** *to live in a very healthy way*, II4
  sei: Sei ... ! *Be...!*, II5
  seicht *shallow*, II9
  seid: ihr seid *you* (pl) *are*, I
die **Seide**, -n *silk*, I
das **Seidenhemd**, -en *silk shirt*, II8
der **Seidenschal**, -s *silk scarf*, II8
die **Seife**, -n *soap*, II6
  sein (poss adj) *his*, I
  sein *to be*, I; **er ist** *he is*, I
  seit (prep) *since, for*, II9
die **Seite**, -n *page*, II1
  sekundengenau *accurate within a second*, II10
  selber *self*, II9
  selbst *self*, II1
  selbstverständlich *of course*, II12
die **Selbstverteidigung** *self-defense*, II1
  selten *seldom*, II4
  seltsam *strange*, II1
die **Semmel**, -n *roll*, I
der **Sender**, - *station, transmitter, channel*, II10
der **Sendesaal**, (pl) Sendesäle *broadcasting studio*, II11
die **Sendung**, -en *show, program*, II10
der **Senf** *mustard*, I
  sensationell *sensational*, I
der **September** *September*, I
die **Serie**, -n *series*, II10
  servieren *to serve*, II5
die **Servobremsen** (pl) *power brakes*, II10
die **Servolenkung**, -en *power steering*, II10
  Servus! *Hello!; So long!*, II1
der **Sessel**, - *armchair*, I
  setzen *to put*, II6
  s. **setzen** *to sit down*, II12
das **Shampoo**, -s *shampoo*, II6
die **Shorts** (sing or pl) *pair of shorts*, I
  sich *herself, himself, itself, yourself, themselves, yourselves*, II4
  Sicher! *Certainly!*, I; **Ich bin nicht sicher.** *I'm not sure.*, I; **Aber sicher!** *But of course!*, II4; **Ich bin sicher, dass ...** *I'm certain that...*, II9

  sicher *secure*, II7
  sichern *to secure*, II9
  sie *she; it; they; them*, I
  Sie *you* (formal), I
der **Siebenschläfer**, - *dormouse*, II9
das **Silber** *silver*, II2; **aus Silber** *made of silver*, II6
  sind: sie sind *they are*, I; **Sie** (formal) **sind** *you are*, I; **wir sind** *we are*, I
  singen *to sing*, II3
die **Sinnestäuschung**, -en *hallucination*, II10
  sinnlos *senseless*, II12
der **Sitz**, -e *place*, II3
  sitzen *to be sitting*, II1
der **Sitzschoner**, - *seat cover*, II10
  skeptisch *skeptical*, II5
das **Skifahren** *skiing*, II4
  Ski laufen *to ski*, II1
die **Skizze**, -n *sketch*, II8
der **Smoking**, -s *tuxedo*, II12
  so *so, well, then*, I; **so lala** *so so*, I; **So sagt man das!** *Here's how to say it!*, I; **so viel** *so much*, II6; **so was** *the like, like that*, II11
  so genannt *so-called*, II3
  so ... wie *as ... as*, II7
die **Socke**, -n *sock*, I
das **Sofa**, -s *sofa*, I
  sofort *immediately*, II6
  sogar *even*, II2
der **Sohn**, ‥e *son*, II1
die **Sojasprossen** (pl) *bean sprouts*, II5
das **Solarmobil**, -e *solar-powered car*, II10
  solch- *such*, II9
  solid *solid*, II9
  sollen *should, to be supposed to*, I
der **Sommer**, - *summer*, I
die **Sonderfahrt**, -en *chartered tour*, II9
  sondern: nicht nur ... sondern auch *not only ... but also*, II3
der **Sonnabend**, -e *Saturday*, I
die **Sonne** *sun*, I
  s. **sonnen** *to sunbathe*, II9
die **Sonnenallergie**, -n *sun allergy*, II3
das **Sonnenbad**, ‥er *sunbathing*, II6
die **Sonnenbrille**, -n *sunglasses*, II12
die **Sonnencreme** *sun tan lotion*, II6
die **Sonneneinstrahlung**, -en *solar radiation*, II6
die **Sonnenmilch** *sun tan lotion*, II6
der **Sonnenschutz** *sun protection*, II6
der **Sonnenstich**, -e *sunstroke*, II6
der **Sonnenstrahl**, -en *sun ray*, II6

sonnig *sunny,* I
der **Sonntag,** -e *Sunday,* I
sonntags *Sundays,* II10
sonst: Sonst noch etwas?
  Anything else?, II2
sonstig- *other,* II8
sorgen für *to take care of,* II5
die **Sorte,** -n *kind, type,* II2
sortieren *to sort,* I
die **Soße,** -n *sauce,* II5
sowie *and,* II7
sowohl ... als auch ... *...as well as...,* II7
sozial *social,* II8
Spanien (das) *Spain,* II9
spanisch (adj) *Spanish,* II11
spannend *exciting, thrilling,* I
die **Spannung,** -en *suspense,* II10
sparen auf (acc) *to save for,* II10
der **Spaß** *fun,* I; **(Tennis) macht**
  keinen Spaß *(Tennis) is no*
  fun, I
spät *late,* II4
der **Spaten,** - *spade,* II7
später *later,* II10
spazieren *to walk, stroll,* II3;
  spazieren gehen (sep) *to go for*
  a walk, II3
das **Speerwerfen** *javelin throw,* II1
die **Speise,** -n *food,* II4
die **Speisekarte,** -n *menu,* II5
speisen *to eat, dine,* II11
die **Spezialität,** -en *specialty,* II11
speziell *especially,* II10
das **Spiegelei,** -er *fried egg,* II3
das **Spiel,** -e *game,* II3
spielen *to play,* I
der **Spielfilm,** -e *feature film,* II10
die **Spielshow,** -s *game show,* II10
der **Spinat** *spinach,* II2
Spitze! *Super!,* I
die **Spitzenqualität** *top quality,* II2
der **Spitzensportler,** - *top athlete,* II12
der **Spitzer,** - *pencil sharpener,* II5
der **Sport** *sports; physical education,* I
die **Sportanlage,** -n *sport*
  facility, II12
die **Sportart,** -en *kind of sport,* II1
der **Sportartikel,** - *sporting equip-*
  ment, II2
die **Sporteinrichtung,** -en *sport*
  facility, II12
der **Sportler,** - *athlete,* II12
sportlich *sporty,* II8
die **Sportsendung,** -en *sports*
  show, II10
die **Sportübertragung,** -en *sports*
  telecast, II10
der **Sportwagen,** - *sports car,* II10
die **Sprache,** -n *language,* II4

der **Sprachkurs,** -e *language*
  course, II3
die **Sprechblase,** -n *speech bubble,* II5
sprechen *to speak,* I; **sprechen**
  über *to talk about, discuss,* I;
  er/sie spricht über *he/she*
  talks about, I; **Kann ich bitte**
  Andrea sprechen? *Could I*
  please speak with Andrea?, I
das **Sprichwort,** ⸚er *saying,* II11
spritzen *to spray,* II4
der **Spritzer,** - *splash,* II12
das **Spülbecken,** - *sink,* I
spülen *to wash,* I
der **Staat,** -en *country, state,* II3
die **Staatssammlung,** -en *state collec-*
  tion, II1
der **Stabhochsprung** *pole vault,* II1
stabilisieren *to stabilize,* II6
das **Stadion,** (pl) **Stadien** *stadium,* II3
die **Stadt,** ⸚e *city,* I; **in der Stadt** *in*
  the city, I; **in die Stadt gehen**
  to go downtown, I
die **Stadtbesichtigung,** -en *city*
  tour, II3
der **Stadtbummel** *stroll downtown,* II1
die **Stadtkarte,** -n *city map,* II9
der **Stadtplan,** ⸚e *city map,* II9
der **Stadtrand,** ⸚er *edge of the city,* II7
die **Stadtrundfahrt,** -en *city sight-*
  seeing tour, II11
der **Stadtrundgang,** ⸚e *city walking*
  tour, stroll around town, II9
der **Stadtteil,** -e *neighborhood in a*
  city, II3
das **Stadttor,** -e *city gate,* II9
das **Stadtzentrum,** (pl) **Stadtzentren**
  downtown, II7
stammen aus *to come from,* II1
der **Stammtisch,** -e *(table reserved for*
  regular guests), II12
der **Stand,** ⸚e *stand,* II5
das **Stangenbrot,** -e *bread stick,* II5
der **Stapel,** - *pile,* II7
stark *great; strong,* I
die **Stärke** *strength,* II12
die **Statistik,** -en *statistics,* II10
stattfinden (sep) *to take place,* II9
stattgefunden *taken place,* II3
stattlich *stately; imposing,* II9
der **Staub** *dust,* I; **Staub saugen** *to*
  vacuum, I; **Staub wischen** *to*
  dust, II2
staunen *to be surprised,* er
  staunte nicht schlecht *he was*
  quite surprised, II12
das **Steak,** -s *steak,* II12
der **Steckbrief,** -e *(here:) personal*
  profile, II1
die **Steghose,** -n *stirrup pants,* II8

stehen: auf etwas stehen *to swear*
  by, II2; **Das steht dir prima!**
  That looks great on you!, II8;
  Wie steht's mit ...? *So what*
  about...?, II4
steigen *to climb,* II9
die **Stelle,** -n *position; job,* II7
stellen *to put,* II1; **Stell deinem**
  Partner Fragen! *Ask your part-*
  ner questions., II5
die **Sterblichkeit** *mortality,* II10
das **Stereo-Farbfernsehgerät,** -e
  color stereo television set, II10
die **Stereoanlage,** -n *stereo,* I
das **Stereogerät,** -e *stereo,* II10
der **Sterngucker,** - *stargazer,* II10
der **Steuerberater,** - *tax advisor,* II8
steuern *to steer, operate,* II10
das **Stichwort,** ⸚er *key word,* II3
stickig *stuffy, suffocating,* II7
der **Stiefel,** - *boot,* I
der **Stift,** -e *pencil,* II9
der **Stil,** -e *style,* II8
still *quiet,* II9
stimmen *to be correct,* II2;
  Stimmt (schon)! *Keep the*
  change., I; **Stimmt!** *That's*
  right! True!, I; **Stimmt nicht!**
  Not true!; False!, I; **Stimmt**
  (überhaupt) nicht! *That's not*
  right (at all)!, II10; **Stimmt,**
  aber ... *That's true, but...,* II4
die **Stimmung** *mood,* II3
die **Stirn,** -en *forehead,* II6
das **Stirnband,** ⸚er *head band,* II1
der **Stock,** ⸚e *floor,* II1
der **Stoff,** -e *material,* II12
das **Stofftier,** -e *stuffed animal,* II7
der **Stolz** *pride,* II3
stolz auf (acc) *proud of,* II3;
  stören *to disturb,* II5
die **Strafe,** -n *punishment,* II2
der **Strahl,** -en *ray,* II6
der **Strand,** ⸚e *beach,* II9
die **Straße,** -n *street,* I; **bis zur**
  ...straße *until you get to ...*
  Street, I; **in der ...straße** *on ...*
  Street, I
der **Strauch,** ⸚er *bush,* II7
der **Strauß,** ⸚e *bouquet,* I
das **Streichkonzert,** -e *concert for*
  strings, II11
der **Streifen,** - *stripe,* II12
streiten *to argue,* II9
der **Stress** *stress,* II7
stricken *to knit,* II7
der **Strumpf,** ⸚e *stocking,* II8
das **Stück,** -e *piece,* I; **ein Stück**
  Kuchen *a piece of cake,* I
stückeln *to cut into pieces,* II5

der Student, -en *(college) student (male)*, II4

die Studentin, -nen *(college) student (female)*, II4

der Studienkreis, -e *study circle*, II9

studieren *to study*, II4

die Stufe, -n *step, level*, II1

der Stuhl, ⸚e *chair*, I

die Stunde, -n *hour*, II3

stundenlang *for hours*, II2

der Stundenplan, ⸚e *class schedule*, I

suchen *to look for, search for*, I

südlich *southern*, II9

super *super*, I

das Superangebot, -e *special offer*, II2

der Supermarkt, ⸚e *supermarket*, I

supertoll *really great*, II4

die Suppe, -n *soup*, II1

surfen *to surf*, II9

süß *sweet*, II6

süßsauer *sweet and sour*, II1

der Süßstoff, -e *sweetener*, II5

sympathisch *nice, pleasant*, II1

das Symphoniekonzert, -e *orchestral concert*, II11

das Symphonieorchester, - *symphony orchestra*, II11

die Symphoniker (pl) *members of a symphony orchestra*, II11

das Symptom, -e *symptom*, II6

die Synagoge, -n *synagogue*, II11

die Szene, -n *scene*, II2

T

die Tabelle, -n *table, grid*, II4

die Tablette, -n *pill*, II6

die Tacos (pl) *tacos*, II12

die Tafel, -n *table, blackboard*, II1

der Tag, -e *day*, I; eines Tages *one day*, I

die Tagesfahrt, -en *day trip*, II9

täglich *daily*, II2

tagsüber *during the day, in the daytime*, II12

der Tagungsort, -e *conference site*, II3

das Tal, ⸚er *valley*, II9

der Talkessel, - *basin of the valley*, Loc 10

die Talkshow, -s *talk show*, II10

der Tandemsprung, ⸚e *tandem jump*, II10

die Tante, -n *aunt*, I

tanzen *to dance*, I; tanzen gehen *to go dancing*, I

die Tanzveranstaltung, -en *dance*, II3

tappen *to fumble about, to grope*, II12

die Tasche, -n *bag; pocket*, II8

die Taschenlampe, -n *flashlight*, II9

der Taschenrechner, - *pocket calculator*, I

das Taschenwörterbuch, ⸚er *pocket dictionary*, II1

die Tätigkeit, -en *activity*, II6

der Tatort, -e *scene of a crime*, II10

tatsächlich *really, actually*, II11

tauchen *to dive*, II9

die Tauchschule, -n *diving school*, II12

tauschen *to trade*, II2

tausend *thousand*, II12

der Taxifahrer, - *taxi driver*, II11

der Tee *tea*, I; ein Glas Tee *a glass of tea*, I

der Teelöffel, - *teaspoon*, II5

der Teil, -e *part*, II1

teilen *to divide, share*, II3

teilnehmen an (sep, dat) *to participate in*, II4

teilweise *partly*, II4

das Telefon, -e *telephone*, I

telefonieren *to call*, I

die Telefonnummer, -n *telephone number*, I

die Telefonzelle, -n *telephone booth*, I

die Temperatur, -en *temperature*, II6

das Tennis *tennis*, I

der Tennisplatz, ⸚e *tennis court*, II9

der Tennisschläger, - *tennis racket*, II2

der Tennisspieler, - *tennis player*, II1

das Tennisturnier, -e *tennis tournament*, II1

der Teppich, -e *carpet*, I

die Terrasse, -n *terrace, porch*, II7

testen *to test*, II2

teuer *expensive*, I

die Textilindustrie, -n *textile industry*, Loc 1

das Theater, - *theater*, I; ins Theater gehen *to go to the theater*, I

die Theateraufführung, -en *theatrical performance*, II3

das Theaterstück, -e *play*, II11

die Theke, -n *bar, counter*, II4

das Thema, (pl) Themen *subject, topic*, II2

theoretisch *theoretical(ly)*, II10

der Thunfischsalat *tuna salad*, II5

tief *deep*, II12

die Tiefkühlerdbeere, -n *frozen strawberry*, II5

die Tiefkühlkost *frozen food*, II5

tiefschwarz *jet black*, II8

das Tier, -e *animal*, II2

der Tierarzt, ⸚e *veterinarian*, II3

der Tiergarten, ⸚ *zoo*, II11

tierlieb *fond of animals*, II1

die Tierliebe *love of animals*, II5

die Tiersendung, -en *animal documentary*, II10

der Tilsiter Käse *Tilsiter cheese*, II5

das Tirol *Tyrol*, II3

der Tisch, -e *table*, I

das Tischtennis *table tennis*, II3

das Tischtuch, ⸚er *tablecloth*, II12

der Titel, - *title*, II4

Tja ... *Well...*, I

die Tochter, ⸚ *daughter*, II1

todlangweilig *extremely boring*, II7

der Tofu *tofu*, II5

die Toilette, -n *bathroom, toilet*, II7

toll *great, terrific*, I

die Tomate, -n *tomato*, I

die Tomatensoße, -n *tomato sauce*, II12

der Topf, ⸚e *pot*, II9

das Tor, -e *gate*, Loc 4

die Torte, -n *layer cake*, I

die Tour, -en *tour, trip*, II4

der Tourismus *tourism*, Loc 1

der Tourist, -en *tourist*, II9

die Tracht, -en *ethnic costume*, II8

tragen *to wear; carry*, II8; er/sie trägt *he/she wears*, II8; tragen zu *to wear with*, II8

der Träger, - *strap*, II8

das Trägerhemd, -en *camisole*, II8

trainiert *trained*, II3

das Training *training*, II3

trampen *to hitchhike*, II9

die Träne, -n *tear*, II7

die Traube, -n *grape*, I

der Traubenzucker *glucose*, II5

der Traum, ⸚e *dream*, II9

die Traumanlage, -n *dream spot*, II12

das Traumhaus, ⸚er *dream house*, II7

traurig *sad*, I

der Treff, -s *meeting, rendezvous*, II9

s. treffen *to meet*, II3

treiben: Sport treiben *to play sports*, II4

die Treppe, -n *staircase*, II7

das Tretboot, -e *pedal boat*, II9

treten *to step on; to pedal*, II6

trinken *to drink*, I

trocken *dry*, I

trocknen *to dry*, II2

der Trödelmarkt, ⸚e *second-hand or flea market*, II8

der Troll, -en *troll*, II11

trollen *to trot, to troddle*, II11

trotz (prep) *in spite of, despite*, II8

trotzdem *nevertheless*, II3

der Trumpf, ⸚e *trump (card)*, II9

Tschau! *Bye! So long!*, I

Tschüs! *Bye! So long!*, I

GERMAN-ENGLISH VOCABULARY

das T-Shirt, -s *T-shirt*, I
die Tube, -n *tube*, II6
das Tuch, ⸚er *scarf*, II1
tun *to do*, I; Leid tun: **Es tut mir Leid.** *I'm sorry.*, I; **Tut mir Leid. Ich bin nicht von hier.** *I'm sorry. I'm not from here.*, II9; weh tun: **Tut dir ... weh?** *Does your...hurt?*, II6; **Tut dir was weh?** *Does something hurt?*, II6; **Tut's weh?** *Does it hurt?*, II6
türkisblau *turquoise*, II8
die Türkei *Turkey*, II9
türkisch (adj) *Turkish*, II11
der Turm, ⸚e *tower*, II11
turnen *to do gymnastics*, II2
das Turnier, -e *tournament*, II12
der Turnschuh, -e *sneaker, athletic shoe*, I
das Tüteneis, - *ice cream bar*, II2
der Typ, -en *guy; type*, II8
typisch *typical*, II1

U

die U-Bahn=Untergrundbahn, -en *subway*, I
die U-Bahnstation, -en *subway station*, I
über (prep) *over; about; above*, II1
überall *everywhere; all over*, II3
das Überarbeiten, *revising*, II9
überbacken *au gratin*, II11
überhaupt *generally; absolutely*, II2; **überhaupt nicht** *not at all*, I; **überhaupt nicht gern haben** *to strongly dislike*, I; **überhaupt nicht wohl** *not well at all*, II4
s. überlegen *to consider, reflect*, II7
übernachten *to spend the night*, II3
die Übernachtung, -en *overnight stay*, II9
übernehmen *to take over*, II1
überraschen *to surprise*, II12
die Überraschung, -en *surprise*, II11
die Überschrift, -en *title*, II6
überstand (past) *overcame*, Loc 4
die Übertragung, -en *telecast, transmission*, II10
übertreiben *to exaggerate*, II7
überwältigend *overwhelming*, II11
überzeugt *convinced, persuaded*, II8
das Übliche *the usual*, II3
übrig bleiben *to be left over*, II7
übrigens *by the way*, II6

die Übung, -en *exercise*, II2
die Uhr, -en *watch, clock*, II1
die Uhrzeit, -en *time of the day*, II3
um (prep) *at; around*, II9; **um 8 Uhr** *at 8 o'clock*, I; **um ein Uhr** *at one o'clock*, I; **Wie viel Uhr ist es?** *What time is it?*, I; **Um wie viel Uhr?** *At what time?*, I
um ... zu *in order to...*, II4
die Umfrage, -n *survey, poll*, II2
die Umgebung, -en *surrounding area*, II7
umher *around, on all sides*, II12
umrahmen *to frame*, Loc 10
umrühren (sep) *to stir*, II12
umschreiben (sep) *to rewrite*, II4
die Umwelt *environment*, I
das Umweltbewusstsein *environmental consciousness*, II4
der Umzug, ⸚e *change of residence, move*, II7
unbedingt *absolutely, by all means*, II6; **Nicht unbedingt!** *Not entirely! Not necessarily!*, II5
unbegrenzt *boundless, limitless*, II12
unbequem *uncomfortable*, I
und (conj) *and*, I
unecht *not genuine*, II12
unentbehrlich *indispensable, absolutely necessary*, II10
unfreundlich *unfriendly*, II1
ungarisch *Hungarian*, II11
ungefähr *about, approximately*, I
ungekocht *unboiled*, II12
ungestört *undisturbed*, II5
ungesund *unhealthy*, II4
ungewöhnlich *unusual*, II12
unglaublich *unbelievable*, II10
die Uni, -s=Universität *university*, II3
die Universität, -en *university*, II3
das Universum *universe*, II10
unmöglich *impossible*, II8
unnötig *unnecessary*, II7
unpraktisch *impractical*, II8
uns *us*, I; *ourselves*, II4; *to us*, II3
unser (poss adj) *our*, II5
unsicher *unsure*, II9
unsportlich *unathletic*, II1
unsympathisch *unfriendly, unpleasant*, II1
unten *underneath, below*, II2
s. unterhalten *to chat, converse*, II2
die Unterhaltung, -en *conversation; entertainment*, II3
die Unterhaltungskosten (pl) *cost of upkeep*, II10
die Unterhaltungsmöglichkeit, -en *entertainment option*, II3

die Unterkunft, ⸚e *accommodation*, II3
unternehmen *to undertake, to attempt*, II1
unternommen *undertaken, attempted*, II12
der Unterricht *class, lesson*, II2
unterscheiden *to distinguish*, II8
der Unterschied, -e *difference*, II11
untersuchen *to examine*, II10
die Untersuchung, -en *examination*, II6
unterteilt *subdivided*, II12
unterwegs *on the way, underway*, II3
unwohl *unwell*, II6
der Urlaub, -e *vacation* (time off from work), II3
der Urlauber, - *person on vacation*, II12
das Urlaubsglück *vacation happiness*, II12
der Urlaubsort, -e *vacation site*, II9
das Urlaubsparadies, -e *vacation paradise*, II9
das Urlaubsziel, -e *vacation destination*, II9
das Urteil, -e *verdict, judgment*, II12
usw.=und so weiter *et cetera, and so on*, II1

V

die Vanille *vanilla*, II5
das Vanilleeis *vanilla-flavored ice cream*, II5
die Vanillemilch *vanilla-flavored milk*, II5
die Variante, -n *variant*, II12
variationsreich *full of variations*, II12
der Vater, ⸚ *father*, I
der Vatertag *Father's Day*, I; **Alles Gute zum Vatertag!** *Happy Father's Day!*, I
der Vati=Vater *father*, II1
der Vegetarier, - *vegetarian*, II5
vegetarisch (adj) *vegetarian*, II5
verändern *to modify, change*, II8
die Veranstaltung, -en *performance, show, arrangement*, II11
das Verb, -en *verb*, II11
verbessern *to improve, to correct*, II1
der Verbesserungsvorschlag, ⸚e *suggestion for improvement*, II7
verbieten *to forbid*, II7

das Verbot, -e *prohibition*, II4
verbracht (pp) *spent*, II3
verbreitet *spread, disseminated*, II2
verbringen *to spend (time)*, I
s. verdrücken *to slip away*, II12
der Verein, -e *association, club*, II9
vereinigt *unified*, II3
vereint *united*, Loc 4
verfügen über (acc) *to have something at one's disposal*, II12
die Verfügung: zur Verfügung stehen *to be available*, II7
die Vergangenheit *past*, II3
vergessen *to forget*, II1
vergiftet *poisoned, contaminated*, II7
vergleichen *to compare*, II7
das Verhalten, - *behavior*, II7
s. verhalten *to behave*, II7
das Verhältnis, -se *situation, circumstance; relationship*, II11
verheiratet *married*, II12
verhindern *to prevent*, II4
verkaufen *to sell*, II7
der Verkäufer, - *salesman*, II1
der Verkehr *traffic*, II7
der Verkehrslärm *traffic noise*, II7
das Verkehrsmittel, - *transportation*, II9; **öffentliche Verkehrsmittel** *public transportation* II9
verklärt *transfigured, radiant*, II11
der Verlag, -e *publishing house*, Loc 4
verlassen *to leave*, II2; (adj, pp) *deserted, abandoned*, II2
verlegen *embarrassed, self-conscious*, II1
s. verletzen *to injure* (oneself), II6
die Verletzung, -en *injury*, II4
verlieren *to lose*, II10
verlockend *tempting*, II4
verloren *lost*, II3
vermeiden *to avoid*, II4
vermengen *to mix*, II12
der Vermieter, - *landlord*, II7
vernünftig *reasonable, sensible*, II4; **vernünftig essen** *to eat sensibly*, II4
verpatzt *bungled*, II9
verrechnen *to miscalculate*, II10
verreisen *to leave on a trip*, II8
verrückt *crazy*, II5
verrühren *to mix, stir*, II5
verschieden *different*, I
verschlingen *to devour*, II10
der Verschluss, ̈e *lock, clasp, seal*, II8
versehen *to provide*, II5; (pp) *provided*, II5
das Versehen, - *oversight, error*, II5

die Versicherung, -en *insurance*, II10
versprechen *to promise*, II11
verständigen *to communicate*, II1
verstanden *understood*, II3
das Verständnis, -se *comprehension; sympathy*, II2
der Verstärker, - *amplifier*, II9
s. verstauchen *to sprain*, II6
verstehen *to understand*, II4
verstellbar *movable, adjustable*, II8
der Versuch, -e *attempt*, II3
versuchen *to try*, II10
der Vertrag, ̈e *contract, agreement*, II12
vertragen: Ich kann das Brot nicht vertragen. *The bread doesn't agree with me.*, II12
vertreiben *to banish, expel*, II7
vertun *to squander, waste*, II2
verursachen *to cause*, II6
verwandelt *transformed*, II3
der Verwandte, -n *relative*, II7
verwenden *to make use of, use*, II4
verwöhnen *to spoil, pamper*, II12
Verzeihung! *Excuse me!*, I; *Pardon me!*, II9
verzichten auf (acc) *to do without*, II4
das Video, -s *video cassette*, I
die Videocassette, -n *video cassette*, II10
die Videokamera, -s *camcorder*, II3
der Videorecorder, - *video cassette recorder*, II3
der Videotext, -e *videotext*, II10
der Videowagen, - *VCR cart*, II10
das Vieh *cattle*, II9
viel *a lot*, I; **viel zu** *much too*, I; **viel Obst essen** *to eat lots of fruit*, II4
viele *many*, I; **Vielen Dank!** *Thank you very much!*, I
vielleicht *maybe, perhaps*, I
vielseitig *versatile*, II11
die Vielzahl, -en *multitude*, II10
der Vierbeiner, - *four-legged animal*, II12
der Vierer, *driver's license for a moped*, II12
vierfach- *quadruple*, II12
viert- *fourth*, II11
das Viertel: **Viertel nach** *a quarter after*, I; **Viertel vor** *a quarter till*, I
die Viskose *viscose*, II8
die Vitalität *vitality*, Loc 10
das Volk, ̈er *people*, II12
das Volksfest, -e *festival*, II8

voll *full*, II5
Volleyball *volleyball*, I
völlig *completely*, II3
der Vollkontakt *full contact*, II1
das Vollkornbrötchen, - *whole grain roll*, II5
die Vollkornsemmel, -n *whole grain roll*, I
die Vollmilch *whole milk*, II4
die Vollpension *all meals included*, II12
vollschlank *not-so-slim*, II1
vollwaschbar *fully-washable*, II8
die Vollwertkost *highly nutritional food*, II4
vom=von dem
von (prep) *from, of*, II9; **von 8 Uhr bis 8 Uhr 45** *from 8:00 until 8:45*, I; **von daher** *for this reason*, II7; **von hier aus** *from here*, II9; **von hinten** *from behind*, II8; **von vorn** *from the beginning*, II8; **von zu Hause** *from home*, II9
vor (prep) *before, in front of*, II9; **vor allem** *most importantly*, II8; **vor allen Dingen** *especially*, II10; **zehn vor ...** *ten till...*, I
das Vorabendprogramm, -e *schedule for the early evening*, II10
der Vorbehalt, -e *reservations*, II7
vorbei *along, by, past*, II3
vorbeidonnern (sep) *to roar past*, II9
vorbeiführen (sep) *to lead past*, II12
vorbeikommen (sep) *to pass by, drop by*, II9
das Vorbereiten, *to prepare*, II9
vorbereiten auf (sep, acc) *to prepare for*, II5
die Vorführung, -en *production, performance*, II3
vorgehen (sep) *to go before; to take action*, II5
vorgeschrieben *prescribed*, II10
vorgestern *day before yesterday*, I
vorhaben (sep) *to intend, plan*, II1
vorher *before, previously*, II12
vorkommen (sep) *to happen*, II4
vorlesen (sep) *to read aloud*, II4
die Vorliebe, -n *preference*, II12
der Vormittag, -e *morning*, II1
der Vorort, -e *suburb*, I
der Vorschlag, ̈e *suggestion, proposition, proposal*, II12; **Das ist ein guter Vorschlag.** *That's a good suggestion.*, II12
vorschlagen (sep) *to suggest*, II9
vorschreiben (sep) *prescribe*, II10

die Vorsicht *caution*, II6
vorsichtig *cautious*, II5
die Vorspeise, -n *appetizer*, II11
vorspielen (sep) *to act out*, II5
die Vorstadt, ⸚e *suburb*, Loc 1
s. vorstellen (sep) *to present, introduce; to imagine*, II7
die Vorstellung, -en *presentation; idea*, II11
der Vorteil, -e *advantage*, II7
der Vortrag, ⸚e *lecture, presentation*, II3
vortragen (sep) *to report*, II5
vorüber *past, beyond*, II2
das Vorurteil, -e *prejudice*, II8
die Vorverkaufskasse, -n *advance booking office*, II11
vorwiegend *primarily, prevailing*, II12
vorziehen (sep) *to prefer*, II7
vorzüglich *superior, excellent*, II11
der Vulkan, -e *volcano*, II9

W

wachsen *to grow*, II7
die Waffe, -n *weapon*, II3
die Waffel, -n *waffle*, II2
der Wagen, - *car, truck, wagon*, II10
die Wahl, -en *choice; election*, II9
wählen *to choose; select*, II11
wahlweise *by choice*, II12
wahnsinnig *insanely, extremely*, II3; **Wahnsinnig gut!** *Extremely well!*, II3
wahr *true*, II3
während (conj, prep) *during*, II3
wahrscheinlich *probably*, I
das Wahrzeichen, - *landmark, symbol*, Loc 4
das Waldspiel, -e *forest game*, II9
der Waldweg, -e *forest path*, II9
die Wand, ⸚e *wall*, II8
die Wanderhose, -n *hiking breeches*, II8
wandern *to hike*, I
der Wanderweg, -e *hiking trail*, II3
wann? *when?*, I
das Wappen, - *coat of arms*, II1
war: ich war *I was*, I
wäre *would be*, II2; **Das wäre toll!** *That would be great!*, II12; **Das wär' nicht schlecht.** *That wouldn't be bad.*, II11
das Warenhaus, ⸚er *department store*, II1
warm *warm*, I
warten auf (acc) *to wait for*, II2
warum? *why?*, I

was? *what?*, I; **Was noch?** *What else?*, I; **Was gibt's** *What is it?*, II5; **Was ist?** *What is it?*, II5
was=etwas *something*, II6; **Ist was mit dir?** *Is something wrong?*, II6
was für? *what kind of?*, I; **Was für ein Pech!** *That's too bad!*, II5
die Wäsche *laundry, clothes*, II2
waschen *to wash*, II6
s. waschen *to wash oneself*, II6
das Waschpulver, - *laundry detergent*, II10
das Wasser *water*, I
der Wasserhaushalt *water conservation*, II5
der Wassernapf, ⸚e *water bowl*, II12
das Wechselgeld *change*, II2
wechseln *to change*, II10
der Wecker, - *alarm clock*, II2
weder ... noch *neither ... nor*, II9
wegfahren (sep) *to drive away*, II11
weggeben (sep) *to give away*, II8
weggehen (sep) *to go away*, II8
wegwerfen (sep) *to throw out*, II8
wehtun (sep) *to hurt*, II6
weich *soft*, II8
Weihnachten *Christmas*, I; **Fröhliche Weihnachten!** *Merry Christmas!*, I
weil (conj) *because*, I
die Weile *while*, II7
der Wein, -e *wine*, II2
der Weinberg, -e *vineyard*, Loc 7
weiß *white*, I
die Weißwurst, ⸚e *(southern German sausage specialty)*, I
weit *far; wide*, I; *big, broad*, II12; **Wir sind so weit.** *We're ready.*, II11; **weit von hier** *far from here*, I
weiter *further*, II3
weitergeben (sep) *to pass on*, II11
weithin *far and wide*, II3
der Weitsprung *long jump*, II1
welch-? *which?*, I; **Welche Fächer hast du?** *Which subjects do you have?*, I
die Welt, -en *world*, II10
der Weltmeister, - *world champion*, II12
der Weltruf *international reputation*, Loc 10
wem? *whom, to whom?, for whom?*, I

wen? *whom?*, I
wenig *little*, II4
wenigstens *at least*, II4
wenn (conj) *whenever*, II8
wer? *who?*, I; **Wer ist das?** *Who is that?*, I
werben *to advertise*, II10
die Werbesendung, -en *commercial*, II10
die Werbung, -en *advertisement*, II8
werden *will*, II10; **er/sie wird** *he/she will*, II10; **Ich werde mir ... kaufen.** *I'll buy myself...*, II10
werfen *to throw*, II12
das Werk, -e *work; factory*, II11
der Wert *worth, value*, II8
wert sein *to be worth*, II11
wesentlich *substantial(ly)*, II10
der Westen *west*, II7
der Western, - *western (movie)*, I
wetten *to bet*, II5
das Wetter *weather*, I
der Wetterbericht, -e *weather report*, II10
die Wetterjacke, -n *rain jacket*, II8
der Whirlpool, -s *whirlpool*, II9
wichtig *important*, II4
wie? *how?*, I; **wie oft?** *how often?*, I; **Wie spät ist es?** *What time is it?*, I; **Wie steht's mit ...?** *So what about...?*, II4; **Wie wär's mit ...?** *How would ... be?*, II11; **Wie war's?** *How was it?*, II3; **wie lange?** *how long?*, II6; **wie viel?** *how much?*, I; **Wie viel Grad haben wir?** *What's the temperature?*, I; **Wie viel Uhr ist es?** *What time is it?*, I
wieder *again*, I; **wieder aufgebaut** *rebuilt*, Loc 10
wiedergeben (sep) *to repeat*, II9
wiederholen *to repeat*, II2
Wiederhören! *Bye! (on the telephone)*, I; **Auf Wiederhören!** *Goodbye! (on the telephone)*, I
Wiederschaun! *Goodbye!*, II11
Wiedersehen! *Bye!*, I; **Auf Wiedersehen!** *Goodbye!*, I;
wiegen *to weigh*, I
das Wiener Schnitzel, - *veal cutlet*, II11
die Wiese, -n *meadow*, II3
wieso? *why?; how?*, II11
wievielmal *how many times, how often*, II6
der Wildhüter, - *gamekeeper*, II10
die Wildlederjacke, -n *suede jacket*, II12

die Wildspezialität, -en *game special-ty*, II11
der Wildwestfilm, -e *wild west film*, II10
willkommen *welcome*, II12
die Windjacke, -n *windbreaker*, II8
windsurfen *to wind surf*, II9
der Winter *winter*, I
wir *we*, I
der Wirbelwind, -e *whirlwind*, II12
wirklich *really*, I
der Wirt, -e *proprietor*, II12
die Wirtschaft *business, economy*, Loc 7
wischen *to wipe*, II2
wissen *to know* (a fact, information, etc.), I; **Das weiß ich nicht.** *That I don't know.*, I; **Ich weiß nicht, ob ...** *I don't know whether...*, II9
witzig *fun, witty*, II8
wo? *where?*, I
woanders *somewhere else*, II2
wobei *whereby*, II4
die Woche, -n *week*, I; **(einmal) in der Woche** *(once) a week*, I
das Wochenende, -n *weekend*, I
die Wochenendfahrt, -en *weekend trip*, II9
wochentags *on weekdays*, II5
wöchentlich *weekly*, II12
wofür? *for what?*, II7; **Wofür interessierst du dich?** *What are you interested in?*, II8
woher? *from where?*, I; **Woher bist du?** *Where are you from?*, I; **Woher kommst du?** *Where are you from?*, I
wohin? *where (to)?*, I; **Wohin fahren wir?** *Where are we going?*, II9
wohl *well*, II1; **Ich fühle mich wohl.** *I feel great.*, II6
wohlhabend *well-to-do*, II12
wohnen *to live*, I
das Wohngebiet, -e *residential area*, II7
die Wohngegend, -en *residential area*, II7
das Wohnhaus, -̈er *residence*, II9
das Wohnmobil, -e *mobile home*, II9
der Wohnort, -e *residence*, II1
der Wohnraum, -̈e *living space*, II12
die Wohnung, -en *apartment*, II7
das Wohnzimmer, - *living room*, II7
wolkig *cloudy*, I
die Wolle *wool*, II8
wollen *to want (to)*, I
das Wollhemd, -en *wool shirt*, II8
wollweiß *off-white*, II8
woran? *at, on what?*, II9

worauf? *on, to what?*, II10
woraus? *out of, from what?*, II12
das Wort, -̈er *word*, II2
das Wörterbuch, -̈er *dictionary*, I
der Wortschatz, -̈e *vocabulary*, II1
worüber? *about, over what?*, I; **Worüber habt ihr gesprochen?** *What did you talk about?*, I
Worum geht's? *What's it about?*, II6
wovon? *of what?*, II12
wozu? *why?; to what purpose?*, II11
wunderbar *wonderful*, II8
das Wunderkind, -er *prodigy*, II12
wunderschön *incredibly beautiful*, II12
wundervoll *wonderful, full of wonder*, II3
der Wunsch, -̈e *wish*, I; **Haben Sie einen Wunsch?** *May I help you?*, I; **Haben Sie noch einen Wunsch?** *Would you like anything else?*, I
s. wünschen *to wish*, II5; **Ich wünsche mir ...** *I wish for...*, II7
der Wunschtraum, -̈e *wish-dream*, II7
wurde (past) *became*, II3
würde *would*, II11; **Würdest du gern mal ...?** *Wouldn't you like to...?*, II11
die Wurst, -̈e *sausage*, I
das Wurstbrot, -e *bologna sandwich*, I
würzen *to spice*, II5
würzig *spicy*, II11
die Wüste, -n *desert*, II3

Z

z. B. (zum Beispiel) *for example*, II1
die Zahl, -en *number*, II1
zahlreich *countless*, II12
der Zahn, -̈e *tooth*, II6
die Zahnbürste, -n *toothbrush*, II7
die Zahnpasta *toothpaste*, II6
die Zahnschmerzen (pl) *toothache*, II6
zart *tender*, II2
die Zauberflöte *magic flute*, II11
zeckig *hip* (with clothing), II8
der Zehnkämpfer, - *decathlete*, II12
zeichnen *to draw*, I
die Zeichnung, -en *drawing*, II5
zeigen *to show*, II3
die Zeit *time*, I; **zur Zeit** *right now*, II8
die Zeitausdrücke (pl) *time expressions*, II3
die Zeitschrift, -en *magazine*, I

die Zeitung, -en *newspaper*, I
der Zeitungsstand, -̈e *newsstand*, II10
das Zelt, -e *tent*, II9
die Zentrale, -n *center*, II10
die Zentralverriegelung, -en *central locking system*, II10
zerrissen *torn*, II12
zerstört *destroyed*, II3
die Zerstörung, -en *destruction*, II3
der Zettel, - *note*, II2
das Zeug, -e *stuff*, II8
ziehen *to pull*, II5
das Ziel, -e *goal*, II9
zielen *to aim*, II9
ziemlich *rather*, I
die Zigarette, -n *cigarette*, II4
das Zimmer, - *room*, I; **mein Zimmer aufräumen** *to clean my room*, I
die Zimmerantenne, -n *indoor antenna*, II10
der Zimt *cinnammon*, I
der Zirkus, -se *circus*, II11
die Zitrone, -n *lemon*, I
zögern *to hesitate*, II9
der Zoo, -s *zoo*, I
zu *too; to*, I; **zu Fuß** *on foot*, I; **zu Hause helfen** *to help at home*, I; **zu bitter** *too bitter*, II1; **zu viel** *too much*, II4; **zu viele** *too many*, II4
das Zuhause, - *home*, II4
zuallererst *first of all*, II4
die Zubereitung, -en *preparation*, II5
der Zucker *sugar*, I
zueinander *to one another*, II11
zuerst *first*, I
zufällig *coincidentally, by accident*, II9
zufrieden *satisfied*, II7
die Zufriedenheit, -en *satisfaction*, II8
der Zug, -̈e *train*, II1
zugeben (sep) *to admit*, II12
zugleich *at the same time*, Loc 4
zugreifen (sep) *to grab, take*, II12
zuhören (sep) *to listen to*, II6; **Hör gut zu!** *Listen carefully!*, I
der Zuhörer, - *listener*, II7
die Zukunft *future*, II3
zuletzt *last of all*, I
zum=zu dem: **zum Abendessen** *for dinner*, II5; **Zum Wohl!** *To your health!*, II11
zumachen (sep) *to close*, II5
zunächst *for the time being*, II12
zunehmend *increasingly*, Loc 1
die Zunge, -n *tongue*, II2
zur=zu der: **zur Anregung** *as a start*, II1; **zur Zeit** *right now*, II8
zurechtkommen (sep) *to get on well*, II6

zurück *back*, II1

zurückkommen (sep) *to return, come back*, II1

zurückziehen (sep) *withdraw*, II5

zusammen *together*, II1

die Zusammenarbeit *cooperation*, II11

zusammenballen (sep) *to conglomerate*, II9

die Zusammenfassung, -en *synopsis*, II11

zusammenkommen (sep) *to come together*, II3

zusammenpassen (sep) *to match*, II8

zusammensetzen (sep) *to put together*, II4

zusammenstellen (sep) *to put together*, II5

die Zusammenstellung, -en *combination*, II1

zusammentreffen (sep) *to meet*, II1

zusätzlich *additional*, II4

der Zuschauer, - *viewer*, II10

zuschlagen (sep) *to slam*, II7

zustimmen (sep) *to agree*, II7

die Zutaten (pl) *ingredients*, II5

zutreffen (sep) *to be correct*, II6

zuvor *before*, II10

zwar *indeed*, II7

zweckmäßig *appropriate, suitable*, II12

der Zweifel, - *doubt*, II9

zweimal *twice*, I

das Zweirad, ⸚er *bicycle*, II7

zweisprachig *bilingual*, Loc 4

zweit- *second*, II1

die Zwetschge, -n *plum*, II2

die Zwiebel, -n *onion*, I

der Zwiebelturm, ⸚e *tower with onion-shaped dome*, Loc 1

der Zwilling, -e *twin*, II1

zwischen (prep) *between*, II9

zwischendrin *in between*, II12

ENGLISH-GERMAN VOCABULARY

This vocabulary includes all of the words in the **Wortschatz** sections of the chapters. These words are considered active—you are expected to know them and be able to use them.

Idioms are listed under the English word you would be most likely to look up. German nouns are listed with the definite article and plural ending, when applicable. The number after each German word or phrase refers to the level in which it becomes active vocabulary. Entries followed by the Roman numeral I indicate the word became active in Level 1; entries followed by the Roman numeral II indicate the word was introduced in Level 2.

The following abbreviations are used in the vocabulary: sep (separable-prefix verb), pl (plural), sing (singular), acc (accusative), dat (dative), masc (masculine), and poss adj (possessive adjective).

A

a, an *ein(e)*, I
about *ungefähr*, I
across from *gegenüber*, II9
action movie *der Actionfilm, -e*, I
actor *der Schauspieler, -*, I
actress *die Schauspielerin, -nen*, I
advanced: to be advanced (person) *der Fortgeschrittene, -n*, II12
advantage *der Vorteil, -e*, II7
after *nach*, I; **after school** *nach der Schule*, I; **after the break** *nach der Pause*, I; **after lunch** *nach dem Mittagessen*, II3
after that *danach*, I
afternoon *der Nachmittag, -e*, I; **in the afternoon** *am Nachmittag*, I
afterward *nachher*, II10
again *wieder*, I
agree: I agree with you on that! *Da stimm ich dir zu!*, II10; **Yes, I do agree with you, but...** *Ja, ich stimme dir zwar zu, aber ...*, II7
Agreed! *Einverstanden!*, II10
air *die Luft*, II7; **air conditioning** *die Klimaanlage, -n*, II10
airplane *das Flugzeug, -e*, II7
alarm clock *der Wecker, -*, II2
alcohol: to not drink alcohol *keinen Alkohol trinken*, II4
all *all-*, II8
all right: Oh, (I'm) all right. *Na ja, soso!*, II3
allergic: I am allergic to... *Ich bin allergisch gegen ...*, II4
allowed: to be allowed to *dürfen*, II4
along: Why don't you come along! *Komm doch mit!*, I
already *schon*, I; *auch schon*, II3
also *auch*, I; *auch schon*, II3; **I also need...** *Ich brauche noch ...*, I

always *immer*, I
am: I am *ich bin*, I
and *und*, I
ankle *der Knöchel, -*, II6
announcement *der Anschlag, ⸚e*, II11
another *noch ein*, I; **I don't want any more...** *Ich möchte kein(e)(en) ... mehr.*, I; **I'd like another...** *Ich möchte noch ein(e)(en) ...*, I
another (a different) **one** *ein(-) ander-*, II9
antenna: indoor antenna *die Zimmerantenne, -n*, II10
anything: Anything else? *Sonst noch etwas?*, I, II2
apartment *die Wohnung, -en*, II7
appear *aussehen (sep)*, I
appetizer *die Vorspeise, -n*, II11
apple *der Apfel, ⸚*, I
apple cake *der Apfelkuchen, -*, I
apple juice *der Apfelsaft, ⸚e*, I; **a glass of apple juice** *ein Glas Apfelsaft*, I
approximately *ungefähr*, I
apricot *die Aprikose, -n*, II4
April *der April*, I
archery *das Bogenschießen*, II1
are: you are *du bist*, I; (formal) *Sie sind*, I; (pl) *ihr seid*, I; **we are** *wir sind*, I
arm *der Arm, -e*, II6
armchair *der Sessel, -*, I
around *um*, II9
art *die Kunst*, I
as ... as *so ... wie*, II7
at: at 8 o'clock *um 8 Uhr*, I; **at one o'clock** *um ein Uhr*, I; **at the baker's** *beim Bäcker*, I; **At what time?** *Um wie viel Uhr?*, I
at *an, in*, II3
athletic *sportlich*, II8
August *der August*, I

aunt *die Tante -n*, I
Austria *Österreich*, I
avoid (the sun) *(die Sonne) vermeiden*, II4
awesome *stark*, I; **The sweater is awesome!** *Ich finde den Pulli stark!*, I
awful *furchtbar*, I

B

back *der Rücken, -*, II6
bad *schlecht*, I; **badly** *schlecht*, I; **Bad luck!** *So ein Pech!*, I; **It's too bad that...** *Es ist schade, dass ...*, II4; **That's not so bad.** *Nicht so schlimm!*, II5; **That's too bad!** *Was für ein Pech!*, II5; *Ach schade!*, II6
baker *der Bäcker, -*, I; **at the baker's** *beim Bäcker*, I
bakery *die Bäckerei, -en*, I
bald: to be bald *eine Glatze haben*, I
ballet *das Ballett, -e*, II11
ballpoint pen *der Kuli, -s*, I
banana *die Banane, -n*, II2
bank *die Bank, -en*, I
bargain: That's a bargain. *Das ist preiswert.*, I
basketball *Basketball*, I
bathroom *das Badezimmer, -*, II7; **toilet** *die Toilette, -n*, II7
bay *die Bucht, -en*, II12
be *sein*, I; **I am** *ich bin*, I; **you are** *du bist*, I; **he/she is** *er/sie ist*, I; **we are** *wir sind*, I; (pl) **you are** *ihr seid*, I; (formal) **you are** *Sie sind*, I; **they are** *sie sind*, I
be able to *können*, I
be called *heißen*, I
beach *der Strand, ⸚e*, II9; **sand**

beach *der Sandstrand, ⁓e,* II9

bean (green) *die (grüne) Bohne, -n,* II2

beautiful *schön,* I

because *denn, weil,* I

become *werden,* II10; **he/she becomes** *er/sie wird,* II10

bed *das Bett, -en,* I; **to make the bed** *das Bett machen,* I

bed and breakfast *die Pension, -en,* II3

bedroom *das Schlafzimmer, -,* II7

beef *das Rindfleisch,* II4

beginner *der Anfänger, -,* II12

behind: from behind *von hinten,* II8

believe *glauben,* I; **You can believe me on that!** *Das kannst du mir glauben!,* II9; **I do believe that...** *Ich glaube schon, dass ...,* II10

belt *der Gürtel, -,* I; **belt loop** *die Schlaufe, -n,* II8

best: Best wishes on your birthday! *Herzlichen Glückwunsch zum Geburtstag!,* I

better *besser,* I, II5

between *zwischen,* II9

bicycle *Rad fahren,* II4; *das Fahrrad, ⁓er,* I; **by bike** *mit dem Rad,* I

bicycle racks *das Fahrrad-Depot, -s,* II12

big *groß,* I; *weit,* II12

bigger *größer,* II7

biology *Bio (die Biologie),* I

biology teacher (female) *die Biologielehrerin, -nen,* I

birthday *der Geburtstag, -e,* I; **Best wishes on your birthday!** *Herzlichen Glückwunsch zum Geburtstag!,* I; **Happy Birthday!** *Alles Gute zum Geburtstag!,* I; **My birthday is on...** *Ich habe am ... Geburtstag.,* I; **When is your birthday?** *Wann hast du Geburtstag?,* I

bitter: too bitter *zu bitter,* II1

black *schwarz,* I; **in black** *in Schwarz,* I

blazer *der Blazer, -,* II8

blond *blond,* I

blouse *die Bluse, -n,* I

blue *blau,* I; **blue (green, brown) eyes** *blaue (grüne, braune) Augen,* I; **in blue** *in Blau,* I

blueberry *die Blaubeere, -n,* II4

board game *das Brettspiel, -e,* I

boat *das Boot, -e,* II9; **to go for a boat ride** *Boot fahren,* II9

bologna sandwich *das Wurstbrot, -e,* I

bomber jacket *der Blouson, -s,* II8

Bon appétit *Mahlzeit!,* II11; *Guten Appetit!,* II11

book *das Buch, ⁓er,* I

bookcase *das Regal -e,* I

boot *der Stiefel, -,* I, II8

bored: to be bored *sich langweilen,* II12

boring *langweilig,* I; **extremely boring,** *todlangweilig,* II7

bought *gekauft,* I; **I bought bread.** *Ich habe Brot gekauft.,* I

bouquet of flowers *der Blumenstrauß, ⁓e,* I

bow *die Schleife, -n,* II12

bow tie *die Fliege, -n,* II12

boy *der Junge, -n,* I

bracelet *das Armband, ⁓er,* II1

brake: (foot, hand) brake *die (Fuß, Hand)bremse, -n,* II10

bread *das Brot, -e,* I

break *die Pause, -n,* I; **after the break** *nach der Pause,* I; **to break something** *sich etwas brechen,* II6; **he/she/it breaks something** *er/sie/es bricht sich etwas,* II6

breakfast *das Frühstück,* II5; **For breakfast I eat...** *Zum Frühstück ess ich ...,* II5

bright *hell,* II7

bring: Please bring me... *Bringen Sie mir bitte ...,* II11

broad *weit,* II12

broccoli *der Brokkoli, -,* II4

broken *kaputt,* I, II9

brother *der Bruder, ⁓,* I; **brothers and sisters** *die Geschwister (pl),* I

brown *braun,* I; **in brown** *in Braun,* I

brush one's teeth *sich die Zähne putzen,* II6

brutal *brutal,* I

bus *der Bus, -se,* I; **by bus** *mit dem Bus,* I

bush *der Strauch, ⁓er,* II7

business *das Geschäft, -e,* I

busy (telephone) *besetzt,* I

but *aber,* I

butcher *der Metzger, -,* I

butcher shop *die Metzgerei, -en,* I; **at the butcher's** *beim Metzger,* I

butter *die Butter,* I

button *der Knopf, ⁓e,* II8

buy *kaufen,* I; **What did you buy?** *Was hast du gekauft?,* I; **Why don't you just buy...** *Kauf dir doch ...!,* I, II8

by *bei,* II9; **by bike** *mit dem Rad,* I; **by bus** *mit dem Bus,* I; **by car** *mit dem Auto,* I; **by moped** *mit dem Moped,* I; **by subway** *mit der U-Bahn,* I

Bye! *Wiedersehen! Tschau! Tschüs!,* I; (on the telephone) *Wiederhören!,* I

C

cabinet *der Schrank, ⁓e,* I

café *das Café, -s,* I; **to the café** *ins Café,* I

cake *der Kuchen, -,* I; **a piece of cake** *ein Stück Kuchen,* I

calendar *der Kalender, -,* I

call *anrufen* (sep), *telefonieren,* I

calm *ruhig,* II7

calories: has too many calories *hat zu viele Kalorien,* II4

camcorder *die Videokamera, -s,* II3

Camembert cheese *der Camembert Käse,* II5

camera *die Kamera, -s,* II3

camisole *das Trägerhemd, -en,* II8

can *können,* I; **Can I please...?** *Kann ich bitte ...?,* II10; **Can I ask (you pl) something?** *Kann ich (euch) etwas fragen?,* II4; **Can you tell me whether...?** *Können Sie mir sagen, ob ...?,* II10

cap *die Mütze, -n,* II1; **(baseball) cap** *das Käppi, -s,* II8

capital *die Hauptstadt, ⁓e,* I

car *das Auto, -s,* I; *der Wagen, -,* II10; **by car** *mit dem Auto,* I; **He's slamming the car door (the trunk)!** *Er schlägt die Autotür (den Kofferraumdeckel) zu!,* II7; **to polish the car** *das Auto polieren,* II2

card *die Karte, -n,* I

care: I don't care about fashion. *Mode ist mir egal.,* II8

care for *mögen,* I

carp *der Karpfen, -,* II5

carpet *der Teppich, -e,* I

carrot *die Möhre, -n,* II4

cassette *die Kassette, -n,* I

casual *lässig,* I; *salopp,* II12

cat *die Katze, -n,* I; **to feed the cat** *die Katze füttern,* I

cathedral *der Dom, -e,* II3

cauliflower *der Blumenkohl,* II4

cellar *der Keller, -,* II7

century *das Jahrhundert, -e,* II9

certain: I am certain that... *Ich bin sicher, dass ...,* II9

Certainly! *Natürlich!,* I; *Sicher!,* I; *Ja, natürlich!,* II4

chair *der Stuhl, ⁓e,* I

change: Keep the change! *Stimmt (schon)!,* I

channel *der Sender, -;* *das Programm, -e,* II10

cheap *billig,* I

check: The check please! *Hallo! Ich möchte/will zahlen!*, I
checked *kariert*, II8
Cheers! *Prost!*, II11
cheese *der Käse, -*, I; **Swiss cheese** *der Schweizer Käse*, II5
cheese sandwich *das Käsebrot, -e*, I
chemistry *(die) Chemie*, I
chess *Schach*, I
cherry *die Kirsche, -n*, II4
chicken *das Hähnchen, -*, I; *das Huhn, ⁝er*, II4
child *das Kind, -er*, II1
Chinese *chinesisch* (adj), II11
chives *der Schnittlauch*, II5
chocolate *die Schokolade*, II2; **chocolate milk** *der Kakao*, II5; **fancy chocolate** *die Praline, -n*, I
choose *wählen*, II11
Christmas *das Weihnachten, -*, I; **Merry Christmas!** *Fröhliche Weihnachten!*, I
church *die Kirche, -n*, I
cinema *das Kino, -s*, I
cinnamon *der Zimt*, I
city *die Stadt, ⁝e*, I; **in the city** *in der Stadt*, I; **city gate** *das Stadttor, -e*, II9; **in a big city** *in einer Großstadt*, II7; **in this city** *in dieser Stadt*, II4
city hall *das Rathaus, ⁝er*, I
class *die Klasse, -n*; **in class** *in der Klasse*, II4
class schedule *der Stundenplan, ⁝e*, I
classical *klassisch*, I
classical music *klassische Musik*, I
clean *(sich) putzen*, II2; **to clean the windows** *die Fenster putzen*, I; **to clean up my room** *mein Zimmer aufräumen* (sep), I
clean *sauber* (adj), II7
clear: to clear the table *den Tisch abräumen* (sep), I
clever(ly) *witzig*, II8
cliff *die Klippe, -n*, II12
climb *steigen*, II9
clique: in the clique *in der Clique*, II4
clothes (casual term for) *die Klamotten* (pl), I; **to pick up my clothes** *meine Klamotten aufräumen* (sep), I
cloudy *wolkig*, I
coast *die Küste, -n*, II12
coffee *der Kaffee*, I; **a cup of coffee** *eine Tasse Kaffee*, I
coin *die Münze, -n*, I
cold *kalt*, I
cold cuts *der Aufschnitt*, I
collect *sammeln*, I; **to collect comics** *Comics sammeln*, I; **to collect stamps** *Briefmarken sammeln*, I

color *die Farbe, -n*, I
colorful *bunt*, II8
comb *(sich) kämmen*, II6
come *kommen*, I; **That comes to...** *Das macht (zusammen) ...*, I; **to come along** *mitkommen* (sep), I
comedy *die Komödie, -n*, I
comfortable *bequem*, I; *gemütlich*, II7
comics *die Comics*, I; **to collect comics** *Comics sammeln*, I
compact disc *die CD, -s*, I
concert *das Konzert, -e*, I; **to go to a concert** *ins Konzert gehen*, I
conservative *konservativ*, II8
cook *kochen*, II1
cookie *der Keks, -e*, I; **a few cookies** *ein paar Kekse*, I
cool *kühl*, I, II8
corner *die Ecke, -n*, II9; **That's right around the corner.** *Das ist hier um die Ecke.*, II9
corners: with corners *eckig*, I
corny *schmalzig*, I
cost *kosten*, I; **How much does... cost?** *Was kostet ...?*, I
cotton *die Baumwolle*, I; **made of cotton** *aus Baumwolle*, I
couch *die Couch, -en*, I
cough: I have a cough and runny nose. *Ich habe Husten und Schnupfen.*, II6
countless *zahlreich*, II12
country *das Land, ⁝er*, I; **in the country** *auf dem Land*, I
court *der Court, -s*, II12
cousin (female) *die Kusine, -n*, I; **cousin (male)** *der Cousin, -s*, I
cozy *gemütlich*, II7
crab *die Krabbe, -n*, II11
cream: hand cream *die Handcreme*, II6
crime drama *der Krimi, -s*, I
cross-timbered house *das Fachwerkhaus, ⁝er*, II3
cruel *grausam*, I
cucumber *die Gurke, -n*, II2
cummerbund *der Kummerbund, -e*, II12
curious *neugierig*, II1
curve: You're taking the curve too fast! *Du fährst zu schnell in die Kurve!*, II7
cut off *abgeschnitten*, II8
cutlet *das Schnitzel, -*, II5

dance *tanzen*, I; **to go dancing** *tanzen gehen*, I

dancing *das Tanzen*, I
dark *dunkel*, II1
dark blue *dunkelblau*, I; **in dark blue** *in Dunkelblau*, I
dash: 100 meter dash *der 100-Meter-Lauf*, II1
daughter *die Tochter, ⁝*, II1
day *der Tag, -e*, I; **day before yesterday** *vorgestern*, I; **every day** *jeden Tag*, I; **on the last day** *am letzten Tag*, II3
decathlete *der Zehnkämpfer, -*, II12
December *der Dezember*, I
definitely *bestimmt*, I
degree *der Grad, -*, I
delicacy *die Delikatesse, -n*, II11; *die Köstlichkeit, -en*, II11
Delicious! *Lecker!*, I
describe *beschreiben*, II1
desk *der Schreibtisch, -e*, I
dessert *die Nachspeise, -n*, II11
detective movie *der Krimi, -s*, I
detective novel *der Krimi, -s*, I
dial *wählen*, I; **to dial the number** *die Nummer wählen*, I
diamonds: check, diamond (pattern) *das Karo, -s*, II12
dictionary *das Wörterbuch, ⁝er*, I
different *verschieden*, I
dining room *das Esszimmer, -*, II7
dining table *der Esstisch, -e*, I
dinner *das Abendessen*, II5; **For dinner we are having...** *Zum Abendessen haben wir ...*, II5
directly *direkt*, I
dirty *schmutzig*, II7
disadvantage *der Nachteil, -e*, II7
disagree: I disagree. *Das finde ich nicht.*, I
disco *die Disko, -s*, I; **to go to a disco** *in eine Disko gehen*, I
discothek *die Diskothek, -en*, II9
discus throw *das Diskuswerfen*, II1
discussion *die Diskussion, -en*, II10
dish: main dish *das Hauptgericht, -e*, II11
dishes *das Geschirr*, I; **to wash the dishes** *das Geschirr spülen*, I
dislike *nicht gern haben*, I; **strongly dislike** *überhaupt nicht gern haben*, I
diverse *abwechslungsreich*, II12
dive *tauchen*, II9
do *machen*, I; *tun*, I; **do crafts** *basteln*, I; **do homework** *die Hausaufgaben machen*, I
doctor *der Arzt, ⁝e*, II6
documentary: animal documentary *die Tiersendung, -en*, II10
dog *der Hund, -e*, I

done *gemacht* (pp), I

don't you: You like quark, don't you? *Du magst doch Quark, nicht wahr?*, II5; **You like yogurt, don't you?** *Du magst Joghurt, oder?*, II5

doubt: I doubt that... *Ich bezweifle, dass ...*, II9

downtown *die Innenstadt, ⁻e*, I, II9; **to go downtown** *in die Stadt gehen*, I

draw *zeichnen*, I

dress *das Kleid, -er*, I

dressed *gekleidet*, II12

drink *trinken*, I; **drink** *das Getränk, -e*, II11

drive *fahren*, I; **he/she drives** *er/sie fährt*, I

drugstore *die Drogerie, -n*, II6

dry *trocken*, I

dry clothes *die Wäsche trocknen*, II2

duck: fattened duck *die Mastente, -n*, II11; **Peking duck** *die Peking Ente, -n*, II11

dumb *blöd*, I; *doof, dumm*, I

dumpling *der Kloß, ⁻e*, II10

dust *Staub wischen*, II2

E

each, every *jed-*, II3

earache *die Ohrenschmerzen* (pl), II6

earring *der Ohrring, -e*, II1; **a pair of earrings** *ein Paar Ohrringe*, II1

Easter *das Ostern, -*, I; **Happy Easter!** *Frohe Ostern!*, I

easy *einfach*, I; **That's easy!** *Also, einfach!*, I

eat *essen*, I; **he/she eats** *er/sie isst*, I; **to eat ice cream** *ein Eis essen*, I; **to eat sensibly** *vernünftig essen*, II4

eat and drink *sich ernähren*, II4

education *die Ausbildung, -en*, II7

egg *das Ei, -er*, I; **deviled egg** *das gefüllte Ei, -er*, II11

Egyptian *ägyptisch* (adj), II11

elegant *elegant*, II12

enough *genug*, I

environment *die Umwelt*, I, II7

eraser *der Radiergummi, -s*, I

especially *besonders*, I; **especially like** *besonders gern*, I; **Not especially.** *Nicht besonders.*, II3

evening *der Abend, -e*, I; **in the evening** *am Abend*, I

every: every day *jeden Tag*, I; **every evening** *jeden Abend*, II3; **every morning** *jeden Morgen*, II3

everything *alles*, II4

excellent *ausgezeichnet*, II1

exciting *spannend*, I

excursion *der Ausflug, ⁻e*, II11

Excuse me! *Entschuldigung!, Verzeihung!*, I, II9

exercise *Gymnastik machen*, II4

expensive *teuer*, I

experienced (person) *der, die Erfahrene, -n*, II12

exquisite *fein*, II12

eye *das Auge, -n*, I; **blue (green, brown) eyes** *blaue (grüne, braune) Augen*, I

F

fall *der Herbst*, I; **in the fall** *im Herbst*, I

family *die Familie, -n*, I

fancy chocolate *die Praline, -n*, I

Fantastic! *Phantastisch!*, II3

fantasy novel *der Fantasyroman, -e*, I

far *weit*, I; **far from here** *weit von hier*, I

fashion *die Mode*, I

fashionable *modisch*, II8

fast *schnell*, II7

fat: has too much fat *hat zu viel Fett*, II4; **It is fattening.** *Es macht dick.*, II4

father *der Vater, ⁻*, I

Father's Day *der Vatertag*, I; **Happy Father's Day!** *Alles Gute zum Vatertag!*, I

favorite *Lieblings-*, I; **Which vegetable is your favorite?** *Welches Gemüse magst du am liebsten?*, II5

February *der Februar*, I

feed *füttern*, I; **to feed the cat** *die Katze füttern*, I

feel *sich fühlen*, II4; **How do you feel?** *Wie fühlst du dich?*, II6; **I feel great!** *Ich fühle mich wohl!*, II6; **Are you not feeling well?** *Ist dir nicht gut?*, II6

fence *fechten*, II1

fetch *holen*, I

fettucine *die Fettucine* (pl), II12

fever *das Fieber*, II6; **to take one's temperature** *Fieber messen*, II6

few: a few *ein paar*, I; **a few cookies** *ein paar Kekse*, I

fibers: made from natural fibers *aus Naturfasern*, II8

film, videotape *filmen*, II3; **adventure film** *der Abenteuerfilm, -e*, II10

fine *fein*, II12

first *erst-*, I; **first of all** *zuerst*, I; **on the first of July** *am ersten Juli*, I; **the first street** *die erste Straße*, I

fish *angeln*, II9; **fish stick** *das Fischstäbchen, -*, II5

fit *passen*, I; **The skirt fits great!** *Der Rock passt prima!*, I; **to keep fit** *sich fit halten*, II4

flats *Schuhe mit flachen Absätzen*, II8

flight *der Flug, ⁻e*, II12

flower *die Blume, -n*, I; **to water the flowers** *die Blumen gießen*, I

flowery *geblümt*, II8

food *die Speise, -n*, II4

foods: to only eat light foods *nur leichte Speisen essen*, II6

foot: to walk on foot *zu Fuß gehen*, I, II6

for *für*, I; *denn* (conj), I; **I am for doing...** *Ich bin dafür, dass ...*, II9; **for whom?** *für wen?*, II1

foreign *ausländisch*, II11

fountain *der Brunnen, -*, II9

free time *die Freizeit*, I

French *französisch* (adj), II11

fresh *frisch*, I

fresh produce store *der Obst- und Gemüseladen, ⁻*, I

Friday *der Freitag*, I; **Fridays** *freitags*, II10

fried *gebraten*, II11; **fried potatoes** *die Bratkartoffeln* (pl), II11

friend (male) *der Freund, -e*, I; **(female)** *die Freundin, -nen*, I; **to visit friends** *Freunde besuchen*, I

friendly *freundlich*, II1

fries: French fries *die Pommes frites* (pl), II5

from *aus*, I; *von*, I; **from 8 until 8:45** *von 8 Uhr bis 8 Uhr 45*, I; **from the fifteenth century** *aus dem fünfzehnten Jahrhundert*, II9

from where? *woher?*, I; **I'm from** *ich bin (komme) aus*, I; **Where are you from?** *Woher bist (kommst) du?*, I

front: in front of *vor*, II9; **there in the front** *da vorn*, I

fruit *das Obst*, I, II4; **a piece of fruit** *ein Stück Obst*, I; **to eat lots of fruit** *viel Obst essen*, II4

fun *der Spaß*, I; **(Tennis) is fun.** *(Tennis) macht Spaß.*, I; **(Tennis) is no fun.** *(Tennis) macht keinen Spaß.*, I

funny *lustig*, I, II1

furniture *die Möbel* (pl), I

G

garage *die Garage, -n*, II2

garbage *der Müll*, II2

garden(s) *der Garten, ⁻*, I, II7

garlic *der Knoblauch*, II11

geography *die Erdkunde*, I

German mark (German monetary unit) *DM = die Deutsche Mark,* I

German teacher (male) *der Deutschlehrer, -,* I; (female) *die Deutschlehrerin, -nen,* I

Germany *Deutschland,* I

get *bekommen,* I; *holen,* I; **Get well soon!** *Gute Besserung!,* II6

gift *das Geschenk, -e,* I

gift idea *die Geschenkidee, -n,* I

girl *das Mädchen, -,* I

give *geben,* I; **he/she gives** *er/sie gibt,* I

give (a gift) *schenken,* I

glad: I'm really glad! *Das freut mich!,* II3

glass *das Glas, ̈er,* I; **a glass of tea** *ein Glas Tee,* I; **a glass of (mineral) water** *ein Glas (Mineral)Wasser,* I

glasses: a pair of glasses *eine Brille, -n,* I

go *gehen,* I; **to go home** *nach Hause gehen,* I; **goes with: The pretty blouse goes (really) well with the blue skirt.** *Die schöne Bluse passt (toll) zu dem blauen Rock.,* II8

Goethe's birthplace *das Goethehaus,* II3

gold: made of gold *aus Gold,* II2

golf *Golf,* I; **golf course** *der Golfplatz, ̈e,* II9

good *gut,* I; **Good!** *Gut!,* I

Good morning! *Guten Morgen!, Morgen!,* I

Goodbye! *Auf Wiedersehen!,* I; (on the telephone) *Auf Wiederhören!,* I

gown: evening gown *das Abendkleid, -er,* II12

grade *die Note, -n,* I

grade level *die Klasse, -n,* I

grades: a 1, 2, 3, 4, 5, 6 *eine Eins, Zwei, Drei, Vier, Fünf, Sechs,* I

gram *das Gramm, -,* I

grandfather *der Großvater, ̈,* I; *Opa, -s,* I

grandmother *die Großmutter, ̈,* I; *Oma, -s,* I

grandparents *die Großeltern* (pl), I

grape *die Traube, -n,* I, II5

gray *grau,* I; **in gray** *in Grau,* I

great: It's great that... *Es ist prima, dass ...,* II4; **really great** *supertoll,* II4; *Echt super!,* II3; **Great!** *Prima!,* I; *Sagenhaft!,* I; *Klasse!, Toll!,* I

Greek *griechisch* (adj), II11

green *grün,* I; **in green** *in Grün,* I

grilled *gegrillt,* II11

groceries *die Lebensmittel* (pl), I

ground meat *das Hackfleisch,* I

grounds *die Anlage, -n,* II12

group *die Gruppe, -n,* I

guitar *die Gitarre, -n,* I

guy *der Typ, -en,* II8

gyros *das Gyros, -,* I

H

hair *die Haare* (pl), I

half *halb,* I; **half past (twelve, one, etc.)** *halb (eins, zwei, usw.),* I

halibut *der Heilbutt,* II5

hall *die Halle, -n,* II12

hallway *der Flur, -e,* II7

ham *der Schinken, -,* II11

hand cream *die Handcreme,* II6

handbag *die Handtasche, -n,* II1

hang up (the telephone) *auflegen* (sep), I

Hanukkah *Chanukka,* I; **Happy Hanukkah!** *Frohes Chanukka Fest!,* I

happy: I am happy that... *Ich freue mich, dass ...,* II4; *Ich bin froh, dass ...,* II4

hard-working *fleißig,* II1

hat *der Hut, ̈e,* II1

have *haben,* I; **he/she has English** *er/sie hat Englisch,* I; **I have German.** *Ich habe Deutsch.,* I; **I have no classes on Saturday.** *Am Samstag habe ich frei.,* I; **I'll have...** *Ich bekomme ...,* I

have to *müssen,* I; **I have to** *ich muss,* I

he *er,* I; **he is** *er ist,* I; **he's from** *er ist (kommt) aus,* I

head *der Kopf, ̈e,* II6; **headband** *das Stirnband, ̈er,* II1; **headache** *die Kopfschmerzen* (pl), II6

headlight *der Scheinwerfer, -,* II10

headphones (stereo) *der (Stereo) Kopfhörer, -,* II10

health: To your health! *Auf dein/Ihr/ euer Wohl!, Zum Wohl!,* II11; **to do a lot for your health** *viel für die Gesundheit tun,* II4

hear *hören,* I

heard: I heard that... *Ich habe gehört, dass ...,* II11

hearty *herzhaft, deftig,* II11

heel *der Absatz, ̈e,* II8; **flats** *Schuhe mit flachen Absätzen,* II8; **high heels** *hohe Absätze,* II8

Hello! *Guten Tag!, Tag!, Hallo!, Grüß dich!,* I

help *helfen,* I; **to help at home** *zu Hause helfen,* I

her *ihr* (poss adj), I; **her name is** *sie heißt,* I

Here you go! *Bitte! Hier!,* II10; **Here! I insist!** *Gern! Hier ist es!,* II10

herself *sich,* II4

hideous *scheußlich,* I

high heels *hohe Absätze,* II8

hike *wandern,* I

him *ihn,* I

himself *sich,* II4

hip *die Hüfte, -n,* II6

his *sein* (poss adj), I; **his name is** *er heißt,* I

history *die Geschichte,* I

hobby *das Hobby, -s,* II1

hobby book *das Hobbybuch, ̈er,* I

hole *das Loch, ̈er,* II12

holiday *der Feiertag, -e,* I

home: good home cooked food *gut- bürgerliche Küche, -n,* II11; **private home** *das Privathaus, ̈er,* II3; **to stay at home** *zu Hause bleiben,* II6

homework *die Hausaufgabe, -n,* I; **to do homework** *Hausaufgaben machen,* I

honestly *ehrlich,* I

honk (the horn) *hupen,* II7

hood *die Kapuze, -n,* II8

hope: I hope that... *Ich hoffe, dass ...,* II6; **I hope you'll get better soon.** *Hoffentlich geht es dir bald besser!,* II6

Hopefully... *Hoffentlich ...,* II6

horror movie *der Horrorfilm, -e,* I

horror novel *der Gruselroman, -e,* I

hot *heiß,* I

hot (spicy) *scharf,* II11

hotel *das Hotel, -s,* I, II7

house *das Haus, ̈er,* II7

how? *wie?,* I; **How are you?** *Wie geht es dir?,* I, II6; **How do I get to...?** *Wie komme ich zum (zur) ...?,* I; **How does it taste?** *Wie schmeckt's?,* I; **How's the weather?** *Wie ist das Wetter?,* I; **How was it?** *Wie war's?,* II3; **How about...?** *Wie wär's mit ...?,* II11

how much? *wie viel?,* I; **How much does... cost?** *Was kostet ...?,* I

how often? *wie oft?,* I

hunger *der Hunger,* I

hungry: I'm hungry. *Ich habe Hunger.,* I, II6; **I'm not hungry any more.** *Ich habe keinen Hunger mehr.,* I

hurdling *der Hürdenlauf,* II1

hurt: Does it hurt? *Tut's weh?,* II6; **Does your... hurt?** *Tut dir ... weh?,* II6; **It hurts!** *Es tut weh!,* II6; **My... hurts.** *... tut mir weh.,* II6; **What hurts?** *Was tut dir weh?,* II6

I *ich*, I; **I don't.** *Ich nicht.*, I
ice cream *das Eis*, I; **a dish of ice cream** *ein Eisbecher*, I
ice skate *Schlittschuh laufen*, I
idea: I have no idea! *Keine Ahnung!*, I; **Do you have an idea?** *Hast du eine Idee?*, II9; **Good idea!** *Gute Idee!*, II12
imaginative *phantasievoll*, I
impossible: (That's) impossible! *(Das ist) nicht möglich!*, II10
in *in*, I; **in the afternoon** *am Nachmittag*, I; **in the city** *in der Stadt*, I; **in the country** *auf dem Land*, I; **in the evening** *am Abend*, I; **in the fall** *im Herbst*, I; **in the kitchen** *in der Küche*, I
income *das Einkommen*, II7
Indian: (Asian) Indian *indisch* (adj), II11
injure (oneself) *sich verletzen*, II6
inn *die Pension, -en*, II3
insert *einstecken* (sep), I; **to insert coins** *Münzen einstecken*, I
instead: I'll drink...instead *Dann trink ich halt ...*, II5
instrument *das Instrument, -e*, I; **Do you play an instrument?** *Spielst du ein Instrument?*, I
intelligent *intelligent*, II1
interest *das Interesse, -n*, I; **Do you have any other interests?** *Hast du andere Interessen?*, I; **I'm not interested in fashion.** *Ich hab kein Interesse an Mode.*, II8; **to be interested in** *s. interessieren für*; **Fashion doesn't interest me.** *Mode interessiert mich nicht.*, II8; **Are you interested in fashion?** *Interessierst du dich für Mode?*, II8; **What are you interested in?** *Wofür interessierst du dich?*, II8
interesting *interessant*, I
into *in*, II9
invite *einladen* (sep), I; **he/she invites** *er/sie lädt ... ein*, I
is: he/she is *er/sie ist*, I
island *die Insel, -n*, II12
it *er, sie, es*, I; *ihn*, I
Italian *italienisch* (adj), II11

jacket *die Jacke, -n*, I; **business jacket** *der Sakko, -s*, II8; **leather jacket** *die Lederjacke, -n*, II8; **bomber jacket** *der Blouson, -s*, II8

January *der Januar*, I; **in January** *im Januar*, I
javelin throw *das Speerwerfen*, II1
jeans *die Jeans, -*, I
jewelry *der Schmuck*, I
job *der Job, -s*, II7
jog *joggen*, I, II4
jogging suit *der Jogging-Anzug, ¨e*, I
juice *der Saft, ¨e*, I
July *der Juli*, I
jump: long jump *der Weitsprung*, II1
June *der Juni*, I
just: Just a minute, please. *Einen Moment, bitte!*, I; **Just don't buy...** *Kauf dir ja kein ...!*, II8; **That just happened.** *Das ist gerade passiert.*, II9

K

keep: Keep the change! *Stimmt (schon)!*, I
kilogram *das Kilo, -*, I
kitchen *die Küche, -n*, I, II7; **in the kitchen** *in der Küche*, I; **to help in the kitchen** *in der Küche helfen*, II2
knee *das Knie, -*, II6
know (a fact, information, etc.) *wissen*, I; **Do you know whether...?** *Weißt du, ob ...?*, II10; **I don't know whether...** *Ich weiß nicht, ob ...*, I, II9
know (be familiar or acquainted with) *kennen*, I

L

lake *der See, -n*, II7
lamb *das Lammfleisch*, II5
lamp *die Lampe, -n*, I
last *letzt-*, I; **last of all** *zuletzt*, I; **last week** *letzte Woche*, I; **last weekend** *letztes Wochenende*, I
Latin *Latein*, I
laundry *die Wäsche*, II2
lawn *der Rasen, -*, I; **to mow the lawn** *den Rasen mähen*, I; **lawn for relaxing and sunning** *die Liegewiese, -n*, II9
layer cake *die Torte, -n*, I
lazy *faul*, II1; **to be lazy** *faulenzen*, II3; **I want to be lazy!** *Ich will faulenzen!*, II1
leather *das Leder*, I; **made of leather** *aus Leder*, I
left: to the left *nach links*, I
leg *das Bein, -e*, II6
lemon *die Zitrone, -n*, I
lemon drink *die Limo, -s*, I

let, allow *lassen*, II10; **he/she lets, allows** *er/sie lässt*, II10; **Let me...** *Lass mich mal ...*, II10; **Let's go to the golf course!** *Gehen wir mal auf den Golfplatz!*, II9; **Let's go to...!** *Fahren wir mal nach ...!*, II9
lettuce *der Salat, -e*, I
license: driver's license *der Führerschein, -e*, II10
life *das Leben*, II7
light blue *hellblau*, I; **in light blue** *in Hellblau*, I
like *gefallen, mögen, gern haben*, I, II7; **I like it.** *Er/Sie/Es gefällt mir.*, I; **I like them.** *Sie gefallen mir.*, I; **Did you like it?** *Hat es dir gefallen?*, II3; **to like an awful lot** *furchtbar gern haben*, I; **to not like at all** *gar nicht gern haben*, I; **to not like very much** *nicht so gern haben*, I; **I don't like...** *Ich mag kein ...*, II4; **I like to go to the ocean.** *Ich fahre gern ans Meer.*, II9; **I would like...** *Ich hätte gern ...*, II11
like (to do) *gern (machen)*, I; **to not like (to do)** *nicht gern (machen)*, I
linen *das Leinen*, II8
listen (to) *hören*, I; *zuhören*, I; **Listen!** *Hör mal!*, II5; **Listen to this!** *Hör mal zu!*, II5
liter *der Liter, -*, I
little *klein*, I; *wenig*, II4; **a little** *ein bisschen*, I; **a little more** *ein bisschen mehr*, I
live *wohnen*, I; *leben*, II4
living room *das Wohnzimmer, -*, II7; **in the living room** *im Wohnzimmer*, I
lobster *der Hummer, -*, II11
long *lang*, I
look *schauen*, I; **Look!** *Schauen Sie!*, I; *Guck mal!, Schau mal!, Sieh mal!*, II5; **That looks great on you!** *Das steht dir prima!*, II8
look for *suchen*, I; **I'm looking for** *ich suche*, I
look forward to *s. freuen auf (acc)*, II10
look like *aussehen* (sep), I; **he/she looks like** *er/sie sieht ... aus*, I; **The skirt looks...** *Der Rock sieht ... aus.*, I
lot: a lot *viel*, I; **I saw a lot, too.** *Ich habe auch viel gesehen.*, II12
luck: Bad luck! *So ein Pech!*, I; **What luck!** *So ein Glück!*, I
lunch *das Mittagessen*; **For lunch there is...** *Zum Mittagessen gibt es ...*, II5

M

made: made of cotton *aus Baumwolle,* I; **made of leather** *aus Leder,* I

magazine *die Zeitschrift, -en,* I

make *machen,* I; **to make the bed** *das Bett machen,* I

man *der Mann, ¨er,* I

many *viele,* I

March *der März,* I

margarine *die Margarine,* II5

marinated *mariniert,* II11

mark *die Mark, -,* I

market square *der Marktplatz, ¨e,* I

marmalade *die Marmelade, -n,* II5

math *Mathe (die Mathematik),* I

May *der Mai,* I

may: May I help you? *Haben Sie einen Wunsch?,* I; **May I (please)...?** *Darf ich (bitte) ...?,* II10; **he/she may** *er/sie darf,* II4

maybe *vielleicht,* I; **Yes, maybe, but...** *Ja, das kann sein, aber ...,* II4

me *mich, mir,* I, II3; **Me too!** *Ich auch!,* I, II12

measure *messen,* II6; **he/she measures** *er/sie misst,* II6

meat *das Fleisch,* I; **You eat a lot of meat, right?** *Du isst wohl viel Fleisch, ja?,* II5

Mediterranean *mediterran (adj),* II11

mess: What a mess! *So ein Mist!,* I

Mexican *mexikanisch (adj),* II11

mild *mild,* II11

milk *die Milch,* I, II5

mineral water *das Mineralwasser,* I

minute: Just a minute, please. *Einen Moment, bitte!,* I

miserable *miserabel,* I

modern *modern,* I

moment *der Moment, -e,* I

Monday *der Montag,* I; **Mondays** *montags,* II10

money *das Geld,* I

month *der Monat, -e,* I

monument *das Baudenkmal, ¨er,* II11

mood: in a bad mood *schlecht gelaunt,* II1; **in a good mood** *gut gelaunt,* II1

moped *das Moped, -s,* I; **by moped** *mit dem Moped,* I

more *mehr,* I

morning *der Morgen,* I; **Morning!** *Morgen!,* I

most of all *am liebsten,* I

most of the time *meistens,* II4

mother *die Mutter, ¨,* I

Mother's Day *der Muttertag,* I; **Happy Mother's Day!** *Alles Gute zum Muttertag!,* I

motor *der Motor, -en,* II7

motorcycle *das Motorrad, ¨er,* II7

mountain *der Berg, -e,* II7; **in the mountains** *in den Bergen,* II7

moussaka *die Moussaka,* II12

movie *der Film, -e,* I; **to go to the movies** *ins Kino gehen,* I

movie theater *das Kino, -s,* I

mow *mähen,* I; **to mow the lawn** *den Rasen mähen,* I

Mr. *Herr,* I

Ms. *Frau,* I

much *viel,* I; **much too** *viel zu,* I

museum *das Museum, (pl) Museen,* I, II3

mushroom *der Pilz, -e,* II4

music *die Musik,* I; **to listen to music** *Musik hören,* I

musical *das Musical, -s,* II11

mustard *der Senf,* I; **with mustard** *mit Senf,* I

my *mein (poss adj),* I; **my name is** *ich heiße,* I

myself *mich,* II4

N

name *der Name, -n,* I; **her name is** *sie heißt,* I; **What's the boy's name?** *Wie heißt der Junge?,* I

nauseous: I'm nauseous. *Mir ist schlecht.,* II6

nearby *in der Nähe,* I

necklace *die Halskette, -n,* II1

need *brauchen,* I; **I need** *ich brauche,* I

never *nie,* I; **not yet, never** *noch nie,* II3

new *neu,* I

news: the news *die Nachrichten (pl),* II10

newspaper *die Zeitung, -en,* I

next: next week *nächste Woche,* I; **the next street** *die nächste Straße,* I

next to *neben,* II9

night: to spend the night *übernachten,* II3

no *kein,* I; **No more, thanks!** *Nichts mehr, danke!,* I

no way: There's just no way! *Das gibt's doch nicht!,* II10

noise *der Lärm,* II7

non-fiction book *das Sachbuch, ¨er,* I

none *kein,* I

noodle soup *die Nudelsuppe, -n,* I

normally *normalerweise,* II4

North: the North Sea *die Nordsee,* II9

not *nicht,* I; **not at all** *überhaupt nicht,* I; **to not like at all** *gar nicht gern haben,* I; **Not really.** *Nicht besonders.,* I

not any *kein,* I

Not entirely!/Not necessarily! *Nicht unbedingt!,* II5; **actually not** *eben nicht,* II9

notebook *das Notizbuch, ¨er,* I; *das Heft, -e,* I

nothing *nichts,* I, II9; **nothing at the moment** *im Moment gar nichts,* I; **Nothing, thank you!** *Nichts, danke!,* I; **There's nothing you can do.** *Da kann man nichts machen.,* II9

novel *der Roman, -e,* I

November *der November,* I

now *jetzt,* I

number *die (Telefon)nummer,* I; **to dial the number** *die Nummer wählen,* I

O

oasis *die Oase, -n,* II12

ocean *das Meer, -e; die See, -n,* II9

o'clock: at 1 o'clock *um 1 Uhr,* I

October *der Oktober,* I

of *von,* II9; **made of wool** *aus Wolle,* II8

Of course! *Ja klar!,* I; *Ganz klar!,* I; *Na klar!,* II4; **Yes, of course!** *Ja, natürlich!,* II10

offer *das Angebot, -e,* I

often *oft,* I; *schon oft,* I, II3

Oh! *Ach!,* I; **Oh yeah!** *Ach ja!,* I

oil *das Öl,* I

Okay! I'll do that! *Gut! Mach ich!,* I; **It's okay.** *Es geht.,* I; *Schon gut!,* II5

old *alt,* I; **How old are you?** *Wie alt bist du?,* I

older *älter,* II7

olympic champion *der Olympiasieger, -,* II12

on: on ... Square *am ...platz,* I; **on ... Street** *in der ...straße,* I; **to walk on foot** *zu Fuß gehen,* I; **on Monday** *am Montag,* I; **on the first of July** *am ersten Juli,* I; **on a lake** *an einem See,* II7; **on a river** *an einem Fluss,* II7

once *einmal,* I; **once a month** *einmal im Monat,* I; **once a week** *einmal in der Woche,* I; **once a day** *einmal am Tag,* II4

onion *die Zwiebel, -n,* I

only *bloß*, I; *nur*, II5
onto *auf*, II9
opera *die Oper, -n*, I
opera house *die Oper, -n*, II3
operetta *die Operette, -n*, II11
or *oder*, I
orange juice *der Orangensaft*, I
order *bestellen*, II1
other *andere*, I
Ouch! *Au!, Aua!*, II6
ourselves *uns*, II4
out of *aus*, II9
outstanding *ausgezeichnet*, II5
oven *der Ofen, ∴*, I
over it *darüber*, II8
over there *dort drüben*, I; over there in the back *da hinten*, I
overcast *trüb*, I
own: (one's) own *eigen-* (adj), II7
oyster *die Auster, -n*, II11

P

padded *gefüttert*, II8
paella *die Paella*, II12
pain *der Schmerz, -en*, II6
painting *das Gemälde, -*, II2
pair *das Paar, -e*, II1
pan dish *das Pfannengericht, -e*, II11
pants *die Hose, -n*, I
Pardon me! *Verzeihung!*, II9
parents *die Eltern* (pl), I
park *der Park, -s*, I, II9; to go to the park *in den Park gehen*, I
parka *der Anorak, -s*, II8
parking place/lot *der Parkplatz, ∴e*, II9
party *die Party, -s*, I
pattern *das Muster, -*, II12
pea *die Erbse, -n*, II2
peaceful *friedlich*, 7
peach *der Pfirsich, -e*, II2
pear *die Birne, -n*, II5
pencil *der Bleistift, -e*, I
people *die Leute* (pl), I; more people *mehr Menschen*, II7
perch: fillet of perch *das Seebarschfilet, -s*, II11
perfume *das Parfüm, -e or -s*, I
perfumed *parfümiert*, II6
pet *das Haustier, -e*, I
pharmacy *die Apotheke, -n*, II6
photograph *fotografieren*, II3; color photograph *das Farbbild, -er*, II3; I took pictures. *Ich habe fotografiert.*, II3
physical education *der Sport*, I

physics *(die) Physik*, I
piano *das Klavier, -e*, I; I play the piano. *Ich spiele Klavier.*, I
pick up *aufräumen* (sep), I; to pick up my clothes *meine Klamotten aufräumen*, I; to pick up the telephone *den Hörer abheben* (sep), I
piece *das Stück, -e*, I; a piece of cake *ein Stück Kuchen*, I; a piece of fruit *ein Stück Obst*, I
pizza *die Pizza, -s*, I
place *der Platz, ∴e*, II12
plastic *der Kunststoff, -e*, I; made of plastic *aus Kunststoff*, I
play *spielen*, I; I play the piano. *Ich spiele Klavier.*, I; to play a board game *ein Brettspiel spielen*, I; *das Schauspiel, -e*, II11; *das Theaterstück, -e*, II11
pleasant *sympathisch*, II1
please *bitte*, I
pleasure: My pleasure! *Gern geschehen!*, I
plum *die Zwetschge, -n*, II2
pocket *die Tasche, -n*, II8; back pocket *die Gesäßtasche, -n*, II8
pocket calculator *der Taschenrechner, -*, I
pole vault *der Stabhochsprung*, II1
political discussion *eine Diskussion über Politik*, II10
politics *die Politik* (sing), I
polka-dotted *gepunktet*, I
pool *der Pool, -s*, II7; indoor pool *das Hallenbad, ∴er*, II9
popular *beliebt*, II9
porch *die Terrasse, -n*, II7
pork chop *das Schweinekotelett, -s*, II5; pork loin steak *das Schweinerückensteak, -s*, II11
possible *möglich*, II10
post office *die Post*, I
poster *das Poster, -*, I
potato *die Kartoffel, -n*, I; fried potatoes *die Bratkartoffeln* (pl), II11; potato croquettes *die Kroketten* (pl), II11
pound *das Pfund, -*, I
poverty *die Armut*, II7
prefer *lieber (mögen)*, I; *vorziehen*, II7; I prefer... *Ich ziehe ... vor*, II7; I prefer noodle soup. *Nudelsuppe mag ich lieber.*, II5; I prefer that... *Ich bin dafür, dass ...*, II11
pretty *hübsch*, I; *schön*, I
pretzel *die Brezel, -n*, I
probably *wahrscheinlich*, I
produce *produzieren*, II7
produce store *der Obst- und*

Gemüseladen, ∴, I; at the produce store *im Obst- und Gemüseladen*, I
program (TV) *die Sendung, -en*, II10; family program *die Familiensendung, -en*, II10; nature program *die Natursendung, -en*, II10
proper(ly) *richtig*, II4
Pullover *der Pulli, -s*, I
put on *anziehen* (sep), I

Q

quark *der Quark*, II5
quarter: a quarter after *Viertel nach*, I; a quarter to *Viertel vor*, I
question *die Frage, -n*, II4
quiz show *die Ratesendung, -en*, II10

R

radio *das Radio, -s*, II2
railroad station *der Bahnhof, ∴e*, I
rain *der Regen*, I; It's raining. *Es regnet.*, I
rainy *regnerisch*, I
raspberry marmalade *die Himbeermarmelade, -n*, II5
rather *ziemlich*, I
raw *roh*, II11
read *lesen*, I; he/she reads *er/sie liest*, I; What did you read? *Was hast du gelesen?*, I
really *ganz*, I; *wirklich*, I; *echt*, II1; Not really. *Nicht besonders.*, I
receive *bekommen*, I
receiver *der Hörer, -*, I
red *rot*, I; in red *in Rot*, I
red berry dessert *Rote Grütze*, II11
red cabbage *der Rotkohl*, II11
refrigerator *der Kühlschrank, ∴e*, I
religion *die Religion, -en*, I
remote control *die Fernbedienung, -en*, II10
report card *das Zeugnis*, I
residence *das Wohnhaus, ∴er*, II9; the ... residence *Hier bei ...*, I
restaurant *das Restaurant, -s*, II3; *der Gasthof, ∴e*, II3; small restaurant *das Lokal, -e*, II3
rice *der Reis*, II4
right: That's all right. *Macht nichts!*, II5; That's not right (at all)! *Das stimmt (überhaupt) nicht!*, II10
right: to be right *Recht haben*, II10; You're right about that! *Da hast du Recht!*, II10
right: to the right *nach rechts*, I

ring *der Ring, -e,* II2
ringlet *der Ringel, -,* II12
river *der Fluss, ⸚e,* II7; **on a river** *an einem Fluss,* II7
roast *der Braten,* II11
roll *die Semmel, -n,* I
roll of film *der Film, -e,* II3
romance *der Liebesfilm, -e,* I; **romance novel** *der Liebesroman, -e,* I
room *das Zimmer, -,* I; **to clean up my room** *mein Zimmer aufräumen* (sep), I
round *rund,* I
ruined *kaputt,* I, II9
run *laufen,* II3; **he/she runs** *er/sie läuft,* II3; **long distance run** *der Langstreckenlauf,* II1
Russian *russisch* (adj), II11

S

sad *traurig,* I
sail *segeln,* II9
salad *der Salat, -e,* I
salmon *der Lachs, -e,* II11
salt *das Salz,* I
salty: **too salty** *zu salzig,* II1
sandwich *das Sandwich, -es,* II5; *das Pausenbrot,* II5; **What do you have on your sandwich?** *Was hast du denn auf dem Brot?,* II5
Saturday *der Samstag,* I; *der Sonnabend,* I; **Saturdays** *samstags,* II10
sauerkraut *das Sauerkraut,* II5
sauna *die Sauna, -s,* II9
sausage *die Wurst, ⸚e,* I
say *sagen,* I; **Say!** *Sag mal!,* I; **What does the weather report say?** *Was sagt der Wetterbericht?,* I
scarf *der Schal, -s, das Tuch, ⸚er,* II1
schedule of shows *das Programm, -e,* II10
school *die Schule, -n,* I; **after school** *nach der Schule,* I; **How do you get to school?** *Wie kommst du zur Schule?,* I; **at school** *an der Schule,* II4
school subject *das Fach, ⸚er,* I
school supplies *die Schulsachen* (pl), I
schoolbag *die Schultasche, -n,* I
science fiction movie *der Science-fictionfilm, -e,* I
science fiction novel *der Sciencefictionroman, -e,* I
sea *die See, -n; das Meer, -e,* II9
search (for) *suchen,* I

second *zweit-,* I; **the second street** *die zweite Straße,* I
secret tip *der Geheimtip, -s,* II12
secure *sicher,* II7
see *sehen,* I; **he/she sees** *er/sie sieht,* I; **See you later!** *Bis dann!,* I; **to see a movie** *einen Film sehen,* I; **What did you see?** *Was hast du gesehen?,* I
seldom *selten,* II4
sensational *sensationell,* I
September *der September,* I
set *decken,* I; **to set the table** *den Tisch decken,* I
shampoo *das Shampoo, -s,* II6
sharp (clothing) *scharf,* II8; **really sharp** *fetzig,* II8
she *sie,* I; **she is** *sie ist,* I; **she's from** *sie ist (kommt) aus,* I
shine: **the sun is shining** *die Sonne scheint,* I
ship *das Schiff, -e,* II9
shirt *das Hemd, -en,* I
shish kebab *das Schisch Kebab,* 11
shoe *der Schuh, -e,* II8; **patent leather shoe** *der Lackschuh, -e,* II12
shop *einkaufen* (sep), I; **to go shopping** *einkaufen gehen,* I
short *kurz,* I
shortening *das Butterschmalz,* I
shorts: **pair of shorts** *die Shorts, -,* I
shot put *das Kugelstoßen,* II1
should *sollen,* I
shoulder *die Schulter, -n,* II6
show *die Sendung, -en,* II10
sick *krank,* II6
side dish *die Beilage, -n,* II11
sightsee *etwas besichtigen,* II3
silk *die Seide,* I; **made of silk** *aus Seide,* I; **silk shirt** *das Seidenhemd, -en,* II8; **real silk** *echte Seide,* II8
silver: **made of silver** *aus Silber,* II2
since *seit,* II9
singer (female) *die Sängerin, -nen,* I; **singer (male)** *der Sänger, -,* I
sink *das Spülbecken, -,* I
sister *die Schwester, -n,* I; **brothers and sisters** *die Geschwister* (pl), I
site *die Anlage, -n,* II12
size *die Größe, -n,* I
skin *die Haut,* II6
skirt *der Rock, ⸚e,* I; **pleated skirt** *der Faltenrock, ⸚e,* II8
sledding *rodeln,* II1
sleep: **to get enough sleep** *genügend schlafen,* II4; **he/she sleeps** *er/sie schläft,* II4
sleeveless *ärmellos,* II8
sleeves: **with long sleeves** *mit lan-*

gen Ärmeln, II8; **with short sleeves** *mit kurzen Ärmeln,* II8
slender *schlank,* II1
slide *das Dia, -s,* II3
slow(ly) *langsam,* II7
small *klein,* I
smart (looking) *fesch, schick, chic,* I
smoke *rauchen,* II4
smoked *geräuchert,* II11
snack bar, stand *die Imbissstube, -n,* I, II3
snap *der Druckknopf, ⸚e,* II8
sneaker *der Turnschuh, -e,* I
snow *der Schnee,* I; **It's snowing.** *Es schneit.,* I
so *so,* I; **So long!** *Tschau! Tschüs!,* I; **so so** *so lala,* I
soap *die Seife, -n,* II6
soccer *Fußball,* I; **I play soccer.** *Ich spiele Fußball.,* I
sock *die Socke, -n,* I, II8
soda: **lemon-flavored soda** *die Limo, -s (die Limonade, -n),* I; **cola and lemon soda** *das Spezi, -s,* II11
sofa *das Sofa, -s,* I
soft *weich,* II8
someone: **Someone told me that...** *Man hat mir gesagt, dass ...,* II11
something *etwas,* I
sometimes *manchmal,* I
son *der Sohn, ⸚e,* II1
song *das Lied, -er,* I
soon *bald,* I
sorry: **to be sorry** *bedauern,* II5; *Leid tun,* II3; **I'm sorry.** *Es tut mir Leid.,* I, II3; **Sorry, I can't.** *Ich kann leider nicht.,* I; **Sorry, but unfortunately we're all out of couscous.** *Tut mir Leid, aber der Couscous ist leider schon alle.,* II12; **I'm so sorry.** *Das tut mir aber Leid!,* II3; **I'm sorry. I'm not from here.** *Tut mir Leid. Ich bin nicht von hier.,* II9
sort *sortieren,* I; **to sort the trash** *den Müll sortieren,* I
soup *die Suppe, -n,* II1
Spanish *spanisch* (adj), II11
specialty *die Spezialität, -en,* II11
spend (time) *verbringen,* I
spend: **to spend the night** *übernachten,* II3
spicy *würzig,* II11; **spicy, hot** *scharf,* II11
spinach *der Spinat,* II2
sport(s) *der Sport,* I, II1; **sport facility** *die Sportanlage, -n,* II12; **sports telecast** *die Sportübertragung, -en,* II10; **Do you play sports?** *Machst du Sport?,* I
sporty *sportlich,* II8

sprain (something) *sich (etwas) verstauchen*, II6

spring *der Frühling*, I; **in the spring** *im Frühling*, I

sprouts (bean) *die Sojasprossen*, II5

square *der Platz, ⁻e*, I; **on ... Square** *am ...platz*, I

stamp *die Briefmarke, -n*, I; **to collect stamps** *Briefmarken sammeln*, I

state: German federal state *das Bundesland, ⁻er*, I

station *der Sender, -*, II10

stay, remain *bleiben*, II3

steak *das steak, -s*, II12

steak (beef) *das Rindersteak, -s*, II5

stereo *die Stereoanlage -n*, I

stinks: That stinks! *So ein Mist!*, I

stirrup pants *die Steghose, -n*, II8

stocking *der Strumpf, ⁻e*, II8

stomach *der Bauch, ⁻e*, II6; **stomach-ache** *die Bauchschmerzen* (pl), II6

storage shelf *das Ablagefach, ⁻er*, II10

store *der Laden, ⁻, das Geschäft, -e*, I; **fewer stores** *weniger Geschäfte*, II7

storm *das Gewitter, -*, I

stove *der Herd, -e*, I

straight ahead *geradeaus*, I

strawberry *die Erdbeere, -n*, II4; **strawberry marmalade** *die Erdbeermarmelade*, II5; **strawberries with whipped cream** *Erdbeeren mit Sahne*, II11

street *die Straße, -n*, I; **on ... Street** *in der ...straße*, I; **main street** *die Hauptstraße, -n*, II9

stripe *der Streifen, -*, II12

striped *gestreift*, I

stroll *spazieren*, II3

strong *stark*, I

stupid *blöd*, I

style *der Stil, -e*, II8

subject (school) *das Fach, ⁻er*, I; **Which subjects do you have?** *Welche Fächer hast du?*, I

suburb *der Vorort, -e*, I, II7; **a suburb of** *ein Vorort von*, I; **in a suburb** *in einem Vorort*, II7

subway *die U-Bahn*, I; **by subway** *mit der U-Bahn*, I

subway station *die U-Bahnstation, -en*, I

suede jacket *die Wildlederjacke, -n*, II12

sugar *der Zucker*, I, II4

suggest *vorschlagen*, II9; **I suggest that...** *Ich schlage vor, dass ...*, II9; **What do you suggest?** *Was schlägst du vor?*, II9

suggestion *der Vorschlag, ⁻e*, II12

suit *der Anzug, ⁻e*, II8

summer *der Sommer*, I; **in the summer** *im Sommer*, I

sun *die Sonne*, I; **the sun is shining** *die Sonne scheint*, I

sun protection factor *der Lichtschutzfaktor, -en*, II6

sun tan lotion *die Sonnenmilch*, II6; *die Sonnencreme*, II6

Sunday *der Sonntag*, I; **Sundays** *sonntags*, II10

sunny *sonnig*, I

sunroof *das Schiebedach, ⁻er*, II10

sunstroke *der Sonnenstich, -e*, II6

Super! *Spitze!, Super!*, I

supermarket *der Supermarkt, ⁻e*, I; **at the supermarket** *im Supermarkt*, I

suppose: I suppose so, but... *Eigentlich schon, aber ...*, II7

supposed to *sollen*, I; **The fish is supposed to be great.** *Der Fisch soll prima sein.*, II11; **Well, what am I supposed to do?** *Was soll ich bloß machen?*, II9; **What's that supposed to be?** *Was soll denn das sein?*, II5

Sure! *Aber sicher!, Ja, gern!*, I

sure: I'm not sure. *Ich bin nicht sicher.*, I; **I'm not sure that/whether...** *Ich bin nicht sicher, dass/ob ...*, II9

surrounding area *die Umgebung, -en*, II7

swallow: I can hardly swallow. *Ich kann kaum schlucken.*, II6

sweater *der Pulli, -s*, I

sweet *süß*, II6

swim *schwimmen*, I; **to go swimming** *baden gehen*, I

swimming: I enjoyed swimming in the Mediterranean Sea. *Ich bin gern im Mittelmeer geschwommen.*, II12

swimming pool *das Schwimmbad, ⁻er*, I; *der Pool, -s*, II12; **to go to the (swimming) pool** *ins Schwimmbad gehen*, I

switch off *abstellen* (sep), II7

synagogue *die Synagoge, -n*, II11

T

table *der Tisch, -e*, I; **to clear the table** *den Tisch abräumen* (sep), I; **to set the table** *den Tisch decken*, I

tacos *die Tacos*, II12

take *nehmen*, I, II5; **he/she takes** *er/sie nimmt*, I; **I'll take** *ich nehme*, I

talk about *sprechen über*, I; **he/she**

talks about *er/sie spricht über*, I; **What did you (pl) talk about?** *Worüber habt ihr gesprochen?*, I

taste *schmecken*, I, II4; **Does it taste good?** *Schmeckt's?*, I; **How does it taste?** *Wie schmeckt's?*, I, II1; **doesn't taste good** *schmeckt mir nicht*, II4; **Beef tastes better to me.** *Rind schmeckt mir besser.*, II5; **Which soup tastes best to you?** *Welche Suppe schmeckt dir am besten?*, II5

Tasty! *Lecker!*, I

tea *der Tee*, I; **a glass of tea** *ein Glas Tee*, I

teacher (male) *der Lehrer, -*, I; **(female)** *die Lehrerin, -nen*, I

team *die Mannschaft, -en*, II4; **on the (basketball) team** *in der (Basketball)mannschaft*, II4

telecast, transmission *die Übertragung, -en*, II10

telephone *das Telefon, -e, der Apparat, -e*, I; **to pick up the telephone** *den Hörer abheben* (sep), I

telephone booth *die Telefonzelle, -n*, I

telephone number *die Telefonnummer, -n*, I

television (medium of) *das Fernsehen*, I; **TV set** *der Fernseher, -*, II10; **to watch TV** *Fernsehen schauen*, I; *fernsehen* (sep), *Fernseh gucken*, II10; **color stereo television set** *das Stereo Farbfernsehgerät, -e*, II10; **TV and video cart** *der Fernseh- und Videowagen, -*, II10; **TV room** *der Fernsehraum, ⁻e*, II9; **What's on TV?** *Was läuft im Fernsehen?*, II10

Tell me,... *Sag mal, ...*, II4

temperature: What's the temperature? *Wie viel Grad haben wir?*, I; **to take someone's temperature** *die Temperatur messen*, II6; **he/she takes someone's temperature** *er/sie misst die Temperatur*, II6

tennis *Tennis*, I

tennis court *der Tennisplatz, ⁻e*, II9

tennis racket *der Tennisschläger, -*, II2

terrace *die Terrasse, -n*, II7

terrible *furchtbar*, I

terrific *Klasse, prima, toll*, I;

than *als*, II7

thank *danken*, I; **Thank you (very much)!** *Danke (sehr/schön)!*, I; *Vielen Dank!*, I; **Thank you and the same to you!** *Danke gleichfalls!*, II11; *Danke! Dir/Ihnen auch!*, II11

that *dass* (conj), I; **That's all.** *Das ist alles.*, I; **That's...** *Das ist ...*, I

theater *das Theater, -*, I
them *sie, ihnen*, II3
then *dann*, I
there *dort*, I
There is/are... *Es gibt...*, I
they *sie*, I; they are *sie sind*, I; they're from *sie sind (kommen) aus*, I
think *denken*, I
think: Do you think so? *Meinst du?*, I; I think *ich glaube*, I; I think (tennis) is... *Ich finde (Tennis) ...*, I; I think so too. *Das finde ich auch.*, I; What do you think of (tennis)? *Wie findest du (Tennis)?*, I; I don't think so. *Das finde ich nicht.*, II10; I don't think that... *Ich glaube nicht, dass ...*, II9; I really think that... *Ich meine doch, dass ...*, II10; I think I'm sick. *Ich glaube, ich bin krank.*, II6; I think it's bad that... *Ich finde es nicht gut, dass ...*, II4; I think it's great that... *Ich finde es toll, dass ...*, II4
third *dritte*, I
thirst *der Durst*, II2; to be thirsty *Durst haben*, II2
this *dies-*, II5; this afternoon *heute Nachmittag*, I; This is...(on the telephone) *Hier ist ...*, I; this morning *heute Morgen*, I
three times *dreimal*, I
thrilling *spannend*, I
throat *der Hals, ⁻e*, II6; sore throat *die Halsschmerzen* (pl), II6
through *durch*, II9
Thursday *der Donnerstag*, I; Thursdays *donnerstags*, II10
tie *die Krawatte, -n*, II8; bow tie *die Fliege, -n*, II12
tight *eng*, I; It's too tight on you. *Es ist dir zu eng.*, II8
till: ten till two *zehn vor zwei*, I
Tilsiter cheese *der Tilsiter Käse*, II5
time *die Zeit*, I; At what time? *Um wie viel Uhr?*, I; I don't have time. *Ich habe keine Zeit.*, I; What time is it? *Wie spät ist es?, Wie viel Uhr ist es?*, I
tire: wide tire *der Breitreifen, -*, II10
tired *müde*, II6
to *an, auf, nach*, II9; Let's drive to the ocean. *Fahren wir ans Meer!*; Are you going to the golf course? *Gehst du auf den Golfplatz?*; We're going to Austria. *Wir fahren nach Österreich.*, II9
to, for her *ihr*, I
to, for him *ihm*, I
today *heute*, I

tofu *der Tofu*, II5
toilet *die Toilette, -n*, II7
tomato *die Tomate, -n*, I
tomorrow *morgen*, I
tonight *heute Abend*, I
too *zu*, I; Too bad! *Schade!*, I
toothache *die Zahnschmerzen* (pl), II6
toothpaste *die Zahnpasta*, II6
tour *besichtigen*, I; to tour the city *die Stadt besichtigen*, I; city tour *die Stadtrundfahrt, -en*, II11
toward *nach*, II9
town *die Kleinstadt, ⁻e*, II7; in a town *in einer Kleinstadt*, II7
traffic *der Verkehr*, II7
train *die Bahn, -en*, II9
train station *der Bahnhof, ⁻e*, I
training and weight room *der Fitnessraum, ⁻e*, II9
transmitter *der Sender, -*, II10
transportation *das Verkehrsmittel, -*, II9; public transportation *öffentliche Verkehrsmittel* (pl), II7
trash *der Müll*, I; to sort the trash *den Müll sortieren*, I
tree *der Baum, ⁻e*, II7
trout *die Forelle, -n*, II4
truck *der Lastkraftwagen, -, (LKW, -s)* II7
true: Not true! *Stimmt nicht!*, I; That's right! True! *Stimmt!*, I; That's true, but... *Das stimmt, aber ...*, II4
try *probieren*, I
try on *anprobieren* (sep), I
T-shirt *das T-Shirt, -s*, I
Tuesday *der Dienstag*, I; Tuesdays *dienstags*, II10
Turkish *türkisch* (adj), II11
turn *einbiegen* (sep); Turn in here! *Biegen Sie hier ein!*, II9
tuxedo *der Smoking, -s*, II12
twice *zweimal*, I
twin *der Zwilling, -e*, II1
type *der Typ, -en*, II8

ugly *hässlich*, I
unbelievable *unglaublich*; That's really unbelievable! *Das ist ja unglaublich!*, II10
unboiled *ungekocht*, II12
uncle *der Onkel, -*, I
uncomfortable *unbequem*, I
under it, underneath *darunter*, II8
unfortunately *leider*, I; Unfortunately I can't. *Leider kann ich*

nicht.*, I; That's the way it is, unfortunately. *Das ist leider so.*, II9
unfriendly *unsympathisch*, II1
unhealthy *ungesund*, II4; *nicht gut für die Gesundheit*, II4
unpleasant *unsympathisch*, II1
until: from 8 until 8:45 *von 8 Uhr bis 8 Uhr 45*, I; until you get to ... Square *bis zum ...platz*, I; until you get to ... Street *bis zur ... straße*, I; until you get to the traffic light *bis zur Ampel*, I
us *uns*, I, II3
use *benutzen*, II6
usually *gewöhnlich*, II3

vacation (from school) *die Ferien* (pl), II3; vacation (from work) *der Urlaub, -e*, II9; What did you do on your vacation? *Was hast du in den Ferien gemacht?*, II3
vacuum *Staub saugen*, I
vanilla-flavored milk *die Vanillemilch*, II5
varied *abwechslungsreich*, II12
vegetables *das Gemüse*, I
vegetarian *vegetarisch*; You're vegetarian, right? *Du isst wohl vegetarisch, was?*, II5
very *sehr*, I, II4; Very well! *Sehr gut!*, I
vest: jeans vest *die Jeansweste, -n*, II8
video: use a video camera/a camera *die Videokamera/die Kamera bedienen*, II3
video cassette *das Video, -s*, I, II3; *die Videocassette, -n*, II10; insert a video cassette *ein Video einlegen* (sep), II3; take out the video cassette *das Video herausnehmen* (sep), II3
village *das Dorf, ⁻er*, II7; in a village *in einem Dorf*, II7
violent *brutal*, I
visit *besuchen*, I; to visit friends *Freunde besuchen*, I
visit (a place) *besuchen, besichtigen*, II3; I visited (the cathedral). *Ich habe (den Dom) besichtigt.*, II3
volleyball *Volleyball*, I
volume control *der Lautstärkeregler*, II10

walk *spazieren*, II3
want (to) *wollen*, I, II1; What do you

want to do? *Was willst du machen?*, II1

war *der Krieg, -e*, II7; **war movie** *der Kriegsfilm, -e*, I

warm *warm*, I

was: I was (in, at, on)... *ich war (in an, auf) ...*, I, II12; **I was at the baker's.** *Ich war beim Bäcker.*, I; **he/she was** *er/sie war*, I

wash *spülen*, I; **to wash the dishes** *das Geschirr spülen*, I; **to wash (sich) waschen**, II6; **to wash clothes** *die Wäsche waschen*, II2; **he/she/it washes** *er/sie/es wäscht (sich)*, II6

watch *schauen*, I; **to watch TV** *Fernsehen schauen*, I; *fernsehen (sep)*, II10; (colloquial) *Fernsehen gucken*, II10

water *das Wasser*, I; **a glass of (mineral) water** *ein Glas (Mineral) Wasser*, I

water: to water the flowers *die Blumen gießen*, I

we *wir*, I

wear *anziehen (sep)*, I; *tragen*, II8; **Don't wear anything made of...** *Trag ja nichts aus ...!*, II8; **Go ahead and wear...** *Trag doch mal ...!*, II8

weather *das Wetter*, I; **How's the weather?** *Wie ist das Wetter?*, I

weather report *der Wetterbericht, -e*, II10; **What does the weather report say?** *Was sagt der Wetterbericht?*, I

Wednesday *der Mittwoch*, I; **Wednesdays** *mittwochs*, II10

week *die Woche, -n*, I; **every week** *jede Woche*, II4

weekend *das Wochenende, -n*, I; **on the weekend** *am Wochenende*, I; **every weekend** *jedes Wochenende*, II4

weekly special *das Angebot der Woche*, I

weigh *wiegen*, I

well: Well yes, but... *Eigentlich schon, aber ...*, II4; *Ja, schon, aber ...*, II7; **extremely well** *ganz wohl*, II4; **Get well soon!** *Gute Besserung!*, II6; **I'm (not) doing well.** *Es geht mir (nicht) gut!*, II6; *Mir ist (nicht) gut.*, II6; **not well at all** *überhaupt nicht wohl*, II4

were: Where were you? *Wo bist du gewesen?*, I, II3; **we were** *wir waren*, I; **they were** *sie waren*, I; (pl) **you were** *ihr wart*, I; (formal) **you were** *Sie waren*, I

western (movie) *der Western, -*, I

wet *nass*, I

what *was*; **What are we going to do now?** *Was machen wir jetzt?*, II9; **What is it?** *Was gibt's?*, II5; *Was ist?*, II5; **Okay, what is it?** *Ja? Was denn?*, II5; **So what about...?** *Wie steht's mit ...?*, II4; **Yes, what?** *Ja, was bitte?*, II5; **What can I do for you?** *Was kann ich für dich tun?*, I; **What did you talk about?** *Worüber habt ihr gesprochen?*, I; **What else?** *Noch etwas?*, I; **what kind of?** *was für?*, I; **What kinds of music do you like?** *Was für Musik hörst du gern?*, I; **What's there to eat** *Was gibt's zu essen?*, I

when? *wann?*, I

whenever *wenn (conj)*, II8

where? *wo?*, I

where (from)? *woher?*, I; **Where are you from?** *Woher bist (kommst) du?*, I

where (to)? *wohin?*, I; **Where are we going?** *Wohin fahren wir?*, II9

whether *ob (conj)*, II9

which *welch-*, I, II8; **Which soup do you prefer?** *Welche Suppe magst du lieber?*, II5

whirlpool *der Whirlpool, -s*, II9

white *weiß*, I; **in white** *in Weiß*, I

who? *wer?*, I; **Who is that?** *Wer ist das?*, I

whole wheat roll *die Vollkornsemmel, -n*, I

whom? *wen?*, I; **to, for whom?**, *wem?*, I

why? *warum?*, I; **Why don't you come along!** *Komm doch mit!*, I

wide *weit*, I

will *werden*; **you will** *du wirst*; **he/she will** *er/sie wird*, II10; **I'm going to buy myself a great car.** *Ich werde mir einen tollen Wagen kaufen.*, II10

wind surf *windsurfen*, II9

windbreaker *die Wind-, Wetterjacke, -n*, II8

window *das Fenster, -*, I; **to clean the windows** *die Fenster putzen*, I

windshield wiper *der Scheibenwischer, -*, II10

winter *der Winter*, I; **in the winter** *im Winter*, I

wish *sich wünschen*; **I wish for...** *Ich wünsche mir ...*, II7; **What would you wish for?** *Was wünschst du dir (mal)?*, II7

with *mit*, I; **with bread** *mit Brot*, I; **with corners** *eckig*, I

witty *witzig*, II8

woman *die Frau, -en*, I

wonderful *großartig*, II4

wood: made of wood *aus Holz*, I

wool *die Wolle*, II8

wool shirt *das Wollhemd, -en*, II8; **made of wool** *aus Wolle*, II1

work *arbeiten*, II3; **That won't work.** *Das geht nicht.*, I

worse than *schlechter als*, II7

would: No, I would rather... *Nein, ich würde lieber ...*, II11; **That would be great!** *Das wäre toll!*, II12; **Wouldn't you like to...?** *Würdest du gern mal ...?*, II11; **That wouldn't be bad.** *Das wär' nicht schlecht.*, II11

would like (to) *möchten*, I; **I would like to see...** *Ich möchte ... sehen.*, I; **What would you like to eat?** *Was möchtest du essen?*, I; **What would you like?** *Was bekommen Sie?*, I; **Would you like anything else?** *Haben Sie noch einen Wunsch?*, I

wristwatch *die Armbanduhr, -en*, I

write *schreiben*, I

wrong: Is something wrong? *Ist was mit dir?*, II6; **What's wrong with you?** *Was fehlt dir?*, II6

Y

yard *der Garten, ∺*, II7

year *das Jahr, -e*, I; **I am...years old.** *Ich bin ... Jahre alt.*, I

yellow *gelb*, I; **in yellow** *in Gelb*, I

yes *ja*, I; **Yes?** *Bitte?*, I; **Yes, I do!** *Doch!*, II4

yesterday *gestern*, I; **yesterday evening** *gestern Abend*, I; **the day before yesterday** *vorgestern*, I

yogurt *der Joghurt, -*, II5

you *du, Sie, ihr*, I

you're (very) welcome! *Bitte (sehr/ schön)!*, I

younger *jünger*, II7

your *dein (poss adj)*, I; *Ihr*, II5

yourself *dich, sich*, II4

yourselves *euch*, II4

youth hostel *die Jugendherberge, -n*, II3

Z

zero *null*, I

zipper *der Reißverschluss, ∺e*, II8

zoo *der Zoo, -s*, I; **to go to the zoo** *in den Zoo gehen*, I

GRAMMAR INDEX

This grammar index includes grammar topics introduced in **Komm mit!** Levels 1 and 2. The Roman numeral I preceding the page number(s) indicates Level 1; the Roman numeral II indicates Level 2. Page numbers beginning with R refer to the Grammar Summary in this reference section. For a summary of the grammar presented in this book see pages R20–R36.

GRAMMAR INDEX

Q

R

S

ACKNOWLEDGMENTS (continued from page ii)

Berliner Bären Stadtrundfahrt GmbH: Logo for Berliner Bären Stadtrundfahrt GmbH and "Tägliche Stadtrundfahrten Daily Sightseeingtours + Potsdam" advertisement from *Berlin Programm,* September 1993, p. 58.

Berliner Dom: From advertisement, "Berliner Dom" from *Berlin Programm,* September 1993, p. 41.

Berliner Symphoniker: Advertisement, "Berliner Symphoniker," concert information for January 26, 1997.

Burda Publications: "Sechs Tips, die für Sie so wichtig sind wie für Boris" with photographs from "Warum ist Dr. Müller-Wohlfahrt nie krank?" from *BUNTE,* no. 22, May 27, 1993, p. 40. "Jetzt ein Eis!" from *BUNTE,* no. 33, August 12, 1993, p. 83.

China-Restaurant Ho-Lin-Wah: Advertisement, "Ho-Lin-Wah" from *Berlin Programm,* September 1993.

Club La Santa: Photograph of "Club La Santa auf Lanzarote" from *Sport-Scheck Reisen,* Summer 1993, pp. 172–173.

Concert Concept GmbH: Advertisement, "Peter Hofmann, Anna Maria Kaufman singen Musical Classics" from *Berlin Programm,* September 1993, p. 39.

Deutscher Taschenbuch Verlag GmbH & Co. KG: From "Seltsamer Deutscher, komischer Türke" by Cengiz Kip from *Türken deutscher Sprache. Berichte, Erzählungen, Gedichte,* edited by Irmgard Ackermann (Hg.). Copyright © 1984 by Deutscher Taschenbuch Verlag, München.

Focus Syndication: "Der neue Trend: 'Bleich ist beautiful'" from *Focus-Das moderne Nachrichten-magazin,* no. 28, 1993, p. 81.

Alexander Fuhrmann: From "Wenn Kinder feiern..." by Alexander Fuhrmann from *Neue Apotheken Illustrierte,* 6/93, p. 28.

GLOBUS-Kartendienst GmbH: Graphs no. 2733, no. 3771, and no. 4034. "Die Deutschen sind," from *Süddeutsche Zeitung,* no. 44, 1992. p. 36. Copyright © 1992 by GLOBUS-Kartendienst GmbH.

Kartographischer Verlag Busche GmbH: "Baden-Baden" from *Aral Auto-Reisebuch,* 1994/95.

Picture Press Bild-und Textagentur GmbH: "Das Pausenklingeln ist die schönste Musik!" from *Eltern,* October 1990, pp. 208–211. Copyright © 1990 by Gruner + Jahr AG & Co. From "Reich ist, wer nix mehr lernen muß!" from *Eltern,* July 1991, pp. 168, 169, 171. Copyright © 1991 by Gruner + Jahr AG & Co. "Gesucht: Bauernhof zum Ausschlafen!" from *Eltern,* August 1991, pp. 146–148. Copyrightr © 1991 by Gruner + Jahr Ag & Co.

Pop/Rocky: From "Ich bin kein Wunderkind!" and from "Nudeln mit Biss" from *Pop/Rocky,* no. 18, 1993, pp. 42, 49.

Redaktion Pierzel: "Kuren und Bäder" from *Neue Gesundheit,* January 1, 1994, pp. 20–21.

Rowohlt Verlag GmbH: "Das Brot" by Wolfgang Borchert from *Das Gesamtwerk.* Copyright © 1949 by Rowohlt Verlag GmbH, Reinbek.

Severin + Kühn: From advertisement, "8-sprachige City-Tour/multilingual City-Tour" from *Berlin Programm,* September 1993, p. 59.

Sport-Scheck Reisen GmbH: "Club La Santa auf Lanzarote" from *Sport-Scheck Reisen,* Summer 1993, pp. 172–173.

Surya Indisches Restaurant: Advertisement, "Surya Indisches Restaurant" from Berlin Programm, September 1993.

Tiefdruck Schwann-Bagel GmbH: "100 Mark für Nichtraucher," from *JUMA: Das Jugendmagazin,* 2/91, p. 4, April 1991. "Mein Trauhaus ist aus Schokolade" from *JUMA: Das Jugendmagazin,* 1/92, pp. 16–19, January 1992. From "Tina-das Mädchen aus dem Katalog" from *JUMA: Das Jugendmagazin,* 3/92, pp. 1, 10–11, July 1992. Text from "Hier hab ich meine Ruhe" from *JUMA: Das Jugendmagazin,* 3/93, pp. 6–10, July 1993. From "Schule im Garten" from *JUMA: Das Jugendmagazin,* 4/93, pp. 32 & 35, October 1993.

TV Spielfilm Verlag GmbH: Reviews for "Der Junge mit dem großen schwarzen Hund," "Der Prinz von Bel-Air," "Eishockey WM," "Im Reich der wilden Tiere," "Praxis Bülowbogen," and "Raumschiff Enterprise," from *TV Spielfilm/TV Guide,* 9/93, pp. 36–37, 70–71. Copyright © 1993 by TV Spielfilm Verlag GmbH.

Josef Witt GmbH: "Persönliche Bestellkarte" from Kaufen + Sparen.

PHOTOGRAPHY CREDITS

Abbreviations used: (t) top, (c) center, (b) bottom, (l) left, (r) right, (i) inset

TABLE OF CONTENTS: Page vi, viii, (tl), ix, (br), x, (tl), xi, (bl), xii, (tl), xiii, (br), xiv, (tl), xv, (br), George Winkler, other images are HRW Photos/Sam Dudgeon

Chapter Opener Backgrounds: Scott Van Osdol

All photographs by George Winkler/Holt, Rinehart and Winston, Inc. except:

UNIT ONE: **Chapter One:** Page 11, HRW Photo/Sam Dudgeon. **Chapter Two:** Page 32, 37(top row), HRW Photo/Sam Dudgeon; 44(tr), Edge Video Productions; 45, HRW Photo/Sam Dudgeon; 48(tl), Michelle Bridwell/Frontera Fotos; 48(cl), HRW/Sam Dudgeon 48(bl), (cr), (br), Michelle Bridwell/Frontera Fotos. **Chapter Three:** Page 53(b),55(br), HRW Photo/Ken Karp; 57(clockwise, l to r), David Frazier Photolibrary; Robert Brenner/PhotoEdit; HRW Photo/Sam Dugeon; Michelle Bridwell/Frontera Fotos, (remaining four), 59 HRW Photo/Sam Dudgeon; 63(bcr), Merten/ZEFA; 63(bl), E. Estenfelder/Helga Lade/Peter Arnold, Inc.; 64, HRW Photo/Sam Dudgeon; 65, Courtesy Zie L. Smith/Smith Productions 1992, from JUMA: Das Jugendmagazin, April 1993, pg. 47.

UNIT TWO: Page 78-79, ZEFA/Waldkirch/The Stock Market. **Chapter Four:** Page 82, HRW Photo/Lisa Davis; 83(b), HRW Photo/Sam Dudgeon; 85(tr), HRW Photo; 86, HRW Photo/Sam Dudgeon; 92, Edge Video Productions. **Chapter Five:** Page 110, HRW Photo/Sam Dudgeon; 111, 135, Edge Video Productions.

UNIT THREE: Page 154-155, W.H. Mueller/ZEFA; 157 (t), (c), (b), Werner H. Muller/Peter Arnold, Inc. **Chapter Seven:** Page 167, Edge Video Productions; 172–173, Pädagogische Aktion E.V.; **Chapter Eight:** Page 187, Edgeo Video Productions; 192(cr), (tr), (bl), Michelle Bridwell/Frontera Fotos. **Chapter Nine:** Page 211(tl), (b), Edge Video Productions.

ILLUSTRATION AND CARTOGRAPHY CREDITS

Unit One: Page 1, GeoSystems.

Chapter 1: Page 10 (t), Michael Krone; 10 (b), George McLeod; 17, Eduard Böhm; 19, Eduard Böhm. **Chapter 2:** Page 38, Paul Hess; 39, Paul Hess; 40, Paul Hess. **Chapter 3:** Page 74, Michael Krone.

Unit Two: Page 79, GeoSystems.

Chapter 4: Page 87, Giorgio Mizzi; 89, Ully Arndt; 95, Giorgio Mizzi; 97, Giorgio Mizzi; 98, Eduard Böhm. **Chapter 5:** Page 112 (l), Eduard Böhm; 112 (r), Maria Lyle; 118, Eduard Böhm; 121, Eduard Böhm. **Chapter 6:** Page 136, Giorgio Mizzi; 137 (l), Giorgio Mizzi; 137 (r), Eduard Böhm; 142, Giorgio Mizzi; 145, Giorgio Mizzi; 146, Eduard Böhm; 147, Giorgio Mizzi; 149, Giorgio Mizzi; 150, Giorgio Mizzi; 152, Giorgio Mizzi.

Unit Three: Page 155, GeoSystems.

UNIT FOUR: Chapter Ten: Page 243, Edge Video Productions; 263 (tl), (tr), Edge Video Productions; 273 (tl),(tr), Michelle Bridwell/Frontera Fotos. **Chapter Twelve:** Page 287 (br), (tl), Edge Video Productions.

Chapter 7: Page 169, Jutta Tillmann; 174, Jutta Tillmann; 178, Jutta Tillmann.

Chapter 8: Page 188, Jutta Tillmann; 190, Eduard Böhm; 193, Biruta Schöol; 195, Tom Rummonds; 196, Antonia Enthoven; 197, Antonia Enthoven. **Chapter 9:** Page 213, George McLeod; 215, Susan Carlson; 217 (t), George McLeod; 217 (b), Aletha Reppel; 220, Michael Krone; 221, Michael Krone.

Unit Four: Page 231, GeoSystems.

Chapter 10 Page 240, George McLeod; 246, Jutta Tillmann; 247, Jutta Tillmann; 250, Jutta Tillmann; 252, Eduard Böhm. **Chapter 11:** Page 265, Maria Lyle; 269, Antonia Enthoven; 273, Camille Meyer. **Chapter 12:** Page 289, Antonia Enthoven; 294, Eduard Böhm; 298, Eduard Böhm; 301, Giorgio Mizzi. **Back Matter:** Page 394, Susan Carlson; 395, Susan Carlson.